普通高等教育“十三五”系列

U0457435

现代办公自动化教程

（第二版）

主　编　周克江
副主编　姜　华　罗　琴
编　写　黄　悦　王玉辉

中国电力出版社
CHINA ELECTRIC POWER PRESS

内 容 提 要

本书为普通高等教育“十二五”系列教材。本书从现代办公人员必须具备的知识和技术出发，对办公自动化技术、办公设备、网络应用技术、办公应用系统、办公软件、数据库知识、电子政务及办公网站主页设计与制作等多个层面，进行了系统、全面、简明的讲授，并设计了8个综合性的技能训练，以求达到传授最新知识、培养前沿技术的目标。本书具有以下特点：①非零起点，适用面广。本课程的前导课程是“大学计算机基础”或“大学信息技术基础”。②体系全，内容新。从基础理论到综合实践进行讲解，给出现代办公的最新理念和技术。③通俗易懂，因材施教。由教学经验丰富的一线主讲教师编写，针对不同信息技术水平的读者选用多种教学方法。

本书可作为普通高等院校非计算机专业的“现代办公自动化”课程教材，也可作为各类高职高专院校、职业技能培训机构的培训用书。

图书在版编目（CIP）数据

现代办公自动化教程/周克江主编. —2版. —北京：中国电力出版社，2013.7（2021.8重印）
普通高等教育“十二五”规划教材
ISBN 978-7-5123-4391-7

Ⅰ.①现… Ⅱ.①周… Ⅲ.①办公自动化－高等学校－教材 Ⅳ.①C931.4

中国版本图书馆CIP数据核字（2013）第089483号

中国电力出版社出版、发行
（北京市东城区北京站西街19号 100005 http://www.cepp.sgcc.com.cn）
北京天宇星印刷厂印刷
各地新华书店经售
*
2008年1月第一版
2013年7月第二版 2021年8月北京第十七次印刷
787毫米×1092毫米 16开本 19印张 460千字
定价 **35.00** 元

版 权 专 有 翻 印 必 究
本书如有印装质量问题，我社营销中心负责退换

前　言

为了更好地贯彻落实中共中央、国务院《关于进一步加强人才工作的决定》、《关于深化教育改革者全面推进素质教育的决定》，培养高层次、高技能和复合型的社会急需人才；为了进一步强化办公人员的素质建设，保证工作零差错，本教材在第一版的基础上，对全部知识进行了梳理和更新。

本教材主要针对高等院校全日制非计算机专业的学生，在学完"大学信息技术基础"或"大学计算机基础"课程之后，根据现代办公人员所必须具备的专业素质和基本技能要求，参照CCAT资格认证的相关要求，进行补充和强化，突出应用性、实践性、可操作性的特点。全书内容安排科学合理、深入浅出、实例丰富，采用任务驱动式教学方法。

全书共分为以下四部分。

第一部分，现代办公自动化基础篇，共5章。

第二部分，操作系统及常用办公软件篇，共6章。

第三部分，电子政务与办公网站主页设计篇，共2章。

第四部分，现代办公自动化技能实训篇，共8个。

本教材在第一版的基础上，办求体现以下特色。

（1）针对常见操作中的难点和问题给出了相应的提示和指导，讲究易学易懂、够用适用的编写原则。使读者在理解知识、提升技能的同时，能举一反三，灵活应用。

（2）内容体系科学、全面、系统、前沿，力求反映时代性，给出现代办公的最新理念和技术，如云存储技术、移动办公、协同办公等。

（3）为了适应不同技术水平办公人员的实际需要，对信息素养较高的工作人员安排了技术要求更高的内容，如科学图形设计、VBA设计等。

（4）为了保证实践教学质量，提高读者的操作水平，第四部分在第一版的基础上增加了三个综合实训。

本书，由湖南第一师范学院周克江主编，姜华、罗琴副主编，黄悦、王玉辉编写。周克江负责全书的统稿。

由于时间仓促，加之编者水平有限，书中难免有疏漏之处，恳请广大读者批评指正。

编　者

2013年4月

第一版前言

为了进一步贯彻中共中央、国务院《关于进一步加强人才工作的决定》，培养高层次、高技能和复合型的社会急需人才，进一步加强对现代大学生办公、计算机应用、信息综合处理能力的培养，根据多年以来在高校教学、社会工作的经验，我们组织一批在一线从事多年基础教学的教师一道编写了本教材。

本教材主要针对全日制非计算机专业的学生实践应用需要，编入现代办公所需要的知识和技能，具有很强的实用价值和可操作性。本书在编写过程中也参照了 CCAT 资格认证的相关资料，旨在同时为社会培养动手能力和管理能力兼备的人才。其内容收录了目前最流行的、最实用的办公自动化应用软件的使用和操作技巧。全书内容安排合理、深入浅出、实例丰富，同时也考虑到一些已经学习过计算机基础知识的人员，去除了一些简单的知识点，加强对相应知识的深入学习和应用探讨。

全书共分 11 章，从现代办公自动化的基础知识讲起，循序渐进地介绍了现代办公设备的使用、Windows XP/Vista 中文版的基本操作、Word 2003 的高级应用、Excel 2003 的高级应用、Office 2007 相应模块的基本操作、办公网络应用、办公常用数据库、电子政务、主页制作和网站建设等内容。

本书在编写过程中力求体现下列特点：

（1）针对常见操作中的难点知识和技巧给出了相关操作的提示和实用技巧，使读者在理解书中内容的同时，能够举一反三，灵活使用。

（2）内容阐述采用由浅入深、循序渐进的讲述方法，内容丰富，结构安排合理，条理清楚，便于自学。

（3）本书更加注重于实用性，仔细阅读本书可以迅速提高读者的计算机应用水平。

（4）各个章节配有与内容相关的插图、图文并茂，更直观，易于理解。

（5）第 12 章是各章核心内容的实训，使读者能在短时间内掌握更多的知识和技能。

本书适用于社会各界人士及在校学生参加"全国信息化计算机应用技术资格认证"考试的需求，尤其适用于高等院校、大中专学校等进行课程置换，作为相关课程的教材，也可作为计算机职业技能考试及继续教育的培训教材或自学教材。

本书由周克江副教授担任主编，负责第 3 章、第 4 章及第 8 章和第 9 章的撰写，黄悦副教授负责第 2 章和第 7 章的撰写，姜华老师负责第 1 章、第 10 章的撰写，王玉辉老师负责第 5 章、第 6 章的撰写，罗琴副教授负责整合稿件，以及前言的撰写。由于时间仓促，加之编者水平有限，书中难免有疏漏之处，恳请广大读者批评指正。

此外，在此书出版之时，我们特别感谢湖南省第一师范学校信息技术系的李勇帆教授和张如健副教授，以及王杰文教授，在百忙之中，对我们的工作给予了殷切的关心和支持！

编　者

2007 年 11 月

目录

第 2 部分　操作系统及常用办公软件篇

第 3 部分　电子政务与主页设计篇

第 4 部分　现代办公自动化实训篇

第1部分　现代办公自动化基础篇

第1章　现代办公自动化概述

20世纪60年代以来，在计算机技术和通信技术迅速发展的推动下，办公室中也开始了以自动化为重要内容的"办公室革命"，也称为"管理革命"，其目标是借助先进的信息处理技术和计算机网络技术来提高办公效率和质量，将管理与办公活动纳入到自动化的轨道中。办公自动化是20世纪70年代中期在发达国家迅速发展起来的一门综合性技术，它的基本任务是利用先进的科学技术，使人们借助各种先进的机器设备解决对一部分办公业务的处理，达到提高生产率、工作效率和质量，方便管理和决策的目的。近年来办公自动化的概念也已经远远超过了办公室事务及文档处理的范围，从文字处理机、复印机、传真机、个人计算机单机独立用户，扩展到以Internet/Intranet为支撑平台，以数据库为支撑的基于知识管理的大型协同办公系统。

1.1　现代办公自动化概念

办公实际上是文件的制作、修改、传递、签字、销毁和存档的过程。现代办公与传统办公相比，有较大的区别。传统办公主要通过手工完成，办公人员有时要拿着各种文件、申请、单据在各部门跑来跑去，等候审批、签字、盖章，势必带来工作效率低、资源浪费的问题。在现代办公中大都通过计算机技术、通信技术等先进科学技术完成各项办公业务，不仅节省了运营成本，如可以减少办公人员、办公纸张和通信费用等资源，提高了办公效率，而且能够把一些弹性太大，不够规范的工作流程变得井然有序。例如，公文会签、计划日志、用款报销等工作流程审批都可在网上进行，从而使得管理更加有序。

1.1.1　现代办公自动化的内涵

1. 内涵

办公自动化（Office Automation，OA）是指办公人员利用计算机技术、通信技术、系统科学、信息科学、管理科学等先进的科学技术，不断使人的办公业务活动物化于人以外的各种设备中，并由这些设备与办公室人员构成服务于某种目标的人——机信息处理系统。在行政机关中，大都把办公自动化叫做电子政务，企事业单位叫OA，即办公自动化。

现代办公自动化的概念，是人们对办公自动化的一种强化概念，是一种口头语言。主要是指利用当前最新的科学技术、硬件设备和最先进的管理技术而实现的办公自动化。它强调的是办公自动化的一种时代性和发展性。

2. 特点

从办公自动化的定义可看出，办公自动化具有以下特点。

（1）综合性。它涉及系统科学、信息科学、管理科学等，是一门交叉性的综合学科。其中系统科学为办公自动化建立办公模型与决策模型，通常办公自动化系统要用系统工程的方法来组织和实施；信息科学是研究信息的采集、储存、传播、处理和安全使用的科学，目前正在不断发展中；管理科学则是根据一些必要的信息，研究如何对国民经济或地区、部门、企业的发展问题进行预测和决策，以从宏观与微观两个方面调控物质、能源、资金和人员，提高办公效率。

（2）交互性。办公自动化综合体现了人、机器、信息三者的交互关系：信息是被加工的对象，如文字、声音、图形图像等；机器是加工手段；人是加工过程中的设计者、指挥者和成果的享用者。

（3）集成性。它是对文字、数据、语音、图像视频等多媒体信息一体化的处理过程，能把基于不同技术的办公设备（如计算机、打印机、传真机等）用网络连成一体，将文字处理、数据处理、语音处理和图像视频处理等功能集成在一个系统中，使办公室具有综合处理这些信息的能力。

（4）高效性。办公室中使用的各类现代化的办公设备很大程度上代替了原来的文房四宝，办公室的文件柜被体积小、容量大的存储设备所取代，包括记录、起草、编辑、修改、打印、存档、复制在内的办公室常规工作，无论在时间上还是在空间上都被大大地压缩了，这不但减轻或节省了人们的办公劳动，而且大大提高了办公效率和办公质量。

（5）发展性。现代办公自动化，由于是一门多学科的交叉性综合学科，其中直接利用的工程技术是计算机技术、通信技术和自动化技术等，是当今科技信息时代最具发展性的学科；其所使用的现代办公设备，也是日新月异，发展迅速。

3. 功能

我国的办公自动化经过从20世纪80年代末发展以来，已从最初提供面向单机的辅助办公产品，发展到今天可提供面向应用的大型协同工作产品。现在，办公自动化到底要解决什么问题呢？我们说，办公自动化就是用信息技术把办公过程电子化、数字化，就是要创造一个集成的办公环境，使所有的办公人员都在同一个桌面环境下一起工作。

具体来说，主要实现下面七个方面的功能。

（1）建立内部通信平台。建立组织内部的邮件系统，使组织内部的通信和信息交流快捷通畅。

（2）建立信息发布的平台。在内部建立一个有效的信息发布和交流的场所，如电子公告、电子论坛、电子刊物，使内部的规章制度、新闻简报、技术交流、公告事项等能够在企业或机关内部员工之间得到广泛的传播，使员工能够了解单位的发展动态。

（3）实现工作流程的自动化。这涉及流转过程的实时监控、跟踪，解决多岗位、多部门之间的协同工作问题，实现高效率的协作。各个单位都存在着大量流程化的工作，如公文的处理、收发文、各种审批、请示、汇报等，都是一些流程化的工作，通过实现工作流程的自动化，就可以规范各项工作，提高单位协同工作的效率。

（4）实现文档管理的自动化。可使各类文档（包括各种文件、知识、信息）能够按权限进行保存、共享和使用，并有一个方便的查找手段。每个单位都会有大量的文档，在手工办公的情况下这些文档都保存在每个人的文件柜里。因此，文档的保存、共享、使用和再利用是十分困难的。另外，在手工办公的情况下文档的检索存在非常大的难度。文档多了，需要什么东西不能及时找到，甚至找不到。办公自动化使各种文档实现电子化，通过电子文件柜的形式实现文档的保管，按权限进行使用和共享。实现办公自动化以后，比如说，某个单位来了一个新员工，只要管理员给他注册一个身份文件，给他一个口令，自己上网就可以看到这个单位的规章制度、各种技术文件等，只要身份符合权限可以阅览的范围，他都能看到，这样就减少了很多培训环节。

（5）辅助办公。涉及的内容比较多，像会议管理、车辆管理、物品管理、图书管理等与我们日常事务性的办公工作相结合的各种辅助办公，实现了这些辅助办公的自动化。

（6）信息集成。每一个单位，都存在大量的业务系统，如购销存、ERP（Enterprise Resource Planning，企业资源计划）等各种业务系统，企业的信息源往往都在这个业务系统里。办公自动化系统应该跟这些业务系统实现很好的集成，使相关的人员能够有效地获得整体的信息，提高整体的反应速度和决策能力。

（7）实现分布式办公。这就是要支持多分支机构、跨地域的办公模式及移动办公。现在来讲，移动办公和跨地域办公成为很迫切的一种需求。

总之，办公自动化集文字处理、数据处理、资料管理、行政事务处理、图形图像处理、语音处理和网络通信等功能于一体。

1.1.2 现代办公自动化的发展

办公自动化是美国通用公司的 D.S.哈德于 1936 年首创，在 20 世纪 70 年代中期，计算机已经普遍应用起来之后才开始有了较大发展，20 世纪 90 年代获得广泛的应用。

1. 发展历史

根据大量的文献资料，我们可以看到，办公自动化的发展历程，一般有两种叙述方法：一种是从发展历史时期来叙述；一种是从内容发展变化来叙述。

（1）按发展历史时期来叙述，分为起步阶段、应用阶段、发展阶段。

起步阶段（1985 年—1993 年）：以结构化数据处理为中心，基于文件系统或关系型数据库系统，使日常办公也开始运用 IT 技术，提高了文件等资料管理水平。这一阶段实现了基本的办公数据管理（如文件管理、档案管理等），但普遍缺乏办公过程中最需要的沟通协作支持、文档资料的综合处理等，导致应用效果不佳。

1972 年，靠磁芯存储技术起家的美籍华人科学家王安博士开创了王安公司，并推出了 2200 文字处理系统（Word Processing System），从此 WPS 一词正式出现。WPS 把王安公司推向了事业的顶峰，使办公自动化发展到一个崭新的阶段。1985 年 3 月，Intel 公司推出了集成度为 27.5 万个晶体管的 80386，1989 年推出了集成度为 120 万个晶体管的 80486，1995 年又推出了集成度为 510 万个晶体管的 80586（即奔腾 Pentium 微处理器）。由于微处理器速度和性能的不断提高，使个人计算机走向辉煌，为办公自动化创造了更加有利的硬件环境。

IBM 于 1981 年推出的个人计算机之所以受到世人青睐，很重要的原因之一是个人电脑上的操作系统有了长足进步。首先是微软为 IBM 开发了 MS－DOS 操作系统，两家公司分道扬镳后，1985 年微软单独开发了视窗操作系统 Windows，1994 年 IBM 推出了 OS/2 Warp，1995 年 8 月微软推出了 Windows 95，1998 年又升级为功能更加强大的 Windows 98 及后来的 Windows 2000。

随着局域网、广域网和因特网的高速发展，办公自动化的内涵也发生了变化。1968年，美国正式制定了“资源共享的计算机网络计划”。1969年，在美国西海岸的4个节点（4所大学）间首先联网，这就是因特网的前身阿帕网（ARPANET）。阿帕网是分布式结构，中介信息处理器就是今天的路由器（Router），它负责网络运行中数据格式的转换、信息交换、信息流量的控制和信息错误的纠正等。

应用阶段（1993年—2002年）：随着组织规模的不断扩大，组织越来越希望能够打破时间、地域的限制，提高整个组织的运营效率，同时网络技术的迅速发展也促进了软件技术发生巨大变化，为办公自动化的应用提供了基础保证。这个阶段办公自动化的主要特点是以网络为基础、以工作流为中心，提供了文档管理、电子邮件、目录服务、群组协同等基础支持，实现了公文流转、流程审批、会议管理、制度管理等众多实用的功能，极大地方便了员工工作，规范了组织管理、提高了运营效率。

自1982年美国国防部把TCP/IP作为网络标准正式生效以来，就把以数百万台计算机分割的650张网联成一张大网，从而形成了最初的因特网。1969年联网的计算机只有4台，1991年猛增到50万台，到1999年底全球陡增至1.5亿台。全世界越来越多的个人计算机联到了因特网上，在Navigator和Explorer等引擎的导航下，浏览世界各个地方的信息资源。在这种大环境下，人们开始考虑把个人计算机联到因特网上，来解决第一代办公自动化所存在的诸多不足，并扩展办公自动化的功能。

个人计算机联了网，很多软件资源可以通过ISP的服务器从网上免费或廉价下载，瘦客户机、胖服务器的研究大大减轻了个人计算机的负担。使用基于对象－关系型数据库（ORDB）和数据仓库（Data Warehouse），增强了数据的通用性（Universality）和可再用性（Reusability）。基础通信平台的使用，大大提高了通信和协同工作的能力。1995年，IBM公司CEO Gerstner提出“以网络为中心的计算”（Network－Centric Computing）模式，极大地影响了办公自动化的发展趋势，出现了以网络为中心，以信息（或工作流）为主要处理内容的第二代办公自动化系统。

发展阶段（2002年至今）：办公自动化应用软件经过多年的发展已经趋向成熟，功能也由原先的行政办公信息服务，逐步扩大延伸到组织内部的各项管理活动环节，成为组织运营信息化的一个重要组织部分。同时市场和竞争环境的快速变化，使得办公应用软件应具有更高、更多的内涵，客户将更关注如何方便、快捷地实现内部各级组织、各部门及人员之间的协同、内外部各种资源的有效组合、为员工提供高效的协作工作平台。

（2）按内容发展变化来叙述，分为应用的发展、硬件的发展、软件的发展、技术的发展。

应用的发展：一直以来，许多人认为办公自动化只是政府机关的事。国民经济的发展，社会信息化、电子化水平的不断提高，各企业对“办公自动化”的理解进一步加深，使越来越多的企业已经把办公自动化提到日程上来，很多企业都在不同的层次上实现了办公自动化。如今国家政府企业单位和个人对于各自办公活动都提出了更高的要求：如更全面，更准确的管理活动；更周到、更详细的服务活动；更加正确、更加远见卓识的决策等，这些需求推动了办公自动化向更高层次发展。

硬件的发展：硬件是实现办公自动化的环境保障，用于办公自动化的主要硬件设备是计算机。计算机从20世纪50年代末期的巨型机、大型机、中型机、小型机，发展到现在的微机（个人计算机），其发展的总趋势是性能提高、价格降低。以X86系列的微机为例，它的发展一直较符合著名的 More 定律，即每过 18 个月，性能提高一倍，价格降低一半。今后，计算机将简单地划分为服务器（server）和客户机（client）两类，随着集成电路技术和工艺的发展，服务器的能力会越来越强，客户端计算机也将越来越智能化（傻瓜化、个性化）、方便化（可移动、嵌入式）。此外用于办公自动化的打印机、扫描仪、手写笔等各种辅助设备，其品种将越来越多，功能也越来越强，为实现最终的无纸办公，创造了必要的条件。计算机网络也属于办公自动化硬件范畴。计算机通信网络是由起初的 ARPANET 发展成为今天的 Internet 的。办公自动化系统的网络，一般是先从单位内部的局域网开始，然后向本系统或本行业延伸，最终形成广域网。在我国，联网最初的流行方式就是用一根铜轴细缆加之每台计算机上插块网卡就可以了，现在一般用光纤、双绞线、微波、电话线和卫星等各种介质、手段来实现联网，从根本上解决了现代办公环境的基础设施，使网络的、真正的办公自动化成为可能。

软件的发展：办公自动化的灵魂是软件，我们可以将办公自动化软件分为工具、平台软件及应用软件两大类。其中办公自动化工具及平台软件包括：DOS 时代的电子表格处理软件 CCED、WPS 文字处理软件曾风靡一时；Windows 时代微软的 Office 形成了一统江湖的市场格局；OCR 汉字识别软件、手写输入系统、Microsoft Exchange、Lotus Domino/Notes 等促进了办公自动化的发展。

技术的发展：计算机技术是办公自动化的前提，没有计算机技术，办公自动化便成无源之水、无本之木。最早期的办公自动化软件主要都是完成文件的输入及简单的管理，这个时期的主要平台是 FoxBASE、FoxPro 等数据库。随着数据库技术的发展，C/S 结构的出现，办公自动化系统进入了 DBMS 的阶段，这个时期的数据库主要是集中式处理的结构化数据库，无法很好地解决非结构化文档的处理、工作流等。Lotus Domino/Notes、Microsoft Exchange 的出现使办公自动化软件真正成熟并得到了广泛应用，尤其是 Lotus Domino/Notes 成为办公自动化的首选平台。它是一个集文档数据库、邮件系统、动态 Web 信息发布、可视化集成开发环境于一体的基础平台，使我们可以很方便地实现非结构化文档的处理、全文检索、工作流这些重要的办公自动化功能。管理水平的提高，Internet 技术的出现，办公自动化的重心开始由文档的处理转入了数据的分析，即我们所说的决策系统，这样就出现了以信息交换平台和数据库结合作为后台，数据处理及分析程序作为中间层，Web 作为前台的三层次结构开发模式。随着 COM、Web 等技术的应用，我们将可以通过各种不同的开发工具方便地获取所需的信息。

2. 发展现状

自 20 世纪 90 年代中期至今，互联网技术在我国迅速发展和普及，引出了 Intranet（企业内部网）、Extranet（企业外部网）、Internet、政府上网工程、企业上网工程、电子政府、电子商务、电子管理、政府内部网、智能大夏、三网合一、数字神经系统和数字化办公等一系列新概念，办公自动化的概念渐渐淡出人们的热门话题。目前办公自动化已经从最初的汉字输入、字处理、查询检索和排版编辑等简单的单机应用逐渐发展为现代网络办公，从以数据为核心发展到以信息交流为核心，正处于以系统地运用知识为核心的应用时代。

现在的办公自动化系统是网络化的办公自动化系统，它不再是孤军奋战，而是一个团队的协调工作，这就要求从领导到各个业务部门乃至单位的所有工作人员，都要会使用计算机。值得庆幸的是，现代办公自动化系统的功能越来越先进，使用起来却越来越简单，尤其是 B/S

模式下的办公自动化系统。各种多媒体手段如光笔输入、语音录入等的引入，极大地提高了办公自动化系统的易用性。

随着社会经济的发展、信息技术的飞速前进，我们迎来了前所未有的信息膨胀时代。如何利用现代信息技术进行信息化建设，实现办公自动化，充分利用网络信息渠道，高效率地进行信息的交流与协作，以适应时代发展需求已成为当前一项重要工作。然而，现代办公自动化的发展，遇到了一系列新的问题：一是随着机构不断改革，管理流程不断优化，办公自动化系统如何才能适应经常性的需求变化？二是业务系统多，各种业务系统开发工具和所依赖的平台不一样，软件开发商也各有不同，如何才能将这些系统有机地结合在一起，建立一个统一、完整的系统，便得数据的输入和输出具有较强的共享性和交换性？三是信息量多，传输速率低，造成阻塞，出现"瓶颈"现象，如何解决大容量高速率信息的传输问题？因此，现代办公自动化需要较强的系统扩展和自定义性，需要统一的输入与输出数据标准，需要能大容量、高速交换的基础网络。

3. *发展趋势*

当今，可以说，办公自动化是采用先进技术借助计算机网络对传统办公的模拟和改造。在信息浪潮变革生产方式的新世纪，信息化、网络化、全球化特征对办公自动化的要求已不仅限于事务性活动和管理性活动的应用，而且已上升至分析决策性活动，要求着重于办公信息的共享、交换、组织、传递和监控的实现，协同集文字、数据、声音、图像等多种信息为一体，公文管理、档案管理、日常办公服务、数据决策分析系统等各业务系统为一体的统一的数字中枢神经系统。这样的一个数字中枢神经系统必须具备如下特点。

（1）必须有灵活可扩展的基础构架。这首先是由各企、事业单位及各级国家机关的机构和结构层次来决定的。办公自动化系统是一个系统化的建设工程，真正要发挥网络经济时代办公自动化的优势，就需要在各个应用层面上有良好的基础构架，将单位的各种业务应用数据及行政管理事务的数据通过各个信息点主动采集信息并共享出来。同时，从组织机构的级别看，不同级别层面的办公自动化需求和实现的方式会有一定程度的区别。分布在不同层次上需求的应用需要很好地统一在一起，形成科学、可量化分析的应用数据，起着决定基础构架平台的重要作用。另外，从单位内部应用的信息考虑，有大量的现成的或即将构建的业务数据库结构化、可分析信息，还有大量的提供给管理分析作为参考的资料文件等非结构化数据，这两类数据又在系统运行的过程中相互转换，并产生新的数据，这些就构成了单位的虚拟数字化信息中心。这一切也需要基础构架上提供灵活、可扩展、可交换的基础数据平台。

（2）必须有很高的灵活性和强大的自定义功能。这也是由单位的组织结构决定的。单位上一级的领导和监管机构，其办公应用功能较大程度上集中在分析、统筹和决策方面；基层单位作为直接的业务处理机构，其职能活动更注重于各种业务的处理，同时接受上一级的监管和统筹规划，其办公自动化建设重点在以收发文为主的公文管理与众多业务系统的结合。越是上一级单位，越是强调管理职能；越是基层单位，越是强调业务处理能力。不同级别、不同重点的业务需求、上下级之间复杂的公文方式要求办公自动化必须具备高灵活性。单位为了在市场竞争中不断提高竞争力，也就需要不断进行业务流程的重组，这种机构改革、系统管理优化的需求，也要求办公自动化建设必须能适应日后经常性的需求变化，具备灵活的自定义功能。

（3）必须能实现各业务系统间信息的传递与交流。如前所述，各单位的业务系统较多，而各业务系统的软件开发商可能不尽相同，开发工具和所依赖的平台也可能不一样。要建立一个数字中枢神经系统，就要将这些业务系统和公文管理、档案管理等办公系统有机地结合在一起，建立一个整体上相当于人的神经系统的数字系统。既能有效地实现公文与业务系统信息的传递与交流，实现公文与业务系统信息的自动归档，又能迅速感知协同的工作环境，根据不同的变化及时做出调整反应，为主管领导决策提供数据基础和事实依据。

（4）必须符合规范标准，并能提供开放数据接口的档案管理系统。文档一体化的概念伴随着计算机技术的发展而提出，并伴随着办公自动化技术成熟而得以实现。应用单位在日常办公中产生大量有保存价值的重要文件和信息，需要有一套既符合规范标准，又能够实现不同业务系统信息归档的档案管理系统。符合规范标准的档案管理系统，既有利于单位档案的科学管理，又方便系统上下级之间、机关与档案馆之间档案的接收与移交。实现不同业务系统间的信息归档，这就要求档案管理系统必须能够跨越数据库平台，并能提供开放的数据接口接纳不同数据库平台中的有价值信息。

（5）必须能实现量化考核，并具备分析决策的功能。20 世纪六七十年代，生产力的发展带来信息量的剧增，正是在这样的历史背景下人们提出办公自动化的概念。21 世纪，全球性信息化、网络化的发展正以狂澜之势改变人们工作、生活的方方面面。然而，办公自动化的实现不仅要求能实现办公信息的自动化流转与管理，即不只限于事务型和管理型活动，而且也要求对这些自动化形式下产生的信息进行量化管理，同时也对领导的分析决策提供数据辅助。事实上，这一需求的实现在信息技术高速发展的今天已成为可能，办公自动化应用已日趋于成熟。以系统论为理论基础，将所有业务活动的子系统联结起来，建立一个数字中枢神经系统，通过对“神经系统”各个节点信息的综合集成、统计、分析，由计算机提供领导评估决策的信息和方案，并由人决策，充分体现出发挥现代科技的决策辅助作用。

（6）必须具有系统内部广域网应用功能和远程办公功能及统一消息。如果单位存在跨地域关系，则各级单位的联系相当紧密，相互间的数据和信息传递也很频繁，如何充分利用当今网络技术改变传统公文传递方式，实现系统内部文件、信息上传下达的便捷与安全，这是实现办公自动化的一个重要体现。伴随社会生产力的不断提高，办公的信息量急剧增加。一个单位通常一天的收文就达好几十份，而领导出差却又是不可避免的事，如何保证领导出差与大量文件办理两不误、实现真正意义上的办公自动化？这就要求单位的办公自动化必须具有系统内部广域网应用功能和远程办公功能，以实现系统内部的信息畅通无阻和确保领导的远程办公的顺利进行。同时，系统应该能提供多种多样的处理信息的方式，使用户可以通过互联网、可以通过上网手机、可以通过普通电话随时随地地从单位的办公自动化系统中获取并处理相应的信息，这就是“统一消息”的方式。

（7）必须充分利用和发挥智能大厦系统的功能。智能大厦是信息时代的必然产物，是高科技与现代建筑艺术的巧妙集成，也是综合经济实力的象征。智能大厦最主要的特征就在于它的“智能化”，在于它所采用的多元信息传输、监控、管理，以及一体化集成等一系列高新技术，尤其是应用计算机网络的功能，以实现信息、资源和任务的共享，达到经济、高效的目标。因此，办公自动化和“智能大厦”之间有着很多相同之处，这是现代社会发展的必然趋势所造成的。智能大厦是一个管理系统，它是以目前国际上先进的分布式信息与控制理论为基础而设计的计算机分布式系统。它综合利用了现代计算机技术、现代控制技术、现代通信技术和现代图形显示技术。这样的系统是一个综合集成的计算机网络系统，该系统能将建筑物内的设备自控系统、通信系统、商业管理系统、办公自动化系统，以及具有人工智能的智能卡系统、多媒体音像系统等集成为一体化的大系统（这是一个计算机管理系统）。因此，面对着这样优越的办公环境，各类办公人员可以充分利用和发挥智能大厦系统的功能，最大限度地提高办公效率和改进办公质量，缩短办公周期，减少或避免各种差错，从而提高管理和决策的科学水平。

（8）必须具备可靠的安全性与稳定性。保密是任何单位的办公中不可回避的问题。由于办公自动化尚无标准和信息技术保密程度的不可确定性，尤其是网上“黑客”的存在，给办公自动化的进行造成一定的障碍。系统的办公自动化建设同样不可忽视这一问题，因此，建立一个集各种数据信息、业务系统为一体化的数字中枢神经系统，如果没有可靠的安全性与稳定性的保证是无法应用于系统业务办公的。

（9）必须具备有高速、大容量、宽带传输网络（信息高速公路）。“瓶颈”现象的出现是目前普遍和急需解决的问题。通常是由于信息量的激增和网络传输速率不高造成的，它是一种信息超载现象。目前所采用的ATM和ISDN能起一定的增大网络带宽的作用，利用CLIP能起到数据压缩作用，更有效的解决途径将是光纤孤子通信系统的普及。近年来光孤子通信的研究十分活跃。光孤子现象是利用光纤的非线性来补偿其线性色散，传输损耗由EDFA（掺铒光纤放大器）的增益来补偿，即所谓“全光”过程，这样可以使光脉冲经过长距离传输后，其波形的幅度和形状不变，形成光孤子。利用光孤子通信原理传输速率可达1000Gbit/s，同时，利用同步整形和定时方法，可使光孤子在稳态条件下可传输极远的距离，并且抗干扰能力强、重量轻和可节省大量金属材料。可见光纤孤子通信具有极其巨大的应用潜力。

1.1.3 办公自动化的应用层次

从功能角度，办公自动化的应用分为三个不同的层次：事务处理型应用、信息管理型应用和决策支持型应用。

1. 事务处理型应用

事务处理型办公自动化是第一个层次，它的任务是处理办公室中日常的一些例行性的事务，如文字处理、电子排版、电子表格处理、文件收发、电子文档管理、办公日程管理、人事管理、财务统计、报表处理、个人数据库等，以及其他一些行政管理职能。事务处理型办公自动化只限于单机系统或一个机关单位内连接各办公室的多机系统，目的是将办公人员从大量烦琐的办公事务中解脱出来，以提高办公效率，节约资源。此外，在办公事务处理型上可以使用多种办公自动化子系统，如电子出版系统、电子文档管理系统、智能化的中文检索系统（如全文检索系统）、光学汉字识别系统、汉语语音识别系统等。在公用服务业、公司等经营业务方面，使用计算机替代人工处理的工作日益增多，如订票、售票系统，柜台或窗口系统，银行业的储蓄业务系统等。事务处理型办公自动化的功能都是处理日常的办公操作，是直接面向办公人员的。为了提高办公效率，改进办公质量，适应人们的办公习惯，要提供良好的办公操作环境。

2. 信息管理型应用

信息管理型办公自动化是第二个层次。随着信息利用重要性的不断增加，在办公系统中对和本单位的运营目标关系密切的综合信息的需求日益增加，查询有关的数据信息成为办公事务中的重要内容。信息管理型的办公系统，就是把事务处理型办公系统和综合信息（数据库）紧密结合的一种一体化的办公信息处理系统。综合数据库存放该有关单位的日常工作所必需的信息。例如，在政府机关，这些综合信息包括政策、法令、法规，有关上级政府和下属机构的公文、信函等的政务信息；一些事业单位的综合数据库包括和服务项目有关的所有综合信息；公司、企业单位的综合数据库包括工商法规、经营计划、市场动态、供销业务、库存统计、用户信息等。作为一个现代化的政府机关或企、事业单位，为了优化日常的工作，提高办公效率和质量，必须具备供本单位的各个部门共享的这一综合数据库。这个数据库建立在事务处理型办公自动化系统基础之上，构成信息管理型的办公自动化系统。

3. 决策支持型应用

决策支持型办公自动化是第三个层次。它建立在信息管理型办公自动化系统的基础上。它使用由综合数据库系统所提供的有关信息，针对需要做出决策的课题，构造或选用决策数字模型，结合有关内部和外部的信息，由计算机执行决策程序，以帮助决策者做出相应的决策。决策支持是辅助决策而不是取代决策，决策人使用它来寻找解决问题的方法和模型。这种系统是高度智能化系统，是领导者决策的外脑。

上述三个层次的办公应用是相互依存、不可分割的。决策支持层依赖于信息管理层提供的信息，信息管理层是建立在事务层之上的。随着三大核心支柱技术：网络通信技术、计算机技术和数据库技术的成熟，办公自动化已进入到新的层次。在新的层次中，系统有四个新的特点。

（1）集成化。软硬件及网络产品的集成，人与系统的集成，单一办公系统同社会公众信息系统的集成，组成了“无缝集成”的开放式系统。

（2）智能化。面向日常事务处理，辅助人们完成智能性劳动，如汉字识别，对公文内容的理解和深层处理，辅助决策及处理意外等。

（3）多媒体化。包括对数字、文字、图像、声音和动画的综合处理。

（4）运用电子数据交换（EDI）。通过数据通信网，在计算机间进行交换和自动化处理。这个层次包括信息管理型办公自动化系统和决策型办公自动化系统。

1.2　现代办公自动化系统

1.2.1　概念

现代办公自动化系统（Modern Office Automation System，MOAS）是利用现代科学技术的手段提高办公的效率，进而实现办公自动化处理的系统。是发达国家为解决单位办公业务急剧增长的问题，而开发的一种综合技术。这种技术是将计算机、网络和现代化办公手段有机结合起来的一种新型的办公方式，是当前最具生命力的技术领域，也是现代人类社会进步的主要标志之一。办公自动化系统是指运用先进的技术，结合高度发达的办公设备，自动化地处理各种各样的办公信息。即将一个机构的所有办公用的计算机和所有办公设备进行连接，通过连接，机构成员可在不同时间和不同地点办公，从而使各种信息得到充分利用，大大提高办事效率和质量。

一个企业实现办公自动化的程度也是衡量其实现现代化管理的标准。办公自动化从最初的以大规模采用复印机等办公设备为标志的初级阶段，发展到今天的以运用网络和计算机为标志的现阶段，对企业办公方式的改变和效率的提高起到了积极的促进作用。MOAS 软件解决企业的日常管理规范化、增加企业的可控性、提高企业运转的效率的基本问题，范围涉及日常行政管理、各种事项的审批、办公资源的管理、多人多部门的协同办公及各种信息的沟通与传递。可以概括地说，MOAS 软件跨越了生产、销售、财务等具体的业务范畴，更集中关注于企业日常办公的效率和可控性，是企业提高整体运转能力不可缺少的软件工具。

MOAS 提供信息化手段解决企事业单位、政府机关烦琐的日常事务处理所造成的人员成本、办公成本居高不下而办事效率低下等问题，实现单位内部各个岗位上的工作人员的协同交流，整合单位内、外各类信息系统和信息资源，实现通用日常办公流程的高效管理。同时用户通过系统提供的丰富的流程定制工具，可以迅速搭建起面向具体业务的办公环境。使得办公自动化系统真正实现了政府及企事业单位无纸化、无距离远程协同办公的新概念。

1.2.2 特性

现代办公自动化系统具有五大特性：开放性、易用性、健壮性、严密性和实用性。

开放性——指与其他软件系统的关联性整合应用程度。这是因为与企业现有 ERP、CRM（Customer Relationship Management，客户关系管理）、HR（HR-Human Resource，人力资源）、财务等系统融合集成，是办公自动化办公系统的大势所趋。只有具备开放性的办公自动化办公系统，才能与其他信息化平台进行整合集成，帮助用户打破信息孤岛、应用孤岛和资源孤岛。如今，大部分组织内部人员年龄跨度较大，众口难调，只有易用性高的办公自动化办公系统才能获得用户的一致青睐。而办公自动化办公系统的严密性和健壮性是衡量软件优劣的重要指标，也是反映办公自动化软件厂商实力差距的重要方面。此外，不实用的办公自动化办公系统，无论看起来功能多丰富，性价比多高，都可能造成与企业和行业发展的不配套，无法达到提升效率的目的。

易用性——指软件系统使用人群的接受程度。目前，综合比较国内各种 MOAS 软件，走网络风格化的协同软件，其接受群是最大的。它的特点从整体到细节，彻底坚持网络风格，能实现与外网的全面打通，从而，让软件应用变得像上网一样简单。

健壮性——指 MOAS 软件在面对超大用户、高并发应用时的稳定性。软件必须能保证全员应用的稳定性，尤其是针对集团型企业，软件必须具备超大用户、高并发应用的稳定性，否则，一旦出问题，哪怕是小问题，都可能影响到现实的集团业务，从而造成不可估量的损失。坚持网络风格是最大限度提升软件健壮性的一种有效手段，因为这样一来，决定应用并发数的并不是软件平台本身，而是硬件和网络速度。也就是说，从理论上讲，类似的软件平台没有严格的并发数限制。

严密性——指系统必须同时实现信息数据上的大集中与小独立的和谐统一。企业，尤其是集团型企业，从制度落地的现实需求来看，一方面必须有统一的信息平台，另一方面，又必须给各个子公司部门相对独立的信息空间。所以，软件不仅要实现“用户、角色和权限”上的三维管控，还必须同时实现信息数据上的大集中与小独立的和谐统一，也就是必须实现“用户、角色、权限+数据”的四维管控，具备全面的门户功能。

实用性——指软件功能必须与管理实务紧密结合。现实中，企业一方面需要软件最大可能地满足现有需求，另一方面，管理本身也是个不断发展的过程。所以，办公自动化办公系统最好能采用标准化平台的模式，在标准化的基础上，提供开放的强大的自定义功能，如此便能同时具备项目化与产品化的优点。既有标准化，又部署了大量的自定义工具（包括首页门户自定义、知识管理平台、工作流程平台、自定义模块平台，自定义关系平台），以及大量的设置和开关与支持以上模块定义的基础自定义内容（如数据表自定义、表单自定义、频道自定义等），通过这些功能或工具，让企业对系统的控制力大大加强，在日常的使用中不再过分依赖软件开发商，能够让系统迅速适应管理的变革。

1.2.3　技术

1. 目前基本技术

随着办公自动化应用内容的不断扩展，办公自动化技术也在不断发展，从过去的 Basic+文件系统到 Visual Basic+Access、Delphi+Oracle 等，到目前基本形成了三大主流技术。

（1）.net+关系型数据库（RDB）技术。基于.NET+RDB 的办公平台则以简单、灵活、易用的特点获得了广泛的市场。

（2）Sun 的 Java+RDB 技术。Java（J2EE 标准）以其开放性、与平台无关性引领着技术发展方向，并迅速在各类应用系统中得到广泛应用与推广，在办公自动化领域市场领域不断扩大。

（3）IBM Lotus Domino 技术。Lotus 自 1989 年推出，以电子邮件、协同、非结构文档处理、安全机制见长。然而随着办公自动化应用的内涵不断丰富，Domino 也暴露出一些明显的弱点。不妨将技术原理相同.net/Java 与 Domino 做一简单的比较（以办公自动化应用为前提）。

.net/Java 更类似 3GL 工具，应用功能的实现需要更多的开发或集成，应用的成熟需要不断进行功能沉淀与积累。而 Domino 更像 4GL 工具，提供了业界领先的协同工具、企业级文档处理、文档级安全控制机制、大量的应用模板，使其更擅长办公应用支撑，但面对大量结构化业务信息处理时则显得明显不足。

（4）Suo 基于 saas（Software-as-a-service，软件即是服务）的 J2EE 服务。Suo 自 2006 年在上海成立，以真正的软件即是服务的技术理念，将业务流程与审批流程真正做到了根据需求而变化的流程自动化平台。擅长业务流程及审批流程，最注重与第三方 ERP 的集成工作，实现目标是将企业的审批流与业务流全部打通，最终形成报表体系，服务于决策。

2. 高端办公自动化技术

（1）办公自动化品牌。办公自动化系统的主流技术，从过去的 Domino 逐步向.NET、Java 迁移，主流的软件公司已经将 Java 作为根本技术路线，而原有 Domino、PHP、.NET 路线的产品，在高端用户需求面前，逐步成为昔日黄花，此类公司也在悄然转型，沿着 Java 路线开辟新产品。

（2）平台化能力。办公自动化的通用功能相对成熟的情况下，随着客户管理应用的深入，更多的办公自动化和 ERP 的边缘需求，开始旺盛出来。因此，如何持续地满足客户的功能需求，成为拉长产品生命周期的重要因素。如何通过无码开发实现快捷的功能定制成为平台化产品的发展方向。

（3）系统集成。对于信息化起步阶段的用户来讲，单系统应用就足够了。但对于已经有相当信息化基础的高端办公自动化用户来讲，如何与 ERP 系统进行数据集成、信息集成、门户集成，如何与 HR 系统进行组织集成、用户集成，如何与即时消息进行消息集成，甚至如何进行数据拆分和重建等成为思考的因素之一。

但集成是把双刃剑，缺少标准接口而完全定制开发的集成，又可能给升级、系统性能、项目周期等带来风险和隐患。因此考察办公自动化系统时，重点研讨标准接口能力和产品化机制成为要点。

（4）移动应用。随着手机操作系统和 CPU 的持续升级、随着 Wifi 无线的普及和手机带宽的持续扩容，通过手机、平板电脑实现随时随地的办公，已经成为可能，尤其是高层管理者，通过移动应用实现对时间碎片的高效应用成为关注点。

1.2.4 内容

随着新知识经济时代的到来，我国办公自动化管理信息化建设开始朝标准化、规范化的方向发展。各个行业，根据行业的业务需求和实际条件，提出了更高的要求。其MOAS软件的主要内容有以下几个方面的需求。

（1）信息门户管理。信息门户提供了一个内容展现的个性化窗口，可为用户提供信息的汇总、分类、搜索、发布；提供面向各类用户、不同阶段的个性化信息展现服务，实现对重要新闻、内部通知、规章制度建立协作机制，实现用户间的信息交流共享。通过提供的协同办公自动化办公系统的门户设置，可以根据单位发展的不同阶段，自行搭建不同的信息门户，实现门户的个性化、阶段化应用，如个人门户、科室门户、单位门户、上级门户、领导门户、关联门户、知识门户、制度门户、新闻门户等，从而实现将有用的信息自动推送给有用的人；有权限要求的信息自动推送给有权限的人。把用户最关心的内容推送给用户，使用户一目了然地在一个界面上看到想要看到的信息，提高用户的工作效率。

（2）日常协同管理。即时消息、协同工作解决日常工作中的全部沟通问题，沟通内容便于积累和追溯，信息获取方式可以是消息提醒框、邮件提醒、短信提醒等方式。合理安排和查询日常工作计划、日程和会议，并可将工作流程进行规范和优化。通过强大的表单和流程自定义设计功能，用户可根据自己的业务特点设计复杂的业务流程及表单，利用现有的SQL输入检索功能可以抓取本系统及其他系统中的数据，实现和其他系统的数据整合。

（3）公文档案管理。公文档案管理实现了收文管理和发文管理的自动化，功能包括我的收文、发文拟稿、发文草稿、发文查阅、发文设置、签收公文、收文查阅、收文设置等。并且公文的正文支持修改留痕、手写签名、套红头、签章等各种应用。可灵活设定公文流程，自动进行流程跟踪、催办、查办，并可归类存档和检索。

（4）公共信息管理。公共信息包括组织机构、机关最新动态、规章制度、政策法规、办公办事指南、工程建设、信息发布等功能。内部用户可通过本系统平台，查询政府内部相关资料，以及相关动态信息。

（5）论坛管理。论坛为内部的工作人员提供非正式的沟通交流平台。用户可通过论坛管理更好地利用现代化网络资源，实现讨论发布、信息交流、信息共享，达成共识等功能。

（6）会议管理。协同办公平台通过会议管理模块可实现对视频、非视频会议相关的各种资源的管理。

（7）任务管理。任务管理包括自己给自己安排的任务和领导安排给我的任务。任务管理子系统的目的在于规范工作的目标，领导对任务能进行实时管控。

（8）知识管理。知识管理解决方案可以实现如下功能：文件及目录操作、资料共享发布、文件检索、日志管理、文件回收站等。

（9）邮件管理。个人在日常工作中有可能会给外部的人员发送电子邮件或者接收外部人员发给我的电子邮件，邮件管理子系统提供基于Web的E-mail发送、阅读和存储、查找功能，并支持邮件转协同。

（10）人事管理。主要包括组织机构管理和部门管理，内部人员的调动、请假、出差、离职等人事相关流程，考核和合同管理。

（11）车辆管理。办公室及下属单位拥有一定数量的车辆，车辆的管理成为日常事物中的一项重要工作。本系统要实现集中管理车辆的基本信息、运营、维修、事故、违章等一系列信息，有效跟踪管理每台汽车的使用状况，提高工作效率，使企业车辆管理更加科学、更加规范。

（12）物品管理。物品管理主要对各单位内部的办公用品进行采购、领用管理，对分支机构及部门内部办公用品的费用分摊及分支机构、部门内部领用的数量进行统计。

（13）设备管理。设备管理的主要作用是完成单位设备日常业务的核算和管理，按部门和单位实现对设备资产的基本信息录入、查询、采购、领用、调拨转移、维修折旧等管理。

（14）督办管理。每一个任务（包括公文处理、个人任务、部门任务等）一般都有一个标准的办理时间，甚至是细化到每一个流程中处理节点的办理时间。因此协同办公系统针对每一个任务流程的每一个处理节点设置了标准办理时间，如果超过这个时间，则可以通过催办、督办、提醒等方式提醒处理人处理。

（15）移动办公自动化办公管理。移动办公是一套将移动通信元素与协同办公系统有机结合在一起，集日常办公、信息查看、内部通信等多项功能为一体的在线办公沟通工具。为实现信息沟通和资源共享，尽量节省投资，应对终端手机有较高的兼容性，不同平台及智能程度的手机终端能实现相同的功能。

1.3　现代办公自动化的管理

现代化管理已成为现代办公重要组成部分，卓有成效的管理是企业有效运行的保证。现代化管理包括预测—决策—计划、组织机构和人员配备、为实现计划目标所必需的指导和控制工作等。此外，还涉及行政运行机制、市场分析、财务监控等。办公自动化系统为现代化管理提供了有效的手段，为管理人员的决策提供了详尽的、全面的、准确的数据资料，促使管理方法由定性向定量发展。总之，现代的管理必须采用办公自动化技术。因为它在本质上提高了一个机构的工作效率和运行效率，它可以产生巨大的效益，为信息交流的时间和空间的节省提供了意想不到的好处。

1.3.1　办公自动化管理分类

从既有的概念上来说，OA 是办公自动化的英文简称，从字面上理解，它至少包含两层意思：第一层是“办公”，我们首先想到的是“公文流转”、“档案管理”，这也是起源于政府收发文的办公自动化的典型特征，也可以说是办公自动化的主要管理对象；第二层是“自动化”，即将一些原有的纸张信息和手工工作进行电子化，目标是提升企业办公的效率。因此，办公自动化管理分为两大类：计算机管理和非计算机管理。

（1）计算机管理，包括两层含义：一是人对计算机硬件、软件、网络系统等实施的技术性管理和系统安全性管理，此类工作主要由计算机硬件和软件专家负责实施；二是计算机这个先进工具帮助人完成的管理工作，如资料、人事、工资、财务、档案、收发、统计等具体应用管理事务，此类工作主要由原来的各单项管理者和员工具体操作。

（2）非计算机管理，指在计算机管理中，人为制定的管理规则和控制规则，以及组织实施的过程管理，这是领导干部的重要职责。例如，制定各级领导和员工的工作权限、各类文件的查阅浏览权限、文件批阅权限、各类档案和信息资料的公开程度和保密规则、各类言论的公开程度和范围、违规处罚条款等。

这两大类管理又是相辅相成、联系密切的，需要整体考虑，统一指挥，协调行动。

1.3.2　办公自动化知识管理

办公自动化系统经过十几年的发展，已经进入到新一代的协同发展型办公自动化时代。协同发展型办公自动化不仅可以实现企业各组织、各部门及人员之间的协同，还能够很方便地将各种内外资源结合在一起，从而让人们越来越多地体会到协同所带来的高效。而接下来的问题就是：如何从现有的办公自动化系统中挖掘更多的信息、创造更多的价值？答案是引入知识管理思想。

1. 知识管理的概念

知识管理（Knowledge Management，KM）就是为企业实现显性知识和隐性知识共享寻找新的途径，对知识、知识创造过程和知识的应用进行规划和管理的活动，是利用集体的智慧提高企业的应变和创新能力。知识管理包括几个方面工作：建立知识库；促进员工的知识交流；建立尊重知识的内部环境；把知识作为资产来管理。知识的积累与运用是企业面临的最大难题，实现知识共享必须得到企业领导和全体员工的认同，把学习确定为公司的重点，以促进员工彼此合作来创造性的建设企业。许多成功的知识型的企业都建立了可以实现知识共享的信息平台，都建立了对积极参与知识共享的员工予以奖励的激励机制。

因而我们说，知识管理是一种全新的经营管理模式，它要求企业将知识视为企业最重要的战略资源，把最大限度地掌握和利用知识作为提高企业竞争力的关键。从实践的层面上来说，知识管理一方面需要及时获取存在于企业内外部的各种信息、数据、文档等，另一方面还需要对与知识相关的活动进行充分的管理和支持，这就需要把知识本身、使用知识的人、传播知识的活动等各方面的资源协调统一起来。

2. 知识管理的内容

了解了知识管理的基本概念后，办公自动化又该如何提供对知识管理的支撑呢？知识管理包含以下基本要素。

知识来源：从内容上来分类，知识包括各种技能、专业、事实、能力、法则、规律等；从存在的形态来分类，知识包括显性知识（各种数据、文档、材料等）和隐性知识（人头脑中的思维方式、专业知识、掌握的技能技巧等）。

存储知识：知识的存储包括存储的场所、存储的形式、组织的方式等。

共享知识：知识的共享从另一个方面来说就是知识的分发、传播，让知识的使用者可以最大限度地获取知识，从而使知识通过共享实现自身价值。

利用知识：知识的利用就是要让知识在获取的同时，转化为人员的技能、能力，以及组织的智慧资本。

因此，相对应地，办公自动化应该为知识管理的这些要素提供管理工具。

3. 知识管理的工具

知识的获取：除了现成的文档资料外，知识更多地存在于的日常活动的过程中，并不断再产生和更新。因此，办公自动化应扩大其对企业管理的涵盖面，深入企业的运营，同时将知识管理贯穿于企业运作的各个环节，让企业可以随时随地的关注、跟踪和攫取业务过程中产生的知识，并进行及时的记录，而不必从头撰写文档或单纯地以文档的形式展现。另外，办公自动化也可以进一步扩展成为搜索、整合和组织各种外部信息的平台，并将其中的信息转化为知识供访问者共享。

知识的整理：知识的原始形态是杂乱无章的，因此需要对各种结构化和非结构化知识有序管理。这包括提供对各种形式（PPT、Excel、Word、图片、扫描）文档的存储；对各种数据和信息的转化；提供可高度定义的知识目录；提供可细分的，多角度的共享权限安全设定；提供各种知识展现平台；提供知识与知识之间的关联等。

知识的分发：完成了知识的获取和整理后，下一步就需要将这些有价值的知识通过各种手段进行广泛的传播。因此，一方面，知识可以以各种形式展现，如内外网站、企业新闻、电子期刊、相关文档等；另一方面还可以通过知识订阅、交流社区、即时通信、网络学校、工作流程等进行分发，分发对象可以为某个部门的人员，也可以为整个企业或外部的合作伙伴等。

利用知识：完成了知识分发后，下一步的工作就是有效地对知识进行汲取，并对知识的转化进行评估和分析。这包括知识的查询，如提供出色的信息检索功能、知识关联、知识地图等使企业在业务过程中可以迅速获得需要查找的信息；学习评估和考核，提供各种学习和测验工具；知识分析和统计，从各种角度分析知识的结构、内容及被阅读的情况，判别知识的价值和人员的趋向等。

创新知识：知识被汲取并加以利用后，又会在实践中产生新的知识。因此知识管理还需要利用创建、沟通、交流等手段让新的知识显性化，补充到原有的知识体系中，并重新进入知识获取、存储、共享、利用、创新的新一轮循环，以实现知识的不断更新和积累。这包括在日常工作中随时和便利地创建知识；新知识能够迅速进入原有的知识体系；与人力资源管理相结合，对知识积累的考核和激励；突破组织界限，进行动态、灵活的沟通交流，联合内外部的知识力量等。

目前办公自动化系统的发展已经到了第三代，即基于知识管理的办公自动化。系统建立在企业 Intranet 平台之上，能够帮助企业实现动态的内容显示和知识的实际管理，使企业的每一个员工能够在协作中不断获得学习的机会和进步。

1.3.3　办公自动化知识管理的实现

引进一套办公自动化系统很简单，通过建立内联网加上一套软件就可以实现。但是要达到知识管理，就必须让所有的员工都认识到它的必要性和重要性，真正让所有的员工争先恐后地访问系统，愿意把自己的知识奉献出来共享。

首先，建立企业的内联网和系统平台，能够实现交流与协作。一方面要求硬件平台的构筑要合理，另一方面要求应用系统在设计、规划、实施上将交流与协作作为应用的基础进行考虑，能够全面、完善的实现知识管理。内联网建立以后，知识就可以在互相交流中发展。联系越广越有效，信息就能得到越多和越好的共享。

其次，应建立企业内部知识库。知识库建立在企业的内联网上，可以包括公司的人力资源状况、员工需要的技能和评价方法、各部门的内部资料、公司的发展历史、客户的所有信息、竞争对手的材料、合作伙伴的材料、公司内部研究资料等。当然知识库必须有基本的安全措施和网络访问权限控制。

再次，应建立知识总监制度，组织知识的创造、发明和传播的最大化。知识是具有竞争优势的可持续的来源，对企业的发展起到至关重要的作用。知识总监的主要任务是将企业的知识变成企业的效益。具体地说就是：建立和造就一个能够促进学习、积累知识和信息共享的环境，使每个人都认识到知识共享的好处，并为企业的知识库做贡献；监督保证知识库内容的质量和深度；保证知识库与企业的发展一致；保证知识库设施的正常运行；加强知识集成，产生新的知识，促进知识共享的进程。

最后，为了调动员工对知识管理的积极性，就应创造一种企业文化，促使员工为自己的绩效负责，并且能够发展新知识和新技能。配合这种制度，企业必须改变绩效评估体系的标准，建立知识管理奖励机制。让员工在知识管理的过程中由操作型员工向知识型员工转变，提供给他们学习的环境和激励，创造更大的价值。

利用办公自动化系统进行知识管理也要遵循统一规划、分步实施、先易后难、实效发展的原则。知识管理是一个长远规划的建设项目，不能只考虑现有用户的办公需求和系统框架，还必须考虑企业的长远规划。在实施过程中，首先要建立起邮件系统、公共信息系统，然后逐步深入，扩大实施范围。让员工在使用过程中体会到利用办公自动化系统进行知识管理的动力和乐趣，这样有利于整体系统的进行。

当今的企业越来越重视无形资产，或者说越来越重视知识。企业利用办公自动化系统进行知识管理可以达到对知识的识别、获取和充分发挥知识的作用，从而提高企业的竞争力。

1.4 现代办公人员应具备的基本技能

现在的办公自动化系统是网络化的 OA 系统，它不再是孤军奋战，而是一个团队的协调工作，这就要求从领导到各个业务部门乃至单位的所有工作人员，都要具有一定的信息素养和基本技能。

（1）计算机操作能力。让办公人员必须学会使用计算机，了解计算机的基本结构，掌握计算机常见操作系统的基本操作，学会简单的计算机硬件维护。

（2）文字、表格、演示文稿处理能力。即文字录入、编辑和输出，表格的制作、编辑，演示文稿的设计和制作等基本技能。学会常见的一种办公软件，如 Microsoft Office 。

（3）数据处理能力。对于办公中常见的数据或数据库内容，要学会基本的数据处理方法及数据库文件创建、编辑和输出方法。

（4）文献检索和处理能力。对于在办公过程中出现的各种问题或海量信息，办公人员要学会主动进行相关文献检索方法，处理检索后的有用信息。

（5）简单的多媒体加工和处理能力。办公人员，需要学会对文字、声音、图形图像、动画和视频等多媒体信息进行简单加工和处理的能力。

（6）网络通信能力。网络通信技术是办公自动化的关键技术之一。从硬件配置的角度来看，一个办公自动化系统实际上是利用计算机网络将分散的计算机、终端、外围设备等，通过通信媒体连接在一起，组成能够实现互相通信，并实现资源共享的系统。网络通信可使办公系统的各部门之间进行信息交换，这些信息包括数据、文字、语音、图形图像等，也使得办公人员能共享各种集中保管的资料、文件和档案等。

（7）团队协作意识。对于现代办公人员来说，团队意识和协作意识，是一个单位或企业员工必备的基本素质。在办公过程中，具有较高的团队意识和协作意识，是这个团队不败的根本原因。

（8）业务操作能力。现代办公人员，必须对行业的各种业务熟悉，掌握各种规章制度，精通各种业务的数据规范和业务流程，熟练业务操作。这是企事业单位选择岗位办公人员的标准。

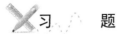

习　　题

1. 办公与现代办公有什么不同？

2. 现代办公自动化的定义和特点是什么？

3. 现代办公自动化的发展从历史时期上可以分为哪几个阶段？各阶段的主要特点是什么？

4. 什么是现代办公自动化系统？它有哪些主流技术？

5. 知识管理的内容包括哪些？企业如何实现办公自动化知识管理？

活　　动

活动主题：初步了解现代办公的主要特点和办公人员所需要具备的基本素质。

活动任务：参观一家企事业单位的办公工作环境，了解某工作岗位的业务处理流程和工作人员所必备的基本知识和技能。

第2章　现代办公自动化技术

在本章中，介绍现代办公自动化中应用的几种核心技术或最新技术。

2.1　电子公文传输技术

我国机关和企，事业单位的传统行文媒介是以带有公章的红头文件为准的纸质文件，公章是其单位身份的象征。这种纸质公文传输是一件普通而又非常必要的日常工作，需要经过计算机排版、工厂印刷、邮政分发等多个环节，周期长、效率低，而且容易发生错误投递或公文破损，安全性差，成本高。如何实现机关各部门、单位之间的无纸化电子公文交换，提高效率，降低成本，是电子政务建设部门所关注和思考的一个重要方面。

2.1.1　电子公文与电子公文传输系统

电子公文是指各地区、各部门通过由国务院办公厅统一配置的电子公文传输系统处理后形成的具有规范格式公文的电子数据。电子公文传输系统，就是利用计算机网络和安全技术，实现机关部门、单位之间的红头文件的起草、制作、分发、接收等操作，以电子化公文传输模式取代传统的纸质公文传输模式。

电子公文传输系统代替了多年来传统的上呈下达以红头文件传递的法定方式，是一条方便快捷、安全可靠的公文传输途径，具有速度快、保密性好的特点。电子公文传输系统利用计算机网络技术、版面处理与控制技术、安全技术等，实现了部门与部门之间，单位与单位之间红头文件的起草、制作、分发、接收、阅读、打印、转发和归档等功能，以现代的电子公文传输模式取代了传统的纸质公文传输模式。对公文进行排版，再将其转换成为不可篡改的版式文件，并通过该系统直接发送给接收方，接收方在收到电子公文后，通过专用的版式阅读器来阅读内容和版面与发送方完全一样的公文文件，最后在权限允许范围内用彩色打印机打印出具有正式效力的含有红头的公文。整个过程通过计算机来实现，安全与保密得到有效保障，大大缩短了公文传输的时间。

2.1.2　电子公文传输系统的特性

电子公文要取代纸质公文作为政府和企事业单位的主要行文媒介，其制作、传输和收发流程必须满足一定的要求。这包括以下几点。

1. 公文的安全性

电子公文无纸化传输的首要要求就是安全。由于网络环境的广泛性和复杂性特点，普通电子文件很容易在网络传输过程中被截取和篡改，而电子公文文件具有保密性和不可抵赖性的特点，是绝对不允许出现此类安全漏洞的。因此，电子公文系统必须要有可靠的电子签名、加密等先进技术作安全支撑。

2. 传输的高效性

由于网络环境的复杂性特点，要保障电子公文的畅通传输，必须要尽可能地降低网络传输的数据量。本系统在进入数据加密之前，首先进行了LZW（Lernpel-Ziv-Welch Encoding）

算法的数据压缩处理，文本文件的压缩率将近 1/1000，从而有效控制了公文传输的数据量。

3. 操作的简便性

系统使用对象涉及机关工作各部门及相关单位文秘人员，多为非计算机专业人士，因此其操作必须力求简洁、方便。本系统设计时仿照电子邮件的操作模式，类似收件箱、发件箱的操作，操作人员只要会电子邮件的收发，就能立即掌握系统的基本操作。

4. 环境的适用性

优秀的公文接收、浏览软件必须能适应各种软件环境。系统应提供图形化的电子公文传输模式，从而使公文接收端无需与公文的发送端具有相同的软件环境，如不需要相同的字体环境、不需要相同的操作系统、不需要相同的字处理软件，甚至接收端不需要安装任何字处理软件。

5. 系统的集成性

一个优秀的软件系统必须是一个开放的系统，必须能够提供有效的途径，可以与用户的其他相关系统之间进行数据交换。本系统提供了以复印件图片文件形式输出公文的能力，以使其他系统可以直接利用所接收的公文数据，与其他系统进行集成。

2.1.3　电子公文传输系统的关键技术

电子公文传输系统的主要业务流程如图 2-1 所示。

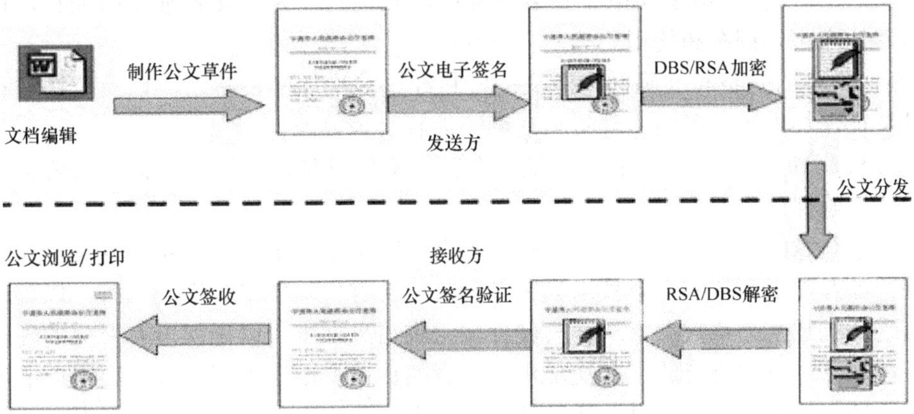

图 2-1　电子公文传输系统主要业务流程图

电子公文传输系统以 DES 和 RSA 相结合的加密方法，采用通过国家商业密码委员会认证的硬件加密产品，实施电子公文的加、解密操作，具体来说有以下几个步骤。

（1）公文的生成和制作。首先要运用公文制作单位的硬件加密狗，通过该单位的硬件私钥密码进行电子数字签名，从而确保该公文的合法性和可识别性。

（2）公文发送。首先通过 DES 算法加密电子公文的正文，根据收文单位获取对应的收文单位公钥，通过 RSA 算法以该公钥加密 DES 的解密密钥，并输出给收文单位。

（3）公文的收取。收文单位获取到加密后的收文后，首先通过本单位的加密狗私钥进行 RSA 解密，获得经过 DES 加密的电子公文正文的解密密钥，再通过 DES 算法解密获得电子公文的正文。

（4）公文的验证。收文单位对解密后的收文，以发文单位的公钥进行收文的电子签名验证，从而确定来文的合法性。

在电子公文传输系统的设计中涉及以下关键技术：加密与电子签名、电子公章的安全、公文的原样输出及与OA系统的无缝对接等。

（1）加密和电子签名技术。电子公文系统安全的最基本要素就是文件的加密、解密技术，电子签名和验证技术。传统的数据加密方法大致有两类：对称加密和不对称加密。对称加密指的是通过一组随机产生的密钥加密原文数据，其产生的密文在解密还原时，必须使用其加密时的密钥。对称加密算法的代表为DES算法，它具有加密速度快、强度高等优点，但存在必须通过网络传递密钥的问题，从而产生安全隐患的不足。不对称加密指的是接收方首先产生一对密钥：公钥和私钥。公钥，即用于发送给加密方的密钥；私钥，即保存在接收方本地的密钥。该对密钥有这样的特点：通过公钥加密的数据，必须通过私钥解密；同样，通过私钥加密的数据（通常称为电子签名），必须通过其对应的公钥解密（通常称为签名验证）。不对称加密算法的代表为RSA算法，这种算法不需要在网络中传输私钥，因此在网络传输中安全性较高，但由于其基于大数运算，速度较慢，不适用于大数据量的加密。

电子签名从技术角度而言，主要是指通过一种特定的技术方案来鉴别当事人（主要指发件人和收件人）的身份及确保内容不被篡改的安全保障措施。世界上一些国家在电子签名立法中对电子签名技术选择方案时都采用上述不对称加密方法为法定的安全技术方案。电子签名具有以下几个特征。

1）确认主体身份。由于在电子签名过程中，私钥只能为发文者独家所拥有，正常情况下，没有其他人可以拥有和使用。

2）确认内容的完整和准确性。原文的资料经过多次加密及解密，以及公钥与私钥的完全对应性特征，经电子签名的文件资料内容不能轻易被篡改。

3）收付方验证过程是公开的。验证方在验证文件时是使用发件方提供的公钥，任何人都可以验证，确保公正性。

（2）电子公章的安全技术。电子公章的安全保障是整个电子公文系统安全性保障的重中之重，因此涉及电子公章的安全技术显得尤为重要。首先，电子公章制作时，以发送单位的硬件加密狗公钥加密公章数据，这样与硬件加密狗信息捆绑，以确保没有对应的硬件加密狗设备是不能加盖本单位公章的。其次，电子公章的加盖有专用密码，并需要对应的硬件加密狗做身份验证。加盖电子公章时，通过计算获得电子公文文件的校验码，以发送单位的加密狗私钥对公章数据进行加密，即进行电子签名，再与公文正文信息合并。如果传输过程中公章信息与电子公文分离，将无法还原显示电子公章。电子公章的显示采用矢量绘制的过程，并在显示前计算公文正文信息的校验码，对电子公章数据进行解密，即签名验证，如果有任何公文信息的变化都会导致电子公章的解密失败。电子公章既包含用以显示公章图形的可视信息，又包含用以数字电子签名的私钥数据。

电子公章的显示必须要有所属单位的对应公钥数据，也只有正确地对应公钥数据才可以显示出可视的公章图片信息。同时，矢量化的公章绘制技术，确保了公章无法通过复制、粘贴等方法被非法截取。系统对公章图片进行矢量化处理后，确保该图片信息只有在该电子公文传输系统环境内部才有效，确保公章关键信息不被非法截获和使用。具体操作有：读入BMP图片文件，解读BMP点阵，构造矢量数据，存储矢量数据，再以本单位加密狗私钥对存储的矢量数据进行电子签名，以使矢量章具备可识别性和法律性，最后再以本单位的加密狗公钥对已签名的公章实施加密，从而获得与硬件加密狗捆绑起来的加密公章。

对于电子公章的使用，系统提供了严密的日志跟踪措施，所有公章的制作、使用都有详细的日志记录。同时，由于电子公章的使用离不开硬件加密狗的加、解密操作，公章的主要数据信息通过硬件加密狗存储，没有硬件加密狗设备，也就无法使用电子公章。这样，可以方便用户以符合传统公章管理制度的方式保管电子公章，可以将加密狗保存在保险柜中。

（3）公文原样输出技术。电子公文作为传统纸质公文的替代，最基本的一条要求是，所有的公文接收单位，不管其操作系统是什么、配套软件如何，其公文输出必须与发文单位在内容、版式上完全一致，不能有任何偏差，所有收文单位的收文原样纸质文档将通过本地打印获得。

要满足原样复原这一要求，一般有两种技术：一种方式是收发方所有计算机采用相同的软、硬件环境，另一种方式则直接采用图片照排的形式。本系统采用虚拟打印技术，通过提供虚拟打印驱动的手段，对发文单位排版编辑后的文件以虚拟打印模式直接获取发文单位的打印输出图片，所有电子公文的后期制作、显示都是基于该发文单位的打印输出结果而来，从而确保了所有收文与发文单位在编辑时完全一致的要求，真正实现了电子公文制作、分发的所见即所得，而不强求系统环境的一致性，满足了系统环境的适用性要求。

获取的图片必须既能保证打印输出时的高分辨率要求，又能保证用于屏幕显示时的低分辨率不失真要求，另外还需考虑尽量降低图片的存储空间，以减少图片处理的时间，提高公文传输的效率。因此，系统虚拟打印输出的图片采用了矢量化格式，既保证了输出图片的高分辨率，又极大缩小了图片的存储空间。采用图像灰度化技术和图片优化算法，并根据实验确定了既能保证打印清晰度，又能尽量减少处理时间的图片分辨率，使得高分辨率的打印图片可以实时高效地转换为用于屏幕显示的低分辨率图片，同时满足屏幕显示和打印输出的系统要求。

（4）LZW 压缩技术。LZW 压缩技术是一种比其他大多数压缩技术都复杂，但压缩效率较高的压缩手段。其基本原理是把每一个第一次出现的字符串用一个数值来编码，在还原程序中再将这个数值还成原来的字符串，如用数值 0x100 代替字符串“abccddeee”。这样每当出现该字符串时，都用 0x100 代替，起到了压缩的作用。至于 0x100 与字符串的对应关系则是在压缩过程中动态生成的，而且这种对应关系是隐含在压缩数据中，随着解压缩的进行，这张编码表会从压缩数据中逐步得到恢复，后面的压缩数据再根据前面数据产生的对应关系产生更多的对应关系，直到压缩文件结束为止。LZW 是可逆的，所有信息全部保留。采用 LZW 压缩技术，可以达到高效率压缩数据的目的。为了满足电子公文传输系统的高效传输要求，要尽可能地降低网络传输的数据量。为此，在进入数据加密之前，首先要进行 LZW 算法的数据压缩处理，将文本文件压缩至将近 1/1000，从而有效控制了公文传输的数据量。

（5）与第三方 OA 系统的无缝对接。电子公文传输系统可以做到与第三方 OA 系统进行整合，将电子公文数据整合到 OA 系统里面。简单来说，与各单位内部已有的 OA 系统对接，就是要做到接收方能将电子公文系统的收文转入到 OA 系统的收文登记，发送方能将电子公文系统的已发公文作为 OA 系统的发文归档。本系统设计了一种基于 HTTP 的开放接口模型，发送方或者接收方的 OA 系统无论其是何环境，只要按系统规定的格式提供基于 Web 网页的接收表单，将该表单有关的 URL、字段名等信息在电子公文传输系统的本地 INI 文件中做好定义，就可以自动将公文按 TIFF 格式转换成本地图片文件，再将图片文件上传到 Web 表单中，从而实现与该 OA 系统的无缝连接，满足系统的集成性要求。

综合上述对电子公文传输系统特性、架构和关键技术的分析，可以得出结论，电子公文传输系统符合现有公文和公章管理制度，能做到发送红头文件像发送普通电子邮件一样快捷，同时保留了红头和公章，既与现行有纸办公方式兼容，又大大加快了公文传输的速度，增强了公文传输的安全性。

事实上，电子公文传输系统作为一种安全、高效、高技术的电子政务系统，以其独特的数字化传输技术使红头文件的上情下达和下情上达可以瞬间即到，从而革命性地改变了延续几千年的传统公文传递方式。电子公文传输系统是机关单位之间实现电子政务信息化交流的一个典型应用，相信该系统的成功应用，必能大力推动电子政务更广泛和更深入的运作。

2.2 业务协同技术

数字化、网络化、信息化是办公自动化发展的潮流，而多维度、多领域的“协同办公”成为了办公自动化发展的新方向。

2.2.1 协同与协同办公

协同，就是指协调两个或者两个以上的不同资源或者个体，协调一致地完成某一目标的过程或能力。协同最基本的含义是协同工作。依据此定义，可以说为了实现办公自动化中各业务信息的交流、组合及信息共享等都可以看做是协同办公。

20世纪90年代末期开始，随着办公环境的变化和协同管理的兴起，更多地强调跨地域、跨部门之间的协同。但此时办公自动化实现的协同也仅仅是局部、浅层次的，更多的信息及资源依然处于离散和难以管理的状态。要实现良好的协作，首先需要突破地理边界和组织边界，让处于不同地理位置，不同部门的人员可以进行无障碍的交流；其次，需要对整个协作过程进行管理，让相互协作的部门内部及部门与部门之间为共同目标进行一致的、协调的运作，并将协作过程中产生的信息完整的保留、整理后，以知识的形式实现再利用。总的来说，实现协同办公可以从流程、人员、知识及应用等四个角度来考虑。

从流程协同角度分析，需要强化跨部门、跨组织的流程自动化。依靠全面的系统处理逻辑与相关工具，实现高效的数据处理与交互，实现组织内部之间、组织外部之间、相同或不同组织内外部之间的各种业务流程的自动化，实现现代化的协同办公；从人员协同角度分析，人员协同的终极目标就是“零距离”。员工之间的沟通越简单、越方便，企业的工作效率就越高。通过提供综合通信，文档交换及电子会议等群组协作环境，建立合理的团队管理模式，最大限度地强化人员之间的沟通，协调团队的行动；从知识协同角度分析，通过提供综合文档管理，动态数据处理，高效整合分散于各部门内外的各类文档，数据资料与其他信息，实现知识共享。通过挖掘信息的内在关联，形成一套适用于不同部门的协同办公知识体系，使协同办公进一步规范化；从应用角度分析，通过提供具有扩展能力的协同办公应用平台，实现方便快捷地开发、实施与集成各种应用系统，并使之相互配合，通过阶段性地功能扩充与系统升级，满足各部门办公自动化发展的要求。

2.2.2 协同办公的特点与优势

1. 特点

为克服部门导向的网上办公给用户带来的不便，网上办公需要提升到高级阶段，即协同办公阶段。协同办公的网上公众服务应有如下特点。

（1）目录采用应用导向而非部门导向。公众能通过自己的应用政务服务需求经由政府统一网站入口，自动导向政府办事入口，不再需要事先了解政府各部门的职能。

（2）需要多部门共同协办，用户申请后系统自动驱动多部门办理，不需用户分别对口驱动，各部门协同工作的业务自动完成。

（3）为支持目录应用导向与部门协作业务自动驱动，各相关的业务系统将进行跨部门的整合，进行系统再造，通过减少数据冗余、流程改进来提高公共服务的效率。

2. 优势

（1）规范管理，提高工作效率：通过工作流系统，员工不用拿着各种文件、申请、单据（如公文会签、计划日志、用款报销等工作流程审批）在各部门之间跑来跑去，等候审批、签字、盖章，这些工作都可在网络上进行。一些处理弹性大而不易规范的工作流程也可变得井然有序。同时由于系统设定的工作流程是可以变更的，可以随时根据实际情况来调整不合理的环节，为企业流程的重组提供有效的事实依据。

（2）节省运营成本：OA 平台最主要的特点之一是实现无纸化办公。无纸化办公节约了大量的纸张及表格印刷费用；工作审批流程的规范可为员工节省大量工作时间；完善的信息交流渠道甚至可以大幅降低电话费及差旅费用。

（3）消除信息孤岛、资源孤岛：OA 协同办公平台的协同性可以彻底消除由于企业内部各业务系统相互独立、数据不一致，信息共享程度不高、管理分散，管理维护工作量大等因素形成的一个个“信息孤岛”、“资源孤岛”。

（4）实现知识传播：实现企业对其最重要资产——知识的高效管理、积累沉淀、传播、应用。完全摆脱人员流动造成的知识的流失。

（5）提高企业竞争力、凝聚力：员工与上级沟通很方便，信息反馈畅通，为发挥员工的智慧和积极性提供了舞台。无疑，企、事业单位的内部凝聚力将大大增强，实现规格化、流程化管理。

2.2.3　协同办公的关键技术

1. 体系架构关键技术

（1）采用 J2EE 三层应用体系架构构建、部署和管理多个层次中的应用平台建设采用了流行的 J2EE 三层应用体系结构，即表示层、应用逻辑层、数据层。这种标准的体系结构及其所支持的跨平台的 Java 语言可以方便用户的应用开放及应用集成。同时由于该应用支撑平台支持多种流行的开放工具，用户可以选择其熟悉的开发工具开发应用，缩短了开发部署及应用移植的时间。

（2）采用面向服务的体系架构（SOA）来支持将业务作为链接服务或可重复业务任务进行集成，在需要时通过网络访问这些服务和任务。面向服务的体系结构是一种全新的开发技术，新的组件模型，是一种构造分布式系统的方法。它将业务应用功能以服务的形式提供给最终用户应用或其他服务。本平台通过业务设计在抽象、声明式服务发布两个方面实现面向服务的体系结构。

2. 系统设计方法关键技术

（1）采用 MVC（模型—视图—控制器）程式设计模式。简化程序结构 MVC 包括三类对象：模型（Model）是应用对象，视图（View）是在屏幕上的表示，控制器（Controller）定义用户界面对用户输入的响应方式。使用 MVC 则将它们分离以提高系统的灵活性和可重用性。只有实现业务逻辑层与用户表示层、数据服务层完全分离，采用可复用构件技术来封装业务逻辑，才能有效地控制因需求变化而致的变更范围，才能有效地限制一处修改而处处牵连的"波动效应"，才能提高系统的可维护性，延长系统的生命周期。

（2）使用UML技术进行统一业务建模本平台在业务建模时，采用了可视化的UML建模语言，通过用例分析技术，建立各套系统的业务模型，进行适当的切割，选取稳定的软件架构，分析出业务实体（Business Entity），并以此为基础，组装出组件（Component），落实到相应的三层结构，建立针对特定功能区域的应用系统，便于将最终用户与开发人员联系在一起，使得双方能够正确地理解需求。

（3）运用面向对象的分析与设计方法面向对象的分析设计方法具有模块化、重用性、抽象性、继承、封装性、多态等特点，适用业务复杂、多变的应用。面向对象分析OOA、面向对象设计OOD、面向对象实现OO（IOOP）、面向对象测试OOT等是基于对象构造系统的，而不是基于业务流程构造系统。政策、机构的变化都会导致业务流程的变化，因此基于流程的系统是不稳定的系统，基于对象的系统才是较稳定的系统。面向对象的设计思想能最大限度地增强系统的适应性，增强系统的可维护性，从而优化系统的结构，减少长期的投资。

3. 系统开发采用的关键技术

（1）采用反向推送技术，提高信息交互时效性，降低对服务器性能的要求。反向推送技术也称为Ajax，是和常见的客户端轮询模式不同的推送技术，是指从服务器端主动推送新的信息到客户端浏览器，从而降低服务器端的开销，同时提高了时效性。

（2）采用按需加载技术，提高界面加载速度，降低对客户端计算机性能的要求。平台中部分页面采用了按需加载技术，某些不显示的标签页或帧在进入页面时并不加载，只有在需要加载的时候（如客户激活该标签）才会加载，从而达到提高了首页面展现速度的目的。例如，工作流中的查看任务页面，包括了基本属性表单、意见表单、处理单等。

对于一般办理者来说，并不关心处理单的内容。本平台采取按需加载的技术，只有在客户需要查看处理单的标签页时，才会做该标签页的加载工作，从而保证了这部分的性能消耗不会被浪费。

（3）采用面向切面编程技术，从框架级统一处理数据更新的事务，保证数据提交的原子性在框架的数据持久层使用面向切面编程，实现框架级的数据库事务，从而保证数据库事务处理的统一性，降低数据出错的风险。

（4）采用WebService技术，提供方便的一体化整合。在平台对外接口（如电子公文交换平台的接口）大部分使用WebService方式提供，便于其他系统调用本平台所提供的功能或将其他系统集成到本平台，实现一体化整合。

（5）采用RMI技术，解决公文和资料交换过程中大附件传输的问题。为避免因在XML中传输体积较大的附件而造成的性能问题，公文交换协议中规定附件可以使用RMI（Java Remote Method Invocation）来传输。一方面对能够使用RMI的系统可以大幅提高性能，另一方面也能够兼容常规的WebService接口。

（6）实现子流程重用技术，降低冗余，提高重用度。将常用的环节（如会签、征求意见、传阅等）抽象为子流程，做到统一维护、统一管理。在新流程中使用这些子流程时只需要简单引用该流程。

（7）基于 XML 标准实现电子数据交换。本系统的数据交换格式采用通用的 XML 数据格式，每个级别分级打包，彼此互相不影响。XML 格式的数据是目前应用最为广泛的数据格式，在各种应用平台，各种编程语言中都有其解析器。各部分的交换采用 XML 格式的数据大大降低了系统各个部分的耦合程度，方便系统变更，最大可能地实现松散结合的系统。

2.3 工作流技术

工作流技术是 20 世纪八九十年代发展起来的一项新兴技术，它为实现企业经营过程重组、经营过程自动化和过程优化和管理提供了方法和软件支持。

2.3.1 工作流与工作流管理系统

工作流从英文单词 workflow 而来，是一种能够被计算机解释和执行的反映经营过程业务流动的计算机化模型。经典定义是：工作流是指一类能够完全自动执行的经营过程，根据一系列过程规则，将文档、信息或任务在不同的执行者之间进行传递与执行。它主要解决的是“使在多个参与者之间按照某种预定义的规则传递文档、信息或任务的过程自动进行，从而实现某个预期的业务目标，或者促使此目标的实现”。

工作流管理系统（Workflow Management System，WfMS）的主要功能是通过计算机技术的支持去定义、执行和管理工作流，协调工作流执行过程中工作之间及群体成员之间的信息交互。工作流需要依靠工作流管理系统来实现。

2.3.2 工作流技术的发展

工作流技术发端于 1970 年办公自动化领域的研究工作，但工作流思想的出现还应该更早。1968 年 Fritz Nordsieck 就已经清楚地表达了利用信息技术实现工作流程自动化的想法。20 世纪 70 年代与工作流有关的研究工作包括：宾夕法尼亚大学沃顿学院的 Michael D. Zisman 开发的原型系统 SCOOP，施乐帕洛阿尔托研究中心的 Clarence A. Ellis 和 Gary J. Nutt 等人开发的 OfficeTalk 系列试验系统，还有 Anatol Holt 和 Paul Cashman 开发的 ARPANET 上的“监控软件故障报告”程序。SCOOP、Officetalk 和 Anatol Holt 开发的系统都采用 Petri 网的某种变体进行流程建模。其中 SCOOP 和 Officetalk 系统，不但标志着工作流技术的开始，而且也是最早的办公自动化系统。

20 世纪 70 年代人们对工作流技术充满着乐观情绪，研究者普遍相信新技术可以带来办公效率的巨大改善，然而这种期望最终还是落空了。人们观察到这样一种现象，一个成功的组织往往会在适当的时候创造性地打破标准的办公流程；而工作流技术的引入使得人们只能死板地遵守固定的流程，最终导致办公效率低和人们对技术的反感。20 世纪 70 年代工作流技术失败的技术原因则包括：在办公室使用个人计算机尚未被社会接受，网络技术还不普遍，开发者还不了解群件技术的需求与缺陷。

含有工作流特征的商用系统的开发始于 1983~1985 年间，早期的商用系统主要来自于图像处理领域和电子邮件领域。图像处理许多时候需要流转和跟踪图像，工作流恰好迎合这种需求；增强的电子邮件系统也采用了工作流的思想，把原来点对点的邮件流转改进为依照某种流程来流转。在这些早期的工作流系统中只有少数获得了成功。

进入 20 世纪 90 年代以后，相关的技术条件逐渐成熟，工作流系统的开发与研究进入了一个新的热潮。据调查，截至 1995 年共有 200 多种软件声称支持工作流管理或者拥有工作流特征。工作流技术被应用于电信业、软件工程、制造业、金融业、银行业、科学试验、卫生保健领域、航运业和办公自动化领域。

1993年8月，工作流技术标准化的工业组织——工作流管理联盟（WfMC）成立。1994年，工作流管理联盟发布了用于工作流管理系统之间互操作的工作流参考模型，并相继制定了一系列工业标准。

关于工作流技术的学术研究也十分活跃，许多原型系统在实验室里开发出来，人们从工作流模型、体系结构、事务、适应性、异常、安全、语言、形式化、正确性验证、资源管理、开发过程等各方面对工作流技术进行探讨，大量论文被撰写出来。

尽管工作流技术取得了进步，但理论基础的研究还很不够。现有的工作流管理系统从功能、可靠性、健壮性上与数据库管理系统无法相提并论。

进入2000年以后，随着Web服务技术的兴起，多个标准化组织制定了各自和工作流技术相关的Web服务标准，如XLANG、WSFL等。2002年8月，IBM、微软等企业联合提交并发布了BPEL规范。

2.3.3 工作流技术的关键技术

工作流技术的关键技术主要包括工作流建模技术、工作流实现技术，以及工作流执行和管理。

1. 工作建模技术

工作流是个过程行为，对工作流进行过程建模是工作流管理系统的基础，也是难点。工作流过程建模是把一个具体、复杂、完整的业务过程（包括Who，What，When三要素）用抽象模型表示出来，并通过计算机实现操作。工作流过程模型描述方法有形式化描述和非形式化描述，前者通过建模语言描述业务流程，如面向对象技术中的UML、WFMC定义的工作流描述语言等；后者是通过可视化较强的图形符号来描述业务流程，这一类过程建模的工具很多，比较成熟的主要有IDEF族法、RAD法、EEPC法、Petri网法、DFD法等。

2. 工作流实现技术

工作流管理系统的实现涉及计算机应用技术，包括网络通信技术、服务器管理技术、数据库技术、Agent技术、接口与集成技术、可视化技术、软件编程技术等多个方面。工作流管理系统是计算机技术的集成体，是计算机技术用于信息化产品的典型代表。工作流管理联盟给出的一般性工作流管理系统的产品体系结构图和工作流参考模型，使工作流管理系统的开发有了一定的参考标准，规范化了工作流产品市场。

3. 工作流执行与管理

工作流的执行是个人和计算机共同工作的过程。工作流管理系统的实际操作是放在具体业务过程中的，需要人的参与和管理。一个工作流管理系统的成功执行，离不开协调和管理的科学运用。随着网络的普及和信息化程度的提高，工作流技术的应用范围越来越广泛，工作流管理系统的种类和功能也将越来越丰富和强大。未来工作流管理系统应具有建模、分析、规划、事务管理、互操作性、后勤管理和internet/intranet等功能，工作流技术的发展更趋于完善和成熟。

2.4 云计算技术

2006年谷歌推出了“Google 101计划”，并正式提出“云”的概念和理论。随后亚马逊、微软、惠普、雅虎、英特尔、IBM 等公司都宣布了自己的“云计划”。云安全、云存储、内部云、外部云、公共云、私有云……一堆让人眼花缭乱的概念在不断冲击人们的神经。

2.4.1 云计算的概念

云计算（Cloud Computing）是由分布式计算（Distributed Computing）、并行处理（Parallel Computing）、网格计算（Grid Computing）发展来的，是一种新兴的商业计算模型。目前，对于云计算的认识在不断的发展变化，云计算仍没有普遍一致的定义。

中国网格计算、云计算专家刘鹏给出如下定义：“云计算将计算任务分布在大量计算机构成的资源池上，使各种应用系统能够根据需要获取计算力、存储空间和各种软件服务”。

狭义的云计算指的是厂商通过分布式计算和虚拟化技术搭建数据中心或超级计算机，以免费或按需租用方式向技术开发者或者企业客户提供数据存储、分析及科学计算等服务，如亚马逊数据仓库出租生意。

广义的云计算指厂商通过建立网络服务器集群，向各种不同类型客户提供在线软件服务、硬件租借、数据存储、计算分析等不同类型的服务。广义的云计算包括了更多的厂商和服务类型，例如国内用友、金蝶等管理软件厂商推出的在线财务软件，谷歌发布的 Google 应用程序套装等。

通俗的理解是，云计算的“云”就是存在于互联网上的服务器集群上的资源，它包括硬件资源（服务器、存储器、CPU 等）和软件资源（如应用软件、集成开发环境等）。本地计算机只需要通过互联网发送一个需求信息，远端就会有成千上万的计算机为你提供需要的资源并将结果返回到本地计算机。这样，本地计算机几乎不需要做什么，所有的处理都在云计算提供商所提供的计算机群来完成。

2.4.2 云计算技术的主要服务形式

云计算还处于萌芽阶段，有庞杂的各类厂商在开发不同的云计算服务。云计算的表现形式多种多样，简单的云计算在人们日常网络应用中随处可见，如腾讯 QQ 空间提供的在线制作 Flash 图片等。目前，云计算的主要服务形式有 SaaS（Software as a Service），PaaS（Platform as a Service），IaaS（Infrastructure as a Service）。

（1）软件即服务（SaaS）。SaaS 服务提供商将应用软件统一部署在自己的服务器上，用户根据需求通过互联网向厂商订购应用软件服务，服务提供商根据客户所定软件的数量、时间的长短等因素收费，并且通过浏览器向客户提供软件的模式。这种服务模式的优势是，由服务提供商维护和管理软件、提供软件运行的硬件设施，用户只需拥有能够接入互联网的终端，即可随时随地使用软件。这种模式下，客户不再像传统模式那样花费大量资金在硬件、软件、维护人员上，只需要支出一定的租赁服务费用，通过互联网就可以享受到相应的硬件、软件和维护服务，这是网络应用最具效益的营运模式。对于小型企业来说，SaaS 是采用先进技术的最好途径。

以企业管理软件来说，SaaS 模式的云计算 ERP 可以让客户根据并发用户数量、所用功能多少、数据存储容量、使用时间长短等因素不同组合按需支付服务费用。不用支付软件许可费用，也不需要支付采购服务器等硬件设备费用，也不需要支付购买操作系统、数据库等平台软件费用，也不用承担软件项目定制、开发、实施费用，也不需要承担 IT 维护部门开支费用。实际上，云计算 ERP 正是继承了开源 ERP 免许可费用只收服务费用的最重要特征，是突出了服务的 ERP 产品。

目前，Salesforce.com 是提供这类服务最有名的公司，Google Doc, Google Apps 和 Zoho Office 也属于这类服务。

（2）平台即服务（PaaS）。把开发环境作为一种服务来提供。这是一种分布式平台服务，厂商提供开发环境、服务器平台、硬件资源等服务给客户，用户在其平台基础上定制、开发自己的应用程序并通过其服务器和互联网传递给其他客户。PaaS 能够给企业或个人提供研发的中间件平台，提供应用程序开发、数据库、应用服务器、试验、托管及应用服务。

Google App Engine, Salesforce 的 force.com 平台，八百客的 800APP 是 PaaS 的代表产品。以 Google App Engine 为例，它是一个由 python 应用服务器群、BigTable 数据库及 GFS 组成的平台，为开发者提供一体化主机服务器及可自动升级的在线应用服务。用户编写应用程序并在 Google 的基础架构上运行就可以为互联网用户提供服务，Google 提供应用运行及维护所需要的平台资源。

（3）基础设施服务（IaaS）。IaaS 即把厂商的由多台服务器组成的“云端”基础设施，作为计量服务提供给客户。它将内存、I/O 设备、存储和计算能力整合成一个虚拟的资源池为整个业界提供所需要的存储资源和虚拟化服务器等服务。这是一种托管型硬件方式，用户付费使用厂商的硬件设施。例如 Amazon Web 服务（AWS）、IBM 的 BlueCloud 等均是将基础设施作为服务出租。

IaaS 的优点是用户只需低成本硬件，按需租用相应计算能力和存储能力，大大降低了用户在硬件上的开销。

以 Google 云应用最具代表性，如 GoogleDocs、GoogleApps、Googlesites，云计算应用平台 GoogleApp Engine。

GoogleDocs 是最早推出的云计算应用，是软件即服务思想的典型应用。它是类似于微软的 Office 的在线办公软件。它可以处理和搜索文档、表格、幻灯片，并可以通过网络和他人分享并设置共享权限。Google 文件是基于网络的文字处理和电子表格程序，可提高协作效率，多名用户可同时在线更改文件，并可以实时看到其他成员所作的编辑。用户只需一台接入互联网的计算机和可以使用 Google 文件的标准浏览器即可在线创建和管理、实时协作、权限管理、共享、搜索能力、修订历史记录功能，以及随时随地访问的特性，大大提高了文件操作的共享和协同能力。

GoogleAPPs 是 Google 企业应用套件，使用户能够处理日渐庞大的信息量，随时随地保持联系，并可与其他同事、客户和合作伙伴进行沟通、共享和协作。它集成了 Cmail、GoogleTalk、Google 日历、GoogleDocs、及最新推出的云应用 GoogleSites、API 扩展，以及一些管理功能，包含了通信、协作与发布、管理服务三方面的应用，并且拥有着云计算的特性，能够更好地实现随时随地协同共享。另外，它还具有低成本的优势和托管的便捷，用户无需自己维护和管理搭建的协同共享平台。

Googlesites 是 Google 最新发布的云计算应用，作为 GoogleApps 的一个组件出现。它是一个侧重于团队协作的网站编辑工具，可利用它创建一个各种类型的团队网站，通过 Googlesites 可将所有类型的文件包括文档、视频、相片、日历及附件等与好友、团队或整个网络分享。

Google AppEngine 是 Google 在 2008 年 4 月发布的一个平台，使用户可以在 Google 的基础架构上开发和部署运行自己的应用程序。目前，Google AppEngine 支持 Python 语言和 Java

语言，每个 Google AppEngine 应用程序可以使用达到 500MB 的持久存储空间及可支持每月 500 万综合浏览量的带宽和 CPU。并且，Google AppEngine 应用程序易于构建和维护，并可根据用户的访问量和数据存储需要的增长轻松扩展。同时，用户的应用可以和 Google 的应用程序集成，Google AppEngine 还推出了软件开发套件（SDK），包括可以在用户本地计算机上模拟所有 Google AppEngine 服务的网络服务器应用程序。

2.4.3　云计算的核心技术

云计算系统运用了许多技术，其中以编程模型、数据管理技术、数据存储技术、虚拟化技术、云计算平台管理技术最为关键。

（1）编程模型。MapReduce 是 Google 开发的 Java、Python、C++编程模型，它是一种简化的分布式编程模型和高效的任务调度模型，用于大规模数据集（大于 1TB）的并行运算。严格的编程模型使云计算环境下的编程十分简单。MapReduce 模式的思想是将要执行的问题分解成 Map（映射）和 Reduce（化简）的方式，先通过 Map 程序将数据切割成不相关的区块，分配（调度）给大量计算机处理，达到分布式运算的效果，再通过 Reduce 程序将结果汇整输出。

（2）海量数据分布存储技术。云计算系统由大量服务器组成，同时为大量用户服务，因此云计算系统采用分布式存储的方式存储数据，用冗余存储的方式保证数据的可靠性。云计算系统中广泛使用的数据存储系统是 Google 的 GFS 和 Hadoop 团队开发的 GFS 的开源实现 HDFS。

GFS 即 Google 文件系统（Google File System），是一个可扩展的分布式文件系统，用于大型的、分布式的、对大量数据进行访问的应用。GFS 的设计思想不同于传统的文件系统，是针对大规模数据处理和 Google 应用特性而设计的。它运行于廉价的普通硬件上，但可以提供容错功能。它可以给大量的用户提供总体性能较高的服务。

一个 GFS 集群由一个主服务器（master）和大量的块服务器（chunkserver）构成，并被许多客户（Client）访问。主服务器存储文件系统所含的元数据，包括名字空间、访问控制信息、从文件到块的映射及块的当前位置。它也控制系统范围的活动，如块租约（lease）管理、孤儿块的垃圾收集、块服务器间的块迁移。主服务器定期通过 HeartBeat 消息与每一个块服务器通信，给块服务器传递指令并收集它的状态。GFS 中的文件被切分为 64MB 的块并以冗余存储，每份数据在系统中保存三个以上备份。

客户与主服务器的交换只限于对元数据的操作，所有数据方面的通信都直接和块服务器联系，这大大提高了系统的效率，防止主服务器负载过重。

（3）海量数据管理技术。云计算需要对分布的、海量的数据进行处理、分析，因此，数据管理技术必需能够高效的管理大量的数据。云计算系统中的数据管理技术主要是 Google 的 BT（BigTable）数据管理技术和 Hadoop 团队开发的开源数据管理模块 HBase。

BT 是建立在 GFS、Scheduler、Lock Service 和 MapReduce 之上的一个大型的分布式数据库。与传统的关系数据库不同，它把所有数据都作为对象来处理，形成一个巨大的表格，用来分布存储大规模结构化数据。

Google 的很多项目使用 BT 来存储数据，包括网页查询、Google earth 和 Google 金融。这些应用程序对 BT 的要求各不相同：数据大小（从 URL 到网页到卫星图像）不同，反应速度不同（从后端的大批处理到实时数据服务）。对于不同的要求，BT 都成功地提供了灵活高效的服务。

（4）虚拟化技术。通过虚拟化技术可实现软件应用与底层硬件相隔离，它包括将单个资源划分成多个虚拟资源的裂分模式，也包括将多个资源整合成一个虚拟资源的聚合模式。虚拟化技术根据对象可分成存储虚拟化、计算虚拟化、网络虚拟化等，计算虚拟化又分为系统级虚拟化、应用级虚拟化和桌面虚拟化。

（5）云计算平台管理技术。云计算资源规模庞大，服务器数量众多并分布在不同的地点，同时运行着数百种应用。如何有效管理这些服务器，保证整个系统提供不间断的服务是巨大的挑战。

云计算系统的平台管理技术能够使大量的服务器协同工作，方便地进行业务部署和开通，快速发现和恢复系统故障，通过自动化、智能化的手段实现大规模系统的可靠运营。

习　题

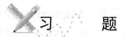

1. 什么是电子公文和电子公文传输系统？
2. 什么是协同和协同办公？
3. 什么是工作流技术？
4. 什么是云计算？它的主要服务形式有哪些？
5. 云计算在现代办公自动化主要有哪些应用优势？

活　动

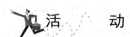

活动主题：初步了解云计算和它在现代办公自动化方面的应用前景。

活动任务：参观一家有云计算系统的单位，了解云计算技术在该单位的应用情况。上网主动探索云计算技术与现代办公自动化相关的文献，研究未来云计算技术给现代办公自动化领域带来什么样的变化，并将研究情况请写成一个简单的研究汇报小论文。论文题目自拟。

第3章 现代办公自动化设备

现代办公自动化，有三大要素：科学技术、现代设备、网络环境。因此，设备的熟练使用和应用是办公人员必须具备的基本技能和素养。当今科技技术的飞速发展，推动着现代办公设备也在不断地向前发展和更新，所以，本章只能选择平常办公时经常使用，而且比较经典的设备来进行介绍。每一类设备选一两种企事业单位目前常用，或者以后在办公自动化的现代化发展中将会碰到的，从设备的结构原理、使用方法和简单维护三个方面来讲解。

3.1 办公自动化设备概述

3.1.1 办公设备的概念

办公设备（Office Equipments），泛指管理人员使用的用来办公的有关设备，是现代企事业单位行政管理工作中不可或缺的办公配置。

办公设备，同时也有广义与狭义的概念之分。狭义概念指多用于办公时处理文件的设备。例如，传真机、打印机、复印机、投影仪、碎纸机、扫描仪等，还有台式计算机、笔记本、考勤机、装订机等。广义概念则泛指所有可以用于办公工作的设备和器具，这些设备和器具在其他领域也被广泛应用。包括电话、程控交换机、小型服务器、计算器等。

与办公设备对应的另一个概念，则是办公耗材。办公耗材，则泛指用于办公设备的相关消耗材料，如打印纸、笔等。

3.1.2 办公设备的分类

办公设备的分类有多种，可以根据使用对象或功能用途来分类。

1. 根据使用对象分类

办公设备可分为普通办公设备和专业办公设备。

普通办公设备，如几乎在所有办公室都能见到的传真机、打印机、复印机等。

专业办公设备，如邮局、银行、金融、财务、铁路、航空、建筑工程等机构和部门使用的有特殊构造和要求的设备。例如，各种非标准尺寸（纸张幅面）的票据打印机、POS机（可传输信息和打印票据）、货币清分机、AMT（触屏控制机，如拿号机）及打印机等。

2. 根据功能和用途分类

办公设备大致可分为文件输入及处理设备、文件输出设备、文件传输设备、文件整理设备等。每一类设备又都包括多种产品，以下列举的只是其中的主要设备或常用设备。

（1）文件输入及处理设备：计算机、文件处理机、打字机、扫描仪等。

（2）文件输出设备：可分为文件复制设备和文件打印设备。

文件复制设备包括：制版印刷一体化速印机和油印机、小胶印机、重氮复印机（晒图机）、静电复印机、数字式多功能一体机、数字印刷机、轻印刷机、喷墨复印机等。

文件打印设备包括：激光打印机、喷墨打印机、针式打印机和绘图机等。

（3）文件传输设备：传真机、计算机、电传机等。

（4）文件储存设备：缩微设备、硬盘等。

（5）文件整理设备：分页机、裁切机、装订机、打孔机、折页机、封装机等。

（6）网络设备：网络适配器、路由器、交换机、调制解调器等。

随着技术进步和由于办公室工作细化而对产品不断提出新的要求，各类新型办公设备产品层出不穷，更新换代速度也越来越快。但是，大多数办公设备属于以机电为基础的耐用设备，所以在各类办公室中多种类型、多代设备同时服务于办公的现象比较常见。

3. 办公设备的详类

在日常办公中，各类设备根据用途的不同或实现的技术不同，又分为不同的类别。

（1）复印机：低速复印机、中速复印机、高速复印机、彩色复印机、小型复印机等。

（2）打印机：激光黑白打印机、彩色激光打印机、喷墨打印机、针式打印机、标签打印机、卡打印机等。

（3）投影机：商务投影机、工程投影机、教育投影机、投影机灯泡、电子白板、投影幕、幻灯仪等。

（4）传真机：喷墨传真机、激光传真机、碳带传真机、热敏传真机等。

（5）一体机：彩色喷墨一体机、彩色激光一体机、黑白激光一体机、数码一体机、工程复印一体机等。

（6）扫描仪：高速扫描仪、大幅面扫描仪、普通扫描仪、工程扫描仪等。

（7）绘图仪：激光绘图仪、喷墨绘图仪、服装绘图仪、晒图机等。

（8）电话机：会议电话、录音电话机、无绳电话机、普通电话机、程控交换机、音频机、音视屏等。

（9）计算机：掌上计算机、显示器、台式机、笔记本等。

（10）数码产品：照片打印机、电子词典、数码摄像机、数码相机、单反相机等。

（11）文件整理机：胶装机、配页机、装订机、打孔机、切/裁纸机、塑封机、折纸机、冷裱机、订折机、压痕机、覆膜机、碎纸机等。

（12）文仪器材：收款机/POS机、刻字机、点钞/验钞机、中/英文打字机、除湿机、名片王系列、打印服务器、空气净化器、手写输入系列、扫译笔系列、激光条码扫描枪等。

3.1.3 办公设备的特点

1. 办公设备的特点

（1）彩色化：越来越多的办公文件是以图文混排的方式进行排版，黑白的文件已无法满足办公需要。所以，彩色喷墨打印机、彩色激光打印机、彩色热升华打印机、彩色数码复印机在未来的二三年后必定会成为办公文印市场的主角。

（2）多功能：目前，同时可以实现网络打印、复印、传真、电邮、扫描的机器越来越受顾客的喜爱。

（3）高速化：人们将会越来越珍惜时间，如果有大批量的印务，则肯定会购买高速机器，并且要求首张复印或打印的速度在5s之内，因为顾客没有太多耐心。

（4）网络化：目前，网络的应用越来越广泛，如果一台办公设备不可以进行网络传输，则它的命运只能是被淘汰。

2. 常用办公设备的维护常识

（1）计算机主机：硬盘读盘时不要突然关机或断电；要防振、防水、防潮，注意避开加湿器；计算机工作时不要搬动、移动或使其受到冲击振动；不要频繁地开、关机，且开、关机每次应间隔片刻时间。

（2）液晶显示屏：显示屏要避免阳光直射和暴晒；切忌碰撞，不要在屏幕上画刻或用手等用力指点以免划伤液晶屏表面，造成坏点，影响正常使用。

（3）打印机：注意防水防振，对装纸器要轻拉轻放，注意不要将订书针等异物掉入机内。

（4）投影仪：注意防水防振，轻拿轻放，注意散热；不用的时候要关机，节省灯泡使用寿命。

3.2 打　印　机

3.2.1 打印机的分类

打印机的种类很多，通常按打印原理分为针式打印机、喷墨打印机、激光打印机、喷蜡式打印机、热蜡式打印机、热升华打印机等。其中，针式打印机、喷墨打印机、激光打印机在市场中最常见，是办公自动化系统中占主流的打印机类型，是计算机最常用的输出设备，如图 3-1 所示。

针式打印机　　喷墨打印机　　激光打印机

图 3-1　常用打印机

按照印字方式的不同，可将打印机分为击打式打印机和非击打式打印机两类。击打式打印机也叫机械式打印机，针式打印机就是击打式打印机。非击打式打印机是利用其他化学、物理方式来打印的，许多这类打印机的输出过程中并没有“打”的动作。喷墨打印机和激光打印机等是常见的非击打式打印机。

3.2.2 常见打印机的工作原理

1. 激光打印机的工作原理

激光打印是通过电子成像技术实现的，以黑白激光打印机为例，其核心部件是一个可以感光的感光鼓，俗称硒鼓，如图 3-2 所示。激光发射器所发射的激光照射在一个棱柱形反射镜上，随着反射镜的转动，光线从硒鼓的一端到另一端依次扫过（中途有各种聚焦透镜，使扫描到硒鼓表面的光点非常小），硒鼓以 1/300in 或 1/600in 的步幅转动，扫描又在接下来的一行进行。硒鼓是一只表面涂覆了有机材料的圆筒，预先带有电荷，当有光线照射时，受到照射的部位会发生电阻的变化。计算机所发送来的数据信号控制着激光的发射，扫描在硒鼓表面的光线不断变化，有的地方受到照射，电阻变小，电荷消失，也有的地方没有光线射到，仍保留有电荷。最终，硒鼓表面就形成了由电荷组成的潜影。

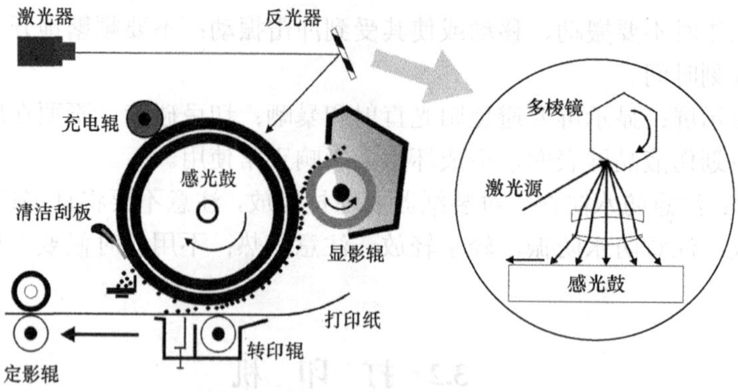

图 3-2 激光打印机的工作原理

墨粉是一种带电荷的细微塑料颗粒，其电荷与硒鼓表面的电荷极性相反，当带有电荷的硒鼓表面经过显影辊时，有电荷的部位就吸附了墨粉颗粒，潜影就变成了真正的影像。硒鼓转动的同时，另一组传动系统将打印纸送进来，经过一组电极，打印纸带上了与硒鼓表面极性相同但强得多的电荷，随后纸张经过带有墨粉的硒鼓，硒鼓表面的墨粉被吸引到打印纸上，图像就在纸张表面形成了。此时，墨粉和打印纸仅仅是靠电荷的引力结合在一起，在打印纸被送出打印机之前，经过上定影辊高温加热，塑料质的墨粉被熔化，在上、下定影辊的共同压力作用下渗入纸纤维，在冷却过程中固着在纸张表面。将墨粉传给打印纸之后，硒鼓表面继续旋转，经过一个清洁器，将剩余的墨粉去掉，以便进入下一个打印循环。

激光打印机具有最高的打印质量和最快的打印速度，色彩还原接近印刷效果，可以输出漂亮的文稿，也可以输出直接用于印刷制版的透明胶片。尽管其购置费用和消耗品费用都比较高（尤其是彩色激光打印机），但是由于其出色的打印效果，现在正从印刷设计、广告平面设计等专业应用向一般办公应用方向扩展。

2. 针式打印机的工作原理

平常我们所指的针式打印机，一般是指矩阵针式打印机，如票据打印机。这种打印机主要是由打印头、字车结构、色带、输纸机构和控制电路组成的。由于大规模集成电路的发展，使打印机中也出现了基于微处理器控制的系统。这样，打印机上所有的机械上的复杂动作、字符的形成等都可以经过微处理器进行存储记忆、控制和操作。

如图 3-3 所示，打印头是针式打印机的核心部件，它包括打印针、电磁铁等。这些钢针在纵向排成单列或双列构成打印头，当打印头从驱动电路获得一个电流脉冲时，电磁铁的驱动线圈就产生磁场吸引打印针衔铁，带动某列打印针击打色带（色带多数是由尼龙丝绸制成，带上浸涂有打印用的色料。装色带的机构有盒式和盘式两种，由于盒式色带结构比较简单，更好也更方便，所以我们平时的针式打印机上一般都用盒式色带），在打印纸上打出一个点的图形。色带后面是同步旋转的打印纸，从而

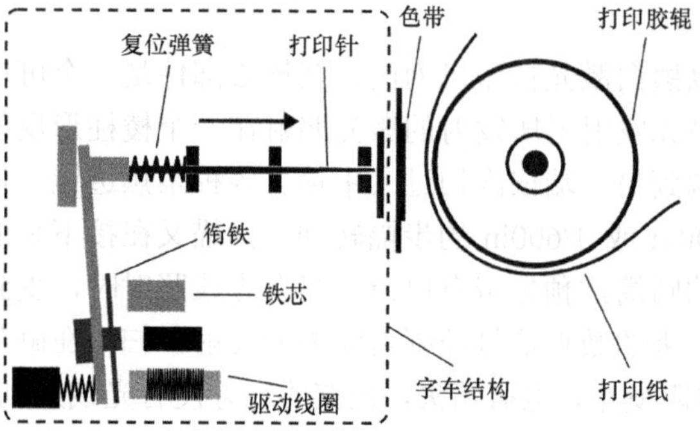

图 3-3 针式打印机工作原理

打印出字符点阵，而整个字符就是由数根钢针打印出来的点拼凑而成的。

针式打印机特点是结构简单、技术成熟、性能价格比好、消耗费用低。但噪声较高、分辨率较低、打印针易损坏。针式打印机近年来向着专用化、专业化方向发展，使其在银行存折打印、财务发票打印、记录科学数据连续打印、条形码打印、快速跳行打印和多份拷贝制作等应用领域具有其他类型打印机不可取代的功能。

3.2.3　打印机的日常使用与维护

正确地使用和维护保养打印机是减少故障，延长打印机使用寿命的重要保证。

首先要注意打印机的摆放环境。打印机的工作环境尽量要干净并保证灰尘尽量少，而且一定要远离带有酸、碱腐蚀性的物品。摆放打印机的工作台必须平稳且没有振动，尤其要注意的是不要在打印机上放置任何物品，以免这些物品掉进机器内部进而影响机械部分的运转、甚至造成严重故障。

其次注意打印机的电源。打印机和众多计算机设备一样易受强磁场的影响，所以在使用打印机时应尽量避免打印机与大功率容性或感性电器使用同一个多功能电源插座，而且摆放位置还要远离这些电器（如带有大功率电动机的电器等）。下面分不同类型说明打印机的使用与维护。

1. 针式打印机的日常使用与维护

（1）定期对打印机的打印头进行清洗。打印头的结构是非常精密的，其价格在整个打印中也算是比较昂贵的，而且它还是打印机中最关键的部件。但由于打印头与色带上的油墨、纸屑及灰尘等要经常地接触，所以打印头前端的出针处是很容易被这些脏物堵塞的。如果出针处被堵塞了的话就会影响到打印效果，严重时甚至会引起断针故障。因此，一定要定期对打印头进行清洗以防止这些故障的发生。

（2）定期对打印机进行清洁和加强润滑工作。打印机是机械产品，要经常地用小毛刷和“皮老虎”来扫、吹除打印机内部散落的纸屑和灰尘，而且还要保持打印机的外观清洁。有了灰尘和污迹应及时擦拭掉以免日后进入打印机内部，尤其是字车导轴和所有传动齿轮系统更要保持清洁且尽量要无灰尘——可以用柔软的棉纱布或纱口罩轻轻地擦拭字车导轴，擦净后再加注少量的润滑油即可。如果字车导轴太脏则很容易使字车移动不畅，在这种情况下如果工作时间稍长一些就可能会使字车驱动电路发热严重直至烧坏。

（3）要正确调整打印头和打印字辊之间的间隙。一般针式打印机都有一个调整纸厚的开关，当打印不同层的纸时，一定要选择合适的调节杆位置。如要打印一层纸的时候，调节杆应置于1或2的位置上；当要打印2层纸的时候，调节杆应置于2或3的位置上。至于调节杆具体位置应根据打印机操作手册设定，只是要遵守宁远勿近的原则。另外，对于新买来的打印机或新换的打印头来说，宜将纸厚开关调得大一些，因为新打印头和打印针还没有经过磨损，最好将纸厚开关置在3挡或4挡的位置上，等打印机使用过一段时间后再慢慢将开关置在合适的位置上。

（4）及时更换打印色带。打印机的色带在使用一段时间后，其颜色就会变浅，这时要记得及时更换色带，尽量不要强行调节针距或加重打印，这样做很容易就会造成断针故障。另外，当色带的某些部位挂料以后，也要将其及时更换掉以免挂断打印针。

（5）要合理打印蜡纸。针式打印机有别于其他打印机的特点之一就是可以用来打印蜡纸。目前在许多部门仍有不少用户在使用打印机来打印蜡纸，其实这样做是很容易损坏打印头的，因为蜡纸上的油墨很容易就会将打印头的针孔堵塞，蜡纸更易起毛而刮针，造成打印头断针故障。可以在蜡纸上覆盖一层薄纸以减轻蜡纸对打印头的污染，另外在打印蜡纸时并不需要取下打印色带。在打印蜡纸时，打印头间隙要调整得比较合适才行，间隙过小则会使打印强度过大，这样就会容易造成蜡纸破损，而且也有可能会造成断针，如果间隙过大则其打印出的字迹就会很不清楚，影响效果。

（6）不要进行“野蛮”操作。当打印机出现卡纸现象时，千万不要强行拽拉纸张或按“进/退纸”按钮，这样做很容易损坏某些部件。这时，只要用一只手搬动单页/连续纸转换杆，另一只手轻轻拉出被卡住的纸张即可将问题轻松解决。另外在联机状态下不要用手去旋转进纸手轮，以免影响微动进纸量。

（7）要正确接插打印机。在打印机和计算机主机均已加电的情况下，不要去插、拔通信电缆插头，这样做很容易将接口元件损坏，也就是说在插拔通信电缆插头时一定要先关掉主机和打印机才行。

（8）不要让打印机强行带“病”工作。如果出现走纸困难或者字车运行困难等情况时，最好先断电并进行检查，千万不要强行让打印机继续工作，这样就能最大限度地避免损坏电路部分和机械传动部分。

2. 激光打印机的日常使用与维护

激光打印机工作时最适宜的温度是15～25℃，相对湿度是40%～50%，一般可上下浮动10%左右。但是如果温度和湿度相差较大，可能会影响到激光打印机的正常使用，甚至会损坏设备。和其他的精密的电子设备和仪器一样，激光打印机要求电压保持稳定，如果电压不稳，则应该使用稳压器，以保证打印机的正常使用。

需要指出的是激光打印机在使用时有少量的不良气体产生，这种气体不会影响到打印机的使用，但是对人体的健康有一些影响。因此应该注意激光打印机在安放时其排气口不能直接吹向用户。建议在激光打印机附近放置一盆绿色植物，它会对有害的气体起到很好的过滤和吸收作用，保护人体的健康。

在日常使用中需要注意以下几个方面。

（1）保持激光打印机自身的清洁。保持激光打印机的清洁，关键在于除尘。粉尘是几乎所有的电器设备的天敌，对于激光打印机来说，粉尘来自外部和内部两个方面。激光打印机是依靠静电原理来进行工作的，因此它自身吸附灰尘的能力非常强。而在打印时在成千上万的碳粉颗粒通过静电吸附在纸上的同时，不可避免地会有一些残留物留在机内的一些部件上。如果这些粉尘不能及时地被清除，久而久之，由于激光打印机热量的作用会将这些粉尘“烧制”成坚硬的固体，从而使激光打印机发生故障，影响到激光打印机的正常使用。

一般情况下，我们可以使用专用的清洁工具对激光打印机进行清洁。这些清洁工具使用方便，清洁效果也比较好，最常见的是清洁纸。清洁纸的外形和普通的打印纸没有什么区别，它具有很强的吸附功能，使用时将它放入纸槽，选择打印一份空白文档，让清洁纸到打印机内部正常运行一次，清洁纸会粘走滚轮和走纸道上的粉尘，基本上3～5次便能完成清洁工作。当激光打印机使用了较长时间后，机内也会积累一些散落的碳粉颗粒和纸末，这时，需要打开打印机对其内部进行清洁。

打开激光打印机后，看到的可视部件为供纸器、感光鼓、转印辊等。当对可视部件进行清洁时，尽量用干布或少量专用清洁剂。主要清除的是机内洒漏炭粉及残留纸末。值得注意的是，擦拭要小心，千万勿使硒鼓等部件出现人为划痕，否则会严重影响文印效果。同时要注意勿碰机内连线。擦拭时要关闭电源，完成后，要待其完全干燥方可打开电源，以免造成短路而烧毁元件。同时需要注意的是在绝大多数的激光打印机上都安装了臭氧过滤器，臭氧过滤器至少应该一年更换一次，以保持过滤器的清洁。

（2）保持一个良好的使用习惯。卡纸是激光打印机最容易出现的一个故障，其实只要正确用纸，基本上是可以避免卡纸的情况发生的。第一，在向纸盒装纸之前，应将纸捏住抖动几下，以使纸张页与页之间散开，以减少因为纸张之间的粘连而造成的卡纸，尤其在一些湿度较大的阴雨天更应如此。第二，纸盒不要装得太满，一般情况下安装额定数的 80%～90% 是比较合理的。第三，注意打印介质的质量。激光打印机的精度比较高，因此对打印介质也比较敏感。一些质量较差的打印介质往往会出现卡纸的现象。所以在选购打印介质时一定要注意质量，不要因小失大。万一出现卡纸也不要紧张，一般来说，打印机都有卡纸处理的应急方法，只要按照说明正确地去做，99%的卡纸故障都是可以排除的，切忌使用蛮力，这样反而会伤及打印机的部件。

除此之外，不在打印时拉动打印稿，不在打印时移动打印机等都是良好的使用习惯。

（3）使用激光打印机时，尽量不要打印信封类及纸质超厚和两边厚度不一致等不规则纸张，以免影响机器辊轴等部件的平衡度，引发异常声音和分离纸张困难等问题。

（4）由于激光打印机在定影等工作时温度较高，因而禁止打印胶塑类材料，以免溶粘在辊轴上而引起机器传动系统故障。

（5）另外，在置换耗材（炭粉）时，应根据不同机型的要求进行更换或加注，最好使用原厂家提供的耗材（不同机型对炭粉颗粒的要求是不一致的）。激光打印机的主板比较娇贵，而且容易损坏。在安装、取下打印机的时候，要注意先关主机、打印机，再取下接口线。一定要注意，不要带电插拔，防止打印机的主板被烧坏。

（6）硒鼓是激光打印机的重要组成部件，一般由铝制成的基材，以及基材上涂上的感光材料所组成。按组合方式分为三类：一体化硒鼓（感光鼓、磁鼓和墨粉盒，原则上不允许用户添加墨粉），二体化硒鼓（一部分为感光鼓，另一部分为磁鼓和墨粉盒。感光鼓可不用更换），三体化硒鼓（分为三部分：感光鼓、磁鼓、墨粉盒，用户只需更换墨粉）。

3.3 扫 描 仪

3.3.1 扫描仪的种类和性能指标

1. 扫描仪的种类

扫描仪常见的分类有滚筒式扫描仪、平板式扫描仪、胶片扫描仪、底片扫描仪。

（1）滚筒式扫描仪。滚筒式扫描仪长期以来一直被认为是高精度的彩色印刷品的最佳选择，如广告宣传品、年度报告以及一些精美的艺术复制品等。它采用的是灵敏的光电倍增管 PMT 传感技术，能够捕捉到任何类型原稿的最细微的色调，它可以高的色彩深度数字化反射和透射原稿（负片胶片除外），并能够获得很高的分辨率，它允许将很小的原稿在不降低层次的情况下放大很多倍。大多数滚筒式扫描仪也都具有很复杂的控制软件，使它在扫描过程中自动将图像转为印刷时需要的格式。现在滚筒式扫描仪已与桌面系统相连接，它可以毫无问题地连接到 PC 的 Windows 平台上。如果需要使用特殊要求的颜色印刷一个正式的文件，并且需要以很高的质量扫描一幅正片原稿时，应该使用滚筒式扫描仪获得数字图像。

图3-4 平板式扫描仪

（2）平板式扫描仪。平板式扫描仪，是一种最常用的扫描设备，如图3-4所示。用于扫描或输入平面文档，如纸张或者书页等。和小型影印机一样，大多数平板扫描仪都能扫描彩色图形。现在一般的桌上型平板扫描仪都能扫描8.5×12.7in或者8.5×14in的幅面，较高档的则能扫描11×17in或者12×18in幅面。

有的平板扫描仪还能增加一些小附件，这取决于具体生产厂家和型号，如自动送纸器和"透明胶片模块"（Transparency head）等。其中，自动送纸器可容纳一大叠纸，然后一张一张自动"喂"给扫描仪，无须操作者干预。而胶片模块往往有一个内置光源（荧光或阴极射线管），可扫描那些透明材料，如幻灯片和负片等。以往的平板扫描仪只能扫描文档和一些低分辨率、低画质的图片，但随着技术的进步和价格的下降，扫描仪也变得越来越专业，可以扫描出许多中等质量的图形。

（3）胶片扫描仪。胶片扫描仪，胶片/透光片扫描仪虽然也是与平板式扫描仪一样以CCD传感器为基础，但是它使用灵敏度更高的传感器，并且具有更高的分辨率。因此，它能更理想地数字化小尺寸的透射原稿。许多这种类型的扫描仪都具有足够宽的动态范围，使它能够捕捉到一般透射稿的全部色调范围。实际上，在大多数商业性彩色印刷工作中，很难辨别一幅图像是由滚筒式扫描仪扫描的，还是由具有高质量传感器的胶片/透光片扫描仪扫描的。中档及高档的胶片/透光片扫描可以自动校正负片上出现的色偏。

（4）底片扫描仪。底片扫描仪，顾名思义就是用来扫描底片的扫描仪，它和数码相机、平板扫描仪同为图像数码化的重要工具，并且常用于对图像要求较高的专业领域。底片扫描仪的出现几乎与最早的滚筒式扫描仪是同时出现的，用于对照相制版胶片的扫描。不过那时的底片扫描仪使用光电倍增管，体积庞大，与我们现在使用的CCD底片扫描仪并不是同一概念。真正现代意义的底片扫描仪出现在20世纪90年代初，一问世就定位于印刷出版和广告制作等高端领域，价格不菲。最近几年，随着底片扫描仪应用范围的增加和市场销售量的扩大，价格逐渐下降，已经开始为越来越多的人所接受。

目前的底片扫描仪从结构原理上讲大体分两类：一类为纯底片式扫描仪，这类扫描仪具有结构简单，体积小（最小的只有光驱那么大），质量轻（最小的不到1kg），价格较便宜（几千到几万元），是目前市场的主流。另外一类底片扫描仪可以同时扫描底片和反射稿，不过请注意，这种扫描仪绝不是目前市面上那种平板扫描仪+透扫适配器或者使用双平台技术的可扫描底片的扫描仪。用一个形象的比喻来讲，市面上那种平板扫描仪+透扫适配器或者使用双平台技术的可扫描底片的扫描仪属于为平台扫描仪增加扫描底片的功能，而这种扫描仪则属于在底片扫描仪的基础上增加扫描反射稿的功能。不过这种扫描仪结构复杂，体积大（至少有两三个显示器那么大），质量重（20kg以上），价格昂贵（20万元以上），因此市场上很难见到。

2. 性能指标

（1）光学分辨率。光学分辨率是扫描仪最重要的性能指标之一，它直接决定了扫描仪扫描图像的清晰程度。扫描仪的分辨率一般用每英寸长度上的点数，即DPI来表示，通常为300×600DPI～600×1200DPI间。另外，扫描仪的包装箱上常常还会标注一个最大分辨率，光学分辨率为300×600DPI的扫描仪一般为4800DPI，而600×1200DPI的则更高达9600DPI。这实际上是通过软件在真实的像素点之间插入经过计算得出的额外像素，从而获得的插值分辨率。插值分辨率对于图像精度的提高并无好处，事实上只要软件支持，而连接的计算机又足够强大的话，这种分辨率完全可以做到更大的值。对于办公应用，推荐使用 600×1200DPI 的扫描仪。

（2）色彩深度、灰度值。扫描仪的色彩深度、灰度值用 BIT（位）表示，较高的色彩深度位数可以保证扫描仪反映的图像色彩与实物的真实色彩尽可能一致，而且图像色彩会更加丰富。扫描仪的色彩深度值一般有 24BIT、30BIT、32BIT、36BIT 几种，一般光学分辨率为 300×600DPI 的扫描仪其色彩深度为 24BIT、30BIT，而 600×1200DPI 的为 36BIT，最高的有 48BIT。灰度值是指进行灰度扫描时对图像由纯黑到纯白整个色彩区域进行划分的级数，编辑图像时一般都使用 8BIT，即 256 级，而主流扫描仪通常为 10BIT，最高可达 12BIT。

（3）感光元件。感光元件是扫描图像的拾取设备，相当于人的眼球，其重要性不言而喻，也是本节要进行重点介绍的部分。目前扫描仪所使用的感光器件有三种：光电倍增管，电荷耦合器（CCD），接触式感光器件（CIS 或 LIDE）。

（4）扫描仪的接口。扫描仪的接口是指与计算机主机的联接方式，通常分为 SCSI、EPP、USB 三种，后两种是近几年才开始使用的新型接口。传统的扫描仪都使用 SCSI 卡作为接口，SCSI 接口速度快、但安装比较麻烦，除了要设置中断、地址，另外还要拆开机箱进行安装。如购买 SCSI 接口扫描仪，应尽量购买带标准 SCSI（非厂商精简）的扫描仪。EPP 并口扫描仪使用普通并行线即可与计算机相联接，一般这样的扫描仪上还会有一个转接口用于连接打印机，但同时只能有一个设备占用并口，如果同时进行打印和扫描，则会明显影响速度。EPP 并口的优势在于安装简便、价格相对低廉，弱点就是比 SCSI 接口传输速度稍慢，USB 接口是最新的接口，它的优点几乎与 EPP 并口一样，只是速度更快（USB 接口最高传输速率 2Mb/s），使用更方便（支持热插拔），对于一般用户，推荐使用 USB 接口的扫描仪。

3.3.2 平板扫描仪的工作原理

在现代办公中，人们最常用的是平板式扫描仪，这类扫描仪的工作过程如图 3-5 所示。

（1）开始扫描时，机内光源发出均匀光线照亮玻璃面板上的原稿，产生表示图像特征的反射光（反射稿）或透射光（透射稿）。反射光经过玻璃板和一组镜头，分成红绿蓝三种颜色汇聚在 CCD 感光元件上，被 CCD 接受。其中空白的地方比有色彩的地方能反射更多的光。

（2）电动机驱动扫描头在原稿下面移动，读取原稿信息。扫描仪的光源为长条形，照射到原稿上的光线经反射后穿过一个很窄的缝隙，形成沿 x 方向的光带，经过一组反光镜，由光学透镜聚焦并进入分光镜。经过棱镜和红绿蓝三色滤色镜得到的 RGB 三条彩色光带分别照到各自的 CCD 上，CCD 将 RGB 光带转变为模拟电子信号，此信号又被 A/D 转换器转变为数字电子信号。

（3）原稿图像的光信号转变为计算机能够接受的二进制数字电子信号，最后通过 USB 等接口送至计算机。扫描仪每扫描一行就得到原稿 x 方向一行的图像信息，随着沿 y 方向的移动，直至原稿全部被扫描。经由扫描仪得到的图像数据被暂存在缓冲器中，然后按照先后顺序把图像数据传输到计算机并存储起来。当扫描头完成对原稿的相对运动，将图稿全部扫描一遍，一幅完整的图像就输入到计算机中去了。

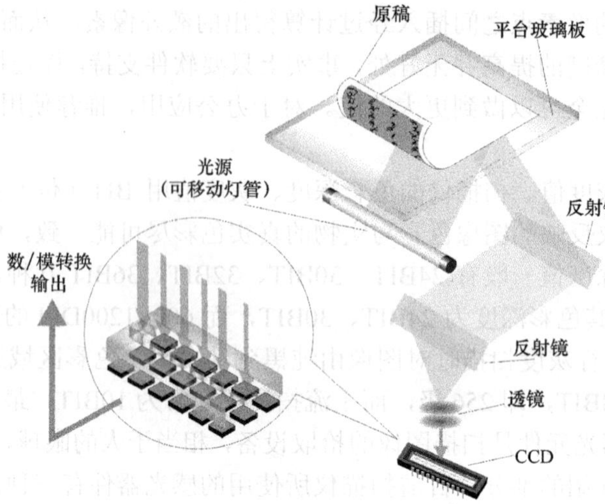

图3-5 平板扫描仪的工作过程

（4）图像信息被送入计算机的相关处理程序，以图像应用程序能使用的格式存在。最后通过软件处理再现到计算机屏幕上。

因此，扫描仪的简单工作原理就是利用光电元件将检测到的光信号转换成电信号，再将电信号通过模拟/数字转换器转化为数字信号传输到计算机中。无论何种类型的扫描仪，它们的工作过程都是将光信号转变为电信号，光电转换是它们的核心工作原理。扫描仪的性能取决于它把任意变化的模拟电平转换成数值的能力。

在各种光电转换元件中，光电倍增管是性能最好的。多数平板式扫描仪采用光电耦合器（CCD）为光电转换元件，滚筒式扫描仪采用光电倍增管（PMT）为光电转换元件。但因滚筒式扫描仪价格昂贵，主要应用在广告设计、印刷设计等专业领域，而在现代办公市场，平板式扫描仪占着主流地位。

3.3.3 扫描仪的日常维护

1. 保护好光学部件

光电转换器是扫描仪中最核心的部件，它的光学镜头或者反射镜头的位置对扫描的质量有很大的影响。因此在工作的过程中，不要随便地改动这些光学装置的位置，同时要尽量避免对扫描仪的振动或者倾斜。遇到扫描仪出现故障时，不要擅自拆修，一定要送到厂家或者指定的维修站去。另外在运送扫描仪时，一定要把扫描仪背面的安全锁锁上，以避免改变光学配件的位置。

2. 做好定期的保洁工作

扫描仪中的玻璃平板及反光镜片、镜头，如果落上灰尘或者其他一些杂质，则会使扫描仪的反射光线变弱，从而影响图片的扫描质量。为此，一定要在无尘或者灰尘尽量少的环境下使用扫描仪，用完以后，一定要用防尘罩把扫描仪遮盖起来，以防止更多的灰尘来侵袭。当长时间不使用时，我们还要定期地对其进行清洁。清洁时，可以先用柔软的细布擦去外壳的灰尘，再用清洁剂和水对其认真地进行清洁。再对玻璃平板进行清洗，由于该面板的干净与否直接关系到图像的扫描质量，因此在清洗该面板时，可先用玻璃清洁剂擦拭一遍，再用软干布将其擦干净。

3.4 复　印　机

3.4.1　复印机的分类与性能指标

1. 复印机的分类

世界上第一台模拟商用复印机自美国卤素公司（施乐公司的前身）于20世纪50年代推出以来，获得了极广泛的应用。现在全世界每年要复印数万亿份文件，复印机已经是现代办公中不可缺少的设备。复印机（见图3-6）的种类很多，按工作原理，主要可以分为模拟复印机和数码复印机两大类。按用途，主要可以分为办公型复印机、便携式复印机和工程图纸复印机。

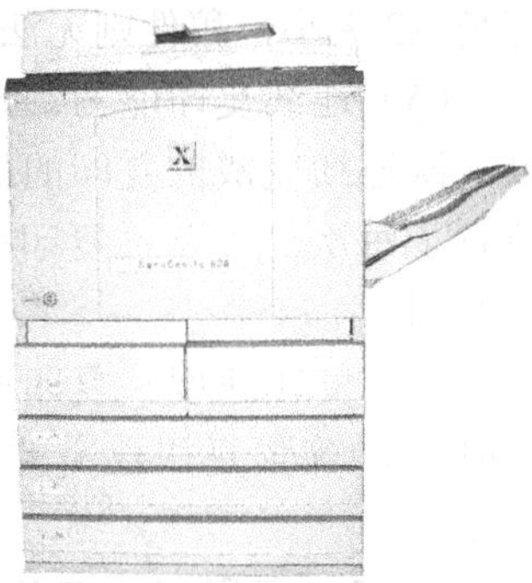

图3-6　复印机

（1）模拟复印机。模拟复印机生和应用的时间已经比较长了，简单来说就是通过曝光、扫描将原稿的光学模拟图像通过光学系统直接投射到已被充电的感光鼓上产生静电潜像，再经过显影、转印、定影等步骤来完成复印。

（2）数码复印机。数码复印机比起模拟复印机是一次质的进步。其实，数码复印机就是一台扫描仪和一台激光打印机的组合体，首先通过CCD（电荷耦合器件）传感器对通过曝光、扫描产生的原稿的光学模拟图像信号进行光电转换，然后将经过数字技术处理的图像信号输入到激光调制器，调制后的激光束对被充电的感光鼓进行扫描，在感光鼓上产生由点组成的静电潜像，再经过显影、转印、定影等步骤来完成复印过程。

（3）办公型复印机。办公型复印机就是最常见的复印机，基本上是以A3幅面的产品为主。主要用途就是在日常的办公中复印各类文稿。从技术原理上来说，模拟型产品和数字形产品目前基本上各占半壁江山。

（4）便携型复印机。携型复印机的特点是小巧，它的最大幅面一般只有A4，质量较轻，和采用固定稿台的大型复印机相比，便携式复印机多采用移动式稿台。产品主要以模拟型机器为主。

（5）工程图纸复印机。工程图纸复印机最大的特点就是幅面大，一般可以达到A0幅面，可用于复印大型的工程图纸，同样根据技术原理也分为模拟工程图纸复印机和数字工程图纸复印机。目前虽然以模拟型产品居多，但是正在以比较快的速度向数字型产品过渡。

2. 复印机的性能指标

（1）最大幅面。最大幅面指的是复印机最大的扫描或打印尺寸范围，这个范围取决于复印机的内部机构设计和复印机的外部物理尺寸。办公型的复印机最大幅面一般在A3以上，家用或便携型复印机则一般只有A4。

（2）首张复印时间。首张复印时间是指在复印机完成了预热处于待机的状态下，用户完成了在稿台放好复印原稿，盖好盖板等一切准备工作后，从按下按钮向复印机发出复印指令到复印机输出第一张复印稿所花费的时间。

（3）预热时间。复印机进行复印的基本技术原理利用光导材料的光敏特性和静电电荷库仑力作用。因此复印机在进行复印时首先需要对感光材料进行充电，利用电晕放电的方法使感光材料的表面带上一定数量的静电电荷，从而能够进行正常的复印工作。这个过程所花费的时间就称之为复印机的预热时间。

（4）缩放比例范围。所谓缩放就是复印机对需要复印的文稿进行放大或缩小后再输出，但由于技术问题，复印机只能在一定范围来进行缩放。如果打印机的最大幅面和复印的稿件都是A3大小，稿件则无法再进行放大了。

（5）连续复印能力。连续复印是指对同一复印原稿，不需要进行多次设置，复印机可以一次连续完成的复印的最大的数量。连续复印因为可以避免对同一复印原稿的重复设置，节省了每次作为首页复印多花时间，因此对于经常需要对同一对象进行多份复印用户是相当实用。

（6）复印速度。复印速度就是单位时间内复印机能够复印的张数。由于复印机预热需要时间，首张复印也需要花费比较长的时间，因此复印速度在计数时一般应该从第二张开始。

3.4.2 复印机的工作原理

1. 复印机的工作过程

如图3-7所示，把要复印的文稿A置于水平透明玻璃稿台B上。文件被曝光灯C照明，其反射光经旋转反射镜D、凸透镜E及固定反射镜F，联合把文稿上的图文造成实像于感光鼓G上。这个实像可以与文件一样大，也可以放大或缩小。

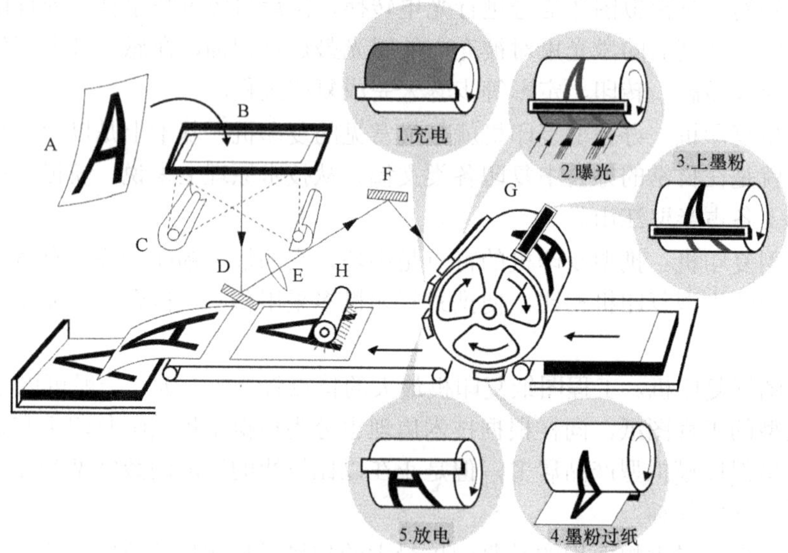

图3-7 复印机的工作过程示意图

感光鼓G就是通常所说的硒鼓，由铝制成，其表面布满一层一种半导体材料——硒。感光鼓的表面于曝光之前，在复印机内的黑暗位置1预先充电，使整个表面均匀带正电。

当感光鼓转动到位置2时，就受到文件实像的照射而曝光。硒有这样的特性，在黑暗时电阻很大，相当于绝缘体。而当它受光照射时，其电阻就减小，变成良导体。

于是，凡曝光的面积上，所充的电就沿着铝质感光鼓及接地线而流入地。因此，感光鼓上对应文件白色的地方就不带电，而文件上黑色的地方由于没有光照射到硒上，就仍然保留着正电。

当感光鼓转到位置 3 时，感光鼓带正电的面积上，就吸引从位置 3 的施粉器所放出带负电的墨粉。感光鼓继续转动到位置 4 时，就有一个元件把送来的复印纸充上比感光鼓更强的正电，而把感光鼓上的墨粉夺取过来吸到纸上。

感光鼓最后转到位置 5 时，就有一个元件把感光鼓上表面全部电荷放电，也就是清除旧影像以便复印另一文件。

复印纸从圆筒吸附墨粉之后，再送到红外线灯 H 照射，把墨粉加热熔合粘牢在纸上，最后从出口送出来，便完成了一次复印过程。

2. 复印机的工作原理

概括起来，复印过程一般包括充电、曝光、显影、转印、分离、定影、清洁、消电等八个基本步骤。

（1）充电。充电过程就是将复印机的感光鼓放在复印机内部的暗处，并处在某一极性的电场中，使其表面均匀地带上一定极性和数量的静电荷，即具有一定表面电位的过程。这一过程实际上是感光鼓的敏化过程，使原来不具备感光性的感光鼓具有较好的感光性。充电过程是为感光鼓接受图像信息而进行准备的过程，这是在感光鼓表面形成静电潜像的前提和基础。

目前静电复印机中通常采用电晕装置对感光鼓进行充电。

（2）曝光。将等待复印的文稿正面向下扣在原稿台上，感光鼓转动，光源对文稿照射，原稿图像经光照射后，图像光信号经光学成像系统投射到感光鼓表面。

充电后的感光鼓具有以下的特性：在光强的地方电荷消失的多，光强的地方电荷消失的少。因此在感光鼓表面静电电位的高低随原稿图像浓淡的不同而不同，感光鼓上对应图像浓的部分表面电位高，图像淡的部分表面电位低。这样，就在感光鼓表面形成了一个与原稿图像浓淡相对应的表面电位起伏的静电潜像。这个过程，称为曝光。

（3）显影。感光鼓内部有显影剂箱，箱内有一个带有磁性的显影辊。显影箱中装有掺了铁粉的墨粉，铁粉吸引墨粉，一串串地挂在显影辊上。

感光鼓继续转动，鼓面上的静电潜像转到显影剂箱，墨粉遇到静电潜像，由于静电潜像的电场吸引力比铁粉对墨粉地吸附力大，墨粉在电场的作用下被吸附在静电潜像上。静电潜像电位越高的部分，吸附色粉的能力越强；静电潜像电位越低的部分，吸附色粉的能力越弱。这样，感光鼓表面不可见的静电潜像，就变成了可见的与原稿浓淡一致的不同灰度层次的色粉图像。而此时，由于铁粉的电性与静电潜像的电性相同，电荷相斥，铁粉又落回显影剂箱中。此过程称为显影。

（4）转印。转印就是当复印纸与转动的感光鼓表面的色粉图像接触时，在复印纸的表面加上比感光鼓更强的正电荷，从而将感光鼓上带有负电荷的墨粉吸附到复印纸上的过程。目前静电复印机中通常采用电晕装置对感光鼓上的色粉图像进行转印。在静电复印机中为了易于转印和提高图像色粉的转印率，通常还采用预转印电极或预转印灯装置对感光鼓进行预转印处理。

（5）分离。在前述的转印过程中，复印纸由于静电的吸附作用，将紧紧地贴在感光鼓上。分离就是将紧贴在感光鼓表面的复印纸从感光鼓上剥落（分离）下来，使纸继续沿着纸路前进到定影位置的过程。静电复印机中一般采用分离电晕（交、直流）等方法来进行纸张与感光鼓的分离。

（6）定影。定影就是把复印纸上的不稳定、可抹掉的墨粉图像固化的过程。通过转印、分离过程转移到复印纸上的墨粉图像，并未与复印纸融合为一体，这时的墨粉图像容易被擦掉。因此须经定影装置对其进行固化，以形成最终的复印品。目前的静电复印机多采用加热与加压相结合的方式，将墨粉中的树脂熔化进行定影，经过加热加压成为永久的图像，从而完成整个静电复印的工作过程。定影装置加热的温度和时间，以及加压的压力大小，对墨粉的黏附牢固度有一定的影响。其中，加热温度的控制，是图像定影质量好坏的关键。

（7）清洁。由于转印效率一般只有75%，因此需要对感光鼓表面进行清洁。清洁就是清除经转印后还残留在感光鼓表面色粉的过程。感光鼓表面的墨粉图像由于受表面的电位、转印电压的高低、复印介质的干湿度及与感光鼓的接触时间、转印方式等的影响，在大部分墨粉经转印从感光鼓表面转移到复印介质上后，感光鼓表面仍残留有一部分，如果不及时清除，将影响到后续复印品的质量。因此必须对感光鼓进行清洁，使之在进入下一复印循环前恢复到原来状态。静电复印机机中一般采用刮板、毛刷或清洁辊等装置对感光鼓表面的残留色粉进行清除。

（8）消电。消电就是消除感光鼓表面残余电荷的过程。由于充电时在感光鼓表面沉积的静电荷，并不因所吸附的色粉微粒转移而消失，在转印后仍留在感光鼓表面，如果不及时清除，则会影响后续复印过程。因此，在进行第二次复印前必须对感光鼓进行消电，使感光鼓表面电位恢复到原来状态。静电复印机中一般采用曝光装置来对感光鼓进行全面曝光，或用消电电晕装置对感光鼓进行反极性充电，以消除感光鼓上的残余电荷。

3.4.3 复印机的使用

各种型号的复印机的操作顺序基本是上大同小异的。使用人员在操作前应认真阅读随机附带的操作手册，掌握操作方法，方可进行操作。基本过程如下。

1. 预热

首先要打开电源开关，此时复印机进入预热状态。操作面板上指示灯亮，出现预热等待信号，这个状态将持续1分钟左右，在这段时间可以做些准备工作。机器预热完毕后，应看一下操作面板上的各项显示是否正常，主要包括以下几项：可以复印信号显示、纸盒位置显示、复印数量显示为“1”、复印浓度调节显示、纸张尺寸显示等。如果纸盒没有纸或机器有卡纸等故障时，复印机将不能进入待机状态，操作面板将显示相应的符号或故障代码。一切显示正常才可进行复印。

2. 检查原稿

拿到需要复印的原稿后，应大致翻阅一下，需要注意以下几个方面：原稿的纸张尺寸、质地、颜色，原稿上的字迹色调，原稿装订方式、原稿张数及有无图片等需要改变曝光量的原稿。这些因素都与复印过程有关，必须做到心中有数。

（1）对原稿上不清晰的字迹、线条应在复印前描写清楚，以免复印后返工。可以拆开的原稿应拆开，以免复印时不平整而出现阴影。

（2）原稿如果有破损或需要拼接的地方，则应用胶条连接好，并抚平卷皱的地方，以便于复印。

（3）如果原稿上有修改液或墨水，则要等原稿上的修改液或墨水完全变干后再放置，否则可能会在曝光玻璃上留下痕迹，引起复印成品也带有痕迹。

3. 放置原稿

（1）根据稿台玻璃刻度板的指示及当前使用纸盒的尺寸和横竖方向放好原稿。不同型号的复印机有不同放置原稿的方法。一般有两种：一种是将原稿放置在稿台的中间；另一种是靠边放置在定位线上。复印前应对复印机的放稿方式进行了解。

（2）复印有顺序的原稿时，应从最后一页开始，这样复印出来的复印品顺序就是正确的，否则，还需重颠倒一遍。

（3）使用原稿自动输送装置：原稿自动输送装置是用来自动输送原稿的器材，它可以连续地逐一将原稿输送托盘内地原稿送入复印机，提高复印效率。使用原稿自动输送装置，首先要将原稿对齐放置于原稿输送托盘，如果原稿被夹着或钉着，则应先取下订书钉。将原稿正面向上，完全推入托盘，并根据原稿地尺寸调整侧边导板。并选择自动输送模式。

4. 选择复印纸尺寸

一般复印机具有自动选择纸张模式，在这种模式下，若将原稿放置在原稿输送装置或玻璃板上，复印机会自动检测到原稿的尺寸，并选用与原稿相同的纸张。这种模式只适用于按实际尺寸复印。

当复印尺寸不规则时，如复印报纸、杂志时，不能自动检测到纸张尺寸，可以指定所要的尺寸：根据所需复印件的尺寸要求，将纸装入相应的纸盒里，按“纸盒选择”键，选中所需复印纸尺寸的那个纸盒即可。

5. 缩小与放大

通常复印机都带有复印缩放功能，复印机的复印倍率有以下方式。

（1）固定的缩放倍率，缩放只有固定的几挡，很容易地将一种固定尺寸纸上的稿件经过放大或缩小后印到另一种固定尺寸的纸上去。例如A4nA3，即将A3规格的原稿复印到A4上。

（2）使用无级变倍键进行无级变倍复印。使用这种方式，可对原稿进行50%～200%、级差为1%的无级变倍缩放。

（3）使用自动无级变倍键，实行自动无级变倍。使用这种模式，机器会根据原稿和供纸盒内的纸尺寸自动设置合适的复印倍率。

6. 调节复印浓度

根据原稿纸张、字迹的色调深浅，适当调节复印浓度。原稿纸张颜色较深的，如报纸，应将复印浓度调浅些。字迹浅条细、不十分清晰的，如复印品原稿是铅笔原稿等，则应将浓度调深些。复印图片时一般应将浓度调谈。

7. 设定复印份数

用数字键输入所需要的份数，可以将一份原稿复印多份。设置完成，按下“复印”键即可开始复印。

8. 开始复印

按下“复印”键，复印机开始复印操作，自动复印出设定数量的复印件。复印数量显示屏的数值将逐渐递增或递减计数，直至复印结束，显示复位。在连续复印过程中，需暂停复印或需插入新的文件复印时，可以按下“暂停”键或“插入”键，这时机器将在完成一张复印的全过程后停止运转。

9. 纸张用完后自动停机

在连续复印过程中，送纸盒内的纸张用完需补充时，机器将自动停机。待将纸张补充后，再按下“复印”键，复印机将继续完成尚未复印的份数。

10. 节电停机

目前大部分复印机都具备节电功能。在一次操作复印后，如机器暂时不用，将在一定的时间里自动进入节电状态。这时，机器操作面板上除了电源指示灯或节电指示灯点亮以外，其余显示将全部熄灭。在需要重新使用时，只需按一下“节电”键，机器将立即在很短的时间内进入待机状态。

3.4.4 复印机的日常维护

1. 复印机的工作环境

（1）电源要求。复印机电压为220V，电源电压波动在额定电压的±10%以下。在安装时与其他电器设备不要同时使用一条电源线路，并使用接有地线的三相电源插座。注意不要将地线接在煤气管或自来水管上，应给复印机安装可靠的接地线。

为了便于插拔，应将插座位置处于机器附近。当较长时间不使用机器时，要拔下电源线。如果在办公室内移动机器，也一定要从插座上拔下电源插头，并且关闭好机器的所有外盖和纸匣，以避免起火或触电。

（2）环境温度。复印机使用环境的温度应在10～35℃。温度过高不利于散热，温度过低复印机各部件性能会受影响，预热时间加长。

（3）环境湿度。应选择干燥的环境安装复印机，室内相对湿度应在20%～80%。环境过于潮湿，纸张容易吸湿，使得输纸装置卡纸，引起机内高压部分容易漏电，使复印件出现全白和漏印现象。

（4）其他条件。避免让复印机受到太阳直射，这样会使光材料和电子元件老化而失去效果。

室内应无汽油、有机溶液、酸、碱、氨水等腐蚀性大并有挥发性的物品，以免损害光电导体、镜头、反射镜及其他精密机件。

要求周围必须整洁，无粉尘，地面保持干燥。如果粉尘太多，则会使复印机的光学系统在使用过程中受污染，使复印件不清晰。还要适度通风，因为复印机会产生微量的臭氧。为保证最佳操作，至少应在机器周围留出20cm的空间。

不要将复印机放置在不稳定或倾斜的地方。在移动机器时，也最好将其轮子加以固定，否则，机器的翻倒很可能会造成机器的损害或使人员受伤。

2. 感光鼓的更换与安装

感光鼓要存放在阴凉、干燥、避免阳光直射的地方。

取下用过的感光鼓要等到复印机完全停止操作并且不发声后才能进行。如果机器内部有夹纸，则要取掉夹纸后再取下感光鼓。

取下感光鼓后，不要摇晃它，也不要握住显影筒。否则，会将碳粉倒出或使显影筒松动而掉下。也不要碰触感光鼓，否则再次使用复印机时可能会发生不正常。

在将新的感光鼓放入以前，需要确认已经拿掉了密封条，把密封条留在机器内很容易引起故障。更换感光鼓之后，机器需要重新设定，时间约为2min。在此期间，不要打开前盖或关掉总开关，否则可能发生故障。

3. 复印机的耗材选择

（1）复印纸。复印纸按照复印成像的方式不同可分为涂层纸和普通纸两种。涂层纸用于直接法复印机，普通纸用于间接法复印机（即普通纸静电复印机）。目前办公大多使用普通复印纸。

在选购复印纸时，要选择质量优良的复印纸。劣质复印纸对吸附性低、复印效果差，易在出纸部位卡纸，甚至含酸性，会腐蚀、磨损感光鼓，容易产生粉尘，使得复印机内部变脏，灰尘增大。

选择纸张时，要观察纸张的外观特性，包括以下几个方面。

1）纸张湿度。如果复印纸含水量大，则墨粉不能完全粘在纸上，使得复印品的图像暗淡。另外，湿度太低使得纸张带有较多静电，容易造成卡纸。因此要采用干燥的复印纸，并且在保管时采取防潮措施，以免受环境温度、湿度的影响

2）纸张挺度。挺度是指复印纸的质地坚挺程度，是保证复印过程中不发生卡纸的主要原因之一。纸张挺度过低，在复印传输过程中容易起皱阻塞通道，出现卡纸故障。

3）纸张密度、均匀度，裁剪的整齐度等。复印纸致密，不容易产生纸屑和粉尘，保持复印机内部的清洁。复印纸要平整，表面光洁，裁切整齐，纸的四角要均为直角，四边平直，无毛边，长、宽尺寸要标准。当纸张通过机器特别是在被加热定影时，纸张才不会弯卷，不容易卡纸。

因此，复印时应当使用正规的复印纸，不要用其他类型的纸张来代替。复印纸的保管应该遵守以下注意事项：避开阳光直射的地方，要存放在干燥平整的地方。当打开纸张的封装后，最好把纸张放在聚乙烯袋内，以避免受潮。

（2）墨粉和载体。目前显影材料有两种类型，一种叫双组分，由“墨粉”和“载体”组成（显影粉呈黑色，所以叫墨粉）；另一种叫单组分，是不需要载体的。目前在静电复印机中双组分居主流地位。

静电复印常见的墨粉是一种含有热熔性脂、颜料及其他材料的微细粉末，是随用随添的直接消耗材料。

载体是由玻璃球、钢球、铁粉、二氧化硅、钙或镁之类的材料做成的。在显影过程中携带墨粉并使墨粉与静电潜像充分接触和吸附，同时使用载体可以减少墨粉飞扬。在复印的过程中，载体可以循环使用，但也有使用的寿命，一般在印 2 万～6 万张之后应当添加。

4. 加入载体及墨粉

复印机如果使用双组分的显影材料，需将载体倒入显影器内，并旋转显影辊，使之分布均匀即可。将显影器安装在机器上，打开墨粉盒盖，向盒中续加墨粉。单一成分显影的机器只在墨粉盒中加入墨粉就行了。有一些复印机前门内设有墨粉供给量控制开关。有三挡指示：“2”、“1”、“0”，分别表示墨粉的多、少、无。

5. 复印机的日常例行维护

由于静电复印机对元件表面的精度要求很高，如果光学元件、光导体被污染，则会影响复印的质量。因此，操作人员每天都应在复印工作前及复印结束后进行例行维护。

日常例行维护的工作内容如下。

（1）复印前先查看电源的电压是否符合复印机要求。

（2）要将复印室打扫干净，将台板桌面的灰尘擦净，保持室内空气清新。将复印机外部清洁干净。揭开原稿台盖板，清洁稿台玻璃。当复印量较大的复印完毕后，需清洁装置内存的色粉。

（3）将当天需用的复印纸抖松，避免复印时纸张过紧，走纸困难。

（4）复印完毕后，要切断复印机电源。

（5）建立完整的操作、维修记录。

6. 复印机的定期保养

复印机在经过一段时间的使用，或复印份数达到一定数量后，其显影部件产生的粉尘、机件的污染和磨损及橡胶和塑料件的疲劳或老化等因素都会影响到复印机的稳定运转，并使复印品的质量下降，严重时甚至造成机器停机。因此必须对复印机进行定期保养维护，也就是定期对静电复印机的感光鼓、电晕器、显影装置、光学系统、供输纸机构等进行检查、清洁、润滑、调整或更换。排除故障隐患，确保复印机运转的可靠性。

定期保养分为以下三级。

（1）一级保养。一级保养由操作人员来完成。一般在复印份数达到2000张，就应进行一次一级保养。如果日复印量达2000张以上，则当天复印工作结束后，就进行一次一级保养。保养的内容如下。

1）取出废粉盒，倒出废墨粉，将盒擦干净后装入机中。

2）抽出各电极，擦拭电极金属屏蔽及电极丝等。

3）清洁显影器底部，上、下导纸板，分离辊、分离带等。

4）清洁稿台玻璃。

（2）二级保养。二级保养由维修人员与操作人员一起完成。二级保养的间隔时间主要以复印份数的多少来决定，通常复印数达到15 000~20 000份时即应保养一次，或按照维修手册中的规定进行保养。

清洁的内容是在一级保养的基础上，对显影器、定影器、原稿台玻璃的下表面等保养。

（3）三级保养。复印50 000张以后，在一级、二级保养的基础上应当进行三级保养。由维修人员进行，包括对光学部分、感光鼓等清洁，对机械部分做擦拭、润滑等保养。

定期对复印机进行保养，对于提高复印品质量、降低成本、提高机械利用率、延长机器的寿命、减轻维修和操作人员的劳动强度等均有事半功倍的收效。

7. 复印机的清洁保养的方法

（1）清洁复印机的注意事项。清洁、保养复印机时应关上机器主电源开关，拔下电源插头，避免金属头接触，使机器短路。

清洁时要严格按要求操作，不能用溶剂清洁不耐腐蚀的零部件。清洁结束时，一定要等部件表面完全干燥后再装到机器上试机，否则会使其短路甚至击穿。使用润滑剂时，要按说明的要求进行。一般塑料、橡胶零件不得加油，否则将会使其老化。

（2）清洁的内容。

1）清洁原稿台玻璃板、原稿盖、送稿机传输带等。用柔软的湿布擦拭机器，再用干布将水擦干。

2）清洁反光镜和镜头。用镜头纸从一端到另一端向着一个方向擦拭。

3）清洁复印机内部进行清洁。先拔掉电源，再打开机器前门，轻转拉出充电电极、转印电极和消电电极，取出显影器、定影器、纸盒等，最后把感光鼓轻轻取出。清洁机器内部，擦干后再装机。

4）清洁感光鼓。要将感光鼓从机上取下来，先取下周围部件之后再拿着感光鼓两端取下，不要用手直接接触触表面。用柔软的湿布朝一个方向擦去表面上的墨粉，可以用酒精或专用剂擦拭，晾干后再使用。

5）清洁充电、消电和转印电极时，要用脱脂棉擦拭电极金属屏蔽及电极丝。擦电极丝时，不要用力以免弄断。特别脏的地方，可用浸有少许酒精的棉球擦拭。等完全干燥后，再将电极插入机内，注意不要歪斜划伤感光鼓的表面。

6）清洁器和定影器要从机器内取出后才能清洁。将清洁器上回收的墨粉倒入显影墨粉盒内，用刷子清洁。

8. 复印机的故障及常见问题的处理

了解复印机常见故障的处理方法，便于用户对所产生的故障进行判断分析并做适当的处理。对于小故障，可以自己解决，但是如果出现较大的故障，还是应该请专业维修人员进行修理。

（1）故障的种类。在复印机多种故障中依其产生的原因、性质的不同，可简单地分成几种。

1）由常规的多次复印造成复印机磨损、变形、电器件性能变化或老化形成的故障。这种故障一般表现在复印品质量的变化，如底灰大、图像文字不清等。另外还表现为运行状态方面的性能稳定性差，如易卡纸，复印品不平整、双张或多张复印、复印品质量时好时坏等。

2）由于某种原因使电器件造成短路或断路的复印机故障。只是在复印质量和运行状态上表现不明显，因此不易被发现，修理后还可以恢复复印。但是如果出现不能再进行复印、机器停止运转或无任何反映、操作面板也不显示的大问题时，再接通电源后可能会烧坏零部件或使复印机带有220V的交流电，应尽快与维修人员联系，不要自己修理。

3）由于不正确地保养、安装调试、更换消耗材料和零部件，造成复印机出故障。如果因不正确的清洁方法损伤了光导体硒鼓、光学系统将会影响复印的效果。不正确地更换显影材料也会造成墨粉与载体的比率失调或使异物进入显影箱内。这种故障通常的表现为复印时没有图像、复印品全黑或全白、图像歪曲、复印品上有伤痕、不断地卡纸等。

（2）复印过程中的常见问题与处理。

1）卡纸：复印机面板上的卡纸信号出现后，需要打开机门或左右侧板，取出卡住的纸张，然后应检查纸张是否完整，不完整时应找到夹在机器内的碎纸。分页器内卡纸时，需将分页器移离主机，压下分页器进纸口，取出卡纸。复印机偶尔卡纸是不能避免的，但是如果经常卡纸，说明机器有故障，需要进行维修。

2）纸张用完：纸张用完时，面板上纸盒空的信号灯会亮，需将纸盒取出装入复印纸。

3）墨粉不足：墨粉不足时，面板上墨粉不足的信号灯就会闪烁，表明机内墨粉已快用完，如果不及时补充，则复印机的复印质量将下降，甚至无法工作。

4）废粉过多等：复印机在成像过程中，会产生很多废墨粉，收集在一个盒中，废粉装满后会在面板上显示信号，此时必须及时倒掉，否则将影响复印质量。

3.5 传 真 机

传真机是现代通信的主要工具之一。作为一种新型的通信终端设备，它是通过公用电话交换网或数据网（DN）来传输静止文稿的，并在接收方获得与发送方原件相同的副本。它不仅传送文稿的内容，也传送文稿的形式，即传递的是信息的真迹。它具有电报、电话、电传等设备不可比拟的特点。目前，传真机已广泛用于传真相片、气象云图、设计蓝图、文件资料和新闻报刊等各个方面，成为政府机关、工业、交通、军事、气象、商业等部门办公室的必要现代化设备，并且正在向着具备图像处理、数据处理等多种功能的综合处理终端过渡。

3.5.1　传真机的分类

传真机的种类很多，分类方法也不尽统一。按其通信时所占电话线路数分为单路传真机、多路传真机。按其色调分为黑白传真机和彩色传真机。按用途分为文件传真机、相片传真机、气象传真机和报纸传真机等。其中文件传真机（也称为图文传真机）是目前使用范围最广、用量最大的传真机，主要用于传送图片和文件。目前市场上的文件传真机常分为以下四类：热敏纸传真机（也称为卷筒纸传真机）、热转印式普通纸传真机、激光式普通纸传真机（也称为激光一体机）、喷墨式普通纸传真机（也称为喷墨一体机）。其中最常见的是热敏纸传真机和喷墨/激光一体机，如图3-8所示。而激光和喷墨的不同仅在于打印方式和耗材上。

热敏式传真机　　喷墨传真一体机　　激光传真一体机

图3-8　传真机

热敏纸传真机历史最久，价格比较便宜。因为热敏纸上涂有感热材料，受热而呈现字迹或影像，但无法长期保存传真资料。对于需要长期保留的传真资料，需要在复印机下再次复印一遍到普通纸上方可存档。

这种老式热敏传真机除了价格便宜些以外，优点是弹性打印和自动剪裁功能。但它仅有传真功能，或有些型号也有复印功能，但不可连接计算机，这样就无法实现计算机到传真机的打印工作和传真机到计算机的扫描功能。另外，不是所有的单功能传真机都有无纸接收功能，没有这功能的机器在纸张用尽的时候会丢失接收到的传真。就传真兼容性来讲，对于复杂或较差的电信环境下的传真成功率是最好的。即便对通话质量不稳定的IP电话线路，失败率也是较低的。

喷墨式普通纸传真机，这类机型的开发就是在普通的喷墨打印机上加些部件和程序以实现多个功能，如传真、复印、扫描等，这样就形成了现在俗称的多功能一体机。一体机都可以连接计算机进行打印和扫描的操作，因为这样的多功能性，有些一体机机型还可以实现接收到的传真不打印出来，而直接存在计算机中的功能，这样既省纸又省墨。更有软件发送传真和打印到传真的功能，也就是一个Word文档不用打印出来，直接选择打印到一体机，就可以在计算机中输入对方传真号码，而发送传真了。而且彩色复印和彩色传真功能是所有热敏纸传真机都不能做到的，价格贵一些的喷墨一体机更可代替相片打印机来打印绚丽的相片。对原稿的要求是一体机又一大卖点，许多一体机机型都有玻璃板和自动进纸器两种放置原稿的渠道。自动进纸器继承了扫描仪外设的功能性，所以分页功能做得比较好。一般的一体机都可以一次性放置超过20页的原稿，而自动一页页地进，这恰好适合于现代高效率的办公模式。而玻璃板更是可以实现对各种类型物品的发送，硬到身份证、硬币，软到褶皱的发票等，就算是立体的三维物品（如书本）也可以传真出去，是真正的3D传真。

3.5.2 传真机的工作原理

传真机是一种结合光学影印技术与电话传输技术将一份文件传送到另一端的一种设备。它采用了先进的平面扫描和光电转换技术及数据传输技术。它先是对送入的文件通过图像传感器逐行地扫描，利用光电转换原理，将黑白字迹变成数字脉冲，并将其调制后转换为音频信号，通过标准电话线路的传送，进入接收方的传真机。接收方的传真机再利用还原解调装置将信号恢复成数字脉冲，该数字编码信号被解码后就可以重新得到图像元素原始的形式。

它的基本通信过程如图 3-9 所示。

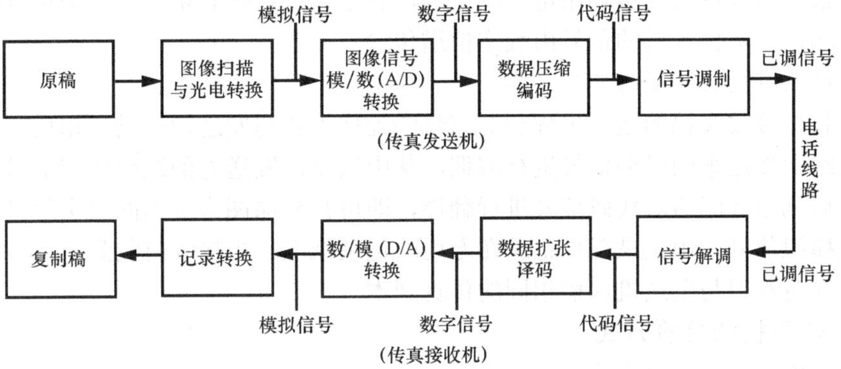

图 3-9 传真机基本通信过程

从图 3-9 可以看出，传真机的通信任务主要由传真发送机、传真接收机与电话线路（模拟信道）等三个部分共同完成。在传真通信过程中，要求每台机器既能发送图文信息，也能接收图文信息。由于传真机采用半双工方式工作，即对一台机器而言，不能同时发送和接收图文信息。所以，当两台传真机进行通信时，若其中一台传真机进行发送操作，则对方的传真机便进行接收操作。

根据图示，传真机的基本通信过程简述如下。

1. 传真发送机发送文稿的过程

（1）扫描原稿图像。在发送端将待发送的原稿（文件、报表、图片等）放在原稿台上，启动自动进稿机构，经过光学系统（包括光源、透镜和反射镜等）从左到右、从上到下逐行扫描，把图形分解成很多微小的像素，并按照扫描的顺序把这些二维的平面图形信息转变成一维的随时间变化的光信号。传真机的发送扫描采用机械扫描和电子扫描相结合的方法。例如，行扫描采用电子扫描，帧扫描采用转动滚筒的方法。

（2）光电转换。光电转换的作用是把图像扫描分解所得的带有图像信息的光信号，按照其灰度转换成不同强度的电信号。具体方法是：将光照射到发送的图形上，根据各像素反射光的强度转换成相应的电信号（电信号的强弱与像素的亮度成正比）。传真机中常用 CCD 或 MOS 作为光电转换器件。

（3）信号处理。光电转换出来的电信号是模拟信号，为了进行后续的数据压缩编码和传输，必须对模拟图像信号进行数字化处理，即模拟/数字（A/D）转换。

（4）数据压缩编码。经数字化的图像信号，其数据量相当大，传送时间较长，因此必须进行数据压缩。不过，由于一幅图像内部各像素之间有很强的相关性，所以图像信息的多余度很大。以此来压缩数据可大大缩短传送时间，提高传输速度。而在接收端，只要将接收到的信号进行反变换、解压以后再送入记录转换电路就可以了。G3、G4传真机将收、发合为一体，因此它既有发送信号处理电路，也有接收信号处理电路。

（5）信号调制。为了使传真发送机的数字代码在公用电话网上或数据网上传输，需要用调制器将数字信号调制到模拟载频上，然后将已调制的信号送上电话线路，传送到对方。传真机是在发送端把光电转换器件和信号处理后输出的数字信号压缩，再用正交振幅调制（QAMR）的方法把信号调制在载频上，然后发送到线路上；而四类传真机是把压缩过的数字信号进行线路编码以后再发送到线路上。

（6）传输。传真信号的传输由电信网完成，它不包含在传真机中。三类传真机的信号由模拟信道传输，四类传真机的信号由数字信道传输。

2. 传真接收机接收文稿的通信过程

传真接收机接收文稿的通信过程和对信号的处理大致与发送通信过程相反。首先用信号解调器对线路上传送来的已调信号进行解调，从中恢复出发送方的编码压缩信号（也称代码信号）；然后利用译码器对代码信号进行翻译，即可得到原图像数据的数字信号；再将这一信号转换成模拟信号，由记录部件记录在专用的记录纸上。当接收机收到全部数据并完成记录工作后，即可获得与发送机原稿相同的传真副本。

3.5.3　传真机的接收方式

传真机有以下三种接收方式。

1. 自动接收方式

自动接收方式不需要普通模拟话机或话筒的配合，直接把传真机设为自动接听状态。一般在无人看管而要求自动接收传真时用此种方式。

2. 手动接收方式

手动接收方式通常是在一个电话号码上既接电话又收传真时使用，它需要配合传真机的话筒或一体机背后串接出的普通模拟话机来接收传真。

3. 自动识别接收方式

自动识别接收方式只有单功能的热敏纸传真机有，它的特点是，如果传真机设成了这种方式，则铃声响起，传真机在响铃2声后会停几秒钟，自动检测对方是普通话机打过来的还是传真机面板上拨键打过来的。如果发现有传真信号，就给对方信号接收传真；如果检测到只有语音信号没有传真信号，就会认为对方是普通话机上打过来的，那一定是希望通话的而不是以传真为目的的，那么就会继续响铃，提示传真机的使用者，“这是个通话而不是传真，请接听吧”。这后面的铃声被称之为伪铃声。（伪铃声只会在传真机上响，而并联线路上的普通话机是不会响的）直到响到超时如果还没有人拿起接听，就无论如何都给对方一个传真信号。这样的接收模式，比起自动接收方式，更智能一些，可以尽量减少在误设为自动接收方式时丢失的来电。只有在单独的传真机上才可能具有这类功能。

一体机支持的传真接收方式只有自动接收方式和手动接收方式这两种，不支持自动识别接收功能，所以可能会在设为自动接收模式时丢掉打进来的电话。就传真兼容性来讲，一体机明显不如普通传真机，它对连线环境的要求很高，一般在进线被多次转接后，就容易造成不能收发传真。另外，对通话质量不稳定的IP电话线路，成功率也不太好，但使用普通电话拨号一般没有问题。如果是传真量比较大或传真需求比较高，而且确实不需要扫描和打印工作，就可以选购功能单一的热敏纸传真机。

3.5.4 传真机的使用

不同类型的传真机除了其操作控制面板，电路结构和外形不同外，通常它们的操作步骤也不一样。所以各种传真机的使用，均应按其使用说明书进行。但一般讲，复印、发送传真和接收传真是传真机的三项基本操作功能，当两台传真机进行通信时，每一台都可以发送也可以接收。传真机一般操作使用方法概括如下。

1. 发送原稿的准备

为了保证传真机正常无误的工作，一定要注意以下几点。

（1）装入记录纸。

1）记录纸的幅宽必须符合规格要求，纸卷两端不要卡得太紧。

2）记录纸卷要卷紧后再安放到机内，运输前要将纸卷取出。

3）注意记录纸的正反。纸的正面对应着感热记录头（没有经验的操作者，可用指甲或硬物在纸的两面划几下，有划痕的一面为正面）。

4）记录纸的纸头应按说明书上的规定装到指定的位置。

（2）对原稿的要求。

一台传真机收到文件的质量部分地取决于发送的原文件质量。选择原稿文件时最好使用打印机打印的或用黑墨水书写的原稿，并且使用白色或浅色的纸作为介质。凡出现下列情况之一的原稿都不能使用。

1）大于技术规格规定的最大幅面的原稿。

2）小于最小幅面（两侧导纸板之间的最小距离），或小于文件检测传感器所能检测到的最小距离的原稿（对于以上两种情况最好用复印机进行缩小复印或放大复印，使之成为能够传送的文件）。

3）有严重皱折、卷曲、破损或残缺的原稿。

4）过厚（大于 0.15mm）或过薄（小于 0.06mm）的原稿（这两种情况可先将原件用复印机复印后，再传送）。

5）纸上有大头针、回形针或其他硬物的原稿（在装入待传真的文件之前请取下，并确认纸张上的胶水、墨水或涂改液已经变干）。

总之，若将不符合要求的原稿进行传输的话，则会在传真过程出现卡纸、轧纸、撕纸等故障现象，所以要特别注意。

（3）放置文件。

1）一次放置的文件页数不能超过规定页数。

2）将待发送的文稿按传真机所示方向，放入传真机的进纸槽，并按尺寸调整导纸器，使之紧挨文件边缘。

3）文件顶端要推进到能够启动自动输纸机构的地方。

4）发送多页文件时，两侧要排列整齐，靠近导纸器，前端要摞成楔形。

为了检查传真机是否能够正常工作，常采用复印（COPY）方式。因为传真机的复印过程实际上是自发自收，若复印的文件图像正常，就表明机器的各种技术性能也基本正常。反之，说明传真机有故障，需要修理。复印的具体操作步骤将稍后介绍。

2. 呼叫对方

发送传真方首先要拨通对方传真机的号码，发送端传真机通过检测回音信号来建立传真通信线路。当接收端确认了传真机已做好接收数据的准备后，会向发送端发送一个证实信号。

3. 发送

操作步骤如下。

（1）检查机器是否处于“准备好”（READY）状态。

（2）放置好发送原稿。

（3）摘取话机手柄，拨通对方电话号码，并等待对方回答。

（4）双方进行通话。

（5）通话结束后，由收方先按“启动”键。

（6）当听到收方的应答信号时，发方按“启动”键，文稿会自动进入传真机，开始发送文件。

（7）挂上话机，等待发送结束。若发送出现差错，则会有出错信息显示，应重发。若传输成功，此时将会显示“成功发送”信息。

发送操作时应注意以下几点。

1）若按下“停止”（STOP）键时，发送马上停止。这时卡在传真机中的原稿，不能用手强行抽出，只能掀开盖板取出。

2）在发送报文期间，不允许强抽原稿，否则会损坏机器和原稿。

3）当出现原稿阻塞时，要先按“停止”（STOP）键，然后掀开盖板，小心取出原稿。若原稿出现破损，一定要将残片取出，否则将影响机器的正常工作。

4）若听到对方的回铃音，而听不到机器的应答信号时，不要按启动键，应打电话问明情况后再做处理。

4. 接收

传真机的接收功能有两种方式，一种是自动接收，一种是手动接收。

（1）自动接收。凡具有自动接收功能的传真机才能按此方式操作。在接收前首先要检查接收机内是否有记录纸，各显示灯或液晶显示是否正常。只有当接收机处于“准备好”状态才能接收。自动接收时，无需操作人员在场。自动接收过程如下。

1）电话振铃若干声后，机器自动启动转入自动接收状态，液晶显示 RECEIVE 接收状态或接收指示灯亮，表示接收开始。

2）接收结束时，机器自动输出传真副本，液晶显示 RECEIVE 消失或接收指示灯熄灭。

3）机器自动回到“准备好”（READY）状态。

（2）手动接收。手动接收操作步骤如下。

1）使机器处于“准备好”（READY）状态。

2）当电话振铃后，拿起话机手柄回答呼叫。

3）按发方要求，按“启动”键（START），开始接收。

4）挂上话机。

5）接收完毕，若成功，则会有通信成功的信息显示。若不成功，则会有出错信息显示或警告，可与发方联络，要求重发，直至得到满意的传真副本。

5. 复印

复印操作是传真机最简单的操作之一，有的传真机还设有专门的“复印”键。将文稿放在进稿器上，按下“复印”键，就可完成复印动作。通常复印操作会按照清晰方式进行。

目前，大多数传真机都将“复印”键和“启动”键合二为一。因此如果进行复印操作的话，首先要确认传真线路是处于未叫通的状态，否则会有错误显示。

复印的具体操作步骤如下。

（1）接通电源开关，观察液晶显示屏是否出现“准备好”（READY），或检查指示灯亮否，若处于 READY 状态或灯亮则表明机器可以发送或接收。

（2）将欲复印的原稿字面朝下放在原稿台导板上。

（3）选择扫描线密度的档次。一般置于“精细”级，此级的主扫描线密度为 8 点/mm，副扫描线密度为 7.7 线/mm。也可选择“标准”级或“超精细”级，不管选用那个档次，均有液晶显示或指示灯显示。

（4）原稿灰度调整。当原稿图文灰度非常黑时，将“原稿深浅”键置于“浅色”位置；若图文灰度较淡时，就将该键调至“深色”位置。

（5）最后按“复印”（COPY）键，再根据输出复印件（副本）的质量就可判断机器的好坏。

3.5.5　传真机的维护

1. 不要频繁开关机

因为每次开关机都会使传真机的电子元器件发生冷热变化，而频繁的冷热变化容易导致机内元器件提前老化，每次开机的冲击电流也会缩短传真机的使用寿命。

2. 尽量使用专用的传真纸

传真纸请参按传真机说明书，使用推荐的传真纸。劣质传真纸的光洁度不够，使用时会对感热记录头和输纸辊造成磨损。记录纸上的化学染料配方不合理，会造成打印质量不佳，保存时间更短。而且记录纸不要长期暴露在阳光或紫外线下，以免记录纸逐渐褪色，造成复印或接收的文件不清晰。

3. 禁忌在使用过程中打开合纸舱盖

打印中请不要打开纸卷上面的合纸舱盖，如果真的需要则必须先按“停止”键以避免危险。同时打开或关闭合纸舱盖的动作不宜过猛。因为传真机的感热记录头大多装在纸舱盖的下面，合上纸舱盖时动作过猛，轻则会使纸舱盖变形，重则会造成感热记录头的破裂和损坏。

4. 经常做清洁处理

要经常使用柔软的干布清洁传真机，保持传真机外部的清洁。对于传真机内部，除了每半年将合纸舱盖打开使用干净柔软的布或使用纱布蘸酒精擦拭打印头外，还有滚筒与扫描仪等部分需要清洁保养。因为经过一段时间使用后，原稿滚筒及扫描仪上会逐渐累积灰尘，最好每半年清洁保养一次。当擦拭原稿滚筒时，必须使用清洁的软布或沾酒精的纱布，需要小心的是不要将酒精滴入机器中。而扫描仪的部分就比较麻烦，因为这部分在传真机的内部，所以需要工具。用清理工具，蘸了酒精以后，由走纸口送入传真机，进行复印功能时，就可以清洁扫描仪玻璃上的灰尘。切不可直接用手或不洁布、纸去擦拭。

5. 使用环境很重要

传真机要避免受到阳光直射、热辐射，及强磁场、潮湿、灰尘多的环境，或是接近空调、暖气机等容易被水溅到的地方。同时要防止水或化学液体流入传真机，以免损坏电子线路及器件。为了安全，在遇有闪电、雷雨时，传真机应暂停使用，并且要拔去电源及电话线，以免雷击造成传真机的损坏。

传真机应当放置在室内的平台上，左右两边和其他物品保持一定的空间距离，以免造成干扰和有利于通风，前后方请保持 30cm 的距离，以方便原稿与记录纸的输出操作。

6. 传真机常用故障处理

（1）传真机打印时，一片空白。这种情况一般出现在热敏式传真机的使用中，原因是记录纸正反面安装错误。热感式传真机所使用的传真纸，只有一面涂有化学药剂。因此安装错了在接收传真时不会印出任何文字或图片。

如果使用的传真机为喷墨式传真机，则有可能是喷头堵住或墨水用完，请清洁喷墨头或更换墨盒。

（2）纸张无法正常馈出。请检查进纸器部分有异物阻塞、原稿位置扫描传感器失效、进纸滚轴间隙过大等。否则，有可能是电机有关的电路及电机本身损坏，需要送修检查。

（3）卡纸。“卡纸”是传真机很容易出现的故障。如果发生“卡纸”，则在取纸时要注意，只可扳动传真机说明书上允许动的部件，不要盲目拉扯上盖。而且尽可能一次将整纸取出，注意不要把破碎的纸片留在传真机内。

（4）传真或打印时纸张出现白线。白线通常是由于热敏头（TPH）断丝或沾有污物。如果是断丝，则应更换相同型号的热敏头。如果有污物则可用棉球清除。

（5）传真机“功能”键无效。首先检查按键是否被锁定，然后检查电源，并重新开机让传真机再一次进行复位检测，以清除某些死循环程序。如果还不能解决问题，则请送修检查。

（6）接收到的传真字体变小。一般传真机会有压缩功能将字体缩小以节省纸张，但会与原稿版面不同，可参考手册将“省纸功能”关闭或恢复出厂默认值即可。

（7）接通电源后报警声响个不停。出现报警声通常是主电路板检测到整机有异常情况，可按下列步骤处理：检查纸仓里是否有记录纸，且记录纸是否放置到位。纸仓盖、前盖等是否打开或合上时不到位。各个传感器是否完好。主控电路板是否有短路等异常情况。

（8）更换耗材后，传真或打印效果差。如果是更换感光体或铁粉后，则传真或打印效果更差了。请检查磁棒两旁的磁棒滑轮是不是在使用张数超过 15 万张还没更换过，而使磁刷摩擦感光体，从而导致传真或打印效果及寿命减弱。建议每次更换铁粉及感光体时，一起更换磁棒滑轮，以确保延长感光体寿命。

如果是更换上热或下热后，则寿命缩短。请检查是否因为分离爪、硅油棒及轴承老化，而致使上热或下热寿命减短。

3.6 数码相机

数码相机（Digital Still Camera，DSC），简称 Digital Camera（DC），是一种利用电子传感器把光学影像转换成电子数据的照相机。与传统照相机相比，两者最大的区别是它们记录影像的方式不同。传统照相机使用胶卷，而数码照相机使用电荷耦合器件（CCD）传感器或是互补金属氧化物半导体（CMOS）型传感器，把拍摄到的景物转换成电信号，并以数字格式将图像保存到存储卡上。按用途分为单反相机、卡片相机、长焦相机和家用相机等。

3.6.1 数码照相机的原理与结构

数码照相机的光学镜头将被拍摄物成像到电荷耦合器（CCD）上，使光信号转换成电信号（模拟信号）；然后经模 / 数转换器（A/D）变成数字信号；再由微处理器（MPU）进行压缩并转换成图像文件格式储存；存储的图像，可立即在照相机的液晶显示器（LCD）上显现，并可以及时进行修改或删除，还可以通过输出接口传输到计算机中，进行打印或图像处理和编辑，如图 3-10 所示。

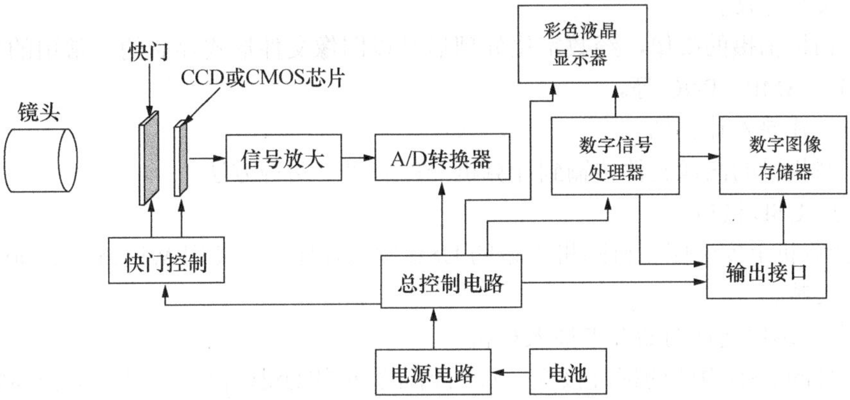

图 3-10　数码照相机的工作流程及图像处理过程

CCD（电荷耦合器件）是数码相机的核心，它的单元数量——像素决定了成像质量。像素越高，成像质量越高。数码相机所能拍摄的照片数量不仅取决于所用的存储卡的容量，还取决于拍摄时所设定的分辨率及压缩率。不同的分辨率和压缩率所生成的图像文件大小不同，所以，同一容量的存储卡，所能拍摄的照片数量也不同。

3.6.2　数码照相机的使用

1. 装卸存储卡

装卸存储卡是使用数码照相机的一项经常性操作，应在关机状态下装卸存储卡。装卸存储卡时，要对准方位，注意标记，用力要均匀，一定要推装到位。

2. 选择应用模式

数码照相机有拍摄、查看、连接或下载等多挡的转换开关和转盘，必须正确地加以选择。

3. 选择分辨率

分辨率并不是越高越好，应根据实际需要合理选择。比如，拍摄仅供网页制作时使用的影像，分辨率通常选在 800 × 600 像素或以下（如拍摄后在使用前要加以剪裁，则另当别论）。如果拍摄只供计算机显示器显示的影像，拍摄的像素数量应与计算机显示器的分辨率一致或接近。但如果要作为照片质量输出，则应选择 200 万像素（1600 × 1200 像素）以上的分辨率才能满足需求。

4. 取景拍摄

将转换开关旋转到拍摄（请看说明书，认准拍摄标志）位置，开启电源开关，通过液晶显示器取景，根据被拍摄物和环境的具体情况，调整合适后，及时按下快门，就可得到一张数码照片。注意，数码照相机在按下快门后，要保持相机稳定半秒钟以上，因为数码照相机在记录照片时需要一点时间，这一点与光学照相机不相同。

5. 查看所拍摄画面

将转换开关旋转到播放位置（或是直接按播放状态按钮），按“＋”、“－”或“↑”、“↓”按钮，在照相机的液晶显示器上选择观看所拍摄的照片。

6. 在电视机上显示影像

用视频线将数码照相机与电视机的视频输入连接起来，电视机调至AV状态，即可在电视机上看到所拍摄的影像。

7. 影像文件存储格式

数码照相机拍摄的影像，经数字化处理后是以图像文件形式存储的，常用的文件格式有JPEG、TIFF、BMP、PNC等。

8. 数码相片导入计算机

将数码照相机的图像文件传输到计算机一般有以下两种方法。

（1）使用USB接口。

1）在计算机上安装照相机随机附带的USB驱动程序。当使用Windows 2000或XP操作系统则无需安装。

2）将存有影像文件的储存卡插入相机。

3)将附带的USB电缆的标准接头一端插到计算机的USB端口上,另一端较小的MiniUSB接头插入到照相机端口。

4）打开照相机的电源，即可在计算机上打开存储卡上的图像文件或进行其他操作。

（2）用移动闪驱（读卡器）。

1）安装移动闪驱的驱动程序，在Windows 2000或XP操作系统中，系统能自动找到移动闪驱并自动安装驱动程序。

2）将存有影像文件的储存卡插入移动闪驱。

3）在“我的计算机”中出现相应的驱动器盘符，可将其打开或进行其他操作。

3.6.3 数码照相机的保养与维护

1. 相机自身保养

（1）镜头：对数码相机保养来说，最费时的工作就是对取景装置的清洁工作，特别是要保持镜头和液晶显示屏清洁。少量的灰尘不会影响使用，但指印对镜头的色料涂层非常有害，应尽快清除。在不使用镜头的时候一定记住将镜头盖盖上以减少清洁的次数。

（2）LCD：99%的数码相机带有与取景器配套使用的液晶显示监控器，它可能会粘上一些不容易擦去的指纹或其他污渍。保养时，只需用一块镜头布轻轻地擦拭即可。

（3）机身：数码相机的机身保养算是最重要的保护对象，因为里面装着数码相机的所有零部件。

（4）防热：不要让相机放在直射的太阳光下；在室内时，不要把相机放在取暖器或其他高温设备下。

（5）防寒：天气特别冷的时候，应当将数码相机保温。把相机从冷的地方带到温暖的地方时，为防止冷凝液在机体里产生，应把相机放在塑料包或用报纸裹住，直到相机的温度回升……所以，了解不同温度下相机的保养是必不可少的。

（6）防水：数码相机采用的都是电子元器件，要注意防水。

2. 周边设备保养

（1）电池：对数码相机来说，电池保养好就是保证拍摄的前提。电池分镍氢和锂电池。镍氢多数为4节作为一组，平时不要混用，做到每一组编一个号码。这两种电池都存在自放电，不用时镍氢电池每天会按剩余容量的2%左右放电，锂电池每天会按0.2%～0.3%放电。

长时间不使用，在使用前应检查电池是否电充足。

（2）存储卡保养：数码相机常用的储存介质有 CF 卡、SM 卡记忆棒。三种存储介质中卡记忆棒体积最小，SM 卡最薄，CF 卡容量大。在一般使用中不要经常将存储卡从相机中拿出。在用 USB 读卡器读取时，要轻轻地从相机中拿出，插入读卡器中，尽量减少拔插次数，不然 SM 卡会产生接触不良，而导致不能正常使用。

3. 保养工具

数码相机保养时，毛刷主要用来清除机身的灰尘，而不是清理镜头上的灰尘。毛刷的笔尾部有一小吹球，可以先拔下前端的毛刷，用小吹球吹去镜头上的灰尘。眼镜布或绒布通常是数码相机保养时用来擦拭机身的。除非是极为细致、柔软的纤维构成的布料，才可用来擦镜头。

4. 数码相机的综合保养

数码相机必须存放在通风、干燥的环境中。同时，必须远离类似电视机或者音响一类的强磁场环境。

不要将数码相机存放在超过 50℃或者低于–10℃的环境中。数码相机存放地点的环境湿度不能超过 60%。

如果长期不使用相机，则要在存放相机以前取出电池。同时要将相机的镜头盖按原位放置。相机不需要特别的密封措施。

尽量将相机、数码存储卡、电池套件、辅助镜头或小型便携式三脚架等装在摄影包里，携带方便。

使用时，尽量将相机的带子挂在头颈或手腕上。

在旅行时，使用镜头盖保护镜头，将小器件和配件放在包里和手里，而且用一定的软物把它们隔开，保证它们不会互相碰撞。尤其是容易受损的器材，要包上一层软物。乘飞机时，金属探测器的破坏程度比行李检测器的破坏程度要稍差些，必要时可请求人工检测，以尽可能减少 X 射线的损伤。

在外出时，随身带一个塑料拉链锁袋子。在非常潮湿或尘土的气候里，注意不要让雾气、湿气和尘土进入相机。

如果数码相机出现故障，则要拿到指定维修点去修理，不要自行拆卸。

3.7　投　影　仪

投影仪又称投影机，如图 3-11 所示，是一种可以将图像或视频投射到幕布上的设备，可以通过不同的接口同计算机、VCD、DVD、BD、游戏机、DV 等相连接播放相应的视频信号。投影仪广泛应用于家庭、办公室、学校和娱乐场所，根据工作方式不同，有 CRT，LCD，DLP 等不同类型。

图 3-11　投影仪

3.7.1　投影仪的分类

投影仪根据应用环境分类，主要分为以下几种类型。

（1）家庭影院型：主要针对视频方面进行优化处理，其特点是亮度都在 1000cm 左右（随着现在投影的发展这个数字在不断地增大，对比度较高），投影的画面宽高比多为 16∶9，各种视频端口齐全，适合播放电影和高清晰电视，适于家庭用户使用。

（2）便携商务型投影仪：一般把重量低于 2kg 的投影仪定义为商务便携型投影仪，这个重量跟轻薄型笔记本计算机不相上下。商务便携型投影仪的优点有体积小、质量轻、移动性强，是传统的幻灯机和大中型投影仪的替代品，轻薄型笔记本计算机跟商务便携型投影仪的搭配，是移动商务用户在进行移动商业演示时的首选搭配。

（3）教育会议型投影仪：一般定位于学校和企业应用，采用主流的分辨率，亮度在 2000～3000cm 左右，重量适中，散热和防尘做得比较好，适合安装和短距离移动，功能接口比较丰富，容易维护，性能价格比也相对较高，适合大批量采购普及使用。

（4）主流工程型投影仪：相比主流的普通投影仪来讲，工程投影仪的投影面积更大、距离更远、光亮度很高，而且一般还支持多灯泡模式，能更好地应付大型多变的安装环境，对于教育、媒体和政府等领域都很适用。

（5）专业剧院型投影仪：这类投影仪更注重稳定性，强调低故障率，其散热性能、网络功能、使用的便捷性等方面做得很强。当然，为了适应各种专业应用场合，影仪最主要的特点还是其高亮度，其亮度一般可达 5000cm 以上，高者可超 10 000cm。由于体积庞大，重量重，通常用在特殊用途，如剧院、博物馆、大会堂、公共区域，还可应用于监控交通、公安指挥中心、消防和航空交通控制中心等环境。

（6）测量投影仪：这类投影仪不同于以上几类投影仪，早期称轮廓投影仪，随着光栅尺的普及，投影仪都安装上高精度的光栅尺，为与传统的投影仪区别开，这类投影仪便称为测量投影仪。其作用主要是将产品零件通过光的透射形成放大的投影仪，然后用标准胶片或光栅尺等确定产品的尺寸。由于工业化的发展，这种测量投影仪已经成为制造业最常用的检测仪器之一。按期投影的方式分为立式投影仪和卧式投影仪。按其比对的标准不同又分为轮廓投影仪和数字式投影仪。

3.7.2 投影仪的成像原理

1. CRT 三枪投影仪

图 3-12　CRT 三枪投影机

CRT 是英文 Cathode Ray Tube 的缩写，译作阴极射线管。作为成像器件，它是实现最早、应用最为广泛的一种显示技术。CRT 三枪投影仪（见图 3-12）可把输入信号源分解到 R（红）、G（绿）、B（蓝）三个 CRT 管的荧光屏上，荧光粉在高压作用下发光系统放大、会聚、在大屏幕上显示出彩色图像。由于使用内光源，也叫主动式投影方式。CRT 技术成熟，显示的图像色彩丰富，还原性好，具有丰富的几何失真调整能力。但其重要技术指标图像分辨率与亮度相互制约，直接影响 CRT 投影仪的亮度值。到目前为止，其亮度值始终徘徊在 300lm 以下。另外 CRT 投影仪操作复杂，特别是会聚调整烦琐，机身体积大，只适合安装于环境光较弱、相对固定的场所，不宜搬动。

2. LCD 投影仪

图 3-13　LCD 投影仪

LCD（Liquid Crystal Display）液晶投影仪（见图 3-13），可以分成液晶板投影仪和液晶光阀投影仪，前者是目前投影仪市场上的主要产品。液晶是介于液体和固体之间的物质，本身不发光，工作性质受温度影响很大，其工作温度为–55～+77℃。投影仪利用液晶的光电效应，即液晶分子的排列在电场作用下发生变化，影响其液晶单元的透光率或反射率，从而影响它的光学性质，产生具有不同灰度层次及颜色的图像。由于 LCD 投影仪色彩还原较好、分辨率可达 SXGA 标准，体积小，质量轻，携带起来也非常方便，是投影仪市场上的主流产品。按照液晶板的片数，LCD 投影仪分为三片机和单片机，而单板投影仪的机型现在已经很少，我们看到最多的还是三片机。

在投影仪中有三块液晶板，其中分布着液晶体。液晶体是介于液体和固体之间的物质，本身不发光，它们像荧光屏上的像素一样整齐地排列着。投影仪利用液晶的光电效应，即液晶分子的排列及液晶分子本身的状态在电场作用下发生变化，影响其液晶单元的透光率或反射率。投影仪利用这个原理可以达到利用电信号准确控制通过液晶单元的光线的目的。液晶投影仪中的光源是金属卤素灯或 UHP（冷光源），发出明亮的白光，经过光路系统中的分光镜，将白光分解为 RGB（红色、绿色、蓝色）三种元素颜色的光线。RGB 三种元素颜色的光线在精确的位置上穿过液晶体，这时候每一个液晶体的作用类似于光阀门，控制每一个液晶体中光线的通过与否以及通过光线的多少。三种元素颜色的光线就这样，经过投影仪的镜头准确投射到屏幕上，哪一点该是什么颜色、光的强度有多少，都分布好。就这样，在屏幕上投影组成了与源图像一致的色彩斑斓的图像。普通的 LCD 投影仪具有色彩好、价格优势和亮度均匀性好等多方面优势，因此目前正在以万元甚至低于万元的价格逐渐普及到家庭和小型商用场所之中。

此外还有液晶光阀投影仪代表了液晶投影仪的高端产品，它采用 CRT 管和液晶光阀作为成像器件，是 CRT 投影仪与液晶与光阀相结合的产物。具有非常高的亮度和分辨率，适用于环境光较强，投影屏幕很大的场合，如超大规模的指挥中心、会议中心或娱乐场所等。

3. 数码投影仪（DLP）

DLP 是英文 Digital Light Possessors 的缩写，译作数字光处理器（见图 3-14）。DLP 以 DMD（Digital Micro mirror Device）数字微反射器作为光阀成像器件。一个 DLP 计算机板由模/数解码器、内存芯片、一个影像处理器及几个数字信号处理器（DSP）组成。所有文字图像就是经过这块板产生一个数字信号，经过处理，数字信号转到 DLP 系统的心脏——DMD。而光束通过一高速旋转的三色透镜后，被投射在 DMD 上，然后通过光学透镜投射在大屏幕上完成图像投影。一片 DMD 是由许多个微小的正方形反射镜片（简称微镜）按行列紧密排列在一起贴在一块硅晶片的电子节点上形成的，每一个微镜都对应着生成图像的一个像素。因此，DMD 装置的微镜数目决定了一台 DLP 投影仪的物理分辨率，例如一台投影仪的分辨率为 600×800 像素，所指的就是 DMD 装置上的微镜数目就有 600×800=480 000 个。

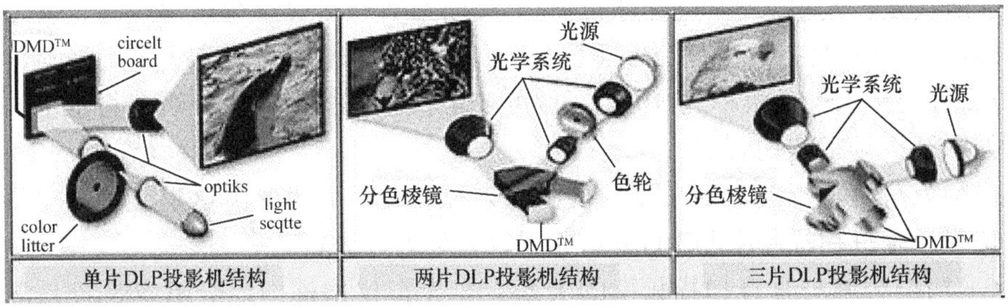

图 3-14　DLP 投影仪原理

在 DMD 装置中，每个微镜都对应着一个存储器，该存储器可以控制微镜在±10° 角两个位置上切换转动。而且 DMD 块上每一个像素的面积为 16μm×16μm，间隔为 1μm。根据所用 DMD 的片数，DLP 投影仪可分为单片机、两片机和三片机。DMD 数字信号的红、绿、蓝顺序旋转，小镜子根据像素的位置及色彩的多少被打开或关闭，此时 DLP 可以看做是只有一个光源和一组投影镜头组成的简单光路系统，镜头放大了 DMD 的反射影像并直接投射在屏幕上，这样一幅生动、明亮的演示效果就展现在我们面前了。

3.7.3 投影仪的性能指标

投影仪的性能指标是区别投影仪档次高低的标志，主要有以下几个指标。

1. 光输出

光输出是指投影仪输出的光能量，单位为“流明”（lm）。与光输出有关的一个物理量是亮度，指屏幕表面受到光照射发出的光能量与屏幕面积之比，亮度常用的单位是“勒克斯”（lx，$1lx=1lm/m^2$）。当投影仪输出的光通过一定时，投射面积越大亮度越低，反之则亮度越高。决定投影仪光输出的因素有投影及荧光屏面积、性能及镜头性能。通常荧光屏面积大，光输出大。带有液体耦合镜头的投影仪镜头性能好，投影仪光输出也可相应提高。

2. 水平扫描频率

电子在屏幕上从左至右的运动叫做水平扫描，也叫行扫描。每秒钟扫描次数叫做水平扫描频率（行频）。视频投影仪的水平扫描频率是固定的，为 15.625kHz（PAL 制）或 15.725kHz（NTSC 制）。数据和图形投影仪的扫描频率不是一个频率频段，在这个频段内，投影仪可自动跟踪输入信号行频，由锁相电路实现与输入信号行频的完全同步。水平扫描频率是区分投影仪档次的重要指标。频率范围在 15～60kHz 的投影仪通常叫数据投影仪。上限频率超过 60kHz 的通常叫图形投影仪。

3. 垂直扫描频率

电子束在水平扫描的同时，又从上向下运动，这一过程叫垂直扫描。每扫描一次形成一幅图像，每秒钟扫描的次数叫做垂直扫描频率（场频）。垂直扫描频率也叫刷新频率，它表示这幅图像每秒钟刷新的次数。垂直扫描频率一般不低于 50Hz，否则图像会有闪烁感。

4. 视频带宽

投影仪的视频通道总的频带宽度，其定义是在视频信号振幅下降至 0.707 倍时，对应的信号上限频率。0.707 倍对应的增量是-3db，因此又叫做-3db 带宽。

5. 分辨率

分辨率有可寻址分辨率、RGB 分辨率、视频分辨率三种。

（1）对 CRT 投影仪来说，可寻址分辨率是指投影管可分辨的最高像素，它主要由投影管的聚焦性能所决定，是投影管质量指标的一个重要参数。可寻址分辨率应高于 RGB 分辨率。

（2）RGB 分辨率是指投影仪在接 RGB 分辨率视频信号时可过到的最高像素，如分辨率为 1024×768，表示水平分辨率为 1024，垂直分辨率为 768。RGB 分辨率与水平扫描频率，垂直扫描频率及视频带宽均有关。

（3）视频分辨率是指投影仪在显示复合视频时的最高分辨率。这里，有必要将视频带、水平扫描频率、垂直扫描频率与 RGB 分辨率的关系进行分析。

1）水平扫描频率与垂直扫描频率的关系。在投影仪指标中，分辨率是较易混淆的一个概念。投影仪技术指标上常给出“水平扫描频率=A×垂直扫描频率×垂直分辨率”。式中，A

为常数，约为 1.2；垂直扫描频率一般不应低于 50Hz，为了保证良好的视觉效果，希望垂直扫描频率高一些好。为了提高图像质量，也要提高垂直分辨率。这些都要求相应地提高水平扫描频率。可见，水平扫描频率是投影仪的一个重要技术指标。例如，当扫描频率为 70Hz，垂直分辨率为 768 时，行频为 64.5。

2）视频带宽与水平扫描频率、水平分辨率的关系。视频带宽=R×水平扫描频率×水平分辨率/2。式中，R 为约为 1.4，其中水平分辨率应比垂直分辨率高，这是由于图像水平与垂直幅度之比是 4:3。例如，垂直分辨率为 768 时,水平分辨率一般是 1024，此时信号带宽是 46MHz。

综合上述两个公式可以得出，视频带宽=C×水平分辨率×垂直分辨率×水平扫描频率/2。式中 C=A×R。由该公式可以知道要提高图像分辨率，就要提高视频带宽。因而视频带宽也是投影仪的一个重要指标。在区分投影仪质量优劣时，应注重行频和带宽。在看 RGB 分辨率时，还应注意它的垂直扫描频率。在行频一定、垂直扫描频率不同时，最高 RGB 分辨率也不同。例如，一台投影仪的最高行频为 75kHz，当垂直扫描频率为 60Hz 时，允许最高 RGB 分辨率是 1280×1024。而如果将垂直扫描频率提高至 70Hz 时，就达不到 1280×1024。

6. CRT 管的聚焦性能

图形的最小单元是像素。像素越小，图形分辨率越高。在 CRT 管中，最小像素是由聚焦性能决定的，所谓可寻址分辨率，即是指最小像素的数目。CRT 管的聚焦机制有静电聚焦、磁聚焦和电磁复合聚焦三种，其中以电磁复合聚焦较为先进。其优点是聚焦性能好，尤其是高亮度条件下会散焦，且聚焦精度高，可以进行分区域聚焦、边缘聚焦、四角聚焦，从而可以做到画面上每一点都很清晰。

7. 会聚

会聚是指 RGB 三种颜色在屏幕上和重合，对 CRT 投影仪来说,会聚控制性显得格外重要。因为它有 RGB 三种 CRT 管,平行安装的支架上，要想做到图像完全会聚,必须对图像各种失真均能校正。机器位置的变化，会聚也要重新调整，因此对会聚的要求，一是全功能，二是方便快捷。会聚有静态会聚和动态会聚，其中动态会聚有倾斜、弓形、幅度、线性、梯形、枕形等功能，每一种功能均可在水平和垂直两个方向上进行调整。除此之外，还可进行非线性平衡、梯形平衡、枕形平衡的调整。有些投影仪具有点会聚功能，它将全屏幕分为 208 个点，在 208 个点上逐点进行调整，所以屏幕上每一点都做到精确会聚。

3.7.4　投影仪的日常维护

（1）机械方面——严防强烈的冲撞、挤压和振动。因为强振能造成液晶片的位移，影响放映时三片 LCD 的会聚，出现 RGB 颜色不重合的现象。光学系统中的透镜、反射镜也会产生变形或损坏，影响图像投影效果。变焦镜头在冲击下会使轨道损坏，造成镜头卡死，甚至镜头破裂无法使用。

（2）光学系统——注意使用环境的防尘和通风散热。至 2013 年 1 月使用的多晶硅 LCD 板一般只有 1.3in，有的甚至只有 0.9in，而分辨率已达 1024×768 或 800×600，也就是说每个像素只有 0.02mm，灰尘颗粒足够把它阻挡。由于投影机 LCD 板充分散热一般都有专门的风扇以每分钟几十升空气的流量对其进行送风冷却，高速气流经过滤尘网后还有可能夹带微小尘粒，它们相互摩擦产生静电而吸附于散热系统中，这将对投影画面产生影响。因此，在投影机使用环境中防尘非常重要。一定要严禁吸烟，因烟尘微粒更容易吸附在光学系统中。因此，要经常或定期清洗进风口处的滤尘网。

目前，多晶硅LCD板都是比较怕高温，较新的机型在LCD板附近都装有温度传感器。当进风口及滤尘网被堵塞，气流不畅时，投影机内温度会迅速升高，这时温度传感器会报警并立即切断灯源电路。所以，保持进风口的畅通，及时清洁过滤网十分必要。

吊顶安装的投影机，要保证房间上部空间的通风散热。当吊装投影机后，往往只注意周围的环境，而忘了热空气上升的问题。在天花板上工作的投影机，其周围温度与下面有很大差别，所以，不能忽视这点。

（3）灯源部分。目前，大部分投影机使用金属卤素灯（Metal Halide）。灯亮时，灯泡两端电压60～80V，灯泡内气体压力大于10kg/cm，温度有上千度，灯丝处于半熔状态。因此，在开机状态下严禁振动、搬移投影机，防止灯泡炸裂。停止使用后不能马上断开电源，要让机器散热完成后自动停机。在机器散热状态断电造成的损坏是投影机最常见的返修原因之一。另外，减少开、关机次数对灯泡寿命有益。

（4）电路部分——严禁带电插、拔电缆，信号源与投影机电源最好同时接地。这是由于当投影机与信号源（如PC）连接的是不同电源时，两零线之间可能存在较高的电位差。当用户带电插拔信号线或其他电路时，会在插头插座之间发生打火现象，损坏信号输入电路，由此造成严重后果。

投影机在使用时，有些用户要求信号源和投影机之间有较大距离。如吊装的投影机一般都距信号源15m以上，这时相应信号电缆必须延长。由此会造成输入投影机的信号发生衰减，投影出的画面会发生模糊拖尾甚至抖动的现象。这不是投影机发生故障，也不会损坏机器。解决这个问题的最好办法是在信号源后加装一个信号放大器，可以保证信号传输20m以上。

以上以LCD投影机为例介绍了一些投影机使用中的要点，DLP投影机与其相似，但可连续工作时间比液晶机长。而CRT投影机的维护相对较少，由于基本不搬动，所以故障率相对很低。但无论何种投影机发生故障，用户都不可擅自开机检查。机器内没有用户可自行维护的部件，并且投影机内的高压器件有可能对人身造成严重伤害。所以，在购买时不仅要选好商品，更要选好商家，找到维修服务电话，有问题向专业人员咨询。

习　题

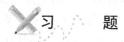

1. 常用打印机类型有哪些？
2. 简述针式打印机、喷墨打印机和激光打印机的特点。
3. 简述平板式扫描仪的原理。
4. 简述复印机的基本操作过程。
5. 简述复印机清洁保养的基本方法。
6. 了解目前市场上复印机的品牌型号及各自的特点。试为以下单位复印室选择合适的机型并做预算。

（1）某大学复印室，承接校内外各种复印任务。

（2）某公司的驻京办事处，偶尔复印公司内部公文。

7. 简述传真机发送和接收文稿的过程。
8. 简述传真机日常维护的注意事项，以及传真纸保管和使用的方法。
9. 投影机分为哪几类？其成像原理是什么？

活　动

活动主题：初步认识常用办公设备，学会常用办公设备的使用方法。

活动任务：将班级进行分组，每小组指定一种常用办公设备，学会使用该办公设备的使用方法；然后进行小组交流。

第 4 章　现代办公网络基础

在当今网络信息时代，无论是工作、学习或者生活，我们都已经无法离开网络。根据长期实践和教学的经验，本章以办公或学习中常用到的网络知识为基点，介绍相关知识。

4.1　现代办公网络基础

4.1.1　网络相关概念

1. 网络概念

定义：计算机网络，是指将地理位置不同的、具有独立功能的多台计算机及其外部设备，通过通信线路连接起来，在网络操作系统、网络管理软件及网络通信协议的管理和协调下，实现资源共享和信息传递的计算机系统。

从这个定义中，可以概括出计算机网络是由三部分组成的，它们是：①计算机与外部设备；②通信线路；③网络管理软件。

计算机网络的功能是实现资源共享和信息传递。

2. 最常见的分类

因计算机网络主要是由地理位置不同的计算机系统组成的，因此最常见的分类方法如下。

（1）按网络其辐射的地理范围分类。

1）局域网（LAN）：辐射的地理范围从几十米至数千米。

2）城域网（MAN）：辐射的地理范围从几十千米到数百千米。

3）广域网（WAN）：辐射的地理范围从数百千米至数千千米，甚至上万千米。

（2）按服务方式分类。

1）客户机/服务器（C/S）模式。工作特点：文件从服务器被下载到工作站上，然后在工作站上进行处理。

2）浏览器/服务器（B/S）模式。主要特点：与软、硬件平台无关，把应用逻辑和业务处理规则放在服务器一侧。

3）对等网络或称为对等式的网络（Peer to Peer）。特点：灵活方便，但较难实现集中管理和控制，安全性低。

（3）按企业和公司管理分类。

1）内部网（Innernet）：一般指企业内部网。

2）内联网（Intranet）：一般指经改造的或新建的企业内部网，为企业内部服务，不和因特网直接进行连接。

3）外联网（Extranet）：相对企业内部网，泛指企业之外，需要扩展连接到自己相关的其他企业网。

4）因特网（Internet）：目前最流行的一种国际互联网。

3. 常见的应用类型

（1）商业运用。

1）主要是实现资源共享最终打破地理位置束缚，主要运用客户—服务器模型（Client/Server model）。

2）提供强大的通信媒介。如电子邮件（E-mail）、视频会议。

3）电子商务活动。如各种不同供应商购买子系统，再将这些部件组装起来。

4）通过 Internet 与客户做各种交易。如在家里购买商品。

（2）家庭运用。

1）访问远程信息。如浏览 Web 页面获得艺术、商务、烹饪、政府、健康、历史、爱好、娱乐、科学、运动、旅游等信息。

2）个人之间的通信。如即时消息运用 QQ、聊天室等进行通信。

3）交互式娱乐。如视频点播、即时评论及参加活动电视直播网络互动、网络游戏。

4）广义的电子商务。如电子方式支付账单、管理银行账户、处理投资。

（3）移动用户。

1）可移动的计算机：笔记本电脑、PDA、3G 手机。

2）军事：协同指挥和作战。

3）车辆：运货车队、出租车、快递专车等应用。

4. 网络体系结构

如图 4-1 所示，是网络体系结构的 OSI 七层参考模型。

图 4-1　OSI 网络体系结构

物理层（第 1 层）：规定通信设备的机械的、电气的、功能的和规程的特性，用以建立、维护和拆除物理链路连接。具体地讲，机械特性规定了网络连接时所需接插件的规格尺寸、引脚数量和排列情况等。电气特性规定了在物理连接上传输比特流时线路上信号电平的大小、阻抗匹配、传输速率距离限制等。功能特性是指对各个信号先分配确切的信号含义，即定义了 DTE 和 DCE 之间各个线路的功能。规程特性定义了利用信号线进行 bit 流传输的一组操作规程，是指在物理连接的建立、维护、交换信息时，DTE 和 DCE 双方在各电路上的动作系列。在这一层，数据的单位称为比特（bit）。物理层的主要设备有中继器、集线器。

数据链路层（第 2 层）：在物理层提供比特流服务的基础上，建立相邻结点之间的数据链路，通过差错控制提供数据帧（Frame）在信道上无差错的传输，并进行各电路上的动作系列。数据链路层在不可靠的物理介质上提供可靠的传输。该层的作用包括物理地址寻址、数据的成帧、流量控制、数据的检错、重发等。在这一层，数据的单位称为帧（frame）。数据链路层主要设备有二层交换机、网桥。

网络层（第 3 层）：在计算机网络中进行通信的两个计算机之间可能会经过很多个数据链路，也可能还要经过很多通信子网。网络层的任务就是选择合适的网间路由和交换结点，确保数据及时传送。网络层将数据链路层提供的帧组成数据包，包中封装有网络层包头，其中含有逻辑地址信息——源站点和目的站点地址的网络地址。如果你在谈论一个 IP 地址，那么你是在处理第 3 层的问题，这是“数据包”问题，而不是第 2 层的“帧”。IP 是第 3 层问题的一部分，此外还有一些路由协议和地址解析协议（ARP）。有关路由的一切事情都在第 3 层处理。地址解析和路由是 3 层的重要目的。网络层还可以实现拥塞控制、网际互联等功能。在这一层，数据的单位称为数据包（packet）。网络层协议的代表包括 IP、IPX、RIP、ARP、RARP、OSPF 等。网络层主要设备有路由器。

传输层（第 4 层）：第 4 层的数据单元也称为处理信息的传输层（Transport layer）。但是，当你谈论 TCP 等具体的协议时又有特殊的叫法，TCP 的数据单元称为段（segments）而 UDP 协议的数据单元称为数据报（datagrams）。这个层负责获取全部信息，因此，它必须跟踪数据单元碎片、乱序到达的数据包和其他在传输过程中可能发生的危险。第 4 层为上层提供端到端（最终用户到最终用户）的透明的、可靠的数据传输服务。所谓透明的传输是指在通信过程中传输层对上层屏蔽了通信传输系统的具体细节。传输层协议的代表包括 TCP、UDP、SPX 等。

会话层（第 5 层）：也可以称为会晤层或对话层，在会话层及以上的高层次中，数据传送的单位不再另外命名，统称为报文。会话层不参与具体的传输，它提供包括访问验证和会话管理在内的建立和维护应用之间通信的机制。如服务器验证用户登录便是由会话层完成的。

表示层（第 6 层）：主要解决用户信息的语法表示问题。它将欲交换的数据从适合于某一用户的抽象语法，转换为适合于 OSI 系统内部使用的传送语法。即提供格式化的表示和转换数据服务。数据的压缩和解压缩、加密和解密等工作都由表示层负责。如图像格式的显示，就是由位于表示层的协议来支持。

应用层（第 7 层）：为操作系统或网络应用程序提供访问网络服务的接口。应用层协议的代表包括 Telnet、FTP、HTTP、SNMP 等。

4.1.2 办公局域网

网络最早应用于在一个企事业单位的内部，与外界是没有联系的，这种网络叫局域网（LAN）。最早的局域网叫以太网，是以同轴电缆为传输介质的。然后发展到以双绞线作为主要的传输介质、以交换机作为内部或外部互联设备。局域网的结构也就由以太网时代的总线结构发展到交换时代的星型结构。交换机的出现，使得局域网有了一个质的飞跃，网络传输速度得到了很大的提升，这才有了现代办公网络的雏形——高速局域网和无线局域网。

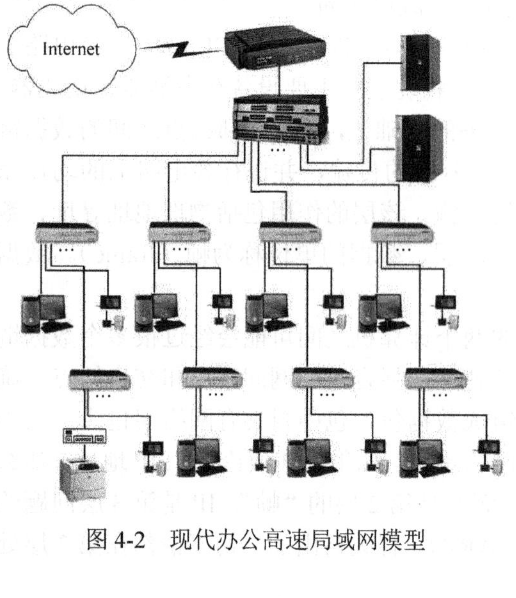

图 4-2 现代办公高速局域网模型

1. 高速局域网

随着个人计算机处理能力的增强、计算机网络应用的普及，用户对计算机网络的需求日益增加，现在常规局域网已经远远不能满足要求。于是高速局域网（High Speed Local Network）便应运而生。高速局域网的传输速率大于等于 100Mbit/s，常见的高速局域网有 FDDI 光纤环网、100BASE-T 高速以太网、千兆位以太网、10Gbit/s 以太网等，如图 4-2 所示。

在现代办公网络中，一般要求每台计算机上的网速不少于 10Mbit/s。因此，高速局域网就是最佳选择。其核心设备就是交换机。

2. 无线局域网

随着科技技术的飞速发展，出现了很多无

线终端设备，如平板计算机、带 Wi-Fi 的智能手机、带 Wi-Fi 的电视、带无线网卡的笔记本等。人们对无线设备的需求越来越强烈。因此，在办公场所、会议报告厅或公共休闲场所安装无线式的局域网，应运而生，如图 4-3 所示。

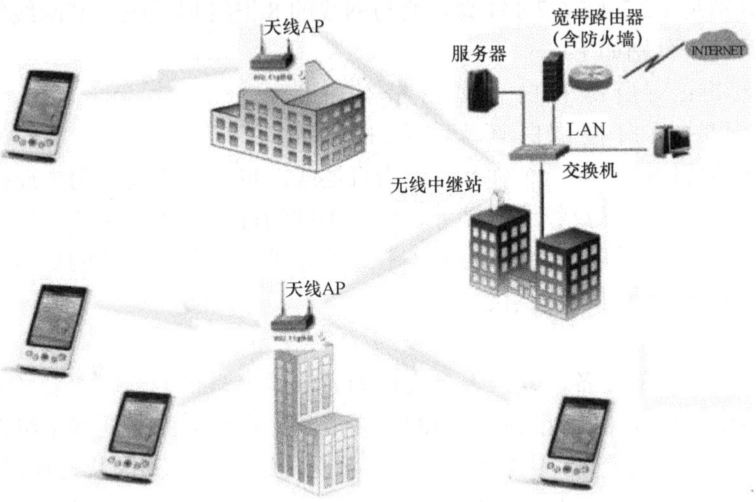

图 4-3　办公无线局域网模型

无线局域网（Wireless local area network，WLAN）是计算机网络与无线通信技术相结合的产物。无线局域网利用电磁波在空气中发送和接收数据，无需线缆介质，具有传统局域网无法比拟的灵活性。无线局域网的通信范围不受环境条件限制，网络传输范围大大拓宽，最大传输范围可达到几万米。在有线局域网中，两个站点间距离被限制在 500m，即使采用单模光纤也只能达到 3000m。而无线局域网中两个站点间距离目前可达到 50km，距离数千米的建筑物中的网络可以集成为同一个局域网。此外，无线局域网抗干扰性强、网络保密性好。对于有线局域网中的诸多安全问题，在无线局域网中基本上可以避免。而且相对于有线网络，无线局域网组建、配置和维护较为容易，一般计算机工作人员都可以胜任网络的管理工作。由于 WLAN 具有多方面的优点，其发展十分迅速，在最近几年里，WLAN 已经在医院、商店、工厂和学校等不适合网络布线的场合得到了广泛的应用。

无线局域网 WLAN 代替了常规 LAN 中使用的双绞线或同轴线路或光纤，通过电磁波传送和接收数据。WLAN 执行像文件传输、外设共享、Web 浏览、电子邮件和数据库访问等传统网络通信功能。无线局域网络是相当便利的数据传输系统，它利用射频（Radio Frequency，RF）的技术，取代旧式碍手碍脚的双绞铜线所构成的局域网络，使得无线局域网络能利用简单的存取架构让用户通过它，达到“信息随身化、便利走天下”的理想境界。

4.1.3　办公网络互联设备

1. 网线

要连接局域网，网线是必不可少的。在局域网中常见的网线主要有双绞线、同轴电缆、光缆三种。双绞线，是由许多对线组成的数据传输线。它的特点就是价格便宜，所以被广泛应用，如常见的电话线等。它是用来和 RJ45 水晶头相连的。双绞线又有 STP（屏蔽双绞线）和 UTP（非屏蔽双绞线）两种，常用的是 UTP。双绞线常见的有 3 类线、5 类线和超 5 类线，以及最新的 6 类线。6 类布线系统在 200MHz 时综合衰减串扰比（PS-ACR）应该有较大的余量，它提供2倍于超5类的带宽。6类布线的传输性能远远高于超5类标准，最适用于传输速率高于1Gb/s的应用。

双绞线RJ45水晶头的制作线序：将水晶头金属片面向自己（小尾巴在背面，朝下），从左到右线序，分别是1 2 3 4 5 6 7 8针脚。要与网线的8根线相对应。其网线的8根线的排线顺序的标准有两种，分别如下。

（1）568A标准：绿白 绿 橙白 蓝 蓝白 橙 棕白 棕。

（2）568B标准：橙白 橙 绿白 蓝 蓝白 绿 棕白 棕。

当双绞线两端使用的是同一个标准时，为直连线，也叫直通线，用于连接计算机与交换机、HUB（集线器）等。当双绞线两端分别使用不同的标准，为交叉线，用于连接计算机与计算机，交换机与交换机等。在通常的工程中做平行线时，用B标准的更多。在网线制作时要用到的主要工具是压线钳和测线仪。

2. 网卡

网线与计算机连接的设备，是网卡，又称为通信适配器或网络适配器（network adapter）或网络接口卡NIC（Network Interface Card），网卡是工作在链路层的网络组件，是局域网中连接计算机和传输介质的接口，不仅能实现与局域网传输介质之间的物理连接和电信号匹配，还涉及帧的发送与接收、帧的封装与拆封、介质访问控制、数据的编码与解码及数据缓存的功能等。

图4-4 无线网卡

如图4-3所示的网卡，一般是用做有线连接计算机时使用的计算机与网线之间的连接设备。但在无线局域网的环境下，计算机需要使用无线网卡（图4-4），才能连接网络。

无线网卡是终端无线网络的设备，是无线局域网的无线覆盖下通过无线连接网络进行上网使用的无线终端设备。但是有了无线网卡也还需要一个可以连接的无线网络。如果所在地有无线路由器或者无线AP（Access Point无线接入点）的覆盖，就可以通过无线网卡以无线的方式上网。

无线网卡的工作原理是微波射频技术，笔记本电脑目前有WiFi、GPRS、CDMA等几种无线数据传输模式来上网。无线上网遵循802.1q标准，通过无线传输，由无线接入点发出信号，用无线网卡接收和发送数据。注意，目前市场上的笔记本和智能手机或IPAD设备，都是自带无线网卡设备的。

在全球范围内唯一标识网卡的方法，叫MAC（网卡的硬件地址）地址。

MAC（Medium/Media Access Control）地址，或称为MAC地址、物理地址，用来定义网络设备的位置。它由48位、12个十六进制数字组成。0～23位是厂商向IETF等机构申请用来标识厂商的代码，也称为“编制上唯一的标识符”（Organizationally Unique Identifier），是识别LAN（局域网）结点的标志。24～47位由厂商自行分派，是各个厂商制造的所有网卡的唯一编号。在OSI模型中，第三层网络层负责IP地址，第二层数据链路层则负责MAC地址。因此一个网卡会有一个全球唯一固定的MAC地址，但可对应多个IP地址。也就是说，在网络底层的物理传输过程中，是通过物理地址来识别主机的，它也是全球唯一的。

IP地址就如同一个职位，而MAC地址则好像是去应聘这个职位的人才。职位既可以让甲坐，也可以让乙坐。同样的道理，一个节点的IP地址对于网卡不做要求，基本上什么样的厂家都可以用。也就是说，IP 地址与 MAC 地址并不存在着绑定关系。如何获取本机的 MAC？在 Windows 2000/XP/Vista/7 中单击“开始”按钮，单击“运行”命令，输入 cmd，在打开的界面中输入 ipconfig /all（ip 和 config 之间没有空格，显示问题），按“回车”键即可。

3. 交换机

交换机（Switch）是一种在通信系统中完成信息交换功能的设备（见图 4-5）。广泛使用于局域网，最常见的交换机是以太网交换机，其他还有电话语音交换机、光纤交换机等。

图 4-5　交换机

在计算机网络系统中，交换概念的提出改进了共享工作模式。而 Hub 集线器就是一种共享设备，对信息以广播的方式进行转发。而交换机，则进行了改进，以存储转发的方式进行信息转发。改进了 Hub 转发信息时易发生广播风暴的缺点。

根据交换技术的分层，交换机又分为二层交换机、三层交换机和四层交换机。

二层交换技术的发展比较成熟，二层交换机属数据链路层设备，可以识别数据包中的 MAC 地址信息。根据 MAC 地址进行转发，并将这些 MAC 地址与对应的端口记录在自己内部的一个地址表中。三层交换技术是由硬件结合实现数据的高速转发。这不是简单的二层交换机和路由器的叠加，三层路由模块直接叠加在二层交换的高速背板总线上，突破了传统路由器的接口速率限制，速率可达几十 Gbit/s。二层交换机用于小型的局域网络。在小型局域网中，广播包影响不大，二层交换机的快速交换功能、多个接入端口和低廉价格为小型网络用户提供了很完善的解决方案。三层交换机的优点在于接口类型丰富，支持的三层功能强大，路由能力强大，适合用于大型的网络间的路由。它的优势在于选择最佳路由，负荷分担，链路备份及和其他网络进行路由信息的交换等路由器所具有功能。

第四层交换的一个简单定义是：它是一种功能，它决定传输不仅仅依据 MAC 地址（第二层网桥）或源/目标 IP 地址（第三层路由），而且依据 TCP/UDP（第四层）应用端口号。第四层交换功能像虚 IP，指向物理服务器。它传输的业务服从的协议多种多样，有 HTTP、FTP、NFS、Telnet 或其他协议。

4. 路由器

路由器（Router）是连接因特网中各局域网、广域网的设备，它会根据信道的情况自动选择和设定路由，以最佳路径，按前后顺序发送信号的设备。路由器是互联网络的枢纽、“交通警察”。目前路由器已经广泛应用于各行各业，各种不同档次的产品已成为实现各种骨干网内部连接、骨干网间互联和骨干网与互联网互联互通业务的主力军。路由和交换之间的主要区别就是交换发生在 OSI 参考模型第二层（数据链路层），而路由发生在第三层，即网络层。这一区别决定了路由和交换在移动信息的过程中需使用不同的控制信息，所以两者实现各自功能的方式是不同的，如图 4-6 所示。

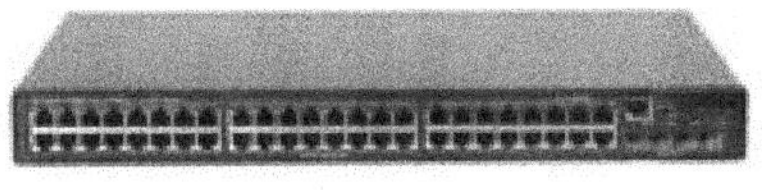

图 4-6　路由器

路由器按使用级别可以分为接入路由器、企业级路由器、骨干级路由器、吉比特路由器、多 WAN 路由器。按功能级别可以分为宽带路由器、模块化路由器、非模块化路由器、虚拟路由器、核心路由器、无线路由器、无线网络路由器、智能流控路由器、动态限速路由器等。

路由器与交换机的区别如下。

传统交换机从网桥发展而来，属于 OSI 第二层即数据链路层设备。它根据MAC 地址寻址，通过站表选择路由，站表的建立和维护由交换机自动进行。路由器属于 OSI 第三层即网络层设备，它根据 IP 地址进行寻址，通过路由表路由协议产生。交换机最大的好处是快速，由于交换机只须识别帧中 MAC 地址，直接根据 MAC 地址产生选择转发端口算法简单，便于 ASIC 实现，因此转发速度极高。但交换机的工作机制也带来一些问题。

（1）回路。根据交换机地址学习和站表建立算法，交换机之间不允许存在回路。一旦存在回路，必需启动生成树算法，阻塞产生回路的端口。而路由器的路由协议没有这个问题，路由器之间可以有多条通路来平衡负载，提高可靠性。

（2）负载集中。交换机之间只能有一条通路，使得信息集中在一条通信链路上，不能进行动态分配，以平衡负载。而路由器的路由协议算法可以避免这一点，OSPF 路由协议算法不但能产生多条路由，而且能为不同的网络应用选择各自不同的最佳路由。

（3）广播控制。交换机只能缩小冲突域，而不能缩小广播域。整个交换式网络就是一个大的广播域，广播报文散到整个交换式网络。而路由器可以隔离广播域，广播报文不能通过路由器继续进行广播。

（4）子网划分。交换机只能识别 MAC 地址。MAC 地址是物理地址，而且采用平坦的地址结构，因此不能根据 MAC 地址来划分子网。而路由器识别 IP 地址，IP 地址由网络管理员分配，是逻辑地址且 IP 地址具有层次结构，被划分成网络号和主机号，可以非常方便地用于划分子网，路由器的主要功能就是用于连接不同的网络。

（5）保密问题。虽说交换机也可以根据帧的源 MAC 地址、目的 MAC 地址和其他帧中内容对帧实施过滤，但路由器根据报文的源 IP 地址、目的 IP 地址、TCP 端口地址等内容对报文实施过滤，更加直观方便。

（6）介质相关。交换机作为桥接设备也能完成不同链路层和物理层之间的转换，但这种转换过程比较复杂，不适合 ASIC 实现，势必降低交换机的转发速度。因此目前交换机主要完成相同或相似物理介质和链路协议的网络互连，而不会用来在物理介质和链路层协议相差甚远的网络之间进行互连。而路由器则不同，它主要用于不同网络之间互连，因此能连接不同物理介质、链路层协议和网络层协议的网络。路由器在功能上虽然占据了优势，但价格昂贵，报文转发速度低。

图 4-7 无线路由器

无线路由器（见图 4-7）是带有无线覆盖功能的路由器，它主要应用于用户上网和无线覆盖。无线路由器可以看成一个转发器，将家中的宽带网络信号通过天线转发给附近的无线网络设备（笔记本电脑、支持 Wi-Fi 的手机等）。市场上流行的无线路由器一般都支持专线 xdsl/ cable、动态 xdsl、pptp 等接入方式。它还具有其他一些网络管理的功能，如 dhcp 服务、nat 防火墙、mac 地址过滤等功能。

4.2 Internet 技术

Internet（互联网），起源于 1969 年美国军用实验网络 ARPANET，后发展成为全球性的商用型信息网络。中国于 1994 开始接入 Internet，截至 2011 年 12 月底，中国网民规模突破 5

亿。因此，掌握一定的 Internet 应用知识，已成为每个办公人员必备的信息素养之一。

在广域网中，Ineternet 互联，主要依靠其通信协议 TCP/IP。TCP/IP 协议为互联网上的每一台计算机都分配了一个 IP 地址，用于识别和通信。

4.2.1　地址与域名

1. IP 地址

所谓IP 地址就是给每个连接在 Internet 上的主机分配的一个 32 位地址。按照TCP/IP规定，IP 地址用二进制来表示，每个 IP 地址长 32 位，即 4 字节。例如，一个采用二进制形式的 IP 地址是 00001010000000000000000000000001。为了方便人们的使用，IP 地址经常被写成十进制的形式，中间使用符号“.”分开。于是，上面的 IP 地址可以表示为 10.0.0.1。IP 地址的这种表示法叫“点分十进制表示法”，这显然比 1 和 0 容易记得多。

Internet 上的每台主机（Host）都有一个唯一的 IP 地址。IP 就是使用这个地址在主机之间传递信息，这是 Internet 能够运行的基础。IP 地址的长度为 32 位（共有 232 个 IP 地址），分为 4 段，每段 8 位，用十进制数字表示，每段数字范围为 0～255，段与段之间用句点隔开。如 159.226.1.1。IP 地址可以视为网络标识号码与主机标识号码两部分，因此 IP 地址可分两部分组成，一部分为网络地址，另一部分为主机地址。IP 地址分为 A、B、C、D、E 共五类，它们适用的类型分别为大型网络，中型网络，小型网络，多目地址，备用。常用的是 B 和 C 两类。B 类 IP 地址的地址范围 128.0.0.1～191.255.255.254；C 类 IP 地址范围 192.0.0.1～223.255.255.255。此外还有一些特殊的地址，如 1.1.1.0 开始的地址都叫多点广播地址。每一字节都为 0 的地址（0.0.0.0）对应于当前主机。IP 地址中的每一字节都为 1 的 IP 地址（255.255.255.255）是当前子网的广播地址。IP 地址中不能以十进制 127 作为开头，该类地址中数字 127.0.0.1～127.1.1.1 用于回路测试，如 127.0.0.1 可以代表本机 IP 地址。用 http://127.0.0.1 就可以测试本机中配置的 Web 服务器。

TCP/IP 需要针对不同的网络进行不同的设置，且每一节点一般需要一个“IP 地址”、一个“子网掩码”、一个“默认网关”。不过，可以通过动态主机配置协议（DHCP），给客户端自动分配一个 IP 地址，避免了出错，也简化了 TCP/IP 的设置。

常见的 IP 地址，分为 IPv4 与 IPv6 两大类。

目前使用的 IPv4，就是有 4 段数字，每一段最大不超过 255。近年来由于互联网的蓬勃发展，IP 地址的需求量越来越大，使得 IP 地址的发放越趋严格。2011 年 2 月 3 日，IANA 正式宣布已经将 IPv4 地址库剩余的 5 个 A 地址分配完毕。标志着全球互联网必须过渡到下一代 IP 版本 IPv6。

IPv6 采用 128 位地址长度，几乎可以不受限制地提供地址。按保守方法估算 IPv6 实际可分配的地址，整个地球的每平方米面积上仍可分配 1000 多个地址。在 IPv6 的设计过程中除了解决了地址短缺问题之外，还考虑了端到端 IP 连接、服务质量（QoS）、安全性、多播、移动性、即插即用等。

2. 域名

域名（Domain Name），是与网络上的数字型 IP 地址相对应的字符型地址。域名可分为不同级别，包括顶级域名、二级域名等。域名由两个或两个以上的词构成，中间由点号分隔开。最右边的那个词称为顶级域名。国家代码由两个字母的顶级域名组成。如.cn、.uk、.de 和.jp 称为国家代码顶级域名（ccTLDs），其中，.cn 是中国专用的顶级域名，其注册归 CNNIC

管理，以.cn 结尾的二级域名简称为国内域名。下面是几个常见的顶级域名。域名层次如图 4-8 所示。

图 4-8 域名层次图示

.com（公司和企业）

.net （网络服务机构）

.org（非赢利性组织）

.edu（美国专用的教育机构）

.gov（美国专用的政府部门）

.mil（美国专用的军事部门）

.int（国际组织）

域名服务器 DNS（Domain Name Server），它的工作就是把使用的字符域名转换为主机的 IP 地址，没有 DNS 将无法在因特网上使用域名。因特网中设有很多的域名服务器 DNS，用来把域名转换为 IP 地址。例如，DNS 收到 www.cctv.com 后，经过查询过程，把这个域名转换为 IP 地址 11001010011011001111100111001110，用点分十进制表示就是 202.108.249.206。这个过程，就是“域名解析”。当一个浏览者在浏览器地址框中打入某一个域名，或者从其他网站点击了链接来到了这个域名，浏览器向这个用户的上网接入商发出域名请求，接入商的 DNS 服务器要查询域名数据库，看这个域名的 DNS 服务器是什么，然后到 DNS 服务器中抓取 DNS 记录，也就是获取这个域名指向哪一个 IP 地址。在获得这个 IP 信息后，接入商的服务器就去这个 IP 地址所对应的服务器上抓取网页内容，再传输给发出请求的浏览器。

4.2.2 Internet 服务

1. WWW 服务

WWW 服务，指的是服务器提供一种基于 Internet 的主页浏览或信息提供的服务。客户端通过启动浏览器，访问服务器，服务器以 HTTP 来返回信息的过程。

WWW 服务有以下特点。

（1）以超文本方式组织网络多媒体信息。

（2）用户可以在世界范围内任意查找、检索、浏览及添加信息。

（3）提供生动直观、易于使用且统一的图形用户界面。

（4）服务器之间可以互相链接。

（5）可以访问图像、声音、影像和文本型信息。

2. E-mail 服务

E-mail 服务，指的是服务器提供一种基于 Internet 的电子邮件接收和发送及存储的服务。客户机通过使用 SMTP 将邮件传送到服务器，或者从一个服务器传送到另一个服务器，并进行存储服务；接收方通过使用 POP3 协议将邮件从服务器下载到本地工作站的过程。

3. FTP 服务

FTP 服务，是指 Internet 的入网用户利用文件传输服务（FTP）命令系统进行计算机之间的文件传输服务，是一种实时的联机服务。在进行文件传输服务时，首先要登录到对方的计算机上，登录后只可以进行与文件查询、文件传输相关的操作。可以传输多种类型的文件，如文本文件、图像文件、声音文件、数据压缩文件等。

采用 FTP 传输文件时，不需要对文件进行复杂的转换，因此 FTP 比任何其他方法交换数据都要快得多。

4. ISP

ISP，全称为 Internet Service Provider，即因特网服务提供商，即指提供互联网服务的公司。通常大型的电信公司都会兼任互联网供应者，能提供拨号上网服务、网上浏览、下载文件、收发电子邮件等服务。ISP 所提供的服务可以很广泛，除了为一般企业及私人互联网浏览所提供的拨号连线、综合业务数字网（ISDN）、DSL、缆线调制解调器、专线（Leased Line）等上网服务外，还可以包括主机托管（Colocation）、电子邮件（E-Mail）、网页寄存（web hosting）等服务。

中国五大基础运营商如下。

（1）中国电信：拨号上网、ADSL。

（2）中国网通：拨号上网、ADSL。

（3）中国铁通：拨号上网、ADSL。

（4）中国移动：GPRS 及 EDGE 无线上网。

（5）中国联通：GPRS 及 CDMA 无线上网。

4.2.3　Internet 接入

1. Internet 接入的定义

从信息资源的角度，Internet 是一个集各部门、各领域的信息资源为一体的、供网络用户共享的信息资源网。家庭用户或单位用户要接入 Internet，可通过某种通信线路连接到 ISP，由 ISP 提供入网连接和信息服务。Internet 接入是通过特定的信息采集与共享的传输通道，利用以下传输技术完成用户与 IP广域网的高带宽、高速度的物理连接。

2. Internet 接入方式

目前，在人们办公或生活环境下接入 Internet 的方式，主要有以下几种。

（1）xDSL 接入。在通过本地环路提供数字服务的技术中，最有效的类型之一是数字用户线（Digital Subscriber Line，DSL）技术，是目前运用最广泛的铜线接入方式。ADSL 可直接利用现有的电话线路，通过 ADSL　Modem 后进行数字信息传输。理论速率可达到 8Mb/s 的下行和 1Mb/s 的上行，传输距离可达 4～5km。ADSL2+速率可达 24Mb/s 下行和 1Mb/s 上行。另外，最新的 VDSL2 技术可以达到上下行各 100Mb/s 的速率。特点是速率稳定、带宽独享、语音数据不干扰等。适用于家庭，个人等用户的大多数网络应用需求，满足一些宽带业务包括 IPTV、视频点播（VOD），远程教学，可视电话，多媒体检索，LAN 互联，Internet 接入等。

ADSL 技术具有以下特点：可以充分利用现有的电话线网络，通过在线路两端加装 ADSL 设备便可为用户提供宽带服务；它可以与普通电话线共存于一条电话线上，接听、拨打电话的同时能进行 ADSL 传输，而又互不影响；进行数据传输时不通过电话交换机，这样上网时就不需要缴付额外的电话费，可节省费用；ADSL 的数据传输速率可根据线路的情况进行自动调整，它以“尽力而为”的方式进行数据传输。

（2）HFC（CABLEMODEM）。是一种基于有线电视网络铜线资源的接入方式，具有专线上网的连接特点，允许用户通过有线电视网实现高速接入 Internet。适用于拥有有线电视网的家庭、个人或中小团体。特点是速率较高，接入方式方便（通过有线电缆传输数据，不需要布线），可实现各类视频服务、高速下载等。缺点在于基于有线电视网络的架构是属于网络资源分享型的，当用户激增时，速率就会下降且不稳定，扩展性不够。

（3）光纤宽带接入。通过光纤接入到小区节点或楼道，再由网线连接到各个共享点上（一般不超过 100m），提供一定区域的高速互联接入。特点是速率高，抗干扰能力强，适用于家庭，个人或各类企事业团体，可以实现各类高速率的互联网应用（视频服务、高速数据传输、远程交互等）。缺点是一次性布线成本较高。

（4）无线网络。无线网络是一种有线接入的延伸技术，使用无线射频（RF）技术越空收发数据，减少使用电线连接，因此无线网络系统既可达到建设计算机网络系统的目的，又可让设备自由安排和搬动。在公共开放的场所或者企业内部，无线网络一般会作为已存在有线网络的一个补充方式，装有无线网卡的计算机通过无线手段方便接入 Internet。

目前，我国 3G 移动通信有三种技术标准，中国移动、中国电信和中国联通各使用自己的标准及专门的上网卡，网卡之间互不兼容。

（5）光纤接入。光纤接入是指以光纤为传输介质的网络环境。光纤接入网从技术上可分为两大类：有源光网络（Active Optical Network，AON）和无源光网络（Passive Optical Network，PON）。有源光网络又可分为基于 SDH 的 AON 和基于 PDH 的 AON；无源光网络可分为窄带 PON 和宽带 PON。

由于光纤接入网使用的传输媒介是光纤，因此根据光纤深入用户群的程度，可将光纤接入网分为 FTTC（光纤到路边）、FTTZ（光纤到小区）、 FTTB（光纤到大楼）、FTTO（光纤到办公室）和 FTTH（光纤到户），它们统称为 FTTx。FTTx 不是具体的接入技术，而是光纤在接入网中的推进程度或使用策略。

光纤接入能够确保向用户提供 10Mb/s，100Mb/s，1000Mb/s 的高速带宽，可直接汇接到 ChinaNET 骨干结点。主要适用于商业集团用户和智能化小区局域网的高速接入 Internet。

4.3 现代办公网络应用

在本节中，假设单位已有高速局域网络，因此，只需要掌握办公室内的组网技术就可以保证顺利办公。

1. 有线接入

当单位有局域网络后，办公室的接入方式，大多采用有线接入。需要的设备有交换机、网线。其主要的步骤如下。

（1）将交换机接入办公室的外线（即进线盒）。

（2）采用星型结构，将各个办公计算机用网线全部接入交换机。当办公计算机的数量超过交换机的端口数时，需要串接另一个交换机。交换机之间的结构采用树形。一般来说，交换的次数从网管中心到桌面，不要超过四层。

（3）进行桌面计算机 IP 设置：右击“网上邻居”→“属性”→“查看网络连接”，在打开的对话框中右击“网卡”→“属性”，出现如图 4-9 所示“网络设置”选项卡。

（4）设置：打开“常规”选项卡，如图 4-10 所示。

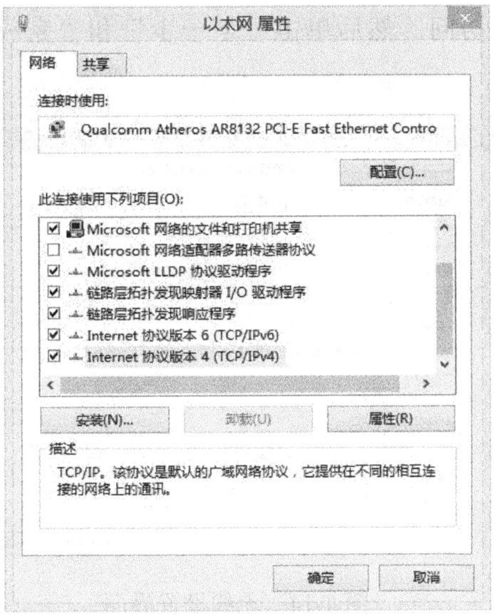

图 4-9　网络设置选项卡

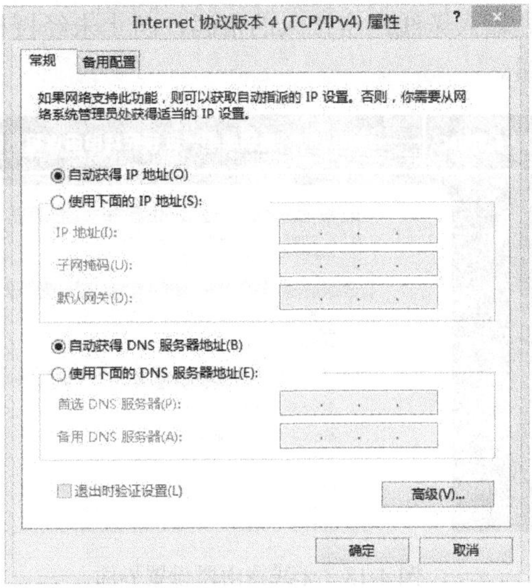

图 4-10　常规选项卡

（5）将网管中心分配的 IP 地址、子网掩码、网关和 DNS 服务器的 IP 地址填入相应位置。

（6）打开浏览器，在地址栏中输入一个域名，按“回车”键进行网络测试。

2. 无线接入

当办公室使用笔记本电脑等智能设备比较多的情况下，建议采用无线接入技术。主要设备有：无线路由器。主要操作步骤如下。

（1）用网线与无线路由器级联口（标有 WAN）联上；再将设置计算机与无线路由器的普通口（标有 LAN）联接，如图 4-11 所示。

（2）接上电源线。在设置计算机的浏览器地址栏中输入 192.168.1.1（默认），按“回车”键，出现如图 4-12 所示的无线路由器设置界面。

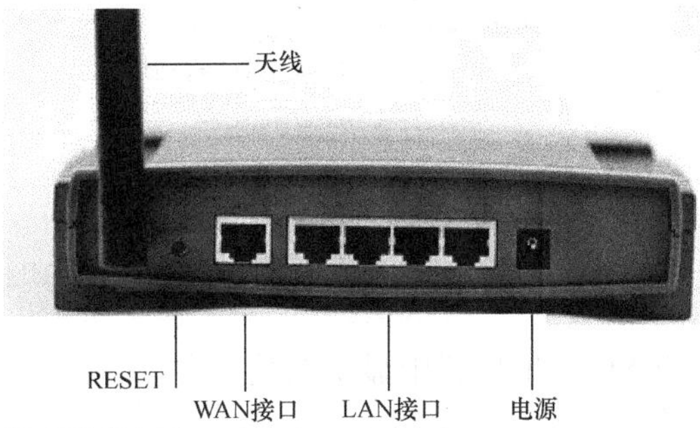

图 4-11　无线路由器的接口与开关

图 4-12　无线路由器设置界面

（3）输入用户名和密码，默认值都是 admin。然后出现如图 4-13 所示的界面。

（4）在右边菜单中，单击“设置向导”项，选择“下一步”项，单击“静态 IP”项，输入 IP 地址、子网掩码、网关、DNS 服务器（由单位或电信部门提供），进入无线设置界面，如图 4-14 所示。

（5）改变默认的 SSID（无线路由名称），输入一个无线网络的标识符；再选择在 PSK 密码处输入无线网络接入的密码，防止未经授权的接入访问。然后单击“下一步”和“完成”按钮。

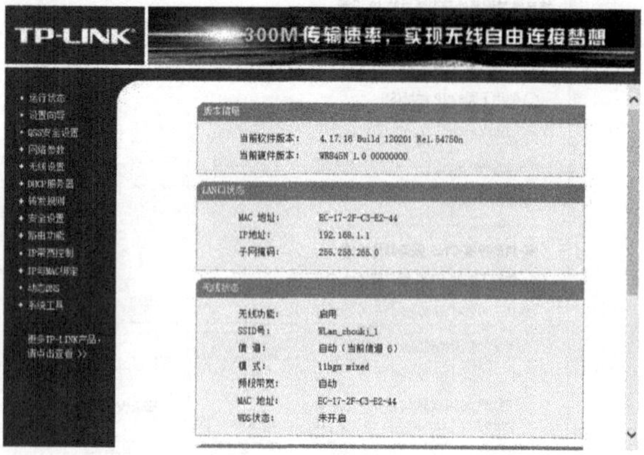

图 4-13 无线路由器设置界面

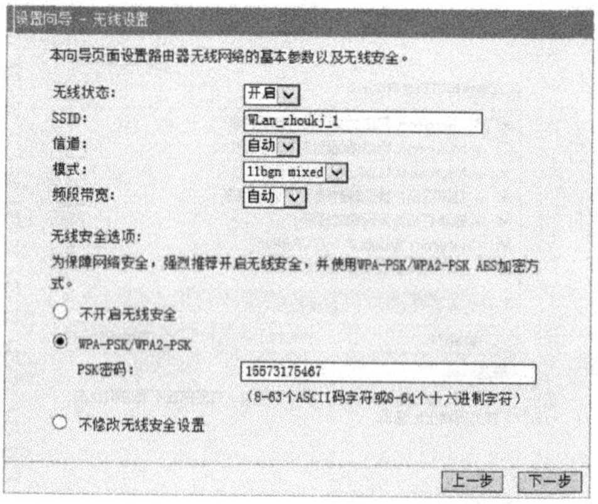

图 4-14 无线设置界面

（6）在主菜单中单击“DHCP 服务器”→“DHCP 服务”命令，出现如图 4-15 所示的 DHCP 服务设置界面。

（7）如图 4-15 所示，表示路由器所提供的默认动态 IP 范围是 192.168.1.100~192.168.1.199。可以改变为 192.168.1.1~192.168.1.254。但默认网关不能变，是 192.168.1.1。其他项可默认。

（8）在主菜单中单击“网络参数”→“MAC 地址克隆”命令，出现如图 4-16 所示的 MAC 地址克隆界面。

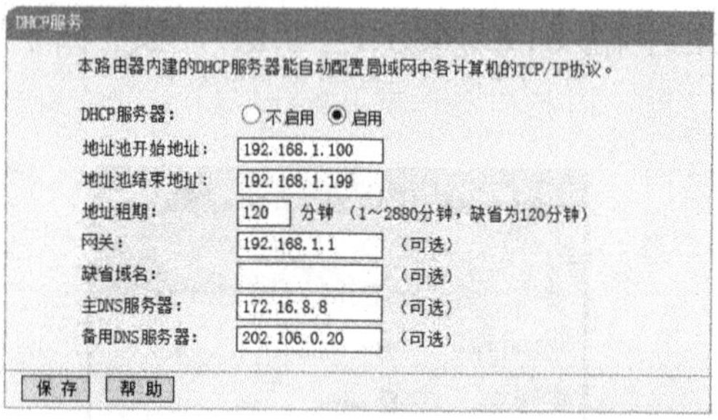

图 4-15 DHCP 服务设置界面

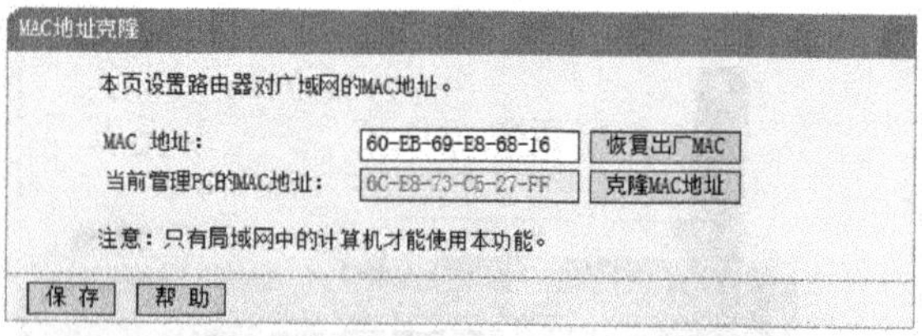

图 4-16 MAC 地址克隆界面

（9）在如图 4-16 所示的界面中，管理 PC 的 MAC 地址栏中显示的是本台设置计算机的 MAC 地址。单击“克隆 MAC 地址”项，然后单击“保存”按钮。

（10）在主菜单中单击“系统工具”→“重启路由器”命令，再单击“重启路由器”按钮，即可使用无线路由器。

（11）对于台式计算机，可以使用无线网卡，或者使用有线接连到路由器的 LAN 口上。对于笔记本电脑，或带 Wi-Fi 的智能终端，可以直接找到该无线路由器的标识，并进行联接测试。记住输入前先的 PSK 授权密码。

习　题

1. 什么是计算机网络？有哪些常见的分类方法？

2. 对于无线局域网，有一个关键的知识点叫 AP，试上网查找相关资料，了解什么是 AP，有什么作用。

3. 交换机与路由器主要的区别有哪些？

4. 什么是 IP 地址？什么是域名？它们与 MAC 地址有什么关系？

5. 什么是地址解析？试举例详加说明。

活　动

活动主题：办公网络混合接入应用。

活动任务：在一家办公场所，利用 4.3 节的知识，进行有线和无线的混合接入实践。

第 5 章　现代办公自动化应用系统

现代办公自动化应用系统，是指广泛应用于现代办公自动化工作中的应用系统，或属于现代办公自动化系统中的一个子系统，或独立于现代办公自动化系统之外的一个应用系统。与办公自动化核心系统在功能或作用上，相互弥补或协助。

5.1　企业办公应用系统

5.1.1　ERP 系统

1. 系统概述

ERP（Enterprise Resource Planning，企业资源计划）系统是指建立在信息技术基础上，以系统化的管理思想，为企业决策层及员工提供决策运行手段的管理平台。它是从 MRP（物料需求计划）发展而来的新一代集成化管理信息系统，它扩展了 MRP 的功能，其核心思想是供应链管理。它跳出了传统企业边界，从供应链范围去优化企业的资源。ERP 系统集信息技术与先进管理思想于一身，成为现代企业的运行模式，反映时代对企业合理调配资源，最大化地创造社会财富的要求，成为企业在信息时代生存、发展的基石。它对于改善企业业务流程、提高企业核心竞争力具有显著作用。

ERP 系统是 20 世纪 90 年代美国一家 IT 公司根据当时计算机信息、IT 技术发展及企业对供应链管理的需求，预测在今后信息时代企业管理信息系统的发展趋势和即将发生变革，而提出了这个概念。ERP 是针对物资资源管理（物流）、人力资源管理（人流）、财务资源管理（财流）、信息资源管理（信息流）集成一体化的企业管理软件。它将包含客户/服务架构，使用图形用户接口，应用开放系统制作。除了已有的标准功能，它还包括其他特性，如品质、过程运作管理及调整报告等。

ERP 系统采用了计算机最新的主流技术和体系结构——B/S、Internet 体系结构和 Windows 界面。在能通信的地方都可以方便地接入到系统中来。具有集成性、先进性、统一性、完整性和开放性的特点。

2. ERP 的功能和目标

（1）ERP 具备四个方面的功能。

1）超强的集成功能：包括质量管理；试验室管理；流程作业管理；配方管理；产品数据管理；维护管理；管制报告和仓库管理。

2）支持混合方式的制造环境：包括既可支持离散又可支持流程的制造环境；按照面向对象的业务模型组合业务过程的能力和国际范围内的应用。

3）支持能动的监控能力，提高业务绩效：包括在整个企业内采用控制和工程方法；模拟功能；决策支持和用于生产及分析的图形能力。

4）支持开放的客户机/服务器计算环境：包括客户机/服务器体系结构；图形用户界面（GUI）；计算机辅助设计工程（CASE），面向对象技术；使用 SQL 对关系数据库查询；内部集成的工程系统、商业系统、数据采集和外部集成（EDI）。

（2）ERP 系统的核心目标。ERP 系统的核心目标是对企业所拥有的人、财、物、信息、时间和空间等综合资源进行综合平衡和优化管理，协调企业各管理部门，围绕市场导向开展业务活动，提高企业的核心竞争力，从而取得最好的经济效益。所以，ERP 系统首先是一个软件，同时是一个管理工具，是 IT 技术与管理思想的融合体，也就是先进的管理思想借助计算机，来达成企业的管理目标。

3. ERP 的核心内容

ERP 系统的核心内容包括三方面的内容：生产控制（计划、制造）、物流管理（分销、采购、库存管理）和财务管理（会计核算、财务管理）。随着企业对人力资源管理重视的加强，已经有越来越多的 ERP 厂商将人力资源管理内容作为 ERP 系统的一个重要组成部分。

5.1.2　HR 系统

1. HR 系统简介

HR 系统（Human Resources Management System）是人力资源管理系统的简称，主要包括人事日常事务、薪酬、招聘、培训、考核以及人力资源的管理。HR 系统运用系统学理论方法，对企业的人力资源管理的方方面面进行分析、规划、实施、调整，来达到提高企业人力资源管理水平，使人力资源更有效的服务于组织或团体的目标。

2. HR 系统的功能

HR 系统具有以下五大基本功能。

（1）选人：即招聘与甄选。要选择最适合企业和岗位要求的人才。“过高”是浪费，“过低”不匹配。

（2）育人：通过培训教育，不断提升员工的专业技能和综合素质，改善绩效，提升工作效率和员工价值，成就个人，实现企业与员工的双赢。

（3）用人：把合适的人（符合岗位任职资格要求且具有完成岗位职责的能力与技能），放在合适的职位上，并发挥出最大的潜能。

（4）留人：通过建立“留人机制”，制订相应的留人政策，把少数（大约占 20%）对企业真正有价值并能带来良好经济效益的核心与骨干员工留住（“帕累托定律”——是由 20%的核心、骨干员工，在为企业创造着 80%的价值）。

（5）汰人：把不具备任职资格条件和不能适应职位（岗位）工作客观要求的人员，淘汰“出局”。

3. HR 系统的核心模块

（1）人力资源规划。包括人力资源战略（目标）；编制平衡记分卡；人力资源现状盘点、调研、分析与诊断；中长期规划；年度计划。

（2）工作分析与评价。包括作业流程盘点与优化重组、职位（岗位）分析与评估；职位（岗位）设计；职位（岗位）价值贡献系数评价；组织机构设计与组织管理运作模式（包括：各级组织架构图；管理模式；管理层次；管理幅度）；确定指挥与汇报关系；编制出《职位说明书》、《各部门职能标准》、《各岗位职责标准》、《职类系列标准与职级标准（岗等）》、《编制定员标准》、《KPI 指标库》等。

（3）制度建设。包括制订、修订及完善各项管理规章制度；建立与之相配套的各项人事政策、工作标准、作业流程、工具表单的设计等。

（4）人员素质测评。运用专门的人员素质测评软件、模型和相关手段，对各类员工的能力与各项素质进行全面评估。

（5）招聘与配置管理。包括招聘需求、计划与组织实施；简历筛选；笔试、面试、甄选；录用入职与离职管理；人事异动；任免迁调（含晋升、降级与轮岗）；继任者计划和人才储备等。

（6）绩效管理。包括建立绩效管理体系；确定 KPI 指标体系；制订考评办法；组织实施；考评结果反馈、面谈与辅导；考评结果的综合运用与兑现。

（7）薪酬福利管理。包括建立薪酬奖金分配体系（企业内外部薪酬水平调研分析、薪资奖金制度、薪资奖金标准、薪资奖金考核、薪资调整与变动、薪资奖金分配方式、薪资奖金的计算与支付办法）；福利制度系列（股权分配、社会劳动保险、商业保险、企业年金、工时制度、休息休假、住房补贴、交通补贴、通信补贴、就餐补贴、评先选优、表彰嘉奖、定期体检、集体旅游、文体娱乐活动等）。

（8）培训开发管理。包括培训管理体系建立；培训需求与计划；进修、外培、内训的管理与实施；岗位训练；学历教育管理；实施培训效果评估；监控培训成果转化；跟踪员工的专业技能和综合素质提升等。

（9）劳资关系管理。包括劳动合同（防止竟业合同、保密协议）签订、鉴证、变更与管理；劳动争议预防与处理；员工职业行为规范；劳动纪律管理（含考勤管理）；员工奖惩；员工职业健康管理（含劳动安全卫生、职业病防治、环保与消防）；企业文化建设；员工职业生涯规划；人事档案管理等。

（10）人力资源会计核算与稽核。包括人力资源成本预算、核算、决算与过程管控；人力资源管理的月、季、年度报表体系与制度；人力资源利用情况与利用程度的经济活动分析等。

5.1.3 员工考勤管理系统

1. 概述

考勤管理系统是指一套管理公司的员工的上、下班考勤记录等相关情况的管理系统。是考勤软件与考勤硬件结合的产品，一般为 HR 部门使用，掌握并管理企业的员工出勤动态。狭义上，考勤管理系统单指考勤软件管理系统。

考勤管理系统，在包含薪资计算模块的情况下，可以灵活定义各个工资项目的计算公式，自动调用员工的出勤数据、人员资料、就餐等与工资相关的数据，计算出员工的工资情况，可提供银行代发工资所需的相关文件，同时提供丰富的统计分析报表，可即时掌握企业工资支出情况。

目前用得比较多的是有指纹考勤机，打卡机等。

2. 功能

实时出勤查询：在任何情况下，不进行任何考勤设置，都能实时查询各员工的刷卡记录（包括刷卡人、刷卡时间、刷卡性质、窗口号）及未打卡员工，也可进行按条件查询部分或全体人员的刷卡记录（如输入工号、日期及时间），便可查询该员工此时间段内的打卡明细。

基本出勤处理：根据事先定义的考勤设置能对各种出勤数据进行处理，自动判断迟到、早退、缺勤的人员及有效打卡时间内的打卡明细情况。如可单独查询迟到、早退情况、缺勤情况及有效打卡时间的打卡明细，不正常的打卡数据等，在这些查询功能中都可按条件进行查询；迟到、早退查询功能中还可输入相应的分钟数，以便查询大于此时间数的人员。

多种的考勤统计：能实时统计员工的上下班、加班、迟到、早退、请假、缺勤等相关出勤信息（上面记录着员工不正常出勤的次数及分钟数）形成一张综合性汇总报表，也可按条件（日期、工号、部门等）进行统计工作。

自动扣款统计：根据出勤情况及考勤设置，能自动统计所有员工某时间范围内的出勤应扣款额，方便薪资计算。

加班自动统计：根据员工加班打卡时间及企业安排加班时间，自动统计员工的实际加班及安排加班时间内的加班时间，灵活适应各种企业的加班时间统计。

异常事项处理：对因公事耽误打卡的人员可进行补卡处理，对请假员工可进行请假处理，对某人员、某班次的时间变动可进行工时调整处理，月底统计将自动计算请假天数。

灵活的班次设置：根据企业实际情况可灵活设置班次数目，各班次标准上下班时间，轮班、换班等设置工作。

灵活的打卡限制：可灵活设置各班次的上下班有效打卡时间，杜绝员工随意打卡，使管理更方便、合理，员工有组织、有纪律。

灵活的考勤设置：可根据企业内部实际情况任意设置考核的字段（如迟到、严重迟到、早退、严重早退、缺勤等），各字段对应考核时间范围及考核对象，并可对各字段、各班次（管理人员、工人）进行不同处罚金额

自动判断上下班卡：系统根据设置情况自动判断员工的打卡数据是上班卡还是下班卡，无须人为干预。

3. 系统结构

系统由 PC 主机、通过 TCP/IP 连接考勤机、运行于 PC 主机的配套管理软件、感应式智能卡和网络连接电缆等组件构成，考勤系统结构图如图 5-1 所示。

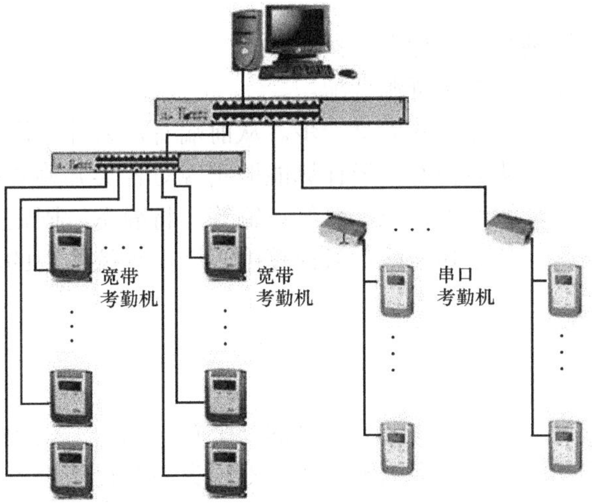

图 5-1　考勤系统结构图

5.2 云　笔　记

以计算机，微电子和通信技术为主的信息技术革命成为社会信息化的动力源泉，它的发展已经经历了两个阶段，即 1946 年计算机的出现和 1969 年计算机网络的出现，目前正在进

入第三阶段：2010年云系统的出现。因此，云是计算机网络发展的新时代，也是现代办公自动化发展的最新应用方向，即基于云时代的办公自动化。在前面我们介绍云计算技术的基础上，在本节，再了解一下云系统在办公自动化中的应用。

5.2.1 云系统

1. 定义

云系统（又名，云计算机系统）是采用国际首创的HFP及HDRDP技术在局域网架构下实现云计算使用效果的新一代通用计算机系统产品。云计算操作系统，又称云计算中心操作系统、云OS，是云计算后台数据中心的整体管理运营系统，它是指构架于服务器、存储、网络等基础硬件资源和单机操作系统、中间件、数据库等基础软件管理海量的基础硬件、软件资源之上的云平台综合管理系统。

2. 构成

云系统的构成，主要由两部分构成：云计算和云存储。云计算一般指分布式计算，通过各地的数据中心设置计算机服务器集群，通过网络为用户提供不同的应用；云存储，是将用户数据存储在云端，避免使用本地资源存储，达到异地使用和异地存储的目的。

云系统由软件、硬件及安全组件构成，具有性价比高、安全稳定、寿命长、功能强、高可管及易维护的使用效果，可以帮助多机用户以最低的投入实现最高效的计算机应用效果。

云计算操作系统通常包含以下几个模块：大规模基础软硬件管理、虚拟计算管理、分布式文件系统、业务/资源调度管理、安全管理控制等。

3. 功能

（1）能管理和驱动海量服务器、存储等基础硬件，将一个数据中心的硬件资源逻辑上整合成一台服务器。

（2）为云应用软件提供统一、标准的接口。

（3）管理海量的计算任务以及资源调配。

云计算操作系统是实现云计算的关键一步。从前端看，云计算用户能够通过网络按需获取资源，并按使用量付费。从后台看，云计算能够实现对各类异构软硬件基础资源的兼容，更要实现资源的动态流转，如西电东送、西气东输等。将静态、固定的硬件资源进行调度，形成资源池。云计算的两大基本功能就是云计算中心操作系统实现的，但是操作系统的重要作用远不止于此。

5.2.2 云存储

1. 定义

云存储是在云计算概念上延伸和发展出来的一个新的概念，是指通过集群应用、网格技术或分布式文件系统等功能，将网络中大量各种不同类型的存储设备通过应用软件集合起来协同工作，共同对外提供数据存储和业务访问功能的一个系统。当云计算系统运算和处理的核心是大量数据的存储和管理时，云计算系统中就需要配置大量的存储设备，那么云计算系统就转变成为一个云存储系统，所以云存储是一个以数据存储和管理为核心的云计算系统。

云计算是分布式处理（Distributed Computing）、并行处理（Parallel Computing）和网格计算（Grid Computing）的发展，是通过网络将庞大的计算处理程序自动分拆成无数个较小的子程序，再交由多部服务器所组成的庞大系统经计算分析之后将处理结果回传给用户。通过云计算技术，网络服务提供者可以在数秒之内，处理数以千万计甚至亿计的信息，达到和

“超级计算机”同样强大的网络服务。

云存储的概念与云计算类似，它是指通过集群应用、网格技术或分布式文件系统等功能，将网络中大量各种不同类型的存储设备通过应用软件集合起来协同工作，共同对外提供数据存储和业务访问功能的一个系统。

2. 构成

云存储系统的结构模型由 4 层组成，如图 5-2 所示。

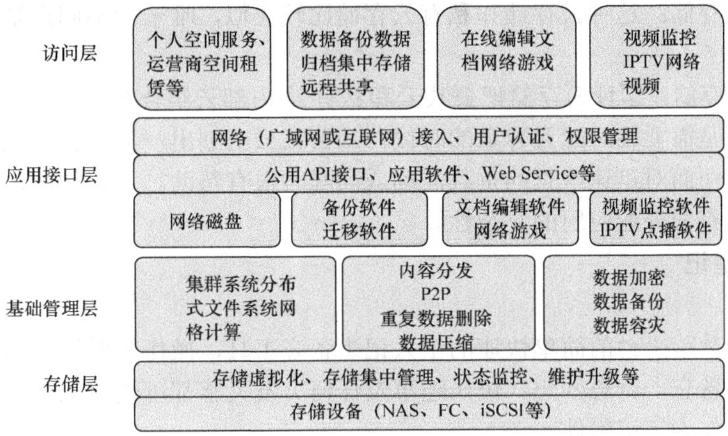

图 5-2 云存储系统的结构模型

（1）存储层：存储层是云存储最基础的部分。存储设备可以是 FC 光纤通道存储设备，可以是 NAS 和 iSCSI 等 IP 存储设备，也可以是 SCSI 或 SAS 等 DAS 存储设备。云存储中的存储设备往往数量庞大且分布多不同地域，彼此之间通过广域网、互联网或者 FC 光纤通道网络连接在一起。存储设备之上是一个统一存储设备管理系统，可以实现存储设备的逻辑虚拟化管理、多链路冗余管理，以及硬件设备的状态监控和故障维护。

（2）基础管理层：基础管理层是云存储最核心的部分，也是云存储中最难以实现的部分。基础管理层通过集群、分布式文件系统和网格计算等技术，实现云存储中多个存储设备之间的协同工作，使多个的存储设备可以对外提供同一种服务，并提供更大更强更好的数据访问性能。CDN 内容分发系统、数据加密技术保证云存储中的数据不会被未授权的用户所访问，同时，通过各种数据备份和容灾技术和措施可以保证云存储中的数据不会丢失，保证云存储自身的安全和稳定。

（3）应用接口层：应用接口层是云存储最灵活多变的部分。不同的云存储运营单位可以根据实际业务类型，开发不同的应用服务接口，提供不同的应用服务。比如视频监控应用平台、IPTV 和视频点播应用平台、网络硬盘引用平台，远程数据备份应用平台等。

（4）访问层：任何一个授权用户都可以通过标准的公用应用接口来登录云存储系统，享受云存储服务。云存储运营单位不同，云存储提供的访问类型和访问手段也不同。

3. 发展及分类

云存储系统的发展基础是宽带网络、Web 2.0 技术、应用存储技术的发展。云存储系统是一个多存储设备、多应用、多服务协同工作的集合体，其核心技术是 CDN 内容分发、P2P 技术、数据压缩技术、重复数据删除技术、数据加密技术、存储虚拟化技术、存储网络化管理技术等。

云存储可分为以下三类。

（1）公共云存储：提供大量的文件存储。供应商可以保持每个客户的存储、应用都是独立的，私有的。其中以Dropbox为代表的个人云存储服务是公共云存储发展较为突出的代表，国内比较突出的代表的有搜狐企业网盘等。公共云存储可以划出一部分用作私有云存储。一个公司可以拥有或控制基础架构，以及应用的部署，私有云存储可以部署在企业数据中心或相同地点的设施上。私有云可以由公司自己的IT部门管理，也可以由服务供应商管理。

（2）内部云存储：这种云存储和私有云存储比较类似，唯一的不同点是它仍然位于企业防火墙内部。

（3）混合云存储：这种云存储把公共云和私有云/内部云结合在一起。主要用于按客户要求的访问，特别是需要临时配置容量的时候。从公共云上划出一部分容量配置一种私有或内部云可以帮助公司面对迅速增长的负载波动或高峰时很有帮助。尽管如此，混合云存储带来了跨公共云和私有云分配应用的复杂性。

5.2.3 云笔记

1. 定义

云笔记是一款跨平台的简单快速的个人记事备忘工具，操作界面简洁高效。会议记录、日程安排、生活备忘，奇思妙想、快乐趣事及任何突发灵感都可快速记录到云笔记，更支持拍照和添加图片作为笔记附件。

注册一个云笔记账号即可免费拥有云端同步功能，更可通过注册邮箱直接撰写或转发邮件来创建新笔记，让你的个人记事和个人电子邮箱无缝紧密结合在一起。通过登录云笔记网站可在浏览器上直接编辑管理你的个人记事，实现与移动客户端的高效协同操作。

云笔记的云端服务采用严格的数据加密形式进行传输和保存，可有效保障你的私密笔记免遭泄漏。云笔记旨在以云存储技术帮助用户建立一个可以轻松访问、安全存储的云笔记空间，笔记解决个人资料和信息跨平台跨地点的管理问题。目前支持安卓手机版，桌面版，网页版，手机网页版这几种形式。

云笔记采用了增量式同步技术，即每次只同步修改的内容而不是整个笔记。“三备份存储”技术将用户的数据在三台服务器上进行备份存储，这样即使有一两台机器发生故障也能有效保障用户数据的安全性和稳定性。该技术还便于未来系统存储规模的扩大和数据处理能力的提高。

云笔记为用户提供了高达数吉字节的初始免费存储空间。随着在线时间的增长，登录账号所对应的储存空间也同步增长。云笔记支持多种附件类型，包括图片、PDF、Word、Excel、PowerPoint等。同时上线的还包括网页剪报功能，即通过收藏夹里的一段JavaScript代码将网页里的信息一键抓取保存至笔记里，并可对保存的网页进行二次编辑。

2. 特点

（1）纷繁笔记轻松管理——分类整理笔记，高效管理个人知识，快速搜索，分类查找，安全备份云端笔记，存储永不丢失的珍贵资料。

（2）文件同步自动完成——自动同步，无需复制下载：支持图片及文档类附件，无限增长的大存储空间，轻松实现多地点办公。

（3）路上创意随手记录——随时随地记录一切趣事和想法：轻松与计算机双向同步，免去文件传输烦恼，对会议白板进行拍照，有道笔记将对照片进行智能优化，轻松保存会议结果。

（4）精彩网页一键保存——一键保存网页中精彩图文，再也不会遗漏；云端存储，永久珍藏有价值的信息。

（5）增量式同步技术——只同步每次修改的那部分内容，同步变得更快、更省流量。

（6）手机端富文本编辑——在手机上也可以直接编辑含有丰富格式的笔记，提供一体化的跨终端编辑体验。

（7）白板拍照智能优化——运用智能算法自动矫正歪斜的白板照片并去除冗余背景，一拍存档。

（8）手写输入——用手指直接在屏幕上输入，保留手写原笔迹。

（9）涂鸦 ——轻松、有趣的随手涂鸦。

5.3　移动办公系统

办公自动化的现代化发展，不仅是云系统的出现，而且还有办公时间、地点等办公思想上的发展和转变。人们要求，只要能上网的地方，就要能借助PAD、智能终端等工具实现将分散在不同部门和地点的人员连接到一个统一的平台，实现办公、审批公司文件等OA工作，实现跨部门、高效率、低成本的沟通和协作。因此，当今，移动办公系统，就自然而然的是现代办公自动化系统家族中的一员了。

5.3.1　移动办公的概念

移动办公，也可称为3A办公，即办公人员可在任何时间（Anytime）、任何地点（Anywhere）处理与业务相关的任何事情（Anything）。

这种全新的办公模式，可以让办公人员摆脱时间和空间的束缚。单位信息可以随时随地通畅地进行交互流动，工作将更加轻松有效，整体运作更加协调。对企业管理者和商务人士提供了极大便利，为企业和政府的信息化建设提供了全新的思路和方向。它不仅使得办公变得随心、轻松，而且借助手机通信的便利性，使得使用者无论身处何种紧急情况下，都能高效迅捷地开展工作，对于突发性事件的处理、应急性事件的部署有着极为重要的意义。

移动办公是云计算技术、通信技术与终端硬件技术融合的产物，成为继计算机无纸化办公、互联网远程化办公之后的新一代办公模式。对于移动办公的未来发展前景，移动办公是大势所趋。

5.3.2　移动办公方式

（1）笔记本+无线网卡。这种方式的移动办公是由笔记本计算机使用GPRS/EDGE/CDMA无线网卡，通过VPN防火墙访问单位内部网络，实现公文办理，库存查询、客户资料查询、内部文件察看等功能。

优点：软件开发工作量少，客户端界面表现和信息量都很强大，接入较容易。

缺点：硬件费用昂贵（笔记本、无线网卡、VPN部署），终端携带不方便，待机时间短，在很多场合不方便公开使用。

（2）短信+彩信。这种方式的移动办公主要以短信和彩信作为数据传输方式，将单位内部应用信息转换为特定的格式后通过短信和彩信通道发送到工作人员手机端，实现信息提醒功能。

优点：硬件成本低，支持终端多。

缺点：安全性差（信息明文传输和存储），信息量很小，界面表现力差，通信费昂贵，使用不方便，需要一定的软件开发工作。

（3）WAP。这种方式的移动办公主要依靠GPRS/EDGE/CDMA作为数据传输方式，将单位内部办公信息转换为WAP网页的形式进行浏览，实现办公邮件、公文办理、通知通告、信息查询等一般性功能。

优点：支持终端较多，信息量和界面表现较好，使用较方便。

缺点：安全性较差，数据传输量较大，数据传输和解析速度慢，支持文件类型少，需要大量软件开发工作，无法充分使用手机资源，信息及时性差。

（4）手机智能客户端程序。是基于推送（PUSH）技术的行业应用平台，主要依靠GPRS/EDGE/CDMA作为数据传输方式，通过安全连接将客户应用服务器上的内容（数据）请求推送到客户手机端，使得用户可以随时随地的实现移动办公和移动应用。例如，迪跑微博办公平台即采用这种实现方式。

优点：支持推送办公（PUSH），安全性高，速度快，功能强大，界面美观。

缺点：只支持特定的终端；建设成本高与使用成本较高。

（5）扫描仪+SD卡+干电池。这种方式的移动办公主要以USB数据线及读卡器、卡槽来传输数据，将单位内部的文稿纸张、身份证相片等资料通过扫描仪彩色光电传感器转换成电子版图片格式，实现脱机扫描，随身携带的功能，体现移动办公、无纸化办公的新时代。

优点：高效高清，体型小巧，操控按键较为实用，A4幅面方便扫描说明书等文档。

缺点：手动扫描文件有形变产生。

5.3.3　系统结构与功能

1. 系统结构

移动办公系统基本结构，如图5-3所示（以中国联通的移动办公系统结构为例）。

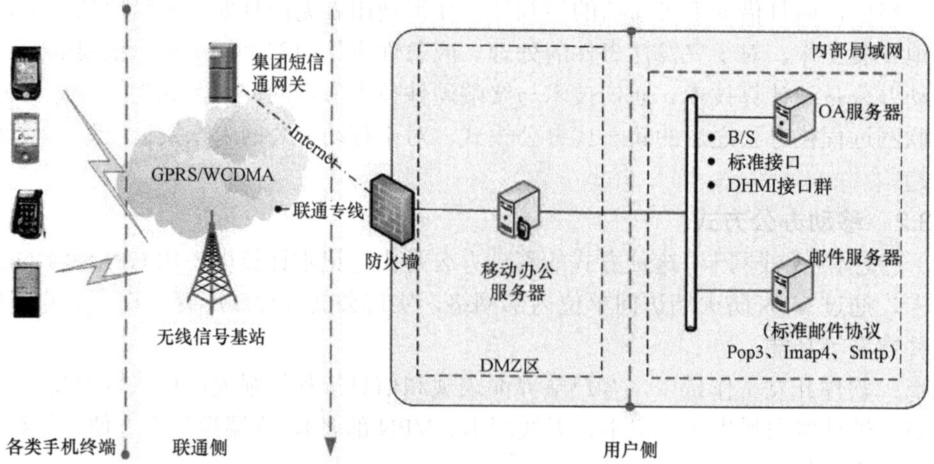

图5-3　中国联通的移动办公系统结构

实现的基本方法是：①在客户办公网（DMZ区）内部加装移动办公服务器，无需改动OA等原有系统，纳入原有安全体系；②在手机安装“移动OA”客户端，并开通WCDMA服务。

2. 移动办公系统的相关界面

（1）登录界面，如图 5-4 所示。

（2）主菜单界面，如图 5-5 所示。

图 5-4　中国联通移动办公系统的登录界面

图 5-5　移动办公系统的主菜单界面

（3）公文处理界面，如图 5-6 所示。

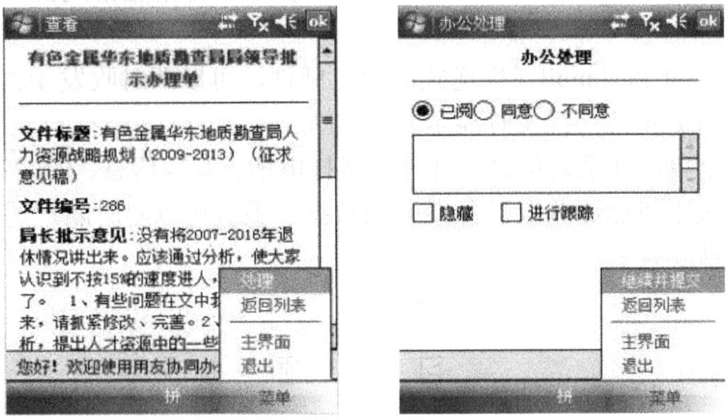

图 5-6　移动办公系统的公文处理界面

（4）OFFICE 文档解析界面，如图 5-7 所示。

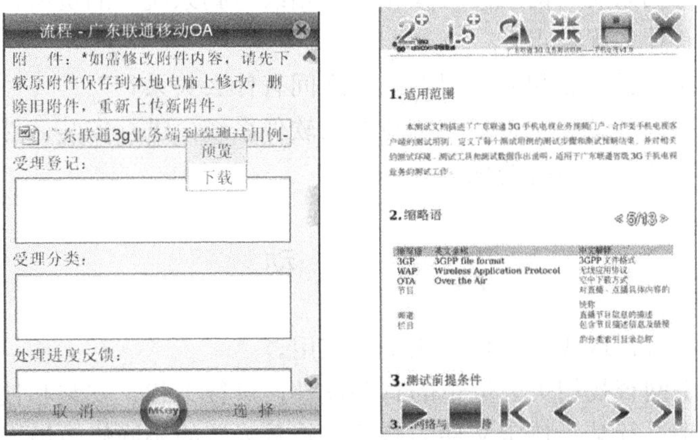

图 5-7　移动办公系统的 OFFICE 文档解析界面

（5）会议预定、短信群发界面，如图 5-8 所示。

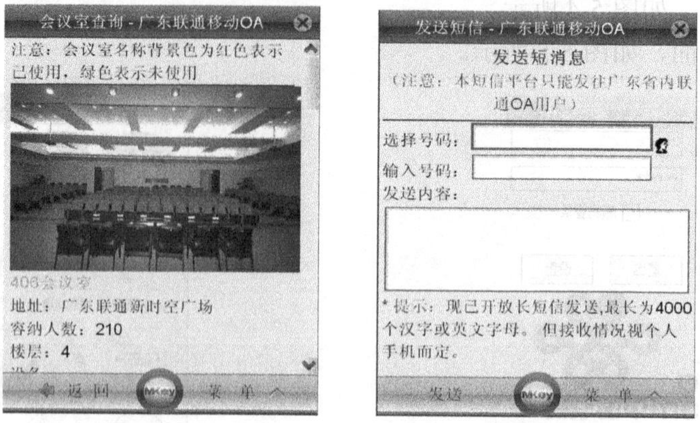

图 5-8　移动办公系统的会议预定、短信群发界面

3. 移动办公系统的基本功能

公文流转：紧急公文即时送达，转发、批复、签名等功能俱全。

文档处理：手机支持 Office、PDF、TIF、JPG 等 30 多种常见格式公文附件在手机直接打开查看。

邮件推送：强大的 Pushmail（推送式）手机邮件，可以即时收发 PC 邮件。支持 PUSH 强制推送，让邮件就如短信一样实时显示到手机上。

通信录：查看全单位联系人信息，可直接拨打电话、发送信息、即时沟通、发送邮件等。

手机硬盘：通过手机远程获取服务器上的数据，手机可以随时随地通过无线网络连接服务器访问和维护这些文件。

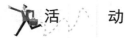

习　题

1. 什么是 ERP 系统，它的核心目标是什么？

2. 什么是 HR 系统？它的基本功能有哪些？

3. 什么是员工考勤系统？请上网查找相关“指纹考勤系统”的资料，试问，当前考勤系统有哪些分类，各有什么优缺点？

4. 什么是云系统、云存储和云笔记？三者之间有什么关系？

5. 什么是移动办公？试上网查找相关免费的软件系统，进行安装，然后试用，了解并说明移动办公系统与传统办公系统的优势有哪些。

活　动

活动主题：云系统在现代办公自动化中的应用。

活动任务：试上网查找相关云笔记的有关软件，进行下载，安装和使用。并在计算机、移动智能设备上分别进行某一特定文件的修改，查看云端的协同修改情况及存储状态。

第2部分　操作系统及常用办公软件篇

第6章　Windows 7 与 Windows 8 的基本操作

微机操作系统 Windows 经过几个发展阶段。其中比较经典的版本有 Windows 95\98\Me\2000\Vista，比较广泛应用的是 Windows XP。网络操作系统 Windows NT 系统，也从 Windows Server 2000/2003/2008，发展到 2010 年的 Windows Server 2008、2012 年的以云计算技术为核心应用的 Windows Server 2012。目前，Windows 7/8 开始逐步取代 Windows XP，成为企事业单位办公操作系统的主流。

本章介绍 Windows 7 的基本操作，并简单介绍最新的操作系统 Windows 8 的基本操作。

6.1　Windows 7 的概述与安装

6.1.1　Windows 7 的概述

Windows 7（见图 6-1）是由微软公司（Microsoft）开发的操作系统，核心版本号为 Windows NT 6.1。Windows 7 可供家庭及商业工作环境、笔记本电脑、平板电脑、多媒体中心等使用。2009 年 7 月 14 日 Windows 7 RTM（Build 7600.16385）正式上线，2009 年 10 月 22 日微软于美国正式发布 Windows 7 。Windows 7 同时也发布了服务器版本 Windows Server 2008 R2。2011 年 2 月 23 日凌晨，微软面向大众用户正式发布了 Windows 7 升级补丁——Windows 7 SP1（Build7601.17514.101119-1850），另外还包括 Windows Server 2008 R2 SP1 升级补丁。

图 6-1　Windows 7 界面

Windows 7 总共有七个版本。

（1）Windows 7 简易版。可用范围：仅在新兴市场投放（发达国家中澳大利亚在部分上网本中有预装），仅安装在原始设备制造商的特定机器上，并限于某些特殊类型的硬件。

（2）Windows 7 家庭普通版。可用范围：仅在新兴市场投放（不包括发达国家）。大部分在笔记本电脑或品牌计算机上预装此版本。

（3）Windows 7 家庭高级版。是针对个人用户的主流版本，提供了基于最新硬件设备的全部功能，易于联网，并提供丰富的视觉体验环境。

（4）Windows 7 专业版。提供一系列企业级增强功能：BitLocker，内置和外置驱动器数据保护；AppLocker，锁定非授权软件运行；DirectAccess，无缝连接基于的企业网络；BranchCache，Windows Server 2008 R2 网络缓存等。

（5）Windows 7 企业版。适合于小型企业及家庭办公的商业用户使用。面向拥有多台计算机或服务器的企业用户，它所包含的功能特性可以满足企业高级联网、备份和安全等需求。

（6）Windows 7 旗舰版。是针对大中型企业和计算机爱好者的最佳版本，功能与企业版相同，除了企业版支持批量激活。

（7）Windows 7 鲍尔默签名版。内容与 Windows 7 Ultimate（旗舰版）一样，即在 Windows 7 Party 上赠送的限量版。

2012 年 11 月 14 日，微软发布了针对 Windows 7 的 Internet Explorer 10 发布预览版，相对于此前版本进行了大量改进。增加的额外安全特性包括 SmartScreen 和下载保护服务。

Windows 7 系统有以下特色。

1）易用：Windows 7 做了许多方便用户的设计，如快速最大化、窗口半屏显示、跳转列表（Jump List）、系统故障快速修复等。

2）快速：Windows 7 大幅缩减了 Windows 的启动时间，据实测，在 2008 年的中低端配置下运行，系统加载时间一般不超过 20s，这比 Windows Vista 的 40s 相比，是一个很大的进步。

3）简单：Windows 7 将会让搜索和使用信息更加简单，包括本地、网络和互联网搜索功能，直观的用户体验将更加高级，还会整合自动化应用程序提交和交叉程序数据透明性。

4）安全：Windows 7 包括了改进了的安全和功能合法性，还会把数据保护和管理扩展到外围设备。Windows 7 改进了基于角色的计算方案和用户账户管理，在数据保护和坚固协作的固有冲突之间搭建沟通桥梁，同时也会开启企业级的数据保护和权限许可。

5）特效：Windows 7 的 Aero 效果华丽，有碰撞效果，水滴效果，还有丰富的桌面小工具。这些都比 Vista 增色不少。但是，Windows 7 的资源消耗却是最低的。不仅执行效率快人一筹，笔记本的电池续航能力也大幅增加。

6）效率：Windows 7 中，系统集成的搜索功能非常的强大，只要用户打开“开始”菜单并开始输入搜索内容，无论要查找应用程序、文本文档等，搜索功能都能自动运行，给用户的操作带来极大的便利。

7）小工具：Windows 7 的小工具更加丰富，没有了像 Windows Vista 的侧边栏。这样，小工具可以放在桌面的任何位置，而不只是固定在侧边栏。2012 年 9 月，微软停止了对 Windows 7 小工具下载的技术支持，原因是为了让新发布的 Windows 8 有令人振奋的新功能。

8）兼容：Windows 7 系统有 32 位和 64 位的区别。对于内存小于 4GB 的用户，32 位 Windows 7 更适合。因为 32 位的 Windows 7 的寻址范围只有 4GB，64 位版本会占用更多的系统内存资源。在 32 位的 Windows 7 系统下，以前适用于 Windows XP 的应用程序基本上都完全可以适用，而 64 位的 Windows 7 或更新的版本 Windows 8 系统就有一部分不再适用了。因此对于硬件和应用系统的过渡期使用都来说，选择 32 位的 Windows 7 将是目前我们办公自动化系统的最佳选择。这也就是我们在本书当中重点介绍 Windows 7 的原因，而没有将最新的 Windows 8 进行推介。

6.1.2 Windows 7 的安装

方法一：使用正版 Windows 7 安装光盘。

步骤如下。

（1）将系统安装盘放入光驱，使用光驱启动；或在 Windows 系统下，放入购买的 Windows

7 光盘，运行 Setup.exe，选择“安装 Windows”项。

（2）输入在购买 Windows 7 时得到的产品密钥（一般印在光盘上）。

（3）接受许可条款。

（4）选择“自定义”或“升级”项。

（5）选择安装的盘符，如选择 C 盘，会提示将原系统移动至 windows.old 文件夹，单击“确定”按钮即可（在第 4 步中选择“升级”项的用户跳过此步）。

（6）到“正在展开 Windows 文件”这一阶段计算机会重新启动。重启后继续安装并在“正在安装更新”这一阶段再次重新启动。如果是光盘用户，则会在“正在安装更新”这一阶段重新启动一次。

（7）完成安装。

方法二：使用 GHOST Windows 7 安装光盘。

（1）在 BIOS 中设置光驱启动，放入安装光盘。

（2）根据菜单提示，选择自动安装到硬盘第一分区。

（3）光盘自动安装完毕后，进行驱动自动安装。

（4）当全部自动安装完成后，检查各个设备的正常使用状态，如果发现有不可用的，则手动安装相关驱动。

（5）重启系统，出现 Windows 7 界面。

（6）对系统中的各个应用程序进行试用，进行相应的更新、删除和增加。

（7）系统安装完毕。

6.2　Windows 7 的基本操作

6.2.1　Windows 7 桌面操作

【任务 6-1】 了解桌面结构，进行“个性化的设置”。

（1）对桌面图标进行 Windows XP 一样的定制，主要有用户文档、计算机、网络、Internet Explorer 浏览器、回收站五个图标。

（2）设置 Aero 主题和屏保程序。

（3）设置任务栏和开始菜单、工具栏的属性。

（4）设置屏幕分辨率和显示日期与时钟的小工具。

学习小组：对各个操作进行交流和讨论，然后小结经验。

教师示范和讲解。

（1）桌面空白处右击鼠标，在弹出的快捷菜单中单击“个性化设置”项（见图 6-2）选择“更改桌面图标”项（见图 6-3），显示“桌面图标设置”窗口（见图 6-4）。勾选“用户文档”、“计算机”、“网络”、“IE 浏览器”、“回收站”5 个图标，单击“确定”按钮。也可打开“显示器分辨率设置”窗口，如图 6-5 所示。

（2）在图 6-3 中，选择设置 Aero 主题，也可以使用网络图片或本地图片通过设置壁纸方式设置“我的主题”；单击图 6-3 中的“屏幕保护程序”项，选择屏保程序和更改电源管理。

（3）在图 6-3 中，单击“任务栏和开始菜单”项，显示“任务栏和开始菜单属性”设置窗口，如图 6-6 所示。

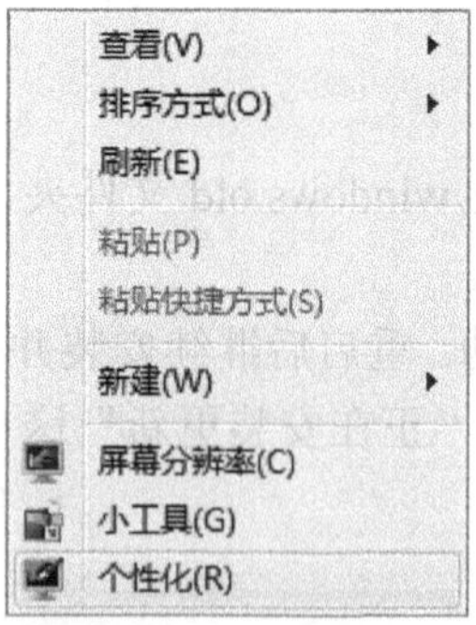

图 6-2　鼠标右键菜单

图 6-3　桌面个性化设置窗口

图 6-4　桌面图标设置窗口

图 6-5　显示器分辨率设置窗口

（4）在图 6-2 中，单击“小工具”项，打开小工具库（见图 6-7）。双击“日历”和“时钟”项。

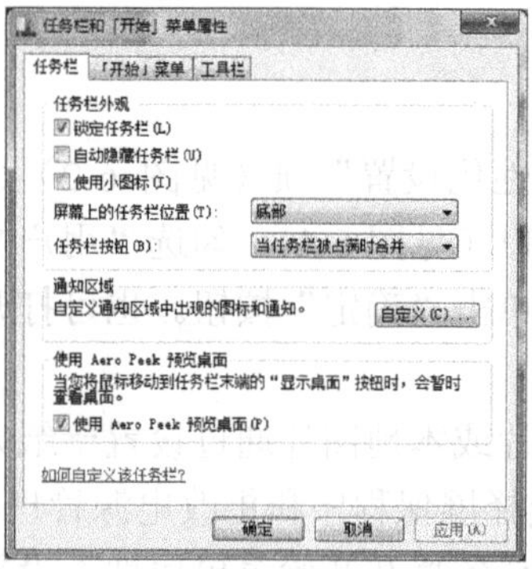

图 6-6　任务栏和开始菜单属性

图 6-7　小工具库

【任务 6-2】 了解任务栏，进行相关设置和操作。

（1）安装和设置语言栏。

（2）设置网络。

（3）设置日期和时间。

学习小组：对各个操作进行交流和讨论，然后小结经验。

教师示范和讲解。

（1）双击桌面图标“控制面板”，进入“所有控制面板项”，如图 6-8 所示。单击“区域与语言”→“键盘与语言”选项卡，单击“更改键盘（C）…”按钮，如图 6-9 所示，进行安装和设置输入法。

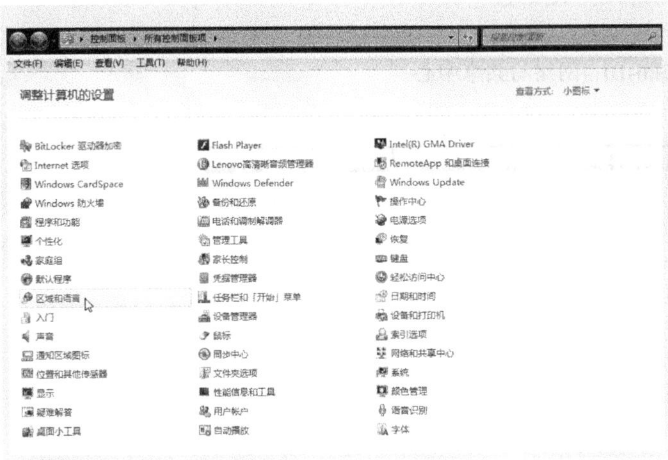

图 6-8　所有控制面板项

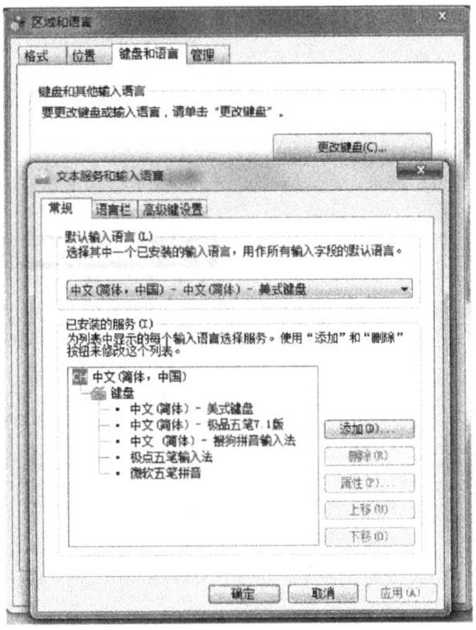

图 6-9　安装和设置输入法

（2）双击桌面图标“网络”，进入“网络”设置窗口，如图 6-10 所示。单击文字按钮“网络与共享中心”，如图 6-11 所示，更改适配器设置，右击“本地连接”项，单击“属性”项，选择“Internet 协议版本 4”项，单击“属性”项，如图 6-12 所示，设置 IP 地址。

（3）在图 6-8 中，选择“日期和时间”项，单击“更改日期与时间”项。

【任务 6-3】 窗口和硬软件的基本操作。

（1）打开网络，查请网络连接状态，设置网络 IP 地址。

（2）增加硬件设备，并安装配置驱动程序，使之能正常工作。

（3）增加或删除计算机用户，设置账号的权限。

（4）卸载一些不常用的软件。

学习小组：对各个操作先进行尝试性的操作，然后在小组内进行交流和讨论，小结。

教师示范和讲解。

（1）双击桌面图标“控制面板”，打开“网络与共享中心”（见图 6-10），单击“更改适配器设置”项，显示网络设置窗口（见图 6-11），右击“无线网络”项，出现“属性”设置窗口（见图 6-12），选择“ICP/IPr4”项，单击“属性”项，输入 IP 地址，再单击“确定”按钮。

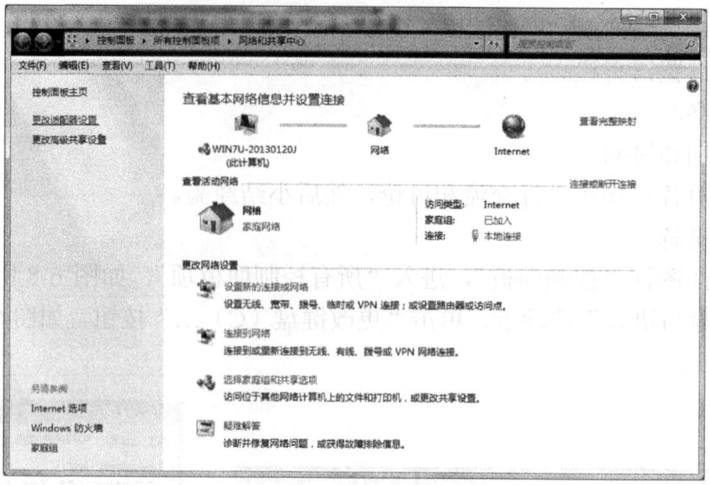

图 6-10　网络与共享中心

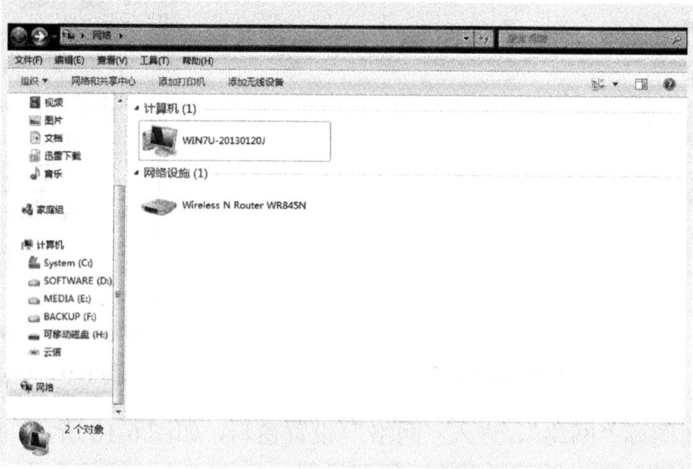

图 6-11　网络设置

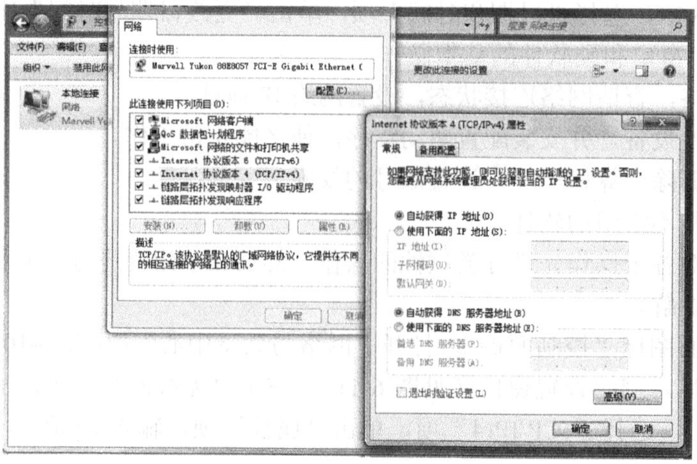

图 6-12　网络的 IP 地址设置

（2）Windows 7 完全支持即插即用的设备，自动配置和安装驱动程序。如果需要检查或更改硬件配置，双击桌面图标“控制面板”，打开“设备管理器”。与 Windows XP 系统的“设备管理器”操作一致。

（3）增加或删除用户账号：打开“控制面板”窗口，选择“用户账号”项，在如图 6-13 所示的窗口中，选择“为您的账户创建密码”项来进行创建密码；选择“管理其他账户”项，对当前账号的用户名或密码进行修改；选择“更改图片”项进行用户图片的个性化设置，并可以选择“家长控制”项进行权限设置。

图 6-13　创建用户账号界面

（4）在 Windows 7 系统中对现有应用软件系统进行“卸载”或“更改”操作：双击“控制面板”项，选择“程序与功能”项，打开如图 6-14 所示窗口，选择相应需要卸载的应用软件，单击“卸载或更改程序”项。

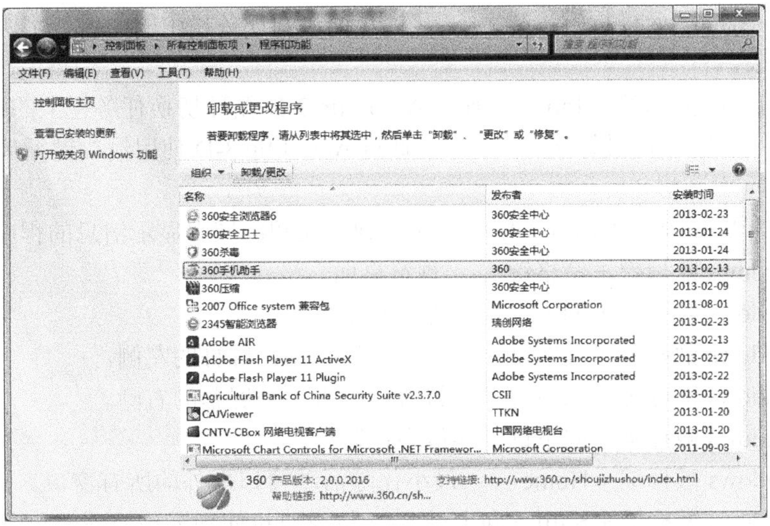

图 6-14　应用软件的卸载或更改操作界面

桌面操作小技巧：

（1）按住右 Shift 键 8s：启用和关闭筛选键。

（2）按 Alt+Shift+PrntScrn（或 PrntScrn）组合键：启用或关闭高对比度。

（3）按 Alt+Shift+Num Lock 组合键：启用或关闭鼠标键。

（4）按 Shift 键五次：启用或关闭黏滞键。

（5）按住 Num Lock 键 5s：启用或关闭切换键。

（6）Windows 徽标键 +U：打开轻松访问中心。

（7）Ctrl+Alt+Del：显示常见选项。

（8）Windows 徽标键—— 打开或关闭“开始”菜单。

（9）Windows 徽标键 + Pause——显示“系统属性”对话框。

（10）Windows 徽标键 + D——显示桌面（XP/Vista 通用）。

（11）Windows 徽标键 + M——最小化所有窗口。（XP/Vista 通用）。

（12）Windows 徽标键 + Shift + M 组合键——将最小化的窗口还原到桌面。

（13）Windows 徽标键 + E ——打开计算机（XP/Vista 通用，XP 为打开“我的电脑”）。

（14）Windows 徽标键 + F ——搜索文件或文件夹。

（15）Ctrl + Windows 徽标键 + F ——搜索计算机（如果已连接到网络）。

（16）Windows 徽标键 + L ——锁定计算机。

（17）Windows 徽标键 + R ——打开“运行”对话框。

（18）Windows 徽标键 + T—— 循环切换任务栏上的程序。

（19）Windows 徽标键 + 数字 —— 启动锁定到任务栏中的由该数字所表示位置处的程序。如果该程序已在运行，则切换到该程序。

（20）Shift Windows 徽标键 + 数字 —— 启动锁定到任务栏中的由该数字所表示位置处的程序的新实例。

（21）Ctrl + Windows 徽标键 + 数字 ——切换到锁定到任务栏中的由该数字所表示位置处的程序的最后一个活动窗口。

（22）Alt + Windows 徽标键 + 数字 —— 打开锁定到任务栏中的由该数字所表示位置处的程序的跳转列表。

（23）Windows 徽标键 + Tab—— 使用 Aero Flip 3-D 循环切换任务栏上的程序。

（24）Ctrl + Windows 徽标键 + Tab ——通过 Aero Flip 3-D 使用箭头键循环切换任务栏上的程序。

（25）Ctrl + Windows 徽标键 + B ——切换到在通知区域中显示消息的程序。

（26）Windows 徽标键 + 空格键 ——预览桌面。

（27）Windows 徽标键 + 向上键—— 最大化窗口。

（28）Windows 徽标键 + 向左键——将窗口最大化到屏幕的左侧。

（29）Windows 徽标键 + 向右键——将窗口最大化到屏幕的右侧。

（30）Windows 徽标键 + 向下键——最小化窗口。

（31）Windows 徽标键 + Home ——最小化除活动窗口之外的所有窗口。

（32）Windows 徽标键 + Shift + 向上键 ——将窗口拉伸到屏幕的顶部和底部。

（33）Windows 徽标键 + Shift + 向左键或向右键 ——将窗口从一个监视器移动到另一个

监视器。

（34）Windows 徽标键 + P——选择演示显示模式。

（35）Windows 徽标键 + G——循环切换小工具。

（36）Windows 徽标键 + U——打开轻松访问中心。

（37）Windows 徽标键 + X 打开 Windows 移动中心。

6.2.2　Windows 7 文件与文件夹操作

1. 文件的概念

文件是在计算机中常常用到的概念，是有名称的一组相关信息的集合，它们以文件名的形式存放在磁盘、光盘上。文件的含义非常广泛，文件可以是一个程序、一段音乐、一幅画、一份文档等，而一种游戏软件是由一个或多个文件组成的。

2. 文件夹的概念

文件夹不是文件，是存放文件的夹子，如同我们的文件袋，可以将一个文件或多个文件分门别类地放在建立的各个文件夹中，目的是方便查找和管理。可以在任何一个磁盘中建立一个或多个文件夹，在一个文件夹下还可以再建多级文件夹，一级接一级，逐级进入，有条理地存放文件。

3. 文件与文件夹的命名

任何一个文件都有文件名。文件全名是由盘符、路径、文件名、扩展名四部分组成的。其格式为[盘符：][路径]< 文件名>[.扩展名]，例如，D:\学生名单\xinwen.xls

文件与文件夹的命名规则如下。

（1）在文件名或文件夹名中，最多可以有 255 个字符或 127 个汉字，其中包含驱动器和完整路径信息。

（2）每一文件全名由文件名和扩展名组成，文件名和扩展名中间用符号“.”分隔，其格式为“文件名.扩展名”，扩展名一般由系统自动给出。

（3）文件名可以使用汉字、26 个英文字母（不区分大小写）、数字、部分符号、空格、下划线，可以使用中西文混合名字，如北京 abc。

（4）文件名不能出现以下 \ | / ： * ？ ” ＜ ＞9 个符号，这些符号在系统中另有用途，如果使用容易混淆。

文件夹的命名与文件名命名规则相同，但要注意文件夹名与同级文件名不能相同。建立新文件夹时，系统自动命名为“新文件夹（1）……新文件夹（n）”。根据文件名命名规则和需要可重新命名文件夹名。

4. 文件的类型

文件的类型如表 6-1 所示。

表 6-1　　　　**文件的类型**

扩展名	文件类型	扩展名	文件类型	扩展名	文件类型
ASC	ASCII码文件	ASM	汇编语言源文件	AVI	视频文件
BMP	位图文件	BAK	编辑后的备用文件	CLP	剪贴板文件
COM	应用程序	DBF	数据库文件	DOC	Word文档文件
DLL	应用程序扩展文件	DAT	批处理文件	EXE	应用程序
FON	字库文件	FOT	字库文件	HTM	主页文件

续表

扩展名	文件类型	扩展名	文件类型	扩展名	文件类型
HLP	帮助文件	ICO	图标文件	INI	初始化文件
LST	源程序列表文件	LIB	程序库文件	MID	音频解霸文件
MAP	链接映像文件	OBJ	目标文件	OVL	程序覆盖文件
PCX	图像文件	PAR	交换文件	PWL	口令文件
SYS	系统文件	TXT	文本文件	WAV	音频文件
WRI	写字板	TAB	文本表格文件	ZIP	压缩文件

5. 文件与文件夹的操作方法

Windows 7中的文件与文件夹操作与XP中的大致相同，主要有创建、删除、更改、复制、移动、属性操作、查找操作等。区别比较大一点的是查找操作和库文件操作。

【任务6-4】 使用Windows 7来查找自己特有的文件或者文件夹。

学习小组：先进行尝试性的操作，在小组内进行交流和讨论，小结。

教师示范和讲解。

Windows 7提供了查找文件和文件夹的多种方法。搜索方法无所谓最佳与否，在不同的情况下可以使用不同的方法。

方法一：使用"开始"菜单上的搜索框。

（1）可以使用"开始"菜单上的搜索框来查找存储在计算机上的文件、文件夹、程序和电子邮件。

（2）若要使用"开始"菜单查找项目，请执行下列操作。

单击"开始"按钮，在搜索框中输入字词或字词的一部分，如图6-15所示。

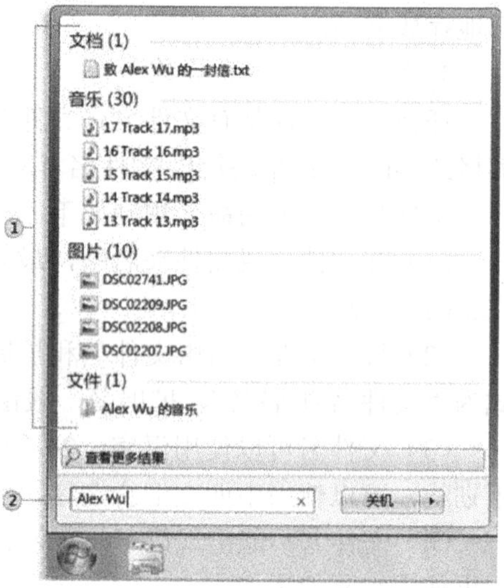

图6-15 ①搜索结果与②搜索框

在搜索框中开始输入内容后，将立即显示搜索结果。输入后，与所输入文本相匹配的项将出现在"开始"菜单上。搜索结果基于文件名中的文本、文件中的文本、标记以及其他文件属性。

注意

从"开始"菜单搜索时，搜索结果中仅显示已建立索引的文件。计算机上的大多数文件会自动建立索引。例如，包含在库中的所有内容都会自动建立索引。

方法二：使用文件夹或库中的搜索框。

通常用户可能知道要查找的文件位于某个特定文件夹或库中，例如文档或图片文件夹/库。浏览文件可能意味着查看数百个文件和子文件夹。为了节省时间和精力，请使用已打开窗口顶部的搜索框，如图6-16所示。

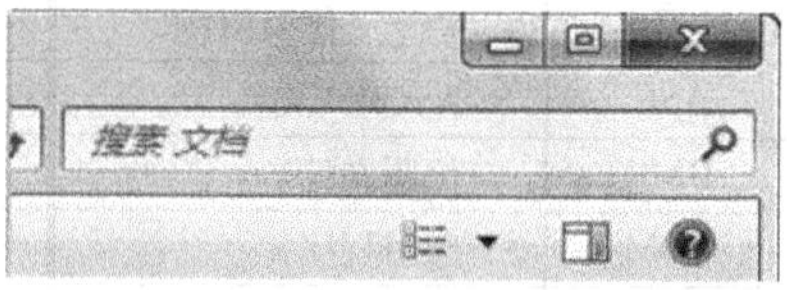

图6-16 文件夹或库中的搜索框

搜索框基于所输入文本筛选当前视图。搜索将查找文件名和内容中的文本，以及标记等文件属性中的文本。在库中，搜索包括库中包含的所有文件夹及这些文件夹中的子文件夹。

若要使用搜索框搜索文件或文件夹，请执行下列操作。

1）在搜索框中输入字词或字词的一部分。

2）输入时，将筛选文件夹或库的内容，以反射输入的每个连续字符。看到需要的文件后，即可停止输入。

例如，假设文档库如图 6-17 所示。

现在假设要查找发票文件，在搜索框中输入“发票”。输入后，将自动对视图进行筛选，将看到如图 6-18 所示的内容。

图 6-17　在搜索框中输入字词之前的文档库

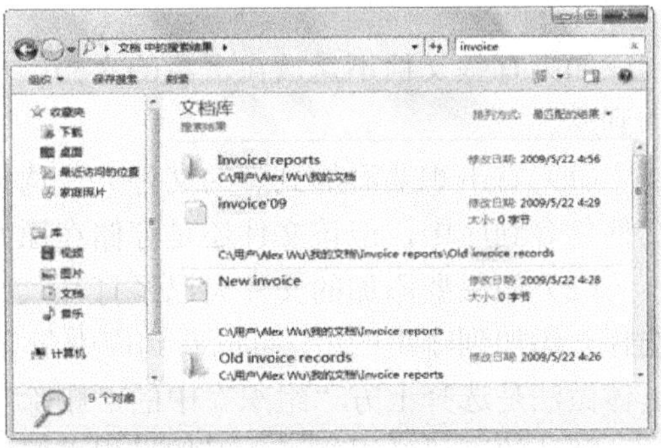

图 6-18　在搜索框中输入“发票”之后的文档库

也可以在搜索框中使用其他搜索技巧来快速缩小搜索范围。例如，如果要基于文件的一个或多个属性（例如标记或上次修改文件的日期）搜索文件，则可以在搜索时使用搜索筛选器指定属性。或者，可以在搜索框中输入关键字以进一步缩小搜索结果范围。若要了解如何使用搜索筛选器和关键字，请参阅“在 Windows 7 中进行搜索的高级提示”。

方法三：将搜索扩展到特定库或文件夹之外。

如果在特定库或文件夹中无法找到要查找的内容，则可以扩展搜索，以便包括其他位置。

（1）在搜索框中输入某个字词。

（2）滚动到搜索结果列表的底部。在“在以下内容中再次搜索”下，执行下列操作之一。

1）单击“库”项在每个库中进行搜索。

2）单击“计算机”项在整个计算机中进行搜索。这是搜索未建立索引的文件（例如系统文件或程序文件）的方式。但是请注意，搜索会变得比较慢。

3）单击“自定义”项搜索特定位置。

4）单击 Internet 项，以使用默认 Web 浏览器及默认搜索提供程序进行联机搜索。

6. 库文件

Windows 7 中的库让用户更方便地管理散落在计算机里的各种文件。

要打开库，只要在“开始”菜单的搜索框中输入“库”即可。资源管理器打开库，里面有文档、音乐、图片、视频等文件夹，如图 6-19 所示。

如果经常在“文档”文件夹存储文件，用户会在库中的文档文件夹看到这些文件，如图 6-20 所示。一些软件还会在我的文档里建立文件夹。

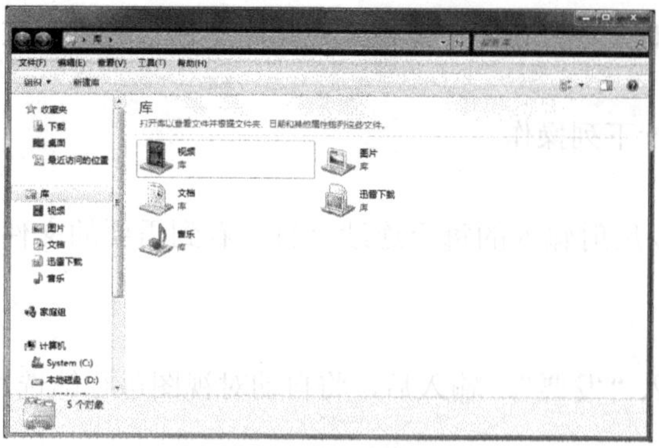

图 6-19 库

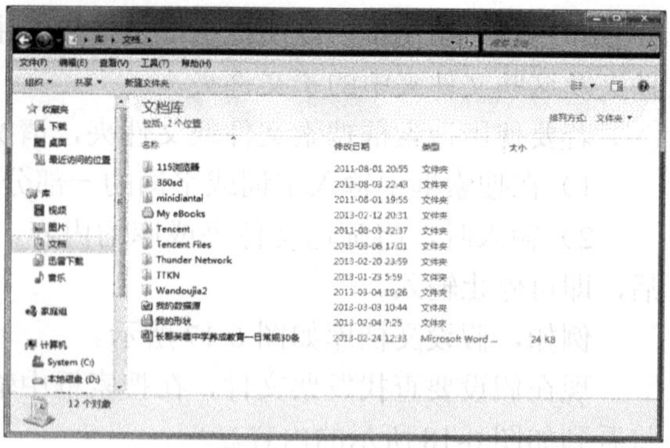

图 6-20 库中的文档

如果有些文档不是放在“我的文档”里，可以把它们都添加到库中。有几个方法可以添加到库。

（1）右击想要添加到库的文件夹，选择“包含到库”项，再选择包含到哪个库中。虽然文件包含到库中，但该文件还是存储在原始的位置，不会改变。

（2）如果要添加的文件夹已经打开，则可以从上方的工具条选择“包含到库中”项，再选择要添加到哪里的库。可以看到库中包含了硬盘上各处的文件。也可以从库中删除文件夹，具体做法是选择上方“组织”中的“删除”命令。

默认的库已经很好了，但如果想更好地利用这个功能，也可以建立自己的库。在库文件夹上单击“新建库”项，如图 6-21 所示，也可以从右击菜单中选择该命令，再命名即可。

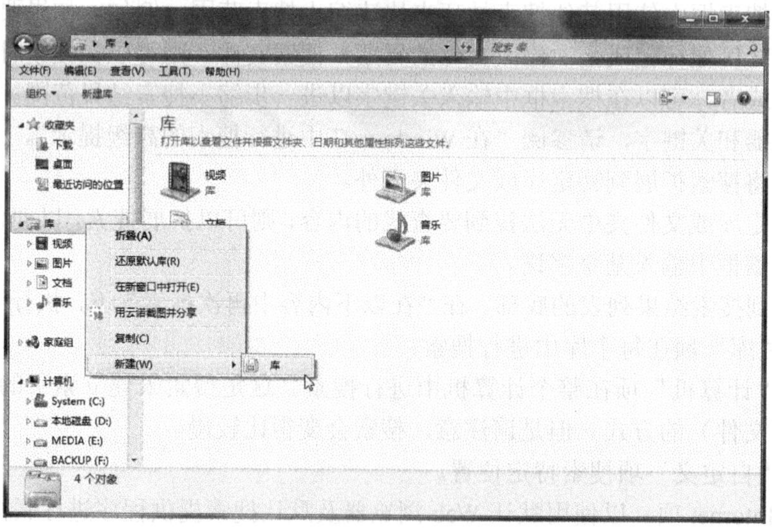

图 6-21 双击“计算机”后出现的库结构图

虽然库功能很棒，但也不是完美的。不是所有的文件夹都可以添加到库中。

6.2.3 Windows 7 资源管理器的操作

1. 启动 Windows 资源管理器

启动 Windows 资源管理器有两种方法。

（1）依次单击“开始”按钮→“所有程序”→“附件”→“Windows 资源管理器”项。

（2）鼠标指向“开始”按钮→单击鼠标右键→打开 Windows 资源管理器。

2. 查看文件

（1）通过库查看文件。Windows 7 提出了库的概念，打开 Windows 资源管理器看到的就是库文件夹，Windows 7 中的库为用户计算机磁盘中的文件提供统一的分类视图。用户可以不必记住哪一类的文件放在哪里，可以通过 Windows 7 提供的库快速查看文件。

（2）通过“计算机”查看文件：Windows 7“计算机”窗口相当于 Windows XP 系统的“我的电脑”窗口，而且结构、布局、功能相同。

3. 更改视图

单击 Windows 资源管理器窗口右上角“更改您的视图”图标的小三角标（更多项）时，就会打开一个视图菜单。通过单击或移动菜单左边的垂直滚动条，可以更改视图。

4. 使用计算机“窗口”搜索

启动计算机“窗口”，在窗口右上角的搜索框中输入查询关键字，在输入关键字的同时系统开始进行搜索，进度条中显示搜索的进度。

通过单击搜索框启动“添加搜索筛选器”选项（种类、修改时间、大小、类型），可以提高搜索精度。

5. 查看文件和文件夹属性

文件和文件夹属性包括常规（类型、位置、大小、占用空间）、属性（只读、隐藏），共享、安全、以前的版本、自定义。鼠标右击需要查看属性的文件或文件夹，即打开快捷菜单，单击快捷菜单中的“属性”命令，即可查看该文件或文件夹的属性。

6.3　Windows 8 概述与安装

6.3.1　Windows 8 简介

1. 系统介绍

Windows 8 是由微软公司开发的，具有革命性变化的操作系统。Windows 8 可以在运行 Windows 7 的计算机上运行。

2012 年 10 月微软推出 Windows 8 系统。Windows 8 支持个人计算机（x86 构架）及平板电脑（x86 构架 或 ARM 构架）。Windows 8 大幅改变以往的操作逻辑，提供更佳的屏幕触控支持。新系统画面（见图 6-22）与操作方式变化极大，采用全新的 Metro（新 Windows UI）风格用户界面，各种应用程序、快捷方式等能以动态方块的样式呈现在屏幕上，用户可自行将常用的浏览器、社交网络、游戏、操作界面融入。

图 6-22　Windows 8 开始屏幕

2012 年 6 月 21 日发布Windows Phone 8，Windows Phone 8 采用和 Windows 8 相同的内核。

2. 新特性

（1）针对触控操作优化的用户界面。

1）Windows UI风格，如图6-23所示。Windows 8引入了全新的Windows UI界面，方便用户进行触摸操作，并且即时显示有用信息，该界面同样也适用于鼠标键盘操作。

图6-23 Windows UI风格

2）IE10，针对触控操作优化的浏览，但并不局限于触屏设备提供了更快更流畅地触控浏览体验，IE10将用户浏览的网站放在Windows 8设备的中心位置。

（2）更多的方法强化、连接应用程序。

1）以应用程序为中心。Windows 8 Metro界面的焦点就是用户的体验，为应用程序提供全屏界面，不会让用户有任何分心。

2）应用程序可以通力合作。应用程序在Windows 8中能够实现沟通。例如，用户可以在不同的地方轻松地选择并将照片发送到邮件中，包括Facebook、Flickr或是用户本地。

3）在用户的不同设备上获得相同体验。用户可以从云服务那里获取所有生活所需内容——照片、邮件、日历、通信录，设备上可以时刻保持这些内容的更新。通过SkyDrive，可以随时随地通过浏览器或是Windows 8的Windows UI应用程序来获取最新的照片、文档等数据。

（3）性能增强。

1）Windows 7的完美化。Windows 8在Windows 7的基础上在性能、安全性、隐私性、系统稳定性方面都取得了长足的进度，减少了内存占用，为用户的应用程序提供更大空间。即使在最低端的硬件设备上也能流畅运行，所有能在Windows 7上运行的程序几乎都可以在Windows 8上直接运行。

2）更易管理。Windows 8完善了任务管理器、资源管理器（Ribbon界面）并且提供了更简单的全新多屏设置选项。

（4）为开发者提供更多机遇。

1）Windows应用商店。Windows应用商店帮助开发人员将自己的应用程序销售到全球各地，只要有Windows 8的地方，都可以向用户展示你开发的应用。

2）更多编程语言支持。Windows 8允许开发人员使用现有的语言进行编程，支持C、C++、C#、Visual Basic、HTML和CSS、JavaScript、XAML等。

3）丰富的硬件一体化带来更丰富的体验，尤其是游戏。Windows 8支持DirectX 11，开发人员可以轻松创建全屏游戏，并且获得流畅的操作体验。

（5）新一代硬件。

1）一个Windows，多种形态。Windows 8支持ARM芯片组（Windows RT）、x86架构设备。

2）时刻待命。有了Windows 8，超薄PC和平板机可以实现瞬间启动，只需一次充电就可以持续工作一整天，时刻保持联网。

3）完全发挥现有PC潜能。Windows 8兼容现有的Windows 7 PC，兼容现有的几乎所有的应用程序。

（6）四大新服务。

1）Windows Store。与苹果 App Store 作用相同，开发者上传应用到这里，消费者可以在这里购买。

2）Skydrive。微软推出云存储服务，可用 Windows 账户登录。

3）动态磁贴。Windows UI 界面下可自动显示更新信息的图标。可调节大小，调整位置，停止更新。

4）微软账户。Windows 8 外接许多云服务，微软账户变成获取这些服务的 ID。

3. 版本类型

（1）Windows 8 核心版。一般称之为 Windows 8，预安装在各种新的平板、变形本、超级本、笔记本和一体机上。Windows 8 既可使用现有的桌面软件，又可使用从 Windows 应用商店中下载的应用。适用于台式机和笔记本用户及普通家庭用户。

（2）Windows 8 专业版，一般称为 Windows 8 Pro。面向技术爱好者和企业/技术人员，内置一系列 Windows 8 增强的技术，包括加密、虚拟化、PC 管理和域名连接等。但是，这并不包含 Windows 8 所有功能，不包含 Windows to go/Dictc 域连接等功能。而且只有该版本含有 Windows Media Center。

（3）Windows 8 企业版。Windows 8 企业版包括 Windows 8 专业版的所有功能。另外为了满足企业的需求，Windows 8 企业版还将增加 PC 管理和部署，先进的安全性，虚拟化等功能。Windows 8 企业版的特别功能介绍如下。

1）Windows To Go：让企业用户获得 Bring Your Own PC 的体验，用户通过 USB 存储设备中实现携带/运行 Windows 8，让系统、应用、数据等随身而动。

2）DirectAccess：让企业用户可远程登录企业内网而无需 VPN，并帮助管理员维护计算机，实现软件更新等操作。

3）BranchCache：允许用户通过中央服务器缓存文件、网页和其他内容，避免频繁重复的下载。

4）AppLocker：通过限制用户组被允许运行的文件和应用来解决问题。

5）VDI 增强版：在微软 RemoteFX 和 Windows Server 2012 得以增强，通过支持 3D 图形显示和触摸设备等为用户带来丰富的体验。

6）新 Windows 8 应用程序部署：Windows 8 企业版用户可以获得 Windows 8 Metro 应用的自动部署。

7）微软还承诺 Windows 8 企业版的用户体验也将得到进一步提升，更加便于用户的管理。

（4）Windows RT。专门为 ARM 架构设计的，无法单独购买，只能预装在采用 ARM 架构处理器的 PC 和平板电脑中。Windows RT 无法兼容 x86 软件，但将附带专为触摸屏设计的微软 Word、Excel、PowerPoint 和 OneNote。Windows RT 专注于 ARM 平台，并不会单独零售，仅采用预装的方式发行。Windows RT 中将包含针对触摸操作进行优化的微软 Word、Excel、PowerPoint 和 OneNote 的桌面版，但并不允许其他桌面版软件的安装，可通过 WinRT 开发环境为其创建 Metro 应用。

平板电脑可随身携带。它们不仅轻薄，还带有电池，可延长使用时间。启动迅速，可以稳定地连接到电子邮件、社交网络和应用。另外，它还随附 Office Home & Student 2013 RT 预览版，即使在旅途中，也不会影响工作效率。Windows RT 只预安装在精选平板和计算机上，并且只能运行内置应用或从 Windows 应用商店中下载的应用。有关详细信息，请参阅 Windows RT 常见问题解答。

如果想安装桌面软件（如 Adobe Photoshop）或旧版的 Office，请考虑选用 Windows 8 或 Windows 8 Pro。

6.3.2 Windows 8 购买与安装

Windows 8 购买、安装有多种方法。

1. 对于全新安装用户

（1）进入微软 Windows 8 的购买主页，下载 Windows 8 升级助手。

（2）检查兼容性，出来检查的结果后，直接单击“下一步”按钮。

（3）选择要保留的内容，单击“下一步”按钮。

（4）选择需要的 Windows 8 版本，单击“订购”按钮，开始购买的进程。

（5）输入账单邮寄地址，单击“下一步”按钮，之后会显示“正在处理你的订单”，需要等待。

（6）单击“结账”按钮。

（7）选择一个付款方式，然后单击“下一步”按钮。

（8）确认无误后，单击“购买”按钮。

（9）程序会显示出用户所购买的产品密钥，同时也会把密钥发到用户之前填写的邮箱中。

（10）开始下载 Windows 8 安装程序。

（11）下载后，选择“稍后从桌面安装”项，桌面有“安装 Windows 8”的快捷方式，找到它的文件路径，并打开 sources 文件夹中的 setup.exe。

（12）输入在购买 Windows 8 时得到的密钥。

（13）接受许可条款。

（14）选择“自定义”项。

（15）选择安装到 C 盘，会提示将原系统移动至 windows.old 文件夹，单击“确定”按钮。

（16）开始安装，到“正在展开 Windows 文件”这一阶段计算机会重新启动。

（17）安装系统后，安装驱动，设置用户信息。

（18）个性化：选择一种背景颜色，并输入计算机名称。

（19）无线：如果有无线网络，提示选择一个无线网络，没有则自动跳过。

（20）设置：使用快速设置即可，里面没有需要更改的项（若需修改输入法，可以自行选择）。

（21）登录：如果有 Windows Live ID 直接登录；如果没有，可以使用本地账号，也可以注册一个（建议），但是每次开机必须联网。使用 Windows Live ID 登录会提示输入密码和安全验证，根据步骤操作即可。

（22）安装完成，登录系统。

2. 对于升级用户

（1）按上述第（1）步～第（10）步进行。

（2）选择“立即安装”项，并单击“下一步”按钮。

（3）接受许可协议，确认安装。

（4）可以更改之前选择的内容，之后单击“下一步”按钮。

（5）开始升级至 Windows 8。

（6）按上述第（17）步～第（22）步进行。

3. 对于光盘用户

（1）按上述第（1）步～第（10）步进行，并选择“通过创建介质进行安装”项，选择“ISO 文件”项，选择文件位置保存创建的 ISO 文件，升级助手会创建 ISO 文件，之后提醒所购买的 Windows 8 安装密钥，单击“完成”按钮。

（2）使用刻录软件将创建的 ISO 文件刻录到光盘。

（3）重新启动计算机，将刻录下来的 Windows 8 安装光盘放入光驱中并在 BIOS 中设置光盘启动，然后加载光盘，加载完成后单击“现在安装”项。

（4）按上述第（12）步～第（13）步进行。

（5）选择安装盘符，如 C 盘，选择后建议单击“格式化安装”项。

（6）开始安装。

（7）按上述第（17）步～第（22）步进行。

4. 对于 USB 用户

（1）按上述第（1）步～第（10）步进行。

（2）选择“通过创建介质进行安装”。

（3）插入 16GB 容量的 U 盘，并选择“U 盘”。

（4）格式化 U 盘，开始把文件写入 U 盘。

（5）重新启动计算机，插入 USB，并在 BIOS 中设置 USB 启动，之后单击“现在安装”按钮。

（6）按上述第（12）步～第（13）步进行。

（7）选择安装盘符，如 C 盘，选择后建议单击“格式化安装”项。

（8）开始安装。

（9）按上述第（17）～第（22）步进行。

6.4　Windows 8 的基本操作

6.4.1　开始界面的基本操作

初次使用，Windows 8 让人感到不适应。先了解 Windows 8 开始屏幕的操作。

Windows 8 开始界面的基本操作只需要记住三点就可以熟练掌握，即“左右下相关栏位”的呼出。

（1）左侧是任务栏，是当前打开的所有应用的列表，如图 6-24 所示。通过它可以在多任务之间切换。任务栏的呼出方式是，鼠标移到屏幕的左下角（或左上角），然后向上（或向下）滑动。这样能选择每一个进行中的应用。右击将应用关闭。

（2）右侧是 Charm 栏。Charm 栏的几个选项是固定的，即搜索、共享、开始、设备和设置，其中设置是最常用到的。Charm 栏的呼出方式是，鼠标移到屏幕的右下角（或右上角），然后向上（或向下）滑动，如图 6-25 所示。需要注意的是，虽然 Charm 栏的选项是固定的，但在不同的应用中各项的功能也是不同的。

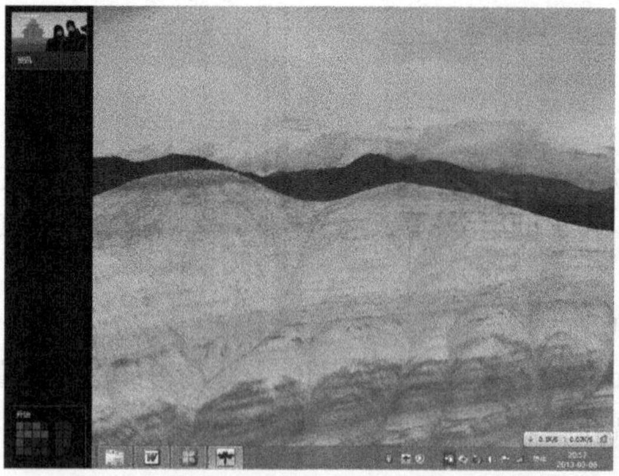

图 6-24　Windows 8 的左侧多任务栏

图 6-25　右边调出 Charm 栏

（3）下方是工具栏。在空白处右击鼠标可以呼出下方工具栏，在不选中任何应用的情况下，呼出的工具栏将只有“所有应用”的选项（见图 6-26），通过它可以看到本计算机上安装的所有软件，包括 Windows 8 应用和传统软件，如图 6-27 所示。

图 6-26　右击调出下方“所有应用”

图 6-27　所有应用程序

6.4.2　Windows 8 应用操作

Windows 8 的应用操作一般有三种：安装、卸载和管理。通过 Windows Store 应用商店，可以搜索和安装自己喜欢的应用程序。安装好的应用会以磁贴的形式“钉”在 Windows 8 的开始屏幕上，可以自定义磁贴的显示方式。合理的布局可以让开始屏幕更加美观和易用。

1．安装应用程序

操作方法：在开始屏幕中选择“应用商店”项，打开如图 6-28 所示的窗口，选择“最热免费产品”项，出现如图 6-29 所示的窗口，双击其中某一个应用程序，单击“安装”按钮即可。

2. 卸载应用程序

操作方法：在开始屏幕上，选择某一个需要卸载的应用程序图标（Windows 8 中称为“磁贴”），右击该磁贴，如图 6-30 所示，会看到在屏幕的下方弹出一条工具栏，有“从开始屏幕取消固定”和“卸载”这两个选项。顾名思义，前者可以不让应用出现在开始屏幕上，而后者可以将应用卸载。

图 6-28 应用商店

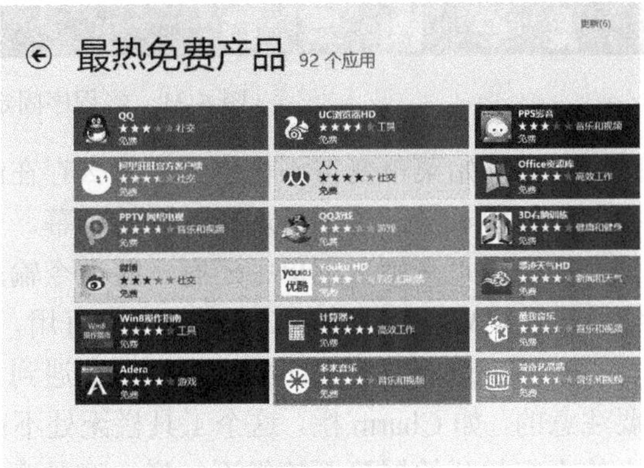

图 6-29 最热免费产品

图 6-30 磁贴设置和应用程序的卸载

有一些应用在右击时会出现“缩小（放大）”和“关闭动态磁贴”的选项。通过“缩小（放大）”可以调整磁贴的大小，而动态磁贴选项则可以实时显示应用的内容，这里建议开启该功能。

3. 分屏的操作

Windows 8 中还加入了分屏的功能，即能在屏幕上同时显示两个应用。将鼠标移至应用的顶端，然后拖动到屏幕的左方、右方、上方或是下方，就可以在屏幕内嵌入应用界面。

4. 回到传统桌面

我们最习惯传统桌面和开始菜单。依然可以通过“Windows 键”打开 Windows 8 的开始屏幕。

打开“开始”菜单这项功能在 Windows 95 中首次出现，它的主要任务就是帮助用户快速找到程序并打开。但是这个过程在 Windows 7 中实际已经被用户淡化了，因为人们更乐意把常用的程序固定到桌面的任务栏上，这是个很好的方式，Windows 8 将其继承了下来，如图 6-31 所示。

图 6-31　将程序固定到任务栏上来方便使用

如果开始菜单变得不再重要，那么存在的意义是什么呢？微软决定让它变得不一样，变得更有趣和丰富，这就是现在的开始屏幕。

在老的“开始”菜单中还有一些命令输入的功能，这部分可以通过在屏幕的左下角右击键盘调出。Windows 键+X 的组合依然好用，菜单如图 6-32 所示。

在 Windows 8 的桌面模式下，不会遇到太多与 Windows 7 不同的地方，当然还是有些需要注意的，如 Charm 栏。这个工具栏无处不在，可以使用同样的方式呼出它。在这里“设置”中的内容与开始屏幕下的很不一样，这是桌面的设置（见图 6-33），包括“控制面板”、“个性化”和“计算机信息”。

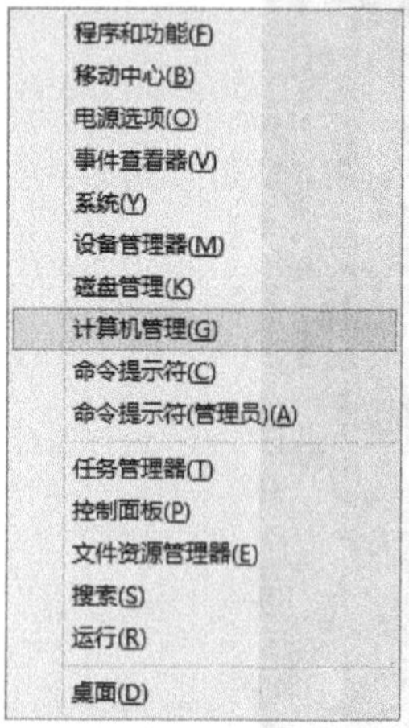

图 6-32　Windows 键+X 菜单

图 6-33　桌面的设置工具

5. 关机

Windows 8 的关机方式一般为两种，最常用的是单击“Charm 栏”→“设置”→“电源”→“关机”项。也可以使用 Alt+F4 的组合键来调出关机窗口，如图 6-34 所示。

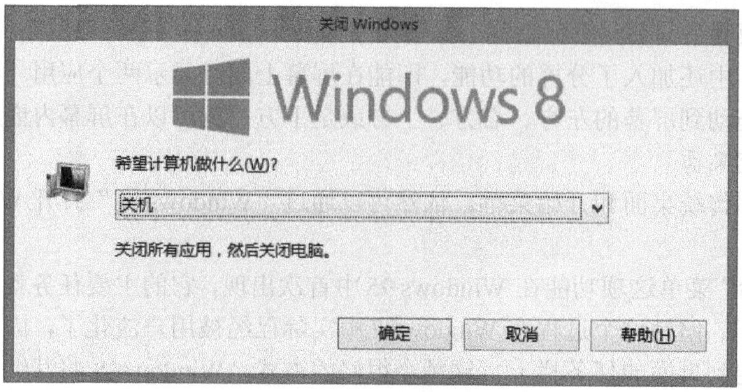

图 6-34　关机窗口面

习 题

1. 请按下面要求进行相关库操作

（1）查看计算机有哪些库，列举出来。

（2）添加歌曲至“音乐”库、添加“示例图片”文件夹至“图片”库。

（3）从“图片”库中删除“示例图片”。

（4）Windows Media Player 和 Windows Media Center 是库吗？

（5）创建一个“我的最爱”库，添加视频、音乐、图片、文档四个库。再创建一个名为“杂货铺”库，添加本地新建的文件夹 C:\游戏。然后删除 C 盘下“游戏”目录，观察“杂货铺”库有何变化。

（6）创建一个“我的最爱”库，添加视频、音乐、图片、文档四个库。再创建一个名为“杂货铺”库，添加本地新建的文件夹 C:\游戏。然后删除“杂货铺”库里的“游戏”，观察 C 盘下“游戏”目录有何变化。

（7）练习使用模糊查找，对音乐库进行检索。

2. 窗口操作

（1）将鼠标指针悬停在预览缩略图上几秒钟，感受与该缩略图关联的窗口和其他窗口的视觉效果 Aero Peek。

（2）将窗口拖曳至或拖离屏幕上、左、右边缘，感受窗口在屏幕的最大化效果 Aero Snap。

（3）体验 Aero Shake。

（4）打开几个窗口，试尝试各种窗口操作的快捷方式。

3. 试在 Windows 8 的系统中，体验 Windows 8 的新特性，掌握桌面图标和任务栏的一些基本操作。

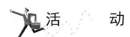

活 动

活动主题：Windows 8 网上冲浪

活动任务：在家里或办公室的台式机上，安装 Windows 8，然后通过右侧任务栏进入桌面：①试与 Windows 7 的特性相比较，看看有什么不同；②通过设置登录邮箱，进入相关实时通信服务程序；③检查网络是不是正常，用 Windows 8 进行网上冲浪。

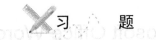

第 7 章　Microsoft Office Word 高级操作

本章主要介绍 Word 2003 的高级应用。通过本章的学习，读者应该掌握以下内容：Word 图文混排，在 Word 中插入公式、域的方法，宏的作用及使用方法。

7.1　Word 图文混排

图文混排在文档处理中应用极广，它涉及文字处理、图形插入、表格制作及多种综合处理技能。

7.1.1　文字美化综合处理

对文字的美化处理方法综合为以下几个方面。

（1）文字的格式：大小、字体、颜色、加线、粗细、字间距、效果等。

（2）段落的处理：自然段的段间距、缩进、换行、分页等。

（3）页面的处理：页面大小的设置、分栏、边框、背景、页眉页脚等。

7.1.2　图片的综合处理

图文混排中的重要方面就是图片的处理。设置和处理好图片，是混排成功的关键。对图片的综合处理，主要有以下几个方面。

（1）各种图片的来源，如图 7-1 所示。

（2）图片的处理方法。

1）设置图片的格式，如图 7-2 所示。在处理格式时，重点处理“版式”、“颜色与线条”、“大小”三个方面。

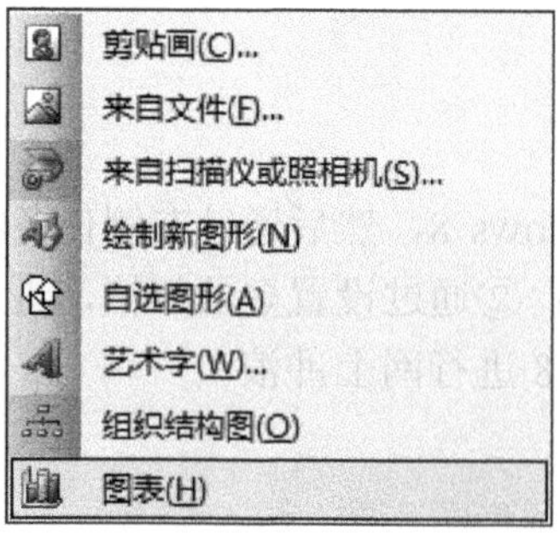

图 7-1　图片的来源

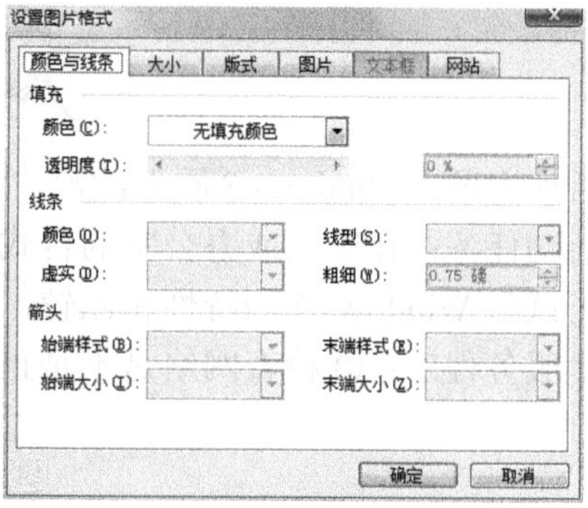

图 7-2　设置图片格式对话框

2）利用“图片”工具来加工，如图 7-3 所示。

图 7-3　“图片”工具

7.2 公 式 和 域

公式和域的应用很广，掌握它对编辑数学公式及处理格式很有用处。

7.2.1　公式的应用

利用 Word 2003 的公式编辑器程序，可以非常方便地制作具有专业水准的公式效果。 在 Word 文档中单击要插入公式的位置，选择“插入”→“对象”命令，打开“对象”对话框，单击“新建”选项卡。从“对象类型”框中找到名为“Microsoft 公式 3.0”的选项，在此对象名称上单击，然后单击“确定”按钮，如图 7-4 所示。

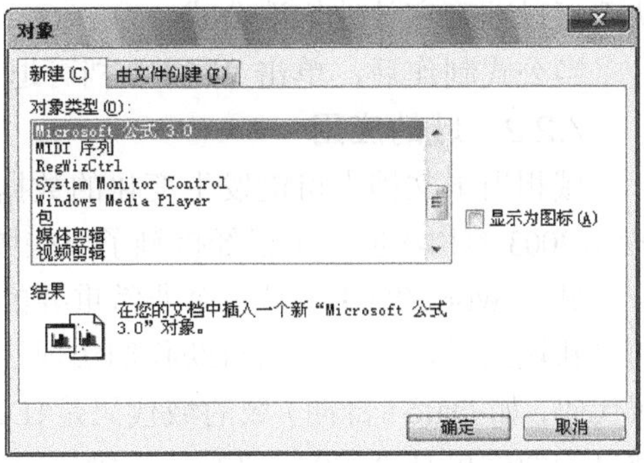

图 7-4　插入对象对话框

注 意

如果在插入对象对话框中看不到 Microsoft 公式 3.0，说明在安装 Office 2003 时没有选择安装公式编辑器，这时需要安装公式编辑器。 公式编辑器的安装方法如下。 如果最初从网络文件服务器或共享文件夹中安装 Microsoft Office，那么必须从该位置安装公式编辑器。如果是从 CD-ROM 安装 Office，则必须从光盘上安装公式编辑器。

（1）退出所有程序。

（2）双击 Windows 控制面板中的“添加/删除程序”图标。

（3）执行下列操作之一。

1）如果安装了作为 Microsoft Office 一部分的 Office 程序，单击“当前安装的程序”框中的 Microsoft Office 项，再单击“更改”按钮。

2）如果安装了个别的 Office 程序，单击“当前安装的程序”框中的程序名称，再单击“更改”按钮。

（4）单击“添加或删除功能”项，再单击“下一步”按钮。

（5）选中“选择应用程序的高级自定义”复选框，再单击“下一步”按钮。

（6）展开“Office 工具”菜单项，单击“公式编辑器”旁边的箭头，再单击“从本机运行”项。这时 Word 2003 切换到公式编辑状态，可以看到在文档插入点位置出现了公式编辑区，同时还弹出一个浮动的“公式”工具栏，如图 7-5 所示。

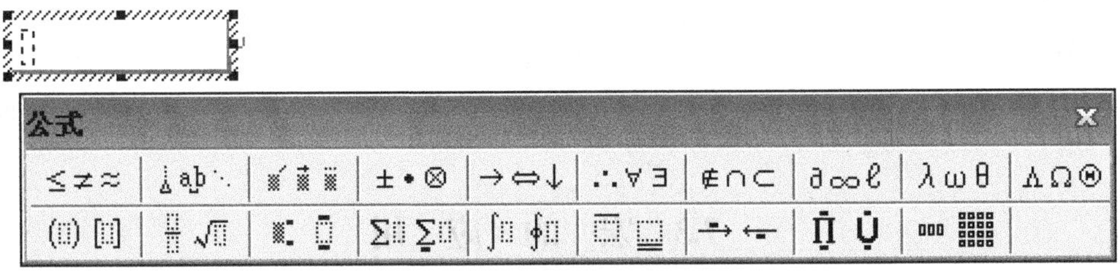

图 7-5　“公式”工具栏

在“公式”工具栏的上面一行中提供了 150 多个数学符号，在下面一行中，提供了包括分式根式、积分和求和、矩阵等众多的公式样板或框架供用户选择。通过这些公式样板和符号，用户可以快速从“公式”工具栏上选择公式符号，然后在编辑栏中键入公式变量和数字，从而可以准确高效地构造公式。

当公式制作后，单击 Word 文档可退出“公式”编辑状态返回到 Word。

7.2.2 域的应用

域相当于文档中可能发生变化的数据或邮件合并文档中套用信函、标签中的占位符。在 Word 2003 的初级应用中已经接触了一些域，如制作页眉、页脚时显示页码用到的就是 Page 域。

域在 Word 2003 中是一个非常重要的工具，它有些类似于 Excel 2003 中的公式，可以自动更新域结果，因此可以帮助我们实现许多功能。Word 2003 中域有两种显示方式，一种是域代码，如 Date（日期）域的域代码是{DATE*MERGEFORMAT}。另一种是域结果，如 Date 域显示的结果是“2002-6-13”。一般情况下我们需要的是域结果，但如果需要对域进行编辑、修改时就必须切换到域代码方式。切换域显示方式的方法是，在域上单击鼠标右键，从右键菜单中选择“切换域代码”命令，即可切换域代码显示方式。

（1）插入域。在文档中单击需要插入域的位置，选择“插入”菜单中的“域”命令，打开“域”对话框，如图 7-6 所示。

在“类别”列表框中指定一个域类型，然后从“域名”列表框中选择所需的域名。这时在正文的说明中可以看到对所选域名的简单说明。单击“确定”按钮即可将域插入到文档中。

（2）更新域。域不同于其他文档，它的内容不是固定不变的，它可以根据新的信息进行更新。更新单个域的方法是：首先单击需要更新的域或域结果，然后按 F9 键。更新一篇文档中所有域的方法是：首先选择“编辑”菜单中的“全选”命令，选择整个文档，然后按 F9 键。此外还可以将 Word 设置成在每次打印文档时自动更新其中所有的域，方法是：选择“工具”菜单中的“选项”命令，打开“选项”对话框，单击“打印”选项卡，然后选中“更新域”复选框，如图 7-7 所示。

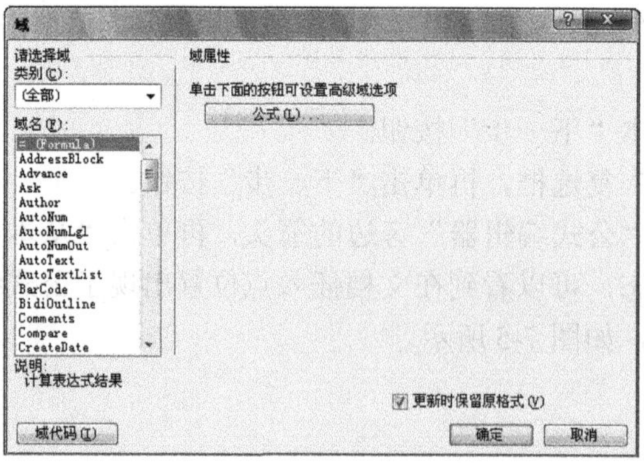

图 7-6 “域”对话框

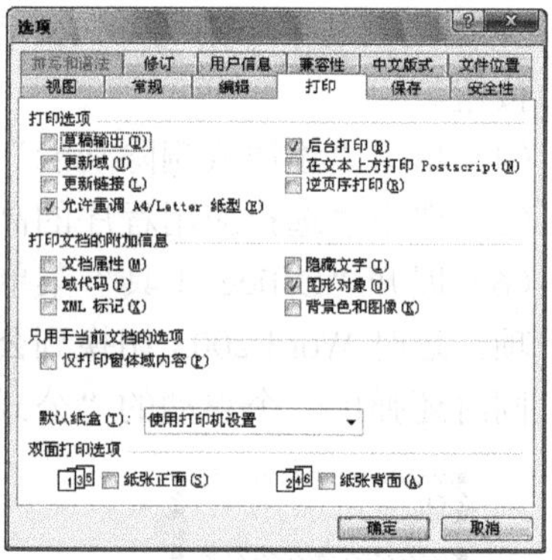

图 7-7 “更新域”复选框

7.3 宏 的 应 用

如果在 Microsoft Word 中反复执行某项任务，可以使用宏自动执行该任务。宏是一系列

Word 命令和指令，这些命令和指令组合在一起，形成了一个单独的命令，以实现任务执行的自动化。宏仅在创建它的 Office 应用程序中运行，可以用它们使枯燥的工作更加简单。宏执行一组动作，比单纯手工做快得多。宏的功能很强，它们甚至可以是交互的，即可以从用户那里得到信息，然后进行处理。通过 VBA 可以使用循环、编辑宏语句，使许多重复性的工作由计算机自己自动执行。

以下是宏的一些典型应用。

（1）加速日常编辑和格式设置。

（2）组合多个命令，如插入具有指定尺寸和边框、指定行数和列数的表格。

（3）使对话框中的选项更易于访问。

（4）自动执行一系列复杂的任务。

下面以 Word 中的宏为例来讲解 Microsoft Office 的宏。当然，其他 Office 组件如 Excel、Access、Outlook，甚至 Frontpage、PhotoDraw 等均含有宏，均支持 VBA（Visual Basicfor Application）语句。

7.3.1 宏的录制

Word 提供了两种创建宏的方法：宏录制器和 Visual Basic 编辑器。宏录制器可帮助用户开始创建宏，并可以自动生成 Visual Basic 代码。可在 Visual Basic 编辑器中打开已录制的宏，修改其中的指令。也可用 Visual Basic 编辑器创建包括 Visual Basic 指令的非常灵活和强有力的宏，这些指令无法采用录制的方式来完成。

在建立一个宏之前，首先要决定所建立的宏是一个全局宏（用于任何文档），还是一个模板宏（只适用于使用这个模板建立的文档）。然后决定宏的存储方式。宏有三种存储方式：Word 命令、全局宏和模板宏。Word 命令是存储在 Winword.exe 应用程序中的内部宏。许多内部宏是菜单命令，如 File、New 等。还有许多 Word 命令并不存在于菜单上，但可以为其指定快捷键或添加到工具栏按钮，并且在建立自己的宏时也可以调用它们，使用起来很方便。记录或编写的宏可以存储为全局宏或模板宏。全局宏存储在 Normal.dot 模板中，可用于所有的文档和模板。模板宏存储在特定的模板中，只能用于该模板建立起来的文档。

录制一个宏的步骤如下。

（1）如果要建立一个只使用于特定模板的宏，打开该模板或基于该模板的文档；若要建立一个全局宏，打开任何一个模板即可。

（2）单击“工具”菜单中“宏”子菜单，再单击“录制新宏”按钮；双击状态栏中的“录制”标识也可以，弹出如图 7-8 所示的对话框。

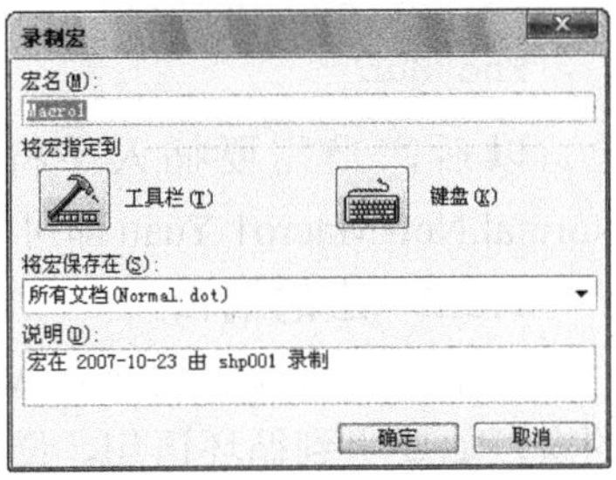

图 7-8 “录制宏”对话框

（3）在“宏名”文本框中输入宏的名称。最好是使用能描述宏的功能的名称。宏的名字必须以字母开头，且长度不能超过 36 个字符，不能在名字中使用空格。

（4）可以为宏指定一个快捷键，或指定到工具栏。如果不指定的话，可以单击“工具\宏”命令中的“宏”按钮，从弹出的对话框来运行它。

（5）从“将宏保存在”下拉列表中选择用以存储宏的模板。这个列表只显示出已打开的文档的模板。

（6）可以在“说明”文本框中输入对宏的描述，来帮助对宏的记忆。这个描述信息会出现在“宏”对话框中，和 Visual Basic 编辑器的相应的宏的代码中。

（7）单击“确定”按钮启动宏记录器。

“停止录制”工具栏出现在文档的左上角。宏记录器将记录所有的操作。如果要暂停宏的录制，以便核对命令和文档，可以单击“停止录制”工具栏的“暂停录制”按钮。要继续录制，则再单击这个按钮。如果要停止记录，可以单击“停止录制”工具栏的“停止录制”按钮，或单击“工具”→“宏”→“停止录制”命令。

下面我们举一实例来介绍宏的录制。例如，在 Word 中，要插入字符，则往往要到符号框中查找。对于一些常用的符号，如“￥”，便可以使用宏来使工作简化。

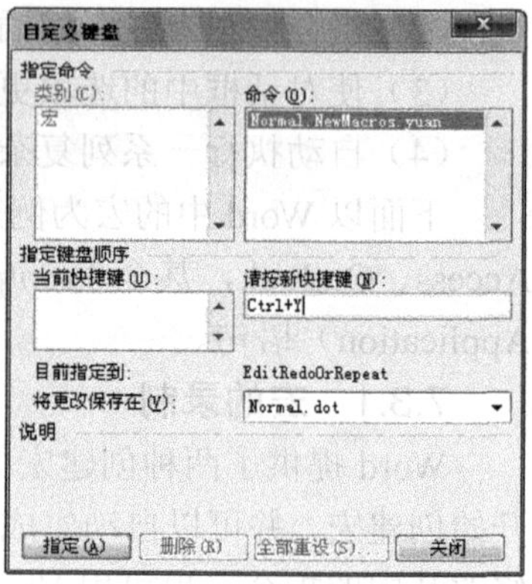

图 7-9 自定义键盘对话框

（1）单击“工具”菜单中“宏”子菜单，再单击“录制新宏”选项。

（2）给宏命名，这里可取名为 Yuan，再单击“键盘”项。

（3）在弹出的如图 7-9 所示的对话框中指定快捷键，可指定为 Ctrl+Y，再关闭该对话框回到“录制宏”对话框。单击“确定”按钮启动记录器。

（4）运行“插入”菜单中的“符号”子菜单，从弹出的“符号”框中选择“￥”，插入后再关闭。另外，也可以指定到工具栏，从弹出的“自定义”对话框中的“命令”栏中把 Normal.NewMacro1.Yuan 拖放到工具栏中。

（5）单击“停止录制”工具栏中的“停止录制”按钮。

（6）单击“工具”菜单中“宏”子菜单，再单击“宏”命令。

（7）选择第（2）步中的宏名称，再单击“编辑”按钮。这时我们可以从中看到以下代码。

```
Sub yuan()
'yuan Macro
'宏在 2005-3-26 由××录制
Selection.TypeText Text: ="￥"
End Sub
```

以后，当需要插入字符“￥”时，只需按下快捷键 Ctrl+Y，或者在工具栏单击 Normal.NewMacro1.Yuan 即可。

7.3.2 宏的编辑

宏录制器将操作翻译为 Visual Basic 代码。但是，录制宏时会受到一些限制。许多复杂的宏，如要用到循环语句，便无法录制。为了提高录制的宏的功能，就可能需要修改录制到模块中的代码。

具体操作为：单击“工具”菜单中“宏”子菜单，再单击“宏”命令。选择上面第（2）步中的宏名称，再单击“编辑”按钮。然后便加载 Visual Basic 编辑器，我们可以看到所录制的宏自动生成的 Visual Basic 代码。

例如，在 C:\My Document 中有 200 个 Word 文档，依次命名为 1.doc、2.doc、3.doc…200.doc。我们必须把文件格式改变为文本文件，即 txt 文件。

可以先以 1.doc 为例，录制一个宏，打开文档，另存为 txt 文件，再关闭该活动文档。生成的 Visual Basic 代码如下。

```
Sub Macro1()
    ChangeFileOpenDirectory "C: \My Document"
    Documents.Open FileName: ="1.doc"
    ActiveDocument.SaveAs FileName: ="1.txt",  FileFormat: =wdFormatText
ActiveWindow.Close
End Sub
```

下一步便进行编辑，用一个循环语句依次打开各个文件，转化后再关闭。代码如下：

```
Sub Macro1()
    dim i
    for i=1 to 200
    ChangeFileOpenDirectory "C:\My document"
    Documents.Open FileName: = i & ".doc"
    ActiveDocument.SaveAs FileName: = i & ".txt",  FileFormat: =wdFormatText
    ActiveWindow.Close
    next i
End Sub
```

再次运行该宏，便可以轻松完成任务。

7.3.3　宏的运行

运行一个宏的步骤如下。

（1）单击“工具”菜单“宏”子菜单的“宏”命令，弹出“宏”对话框。

（2）从“宏名”列表中选择要运行的宏，单击“运行”按钮。另外，可以通过对宏指定的快捷键、工具栏或菜单来运行宏。

7.3.4　宏的管理

1. 保存宏

可将宏保存到模板或文档中。在默认的情况下，Word 将宏存储在 Normal 模板中，以便所有的 Word 文档均能使用。然而，如果某个存储在 Normal 模板中的宏仅用于某一特定类型的文档，那么必须将该宏复制到与那些文档相连的模板中，然后从 Normal 模板中删除该宏。

2. 删除宏

删除一个宏的步骤如下。

（1）如果是模板宏，打开宏所在的模板或基于这个模板的文档。如果是全局宏，打开任何一个文档都可以。

（2）单击“工具”菜单中“宏”子菜单的“宏”命令，弹出“宏”对话框。

（3）从“宏的位置”文本框中选择宏所在的模板，然后从“宏名”列表中选择要删除的宏。

（4）单击“删除”按钮。在提问是否要删除宏时，单击“是”按钮则删除这个宏。

（5）单击“关闭”按钮。

3. 更改宏名

更改一个宏的名字的步骤如下。

（1）如果是模板宏，打开宏所在的模板或基于这个模板的文档。如果是全局宏，打开任何一个文档都可以。

（2）单击“工具”菜单中“宏”子菜单的“宏”命令，弹出“宏”对话框。

（3）单击“管理器”按钮，弹出“管理器”对话框。

（4）从“管理器”对话框中选择“宏方案项”选项卡，选择要改名的宏。

（5）单击“重命名”按钮，弹出“重命名”对话框。

（6）在“新名称”文本框中输入新的名字，单击“确定”按钮。单击“关闭”按钮。

4．在模板间复制宏

在两个模板间复制宏的步骤如下。

（1）单击“工具”菜单中“宏”子菜单的“宏”命令，弹出“宏”对话框。

（2）单击“宏”对话框中的“管理器”按钮，弹出“管理器”对话框，如图 7-10 所示。

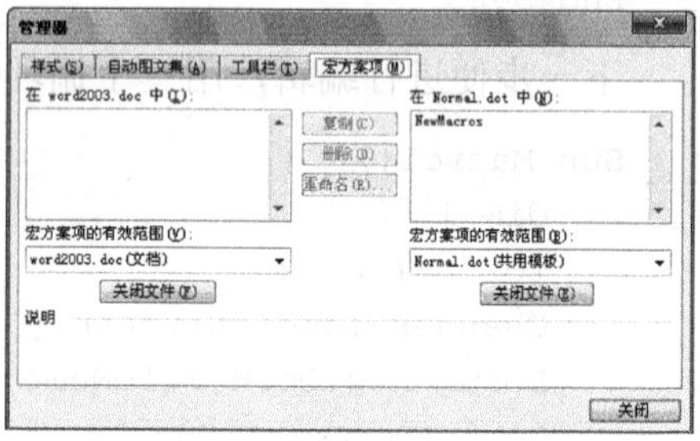

图 7-10　“管理器”对话框

（3）在管理器的左边，从“宏方案项的有效范围”列表中选择包含要复制的宏的模板。如果要使用别的模板，可以先单击“关闭文件”按钮关闭文件，再单击“打开文件”按钮打开模板。

（4）在管理器的右边，从“宏方案项的有效范围”列表中选择接受宏的模板。如果接受宏的模板不在列表中，以和第（3）步同样的方法打开要接受宏的模板。

（5）从左边的宏列表中选择要复制的宏。

（6）单击“复制”按钮。这样，宏就会从左边的模板复制到右边的模板中。

7.3.5　为宏指定自定义工具栏和菜单栏

运行一个宏可以通过“宏”对话框，还可以为宏指定一个自定义工具栏，或往菜单栏添加一个自定义菜单。另外，可以为宏指定快捷键，这在前面举例中已经讲过了。

1. 为宏指定自定义工具栏

为宏指定自定义工具栏的步骤如下。

（1）单击“视图”→“工具栏”→“自定义”命令，弹出“自定义”对话框。

（2）单击“自定义”对话框中的“工具栏”选项卡，单击“新建”按钮，弹出“新建工具栏”对话框。

（3）在“新建工具栏”对话框中为新工具栏键入一个名字，单击“确定”按钮，显示一个新的空白工具栏。

（4）在“自定义”对话框中单击“命令”选项卡，然后从“类别”列表框中选择“宏”，则当前可用的宏出现在右边的“命令”列表中。

（5）将要指定到工具栏的宏拖到这个自定义工具栏中，宏的名字便出现在这个工具栏中。

（6）右键单击这个工具栏，从弹出的菜单中单击“默认样式”命令。

（7）单击“关闭”按钮关闭“自定义”对话框。

（8）显示了一个自定义后的工具栏，单击某个图标便可以运行相应的宏。如果要将宏指定到现有的工具栏，和上述方法类似，只需把宏拖放到相应的工具栏即可。

2. 为宏指定自定义菜单

自定义一个新菜单，并将宏添加到菜单中的具体步骤如下。

单击“视图”→“工具栏”→“自定义”命令，弹出“自定义”对话框。在“自定义”对话框中单击“命令”选项卡，然后从“类别”列表框中选择“新菜单”。此时“新菜单”出现在“命令”列表中。从“命令”列表中把“新菜单”拖向 Word 的菜单栏，并释放在菜单栏中。右键单击菜单栏中的“新菜单”，弹出菜单。在弹出菜单的“命名”文本框中键入为新菜单所取的名字。向这个新的自定义菜单添加一个宏。从“自定义”对话框“命令”标签中的“类别”列表框中选择要指定到菜单的宏，单击新的自定义菜单，出现一个小的空白框，将选中的宏从“类别”列表框中拖放到自定义菜单下的空白框中。单击“关闭”按钮关闭“自定义”对话框。

如果要将宏指定到现有的菜单栏，和上述方法类似，只需把宏拖放到相应的菜单栏即可。

7.4 目 录 编 制

当一个文档篇幅很长的时候，我们常常需要给它在前面加上一个目录，如图 7-11 所示。

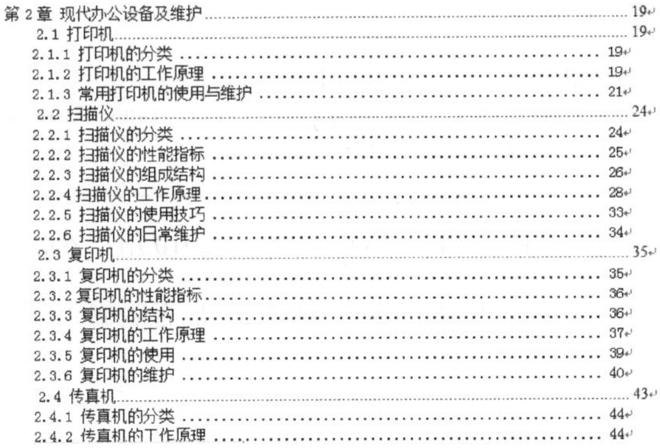
第 2 章 现代办公设备及维护……19
2.1 打印机……19
2.1.1 打印机的分类……19
2.1.2 打印机的工作原理……19
2.1.3 常用打印机的使用与维护……21
2.2 扫描仪……24
2.2.1 扫描仪的分类……24
2.2.2 扫描仪的性能指标……25
2.2.3 扫描仪的组成结构……26
2.2.4 扫描仪的工作原理……28
2.2.5 扫描仪的使用技巧……33
2.2.6 扫描仪的日常维护……34
2.3 复印机……35
2.3.1 复印机的分类……35
2.3.2 复印机的性能指标……36
2.3.3 复印机的结构……36
2.3.4 复印机的工作原理……37
2.3.5 复印机的使用……39
2.3.6 复印机的维护……40
2.4 传真机……43
2.4.1 传真机的分类……44
2.4.2 传真机的工作原理……44

图 7-11　目录示意图

如何对一个文档建立目录结构？下面我们就认真学习这种方法，在日常生活当中经常用到。

建立目录结构的步骤如下。

（1）对文档的各个大、小标题按级设定“大纲”级别，方法是利用“大纲”工具（打开方法：单击“视图”→“工具”→“大纲”命令），如图 7-12 所示。

（2）选择文档的首页，在第一个字符前，按 Ctrl+Enter 键，产生一个空白页面。

（3）在这个空白页面的第一行，输入“目录”，并居中。

（4）光标置于第二行首部。

（5）然后选择菜单“插入”→“引用”→“索引和目录”命令，打开其对话框，如图 7-13 所示。

图 7-12　“大纲”工具

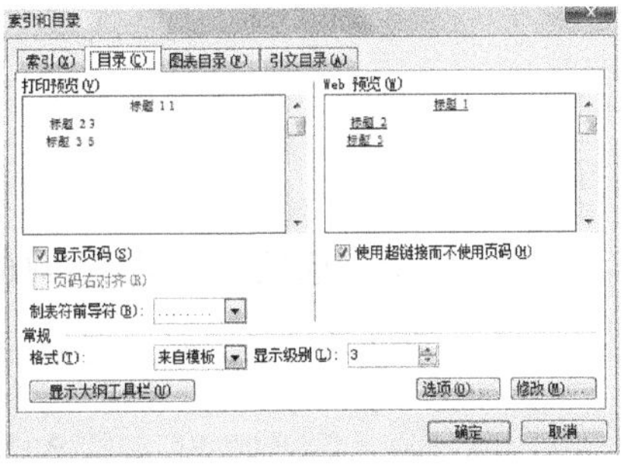

图 7-13　“索引和目录”对话框

（6）设置页码、前导符及格式，然后单击“确定”按钮。

7.5 快速迁移到 Word 2010

Microsoft Office Word 2010 是自 Word 2003 发布以来的第二个新版本。第一个新版本是 Word 2007。这些最新的版本为程序带来了众多有用的新功能，同时在用户界面上也有重大改变，旨在改进对 Word 的所有功能的访问。

7.5.1 Word 2010 用户界面

1. 用户界面

Word 2010 中的新 Office Fluent 用户界面外观与 Word 2003 的用户界面大有不同。其中的菜单和工具栏被功能区和 Backstage 视图所取代（见图 7-14）。对于新 Word 用户，该界面非常直观。对于具有丰富经验的 Word 用户，则需要进行一些再学习以了解该界面。Office Fluent 用户界面的优点是能够更加容易、更加高效地使用 Microsoft Office 应用程序，从而更快地取得更好的业绩。

图 7-14 Microsoft Office Word 2010 用户界面

功能区的作用是在普通视图中现实需要的选项。如需隐藏功能区，只要双击对应的选项卡即可。

2. 选项卡

（1）“文件”选项卡（见图 7-15）的功能是文件管理，如保存、打开、关闭和打印。

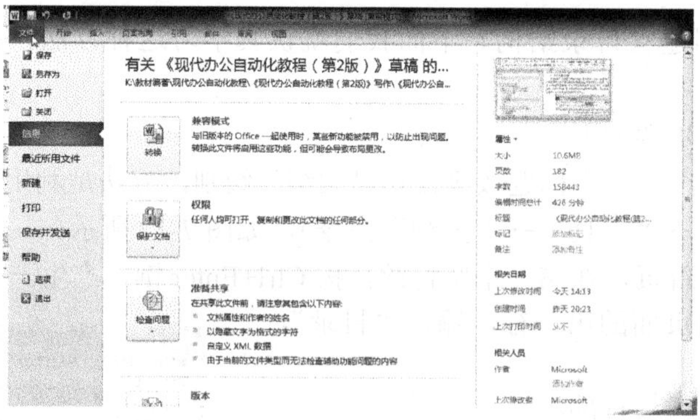

图 7-15 “文件”选项卡

（2）“开始”选项卡（见图 7-16）包含了需要访问的常用功能，如文本格式和样式。

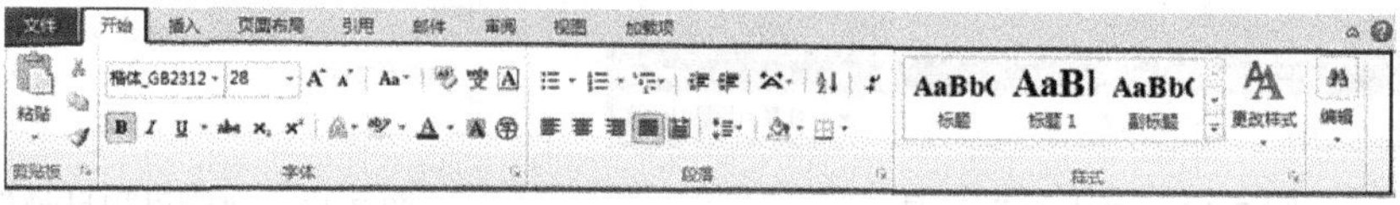

图 7-16 “开始”选项卡

（3）“插入”选项卡（见图 7-17），可以插入包括分页符、表格、图像、页眉和页脚等在内的诸多项目。

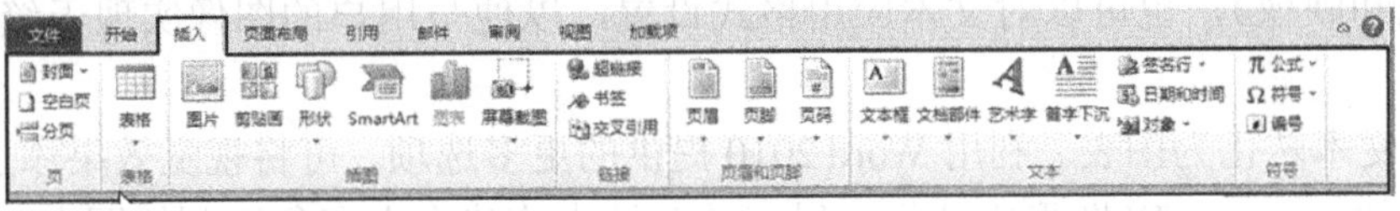

图 7-17　“插入”选项卡

（4）“页面布局”选项卡（见图 7-18）提供了页边距、纸张方向和页面颜色等选项。

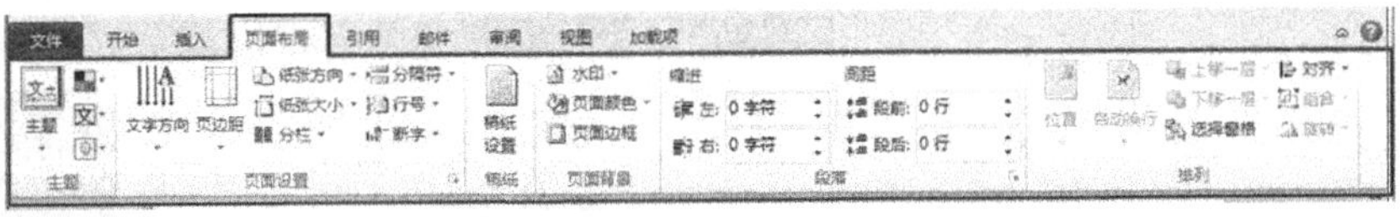

图 7-18　“页面布局”选项卡

（5）“引用”选项卡（见图 7-19）中可以设置尾注、脚注和引文等内容。

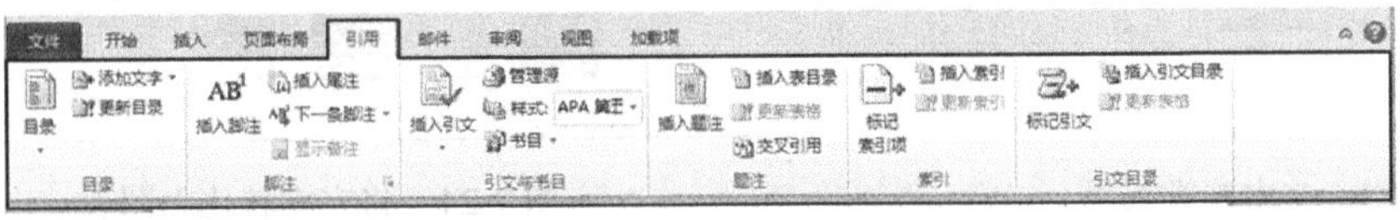

图 7-19　“引用”选项卡

（6）“邮件”选项卡（见图 7-20）中可用于邮件合并。

图 7-20　“邮件”选项卡

（7）“审阅”选项卡（见图 7-21）用于拼写和语法检查，以及在发布文档之前可能需要进行的其他检查。

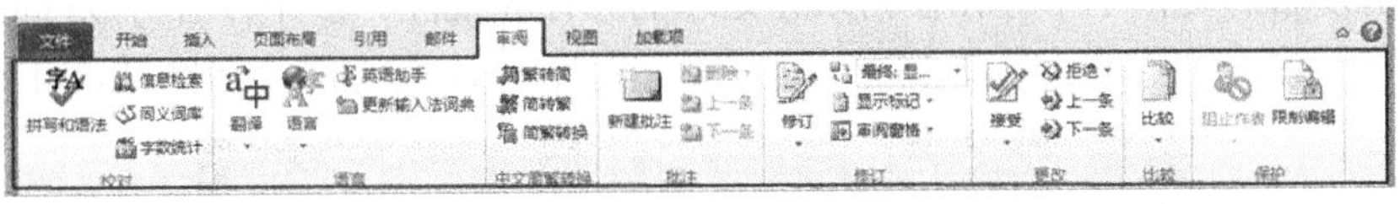

图 7-21　“审阅”选项卡

（8）“视图”选项卡中（见图 7-22），可以设置查看文档的方式，如文档视图或是显示标尺或网格线。

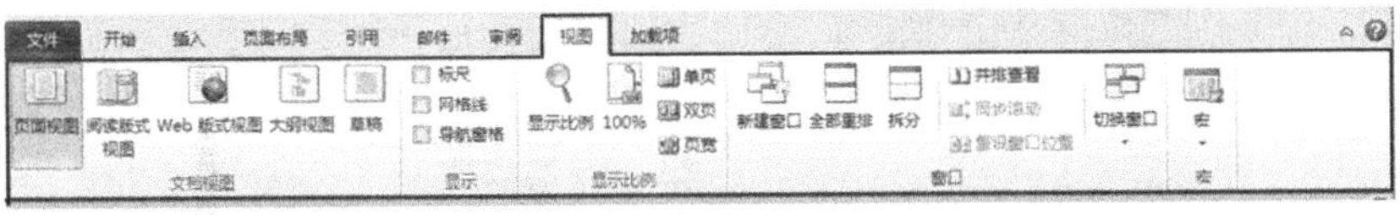

图 7-22　“视图”选项卡

7.5.2 Word 2010 新增功能

（1）向文本添加视觉效果。利用 Word 2010，可以对文本应用图像效果（如轮廓、阴影、凹凸、发光和映像），也可以对文本应用格式设置，以便与用户的图像实现无缝混合，如图 7-23 所示。

（2）将文本转化为图表。利用 Word 2010 提供的更多选项，可将视觉效果添加到文档中。可以从新增的 SmartArt™ 图形中选择，以在数分钟内构建令人印象深刻的图表。SmartArt 中的图形功能同样也可以将点句列出的文本转换为引人注目的视觉图形，以便更好地展示用户的创意，如图 7-24 所示。

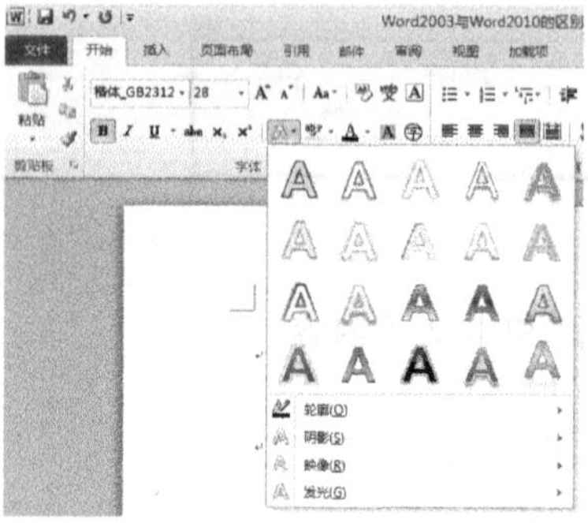

图 7-23 文本视觉效果

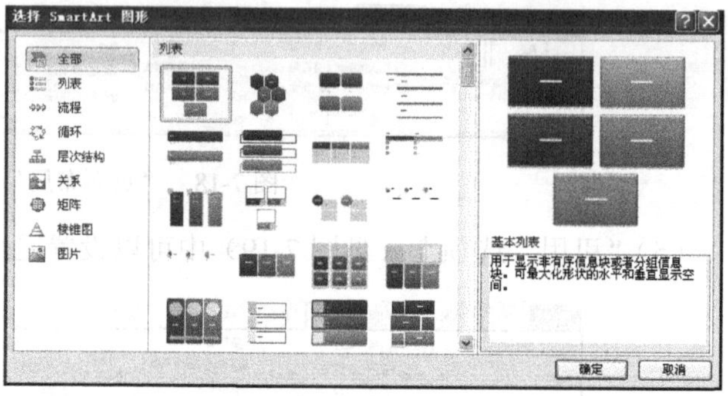

图 7-24 将文本转化为图表

（3）向文档加入视觉效果。利用 Word 2010 中新增的图片编辑工具，无需其他照片编辑软件，即可插入、剪裁和添加图片特效。也可以更改颜色饱和度、色温、亮度及对比度，以轻松将简单文档转化为艺术作品。

（4）使用“文档导航”窗格和搜索功能轻松掌握长文档。在 Word 2010 中，可以迅速处理长文档。通过拖放标题而不是通过复制和粘贴，可以轻松地重新组织文档。除此以外，还可以使用渐进式搜索功能查找内容，因此无需确切地知道要搜索的内容即可找到它。

（5）与他人协同工作。Word 2010 可帮助用户与同事更有效和更安全地协同工作。使用 Word 2010 时，可以在 Word 中进行协作。无需发送电子邮件附件，只需打开文档并开始工作。可以查看还有哪些用户在一起工作，以及其他用户进行编辑的位置。在准备发布文档时，Word 2010 可帮助确保所发布的文档中不存在任何未经处理的修订和批注。多个作者可以同时编辑单个文档，并可以同步彼此的更改。作者可以在处理文档时阻止他人访问文档区域，如图 7-25 所示。

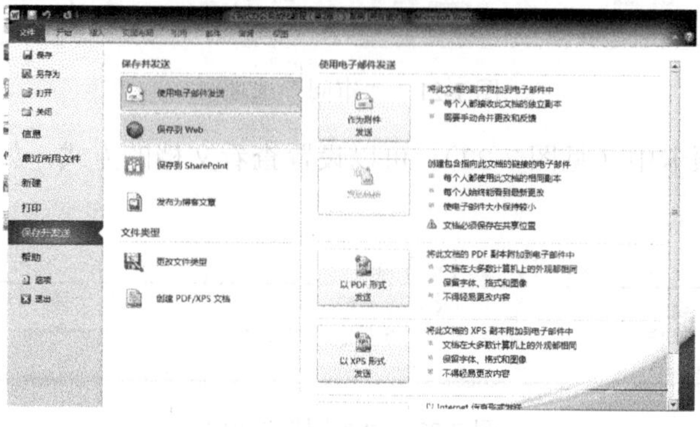

图 7-25 协同工作

（6）几乎可从任何地点访问和共享文档。联机发布文档，然后通过计算机或基于 Windows Mobile 的 Smartphone 在任何地方访问、查看和编辑这些文档。通过 Word 2010，可以在多个地点和多种设备上获得一流的文档体验。

如果有 Windows Mobile 6.5 电话，可以从任意位置（无论是在办公室、在家中还是在外出途中）使用 Office Mobile 2010 来处理文件。如果有触摸屏设备，可以使用自然手势快速、直观地在菜单中滚动并浏览文档。

（7）恢复认为已丢失的工作。如果在未保存的情况下关闭了文件，或者要查看或返回正在处理的文件的早期版本，现在可以更加容易地恢复 Word 文档。与早期版本的 Word 一样，启用自动恢复功能将在用户处理文件时以用户选择的间隔保存版本。

当处理文件时，Word 2010 还可以从 Microsoft Office Backstage 视图中访问自动保存的文件列表。

（8）跨越沟通障碍。利用 Word 2010，可以轻松跨不同语言沟通交流。翻译单词、词组或文档。可针对屏幕提示、帮助内容和显示内容分别进行不同的语言设置。甚至可以将完整的文档发送到网站进行并行翻译。

（9）将屏幕快照插入到文档中。插入屏幕快照，以便快捷捕获可视图示，并将其合并到用户的工作中。当跨文档重用屏幕快照时，利用“粘贴预览”功能，可在放入所添加内容之前查看其外观。

（10）利用增强的用户体验完成更多工作。Word 2010 简化了用户使用功能的方式。新增的 Microsoft Office Backstage™ 视图替换了传统文件菜单，只需单击几次鼠标，即可保存、共享、打印和发布文档。利用改进的功能区，可以快速访问常用的命令，并创建自定义选项卡，将体验个性化为符合用户的工作风格需要。

（11）Word 2003 和 word 2010 的文件的互访。Word 2010 文档命名为 *.docx，Word2003 文档命名为 *.doc。在将 Word 2010 文档进行了保存的时候，文件保存类型选择“97-2003 文档（.doc）”，并可以直接在 Word 2010 中打开 Word 2003 的文件。

习　　题

1. 以“环境保护”为主题，在网上搜索素材，设计一个电子板报，进行宣传。
2. 综合运行公式和域，进行数学公式的录入。
3. 以一段文字录入为题，录制一段宏，反复运用，减少输入的频度。
4. 为一篇文档编制一个目录结构。

活　　动

活动主题：在 Word 2010 中综合操作

活动任务：

1. 录入以下文字。

淡苏州、浓杭州、火火烈烈是广州。

走在苏州园林的小巷，两边是白墙，顺着白墙向上看是黑瓦，可能是苏州的孩童较为懂事，没见墙上有涂画的痕迹，江南的雨也比较勤快，所以有清清爽爽的白墙、黑瓦、小巷。白墙黑瓦应该有十分强烈的对比效果，可是经过年代的风吹日晒，黑瓦翻着白，白墙却柔和得在明晃晃的阳光下也没有反射出多少光线。苏州的园林美轮美奂，对岁月的侵蚀却也无可奈何，“雕梁画栋”只是“朱颜改”，当年也许鲜明的朱红艳绿今天都泛着柔和的白，只感觉淡淡的红、淡淡的绿，仿佛几个世纪前的一个梦。因为快过春节的原因游人不是很多，倒该值得庆幸没有喧闹嚣嚷打扰我云淡风轻的心情。苏州每个园林都有一个掌故，但掌故总是淡淡的，没有什么曲折的情节也没有伤心的泪水。“拙政园”的“拙政”是指老臣的隐退，淡淡的无奈和不甘在如仙境般淡如烟云的风景中更加难以体会。所以同游的游伴竟将“拙政园”误认为帝王的别墅或行院。在车上问路，一口外地口音引来了苏州女孩热心的讲解，巧的是她也在网狮园站下车，又领着我穿过曲折的小巷，带到园林门口。一路上和我不紧不慢地说着话，虽然从中知道她是从苏北来这工作没两年，可我仍是一想起苏州就想起那如花微绽的面容。当时觉得女孩很漂亮，虽然她的容貌现在已模糊了，只记得温婉的笑容、轻软的话语，给我一种温玉的感觉。坐在开往杭州的火车上，一路只看到漫天雪舞，不由窃喜能够看到断桥积雪的美景。当火车慢慢驶入杭州站，大雪也渐渐停住，差不多是踏出车站的大门就看到最后一片雪花飘落。展眼望去，杭州城一片白茫茫。可江南的雪终是留不住，一脚踩下就是一片雪融，路上行人颇多，渐渐地就剩点点残雪，黑白颇为分明。到爬上西山，见风吹过处，树上积雪纷纷飘洒，露出层层浓绿的叶子和条条褐黑的枝条。

2. 按以下步骤操作。

（1）将文中标题“淡苏州、浓杭州、火火烈烈是广州”字体大小设置为三号字，字体效果设置空心，居中对齐。

（2）将文中所有的“苏州”、“杭州”（标题除外）加粗。

（3）将文中所有的“园林”字符间距设置为5磅，缩放120%，红色加粗显示。

（4）将第一段分为两栏。

（5）将文中第二段的行间距设置为3.4倍行距。

（6）在第二段“雕梁画栋”后插入尾注“L. A. Zadeh， Fuzzy logic and approximate reasoning，Synthese 30，407-428，1975”，在“朱颜改”后面插入脚注“@dsfas，123asdf@”，编号方式均为自动编号。

（7）设置页眉，页眉为“苏杭行”，设置页脚，页脚为当前日期和当前页。

第 8 章 Microsoft Office Excel 高级操作

Excel 2003 是 Microsoft Office 2003 中常用的组件，其功能非常强大。它能够方便地建立、编辑和管理各种类型的电子表格、自动处理数据、产生和输出与原始数据相链接的各种类型的图表，同时它还具有数据库的功能。因此在行政、金融等领域使用都十分广泛。前面一章介绍的 Word 2003 软件虽然可以制表，但是，凡有计算类型的表格，还是应通过建立电子表格程序处理。

8.1 工作表基本操作

新建立的工作簿默认有三个工作表，但通常根据需要对工作表进行增减、重命名、复制、移动等操作。

8.1.1 保护工作表

保护工作表可以防止他人查看、修改工作表中的数据。其设置方法如下。

（1）单击要保护的工作表标签。

（2）选择"工具"→"保护"→"保护工作表"命令，打开"保护工作表"对话框，如图 8-1 所示。

（3）如果要防止改变工作表及锁定的单元格内容，选中对应复选框。如果要防止他人取消工作表保护，可输入密码，单击"确定"按钮，然后在"重新输入密码"文本框中再次输入同一密码。选择"工具"→"保护"→"撤销保护工作表"命令可解除对当前工作表的保护。

8.1.2 工作表的拆分和冻结

1. 拆分

如果需要同时查看工作表的不同部分，可以将工作表拆分成多个单独的窗格。其设置方法是：选择"窗口"→"拆分"命令，在工作表窗口中自动出现了水平分隔条和垂直分隔条，如图 8-2 所示。工作表窗口被拆分为四个小窗格，可通过拖动分隔条来改变各窗格的大小。选择"窗口"→"撤销拆分窗口"命令，可取消对窗口的拆分。

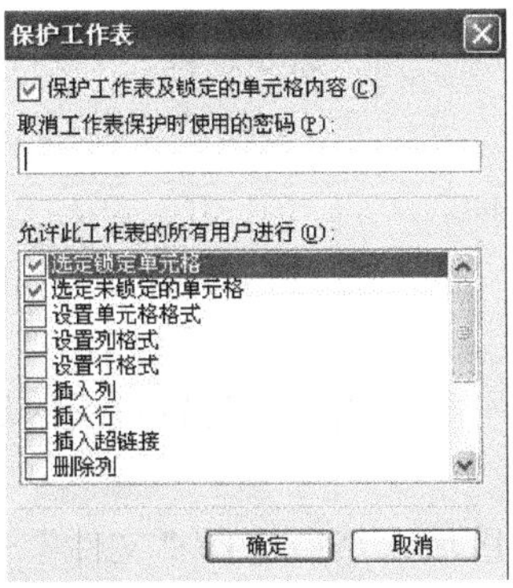

图 8-1 "保护工作表"对话框

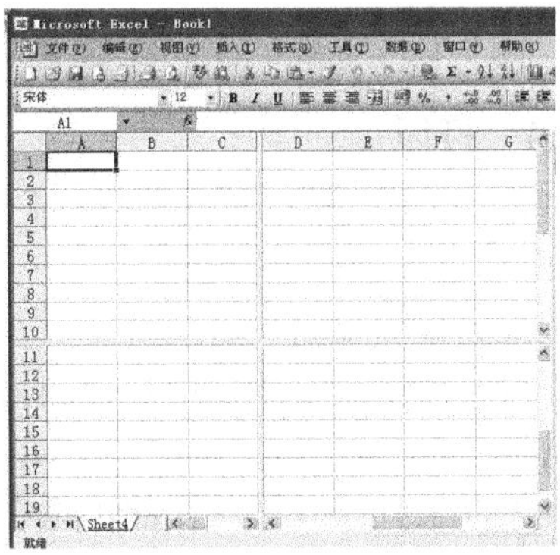

图 8-2 工作表拆分后的窗格

2. 冻结

当在工作表中的其他部分滚动时，被“冻结”的行或列将始终保持可见而不会滚动。其设置方法是：首先选定要冻结行的下部、列的右部的单元格，选择“窗口”→“冻结窗口”命令，当前单元格以上的行与以左的列即被冻结。选择“窗口”→“撤销冻结窗口”命令，可取消对窗口的冻结。

8.1.3 使用条件格式格式化工作表

如果需要将满足指定条件的数据以指定的格式显示出来，可以利用 Excel 的“条件格式”功能。

实践：假设有一张用 Excel 制作的成绩表格，如图 8-3 所示。

要求：将 60 分以下的成绩以红色显示，60～69 分以黄色显示，69 以上以绿色显示，其操作步骤如下。

（1）选定整个“成绩”区域。

（2）选择“格式”→“条件格式”命令，打开“条件格式”对话框，如图 8-4 所示。

（3）将“条件 1”下的各项分别设置为“单元格数值”、“小于”、60；单击“格式”按钮打开“单元格格式”对话框，如图 8-5 所示。在“字体”选项卡中，单击“颜色”栏的三角按钮，选择红色方块，单击“确定”按钮。

（4）单击“添加”按钮，按如上方法将“条件 2”各项设置为“单元格数值”、“介于”、60、69，字体颜色设置为黄色；将“条件 3”各项设置为“单元格数值”、“大于”、69，字体颜色设置为绿色。

	A	B	C	D	E
1	学号	语文	数学	英语	计算机
2	1	85	75	85	65
3	2	85	75	78	65
4	3	74	64	90	54
5	4	93	83	87	73
6	5	92	82	76	72
7	6	81	71	86	61
8	7	83	73	87	63
9	8	78	68	92	58
10	9	90	80	93	70
11	10	91	81	94	71

图 8-3 学生成绩表

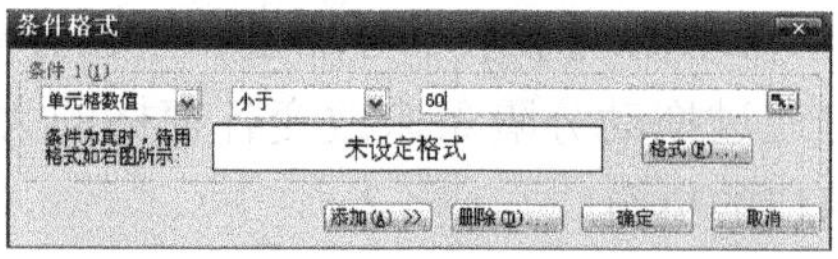

图 8-4 “条件格式”对话框

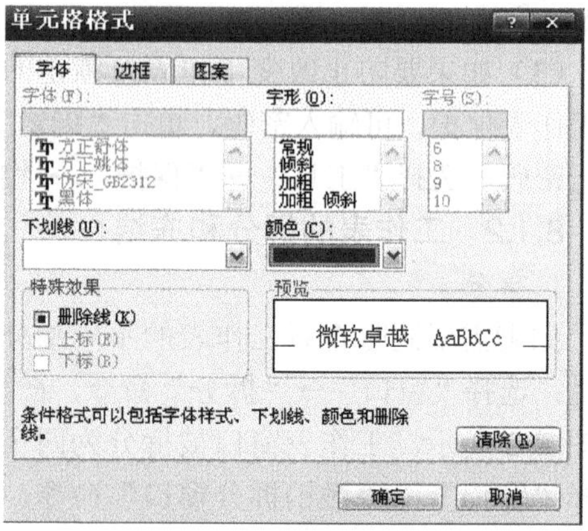

图 8-5 “单元格格式”对话框

8.1.4 打印

在打印工作表之前，首先要进行预览，以保证打印效果。

8.1.4.1 设置打印选项

1. 设置页面区域

设置页面区域，可以使用户控制只将工作表的某一部分打印出来，设置页面区域的方法一般有两种。

（1）先选定打印区域所在的工作表，选定需要打印的区域，然后选择“文件”→“打印区域”→“设置打印区域”项，Excel 2003 会把选定区域作为打印的区域。

（2）先在工作表中选择需要打印的区域，选择“文件”→“打印”命令，弹出“打印”对话框，如图 8-6 所示。在“打印”对话框中的“打印”区域内选中“选定区域”单选按钮，可控制在打印时只打印指定的区域。

2. 分页

一个 Excel 2003 工作表可能很大，而能够用来打印的纸张面积有限，对于超过一页信息的工作表，系统能够自动设置分页符，在分页符处将文件分页。但是如果需要对工作表中的某些内容进行强制分页，则需要在打印工作表之前先对工作表进行分页。对工作表进行人工分页一般就是在工作表中插入分页符，在插入分页符时，若选择一列或一行，选择“插入”→“分页符”命令，则在所选列或行前插入一垂直分页符。若选定一个单元格，则在该单元格的上方的左侧分别插入一水平分页符和垂直分页符，如图 8-7 所示。当要删除一个人工分页符时，应选定人工分页符下面的一个单元格或右边的一个单元格，然后选择“插入”→“删除分页符”命令，即可删除水平分页符或垂直分页符。如果要删除全部人工分页符，则应选中整个工作表，然后选择“插入”→“重设所有分页符”命令。

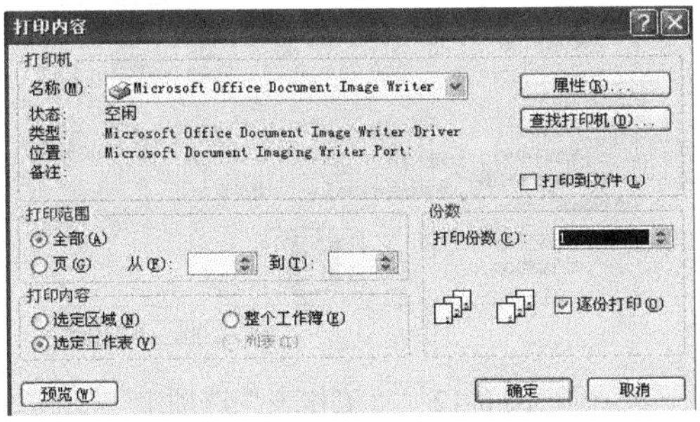

图 8-6 “打印内容”对话框

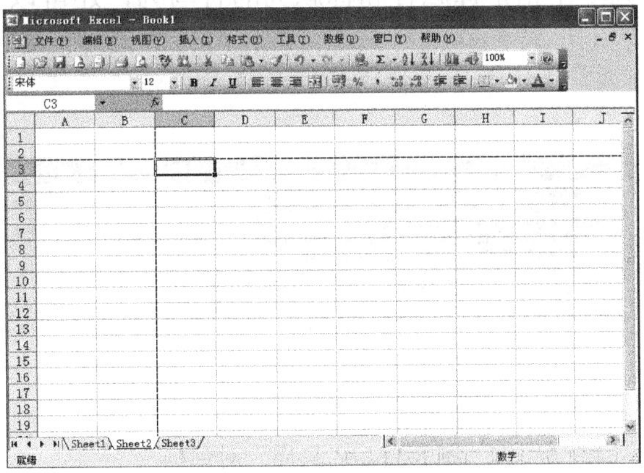

图 8-7 分页标志

3. 页面设置

在打印工作表之前还要进行页面设置。选择“文件”→“页面设置”命令，弹出“页面设置”对话框，在该对话框中可以对页面、页边距、页眉/页脚和工作表进行设置。

（1）“页面”。打开“页面设置”对话框中的“页面”选项卡，如图 8-8 所示。可以调整打印方向为“纵向”或“横向”，调整打印的缩放比例、设置纸张大小等。

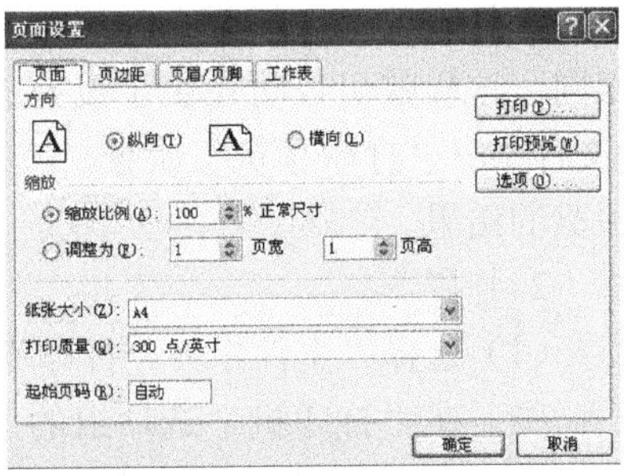

图 8-8 “页面”选项卡

（2）页边距。打开“页边距”选项卡，如图 8-9 所示。分别在“上”、“下”、“左”、“右”编辑框中设置页边距。在“页眉”、“页脚”编辑框中设置页眉、页脚的位置；在“居中方式”中可选择“水平居中”和“垂直居中”两种方式。

（3）“页眉/页脚”。打开“页眉/页脚”选项卡，如图 8-10 所示。单击“自定义页眉”或“自定义页脚”按钮进入下一个对话框，进行自定义的页眉、页脚的编辑，如图 8-11 所示。

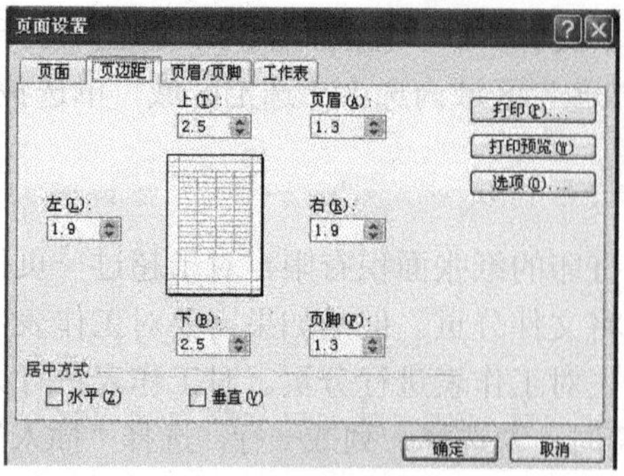

图 8-9　“页边距”选项卡

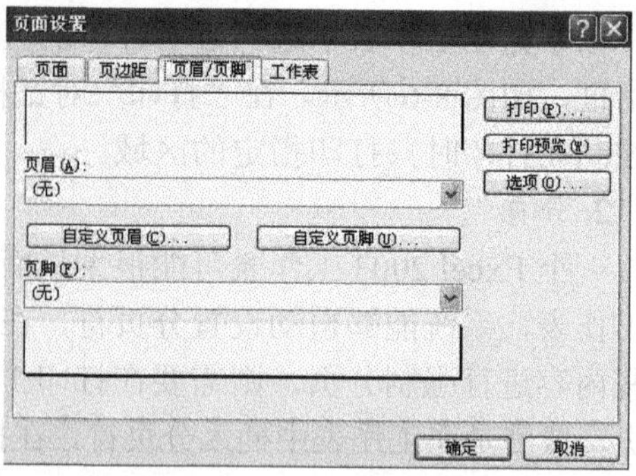

图 8-10　“页眉/页脚”选项卡

（4）工作表。打开“工作表”选项卡，如图 8-12 所示。如果要打印某个区域，则可在“打印区域”文本框中输入要打印的区域。如果打印的内容要打印在两张纸上，且要求在第二页上有与第一页相同的行标题和列标题，则在“打印标题”区的“顶端标题行”、“左端标题列”中指定标题行和标题列的行与列，还可以指定打印顺序等。

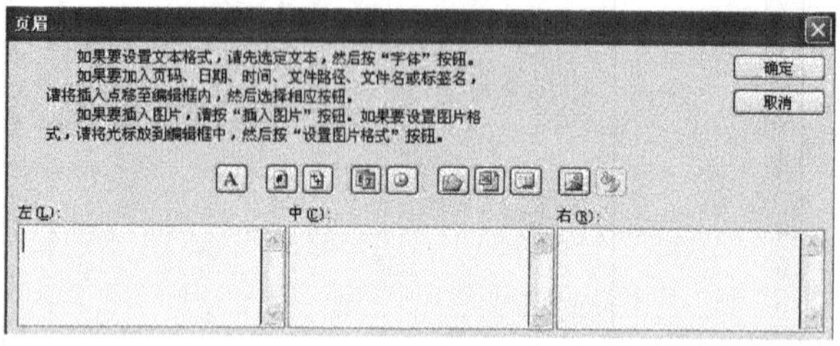

图 8-11　“页眉”对话框

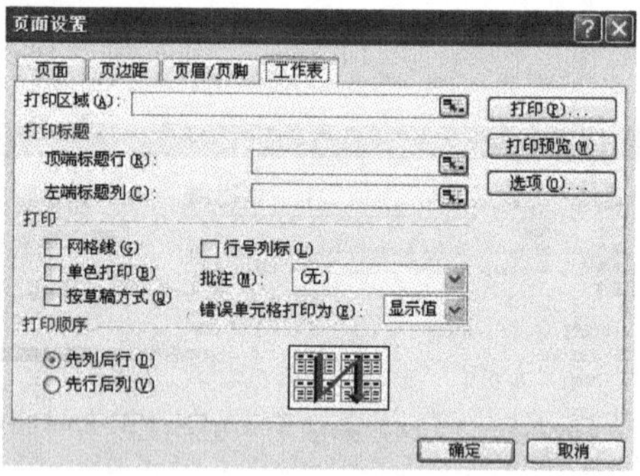

图 8-12　“工作表”选项卡

8.1.4.2　预览与打印

1. 打印预览

在打印前，一般都会先进行预览，因为打印预览看到的内容和打印到纸张上的结果完全相同，这样就可以防止由于没有设置好报表的外观使打印的报表不合要求而造成浪费。选择“文件”→“打印预览”命令，或直接单击工具栏中的“打印预览”按钮，屏幕就会显示打印预览的结果。

2. 打印

（1）选择“文件”→“打印”命令，或单击“打印”按钮，屏幕会显示“打印”对话框。

（2）在“打印机”选项组的“名称”框中选择本机或网络上的打印机。

（3）在“范围”选项组中选择“全部”，打印整张工作表。

（4）在“页”中设定需要打印的页的页码。

（5）在“份数”选项组中选择打印的份数。

（6）在“打印”选项组中选择“选定区域”、“选定工作表”或“整个工作簿”。

（7）单击“打印”按钮，开始打印。

8.2 数据处理操作

Excel 2003 有十分强大的数据处理功能，包括数据的输入、数据分析和管理、创建图表、数据透视表、数据保护。

8.2.1　输入数据

在 Excel 2003 中，单元格中可以保存的数据类型有数值型、文本型、日期时间型和逻辑型。

8.2.1.1　手工输入

1. 输入数值

数值包括整数、小数、分数、科学计数法的数值等。单元格中的数值输入完毕后，可按 Enter 键确认、选择其他单元格确认或单击编辑栏确认。输入到单元格中的数值自动右对齐。

（1）输入整数。当建立新的工作表时，所有单元格都采用默认的通用数字格式。通用格式一般采用整数（如 12 345）、小数（如 1234.56）格式。而当数字的长度超过单元格的宽度时，Excel 将自动使用科学记数法来表示输入的数字。如输入 123 456 789 000 时，Excel 会在单元格中用 1.234 57E+11 科学记数法来显示数字，如图 8-13 所示。数字可以是包括数字字符（0～9）和特殊字符中的任意字符。在输入数字时，可参照下面的规则。

1）可以在数字中包括逗号，如 12，345，789。

2）数值项目中的单个句点作为小数点处理。

3）在数字前输入的正号被忽略。

4）在负数前加上一个减号或者用圆括号括起来。

（2）输入小数。依次输入正负号、整数部分、小数点和小数部分即可。

（3）输入分数。输入分数时，先输入正负号（正号可省略），再依次输入 0、空格、分子、分数线“/”及分母，如图 8-14 所示，否则会变成日期 7 月 3 日。

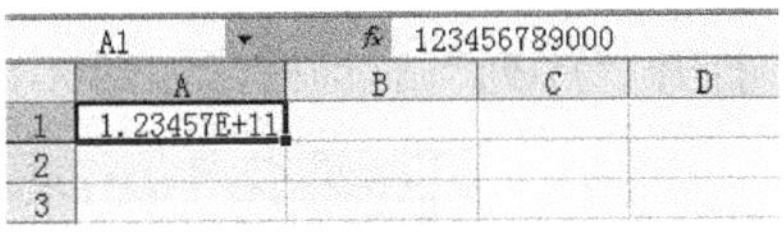

图 8-13　科学记数法显示 123456789000

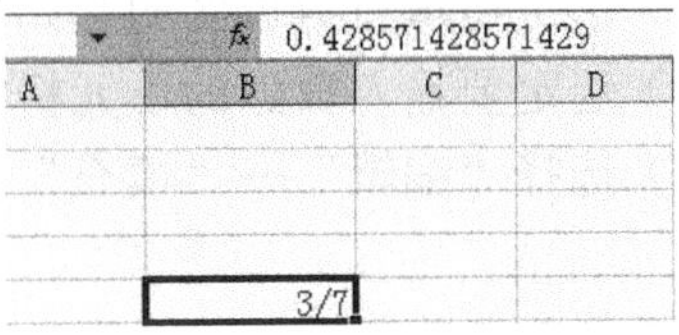

图 8-14　输入分数

（4）科学记数法的输入。科学记数法由尾数部分、字母 e（或 E）及指数部分组成。如 3.141e-6。

2. 输入文本

文字是由字符组成的。但像电话号码、邮政编码等虽然是由数字组成，如 07312841011、410001，要作为文字来看待，称之为数字字符。其输入方法为先输入英文的单引号“' ”，再依次输入各字符。也可先输入等号“=”，再在数字前后加上双引号。如=“07312841011”。输入到单元格中的文本型数据自动左对齐。

3. 输入日期和时间

（1）输入日期。用左斜杠或减号分隔日期的年、月、日部分。如可以输入 2007/7/7 或 2007-7-7。

（2）输入时间。如果按12小时制输入时间，应在时间数字后空一格，并输入字母a（上午）或p（下午）。如11:00 p。如果只输入时间数字，Microsoft Excel将按AM（上午）处理。

4. 输入逻辑型常数

逻辑型常数有两个：TRUE和FALSE。将常数直接输入单元格即可。若想在许多单元格中输入相同的数据，如图8-15所示。先把这些单元格选中，再在其中任一单元格中输入数据，然后按Ctrl+Enter键即可。

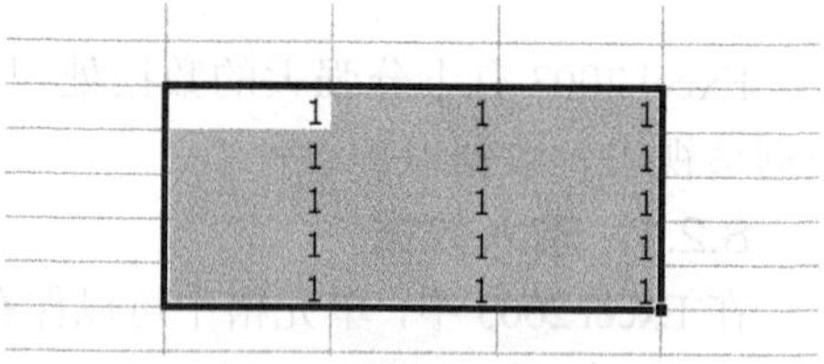

图8-15　输入相同的数据

8.2.1.2　自动填充

如果要在连续的单元格中填充一个数据序列，如一、二、三……等，使用自动填充功能则要方便得多。

1. 拖动填充序列

（1）选定待填充数据区的起始单元格，然后输入序列的初始值。

（2）如果要让序列按给定的步长增长，再选定下一单元格，在其中输入序列的第2个数值。头两个单元格中数值的差额将决定该序列的增长步长。

（3）选定包含初始值的单元格。

（4）按Ctrl键并拖动填充柄（所选区域的右下角，如图8-16所示）经过待填充区域。

（5）如果要按升序排列，应从上向下或从左到右填充；如果要按降序排列，应从下向上或从右到左填充。

例如，在单元格C1（A列和1行的交叉为A1单元格）中输入1，在单元格C2中输入2，选中C1和C2单元格，拖动填充柄到C5，则C1～C5区域填充数据序列1～5，如图8-17所示。

2. 使用“序列”对话框填充序列

（1）选定待填充数据区的起始单元格，然后输入序列的初始值。

（2）选定要输入数据的单元格区域。

（3）选择“编辑”→“填充”→“序列”命令，打开“序列”对话框，如图8-18所示。

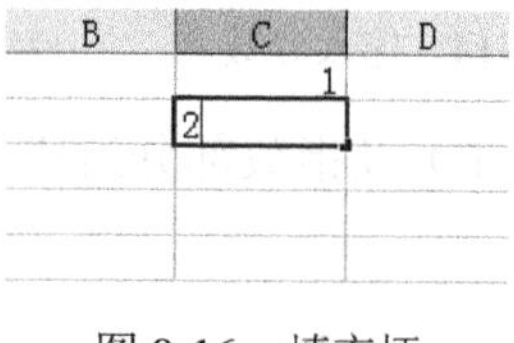

图8-16　填充柄

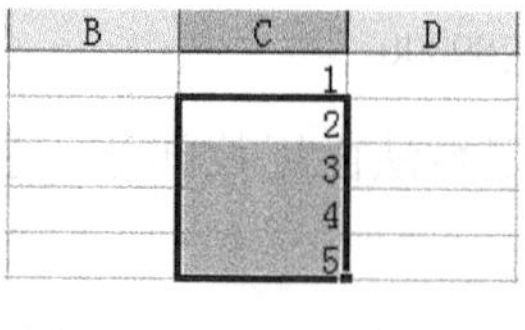

图8-17　自动填充序列

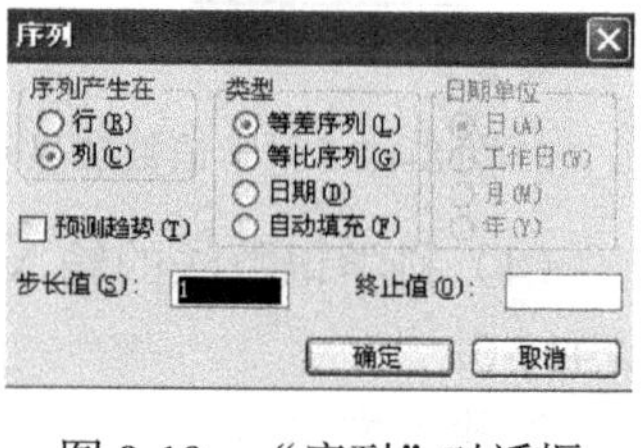

图8-18　“序列”对话框

（4）在“序列产生在”中选择按行或按列方向填充。

（5）在“类型”中选择序列类型。

（6）如果有必要，调整步长值和终止值。

（7）单击“确定”按钮。

3. 自定义序列

（1）选择“工具”→“选项”命令，在打开的“选项”对话框中打开“自定义序列”选项卡，如图 8-19 所示。

（2）单击“添加”按钮，在“输入序列”中输入数据序列。也可单击“导入”按钮，从工作表的单元格区域中导入数据序列。

（3）单击“确定”按钮。

8.2.1.3　检验数据有效性

设置数据有效性可以将数据限制为特定的类型，限制数据的取值范围，选定单元格时的输入信息、出错信息等。其设置方法如下。

（1）选定希望修改其数据有效性范围或相关提示信息的单元格或单元格区域。

（2）选择“数据”→“有效性”命令，打开“数据有效性”对话框，如图 8-20 所示。

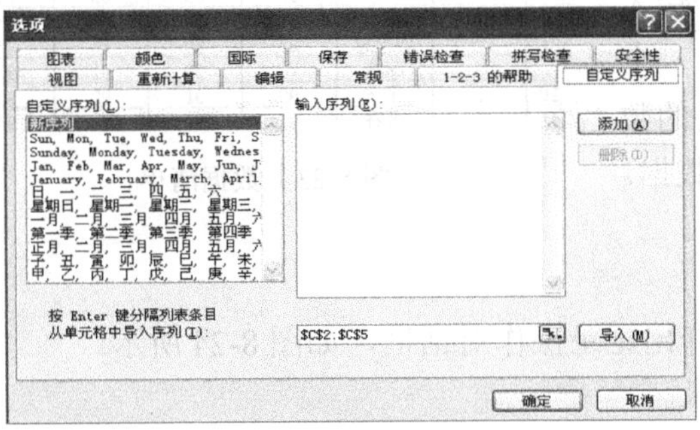

图 8-19　“自定义序列”选项卡

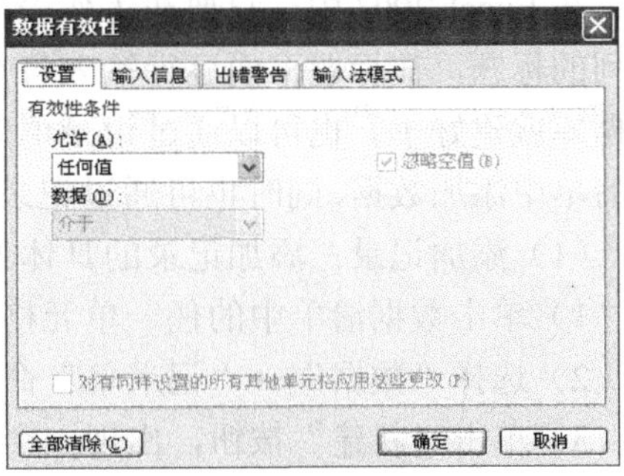

图 8-20　“数据有效性”对话框

（3）在“设置”选项卡中，设置允许的数据类型及范围；在“输入信息”选项卡中，设置选定有效性区域内输入数据时出现的提示信息，如图 8-21 所示。

在“出错警告”选项卡中，设置在有效性区域内输入无效数据时的出错警告，如图 8-22 所示。如果希望阻止无效数据的输入，选择“样式”为“停止”。

（4）单击“确定”按钮。

（5）单击对话框中的“全部清除”按钮，则可删除数据有效性设置。

当正在向具有限制范围和信息的单元格输入数据或工作簿被共享时，不能对限制范围和信息进行修改。

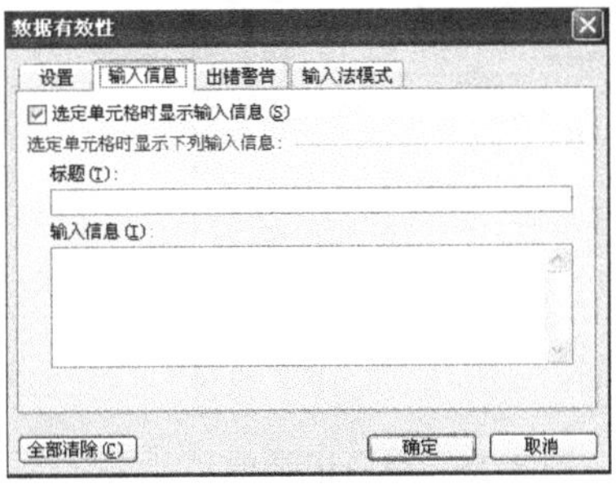

图 8-21　“输入信息”选项卡

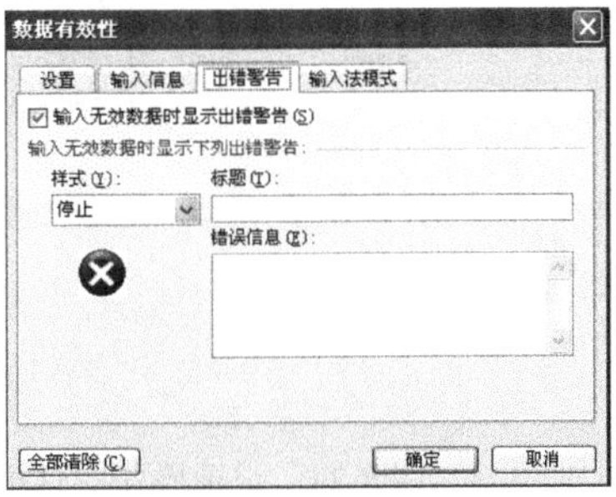

图 8-22　“出错警告”选项卡

8.2.2　分析和管理数据

在 Excel 2003 中，数据的分析和管理包括：建立数据清单、对数据进行排序或筛选、使用数据透视表等。

8.2.2.1　建立数据清单

1. 将数据清单用做数据库

在 Microsoft Excel 中，如果工作表中的数据具有数据库的特点，则称为数据清单，可当做数据库使用，执行诸如查询、排序或汇总数据等操作。数据清单中的列是数据库中的字段；数据清单中的列标志是数据库中的字段名称；数据清单中的每一行对应数据库中的一个记录。

2. 创建数据清单

数据清单图如图 8-23 所示，工作表中的内容就是一个数据清单，总共有 11 行 6 列，其中第一行为列标（字段名），因此有 6 个字段 10 条记录。

	A	B	C	D	E	F
1	学号	姓名	语文	数学	英语	计算机
2	1	吴忠	85	78	87	85
3	2	杨洋	85	83	81	78
4	3	谭欢	74	78	91	90
5	4	李超	93	94	80	87
6	5	何彬	92	89	83	76
7	6	肖珍	81	80	84	86
8	7	刘思思	83	80	76	87
9	8	陈洁	78	90	91	92
10	9	唐波	90	91	92	93
11	10	曾辉	91	92	93	94

图 8-23　数据清单

在 Excel 2003 中，只要在工作表的某一行输入每列的标题，在标题下面逐行输入每个记录，一个数据库就建好了。也可以通过记录单向已定义的数据清单中添加数据，同时也可通过记录单查找数据。

（1）添加记录。添加记录的具体方法如下。

1）单击数据清单中的任一单元格。

2）选择“数据”→“记录单”命令后，弹出记录操作对话框，如图 8-24 所示。

3）单击“新建”按钮，出现一个空白记录。

4）输入新记录数据。

5）输入完毕后，按 Enter 键，单击“关闭”按钮完成新记录的添加并关闭记录单。

（2）删除记录。在记录操作对话框中单击“删除”按钮，即可完成删除。

（3）查找记录。如果要查找记录，可在记录操作对话框中单击“条件”按钮，出现空白记录单，如图 8-25 所示。通过在该记录单中输入要查询的字段值（如“姓名”中输入“肖珍”），再单击“记录单”按钮，就显示出查询结果。

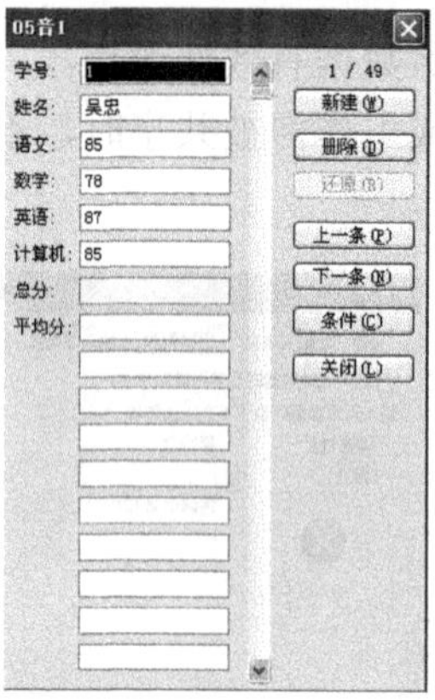

图 8-24　记录操作对话框

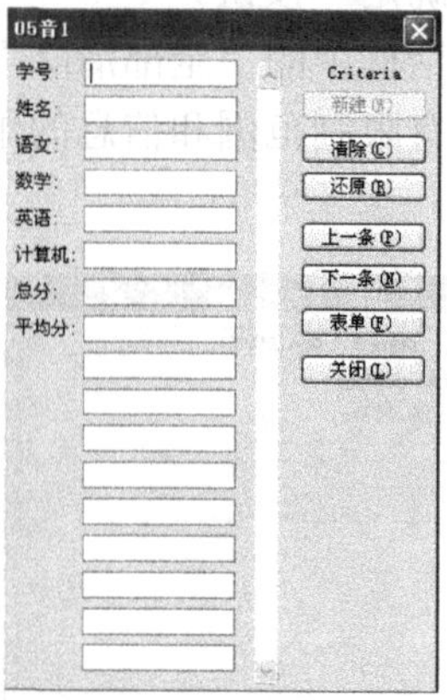

图 8-25　空白记录单

每张工作表中仅使用一个数据清单，一列中的数据类型是同一种。

8.2.2.2　数据排序

重新安排数据清单中行的顺序称为排序。若要对如图 8-23 所示的数据清单按数学成绩从高到低进行排序，操作方法如下。

（1）选择数据清单内的任一单元格，选择“数据”→“排序”命令，显示“排序”对话框，如图 8-26 所示。

（2）在“排序”对话框的“主要关键字”下拉列表框中选择“列 D”，再选中右侧的“降序”单选按钮。

（3）单击“确定”按钮，完成排序。

对次要关键字字段做同样的工作。如果还想通过第三关键字字段排序，可指定第三关键字。多字段排序时，当主要关键字的值相同时，次要关键字才发挥作用，依次类推。

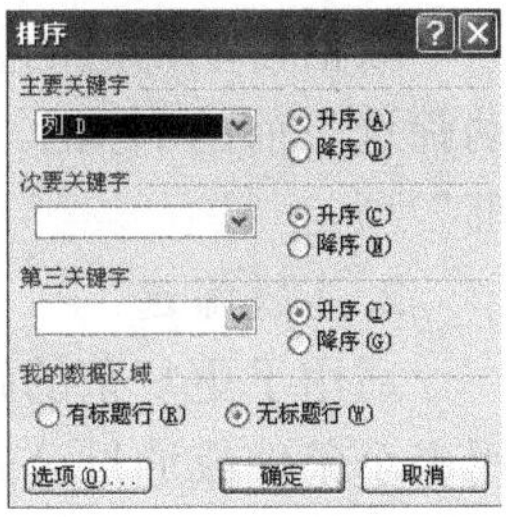

图 8-26 “排序”对话框

8.2.2.3 数据筛选

筛选数据就是隐藏所有除了符合用户指定条件之外的行。常用方法有以下两种。

1. 自动筛选

适用于简单的筛选条件。要在如图 8-27 所示的成绩单中筛选出平均分大于或等于 83.25，而且小于等于 91.5 的数据行，操作步骤如下。

	A	B	C	D	E	F	G	H
1	学号	姓名	语文	数学	英语	计算机	总分	平均分
2	1	吴忠	85	78	87	85	335	83.75
3	2	杨洋	85	83	81	78	327	81.75
4	3	谭欢	74	78	91	90	333	83.25
5	4	李超	93	94	80	87	354	88.5
6	5	何彬	92	89	83	76	340	85
7	6	肖珍	81	80	84	86	331	82.75
8	7	刘思思	83	80	76	87	326	81.5
9	8	陈洁	78	90	91	92	351	87.75
10	9	唐波	90	91	92	93	366	91.5
11	10	曾辉	91	92	93	94	370	92.5

图 8-27 成绩单

（1）选中单元格区域 H2:H11，选择“数据”→“筛选”→“自动筛选”命令，工作表变为如图 8-28 所示的样式。H2 单元格右侧出现一个下拉箭头。

	A	B	C	D	E	F	G	H
1	学号	姓名	语文	数学	英语	计算机	总分	平均分
2	1	吴忠	85	78	87	85	335	83.75
3	2	杨洋	85	83	81	78	327	81.75
4	3	谭欢	74	78	91	90	333	83.25
5	4	李超	93	94	80	87	354	88.5
6	5	何彬	92	89	83	76	340	85
7	6	肖珍	81	80	84	86	331	82.75
8	7	刘思思	83	80	76	87	326	81.5
9	8	陈洁	78	90	91	92	351	87.75
10	9	唐波	90	91	92	93	366	91.5
11	10	曾辉	91	92	93	94	370	92.5

图 8-28 H2 右侧有一个下拉箭头

（2）单击 H2 单元格右侧的下拉箭头，从列表框中选择“自定义”项，打开如图 8-29 所示的对话框。在其中设置要求的筛选条件，单击“确定”按钮，筛选结果如图 8-30 所示。

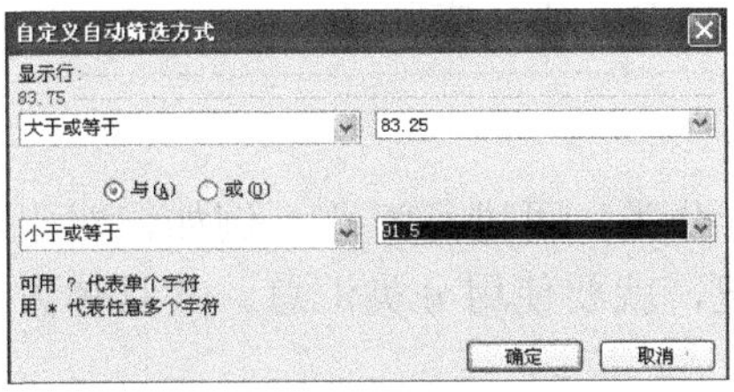

图 8-29 输入筛选条件

	A	B	C	D	E	F	G	H
1	学号	姓名	语文	数学	英语	计算机	总分	平均分
2	1	吴忠	85	78	87	85	335	83.75
4	3	谭欢	74	78	91	90	333	83.25
5	4	李超	93	94	80	87	354	88.5
6	5	何彬	92	89	83	76	340	85
9	8	陈洁	78	90	91	92	351	87.75
10	9	唐波	90	91	92	93	366	91.5

图 8-30 筛选结果

取消自动筛选的方法是：单击菜单“数据”→“筛选”→“自动筛选”命令，取消“自动筛选”前的√标记。恢复所有的数据的方法是：单击筛选字段右侧的下拉箭头，选择“全部”项。

2. 高级筛选

适用于更复杂的筛选。可以使用“高级筛选”命令对单个列应用单个条件、对多个列应用多个条件或通过公式创建条件。要更改筛选数据的方式，可更改条件，并再次筛选数据。例如，使用“高级筛选”命令在如图 8-27 所示的成绩单中筛选出计算机成绩大于 85 分的数据行，操作步骤如下。

（1）在第 1 行上插入两行空行，在 F1 和 F2 单元格中输入“计算机”和>80（不要输入引号），如图 8-31 所示。

	A	B	C	D	E	F	G	H
1						计算机		
2						>80		
3	学号	姓名	语文	数学	英语	计算机	总分	平均分
4	1	吴忠	85	78	87	85	335	83.75
5	2	杨洋	85	83	81	78	327	81.75
6	3	谭欢	74	78	91	90	333	83.25
7	4	李超	93	94	80	87	354	88.5
8	5	何彬	92	89	83	76	340	85
9	6	肖珍	81	80	84	86	331	82.75
10	7	刘思思	83	80	76	87	326	81.5
11	8	陈洁	78	90	91	92	351	87.75
12	9	唐波	90	91	92	93	366	91.5
13	10	曾辉	91	92	93	94	370	92.5

图 8-31 输入高级筛选的条件

（2）选定数据区域，选择“数据”→“筛选”→“高级筛选”命令，打开如图 8-32 所示的“高级筛选”对话框。

（3）在“高级筛选”对话框的“数据区域”中输入 F3:F13，在“条件区域”中输入 F1:F2（也可以使用按钮选择区域），单击“确定”按钮，筛选结果如图 8-33 所示。

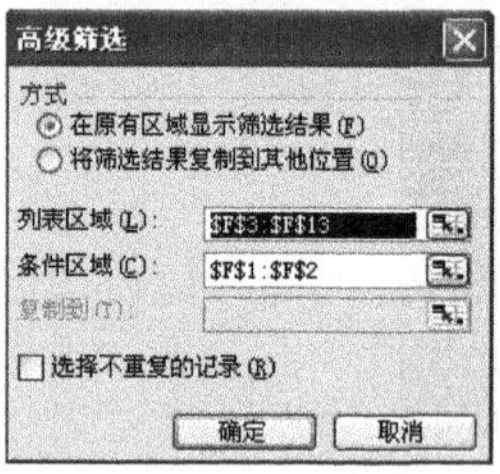

图 8-32 “高级筛选”对话框

	A	B	C	D	E	F	G	H
1						计算机		
2						>80		
3	学号	姓名	语文	数学	英语	计算机	总分	平均分
4	1	吴忠	85	78	87	85	335	83.75
6	3	谭欢	74	78	91	90	333	83.25
7	4	李超	93	94	80	87	354	88.5
9	6	肖珍	81	80	84	86	331	82.75
10	7	刘思思	83	80	76	87	326	81.5
11	8	陈洁	78	90	91	92	351	87.75
12	9	唐波	90	91	92	93	366	91.5
13	10	曾辉	91	92	93	94	370	92.5

图 8-33 高级筛选结果

提示

选择“数据”→“筛选”→“全部显示”命令，则显示出所有记录。

8.2.2.4 分类汇总

分类汇总就是根据数据清单中某个字段的值先进行分类，再进行汇总。例如，对于如图 8-34 所示的工作表，要分别汇总各种书籍的销售情况，就要使用分类汇总。其具体方法如下。

（1）将如图 8-34 所示的数据清单按分类字段“书名”进行排序（升序或降序皆可）。

（2）选中数据清单中的任一单元格，选择“数据”→“分类汇总”命令，打开“分类汇总”对话框。

（3）在“分类汇总”对话框中，在“分类字段”下拉列表框中选择“书名”，在“汇总方式”下拉列表框中选择“求和”，在“选定汇总项”列表框中选中“金额”和“数量”复选框，单击“确定”按钮，结果如图 8-35 所示。

若要取消分类汇总，单击“分类汇总”对话框中的“全部删除”按钮即可。

	A	B	C	D
1	书名	单价	数量	金额
2	双城记	18.5	1	18.5
3	复活	14	1	14
4	双城记	18.5	2	37
5	复活	14	8	112
6	乱世佳人	27.3	2	54.6
7	复活	18.5	1	18.5

图 8-34　数据清单

	A	B	C	D	E
1	书名	单价	数量	金额	
2	复活	14	1	14	
3	复活	14	8	112	
4	复活	18.5	1	18.5	
5	**复活 汇总**		10	144.5	
6	乱世佳人	27.3	2	54.6	
7	**乱世佳人 汇总**		2	54.6	
8	双城记	18.5	1	18.5	
9	双城记	18.5	2	37	
10	**双城记 汇总**		3	55.5	
11	**总计**		15	254.6	

图 8-35　分类汇总的结果

8.2.2.5　数据的审核

在 Excel 中，引用单元格指那些给其他单元格提供数据的单元格。如图 8-36 所示，单元格 G2 等于 C2、D2、E2、F2 的和，则 C2、D2、E2、F2 就是 E2 的引用单元格。

	A	B	C	D	E	F	G	H
1	学号	姓名	语文	数学	英语	计算机	总分	平均分
2	1	吴忠	85	78	87	85	335	83.75
3	2	杨洋	85	83	81	78	327	81.75
4	3	谭欢	74	78	91	90	333	83.25
5	4	李超	93	94	80	87	354	88.5
6	5	何彬	92	89	83	76	340	85
7	6	肖珍	81	80	84	86	331	82.75

图 8-36　公式的引用

选择“工具”→“公式审核”→“显示‘公式审核’工具栏”命令，打开“公式审核”工具栏，如图 8-37 所示。

图 8-37　“公式审核”工具栏

单击工作表中的一个公式所在的单元格，然后从审核工具栏中选择“追踪引用单元格”，会显示一些蓝色的箭头从引用单元格上指到此公式，如图 8-38 所示。

	A	B	C	D	E	F	G	H
1	学号	姓名	语文	数学	英语	计算机	总分	平均分
2	1	吴忠	85	78	87	85	335	83.75
3	2	杨洋	85	83	81	78	327	81.75
4	3	谭欢	74	78	91	90	333	83.25
5	4	李超	93	94	80	87	354	88.5
6	5	何彬	92	89	83	76	340	85
7	6	肖珍	81	80	84	86	331	82.75

图 8-38　追踪引用单元格

在分析完单元格的内容后，单击审核工具栏中的“取消所有追踪箭头”按钮可移去所有的蓝色箭头。单击审核工具栏右上角的“关闭”按钮可以关闭此工具栏。

8.2.3 创建图表

图表是工作表数据的图形表示方法，依据选定的工作表单元格区域内的数据按照一定的数据系列而生成的。与工作表相比，图表能更加形象，直观地反映出数据的对比关系及趋势。

8.2.3.1 图表的类型

Excel 2003 提供了多种图表功能，方便绘制不同的图表。

（1）柱形图。便于一个或多个数据系列中的值的比较。

（2）条形图。便于比较不同种类数据。

（3）折线图。便于反映一定的时间段内数据的变化趋势。

（4）饼图。便于显示整个部分及每部分在整体中所占的比例。

（5）XY 散点图。便于表示两组数值之间的关系，一个在 *X* 轴上，一个在 *Y* 轴上。

（6）面积图。便于表示精确的趋势变化。面积图主要显示部分和整体的关系。

（7）圆环图。便于显示每个数据组中部分与整体的关系。类似于一组饼图。

（8）雷达图。便于表示每个数据从中心位置向外延伸的多少，并与其他数据比较。

（9）曲面图。便于显示三轴和三组独立数据之间的相互关系。

（10）气泡图。便于强调图表数据类型的相对重要性。是一种特殊的 *XY* 散点图，除了有 *X* 和 *Y* 坐标轴外，还有一个气泡大小的参数。

（11）股价图。便于标示股票的价格走势。有股票成交量、开盘、盘高、盘低及收盘等信息。

（12）圆柱、圆锥、棱锥图。便于比较各个种类的数据。

8.2.3.2 创建图表

当修改工作表数据时，图表会随之更新。使用“图表向导”创建图表的步骤如下。

（1）选择图表类型。

（2）选定图表适用的数据区域，确定数据系列以行或是列的形式产生。

（3）设置图表的标题、图例、网格线及数据标志等。

（4）指定图表的放置位置。

例如，以如图 8-39 所示的工作表为数据源，创建一个柱形图。其方法如下。

	A	B	C	D	E	F	G	H
1	学号	姓名	语文	数学	英语	计算机	总分	平均分
2	1	吴忠	85	78	87	85	335	83.75
3	2	杨洋	85	83	81	78	327	81.75
4	3	谭欢	74	78	91	90	333	83.25
5	4	李超	93	94	80	87	354	88.5
6	5	何彬	92	89	83	76	340	85

图 8-39 数据源表

（1）选择“插入”→“图表”命令，或单击工具栏中的“图表向导”按钮，启动图表向导。

（2）在“标准类型”选项卡中的“图表类型”栏中选择“柱形图”，在“子图表类型”区域中选择第一张图，如图 8-40 所示，然后单击“下一步”按钮，屏幕显示“图表向导—4 步骤之 2—图表数据源”对话框，如图 8-41 所示。

（3）用鼠标在工作表中选取数据区域A1：H6，选择“系列产生在”选项为“列”。然后单击“下一步”按钮，屏幕显示如图 8-42 所示的“图表向导—4 步骤之 3—图表选项”对话框。

图 8-40　选择图表类型

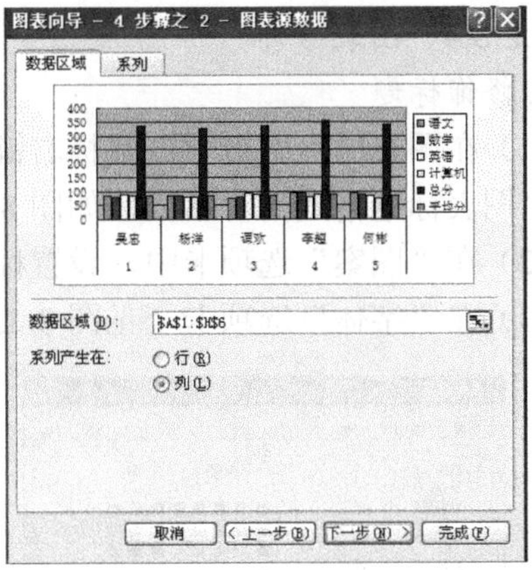

图 8-41　选定图表数据源

（4）在“标题”选项卡的“图表标题”文本框中输入该图表的标题为“考试成绩情况图”，“分类（*X*）轴”中输入“姓名”，“数值（*Y*）轴”中输入“成绩”。

（5）单击“下一步”按钮，屏幕会显示“图表向导—4 步骤之 4—图表位置”对话框，如图 8-43 所示。选定“作为其中的对象插入”，单击“完成”按钮。图表自动附加到工作表中。

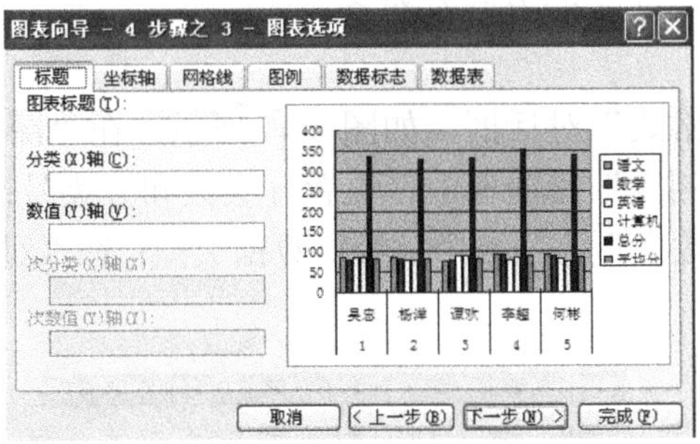

图 8-42　图表选项

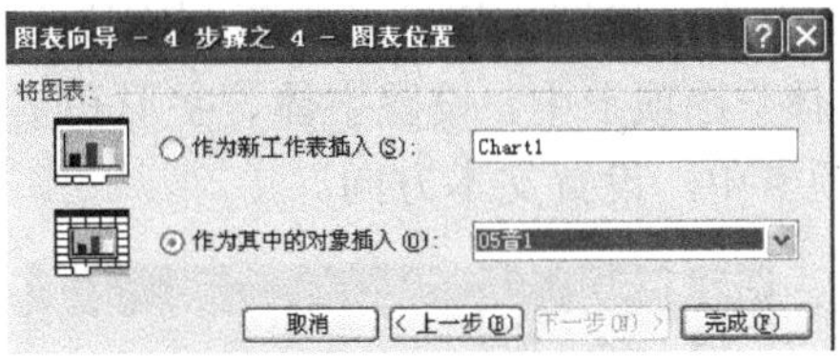

图 8-43　设置图表位置

8.2.3.3　编辑图表

1. 修改图表类型

单击选定图表，再在图表上单击鼠标右键，打开快捷菜单，选择“图表类型”命令，打开选择图表类型对话框，在其中选择新的类型，单击“确定”按钮即可。

2. 更改数据源

（1）单击选定图表，再在图表上单击鼠标右键，打开快捷菜单，在快捷菜单中，选择“数据源”命令，打开选择图表数据源对话框。

（2）在“数据区域”选项卡中更改数据区域，在“系列”选项卡中增加或删除系列。

3. 修改图表选项

单击选定图表，再在图表上单击鼠标右键，打开快捷菜单，选择“图表选项”命令，打开图表选项对话框。在其中可以重新设置标题、坐标轴、网络线、数据标志等。

4. 修改图表位置

单击选定图表，再在图表上单击鼠标右键，打开快捷菜单，选择“位置”命令，打开图表位置对话框。在其中重新选择图表的位置，单击“确定”按钮。

8.2.3.4 图表修饰

1. 修饰标题

（1）在图表的标题上单击鼠标右键，在弹出的快捷菜单中选择“图表标题格式”命令，打开“图表标题格式”对话框，如图 8-44 所示。

（2）在“图案”选项卡中，设置标题的边框、颜色和填充效果。

（3）在“字体”选项卡（见图 8-45）中，设置字体、字形、字号和颜色等。

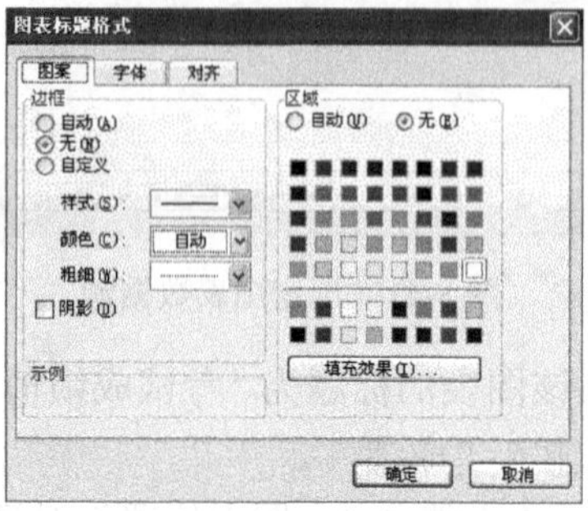

图 8-44 “图表标题格式”对话框

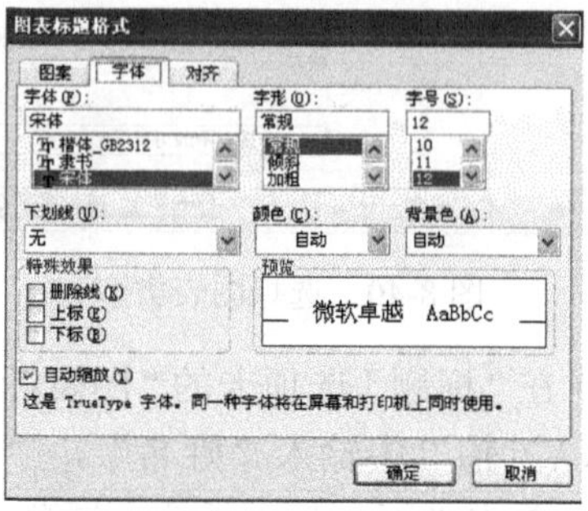

图 8-45 “字体”选项卡

（4）在“对齐”选项卡（见图 8-46）中，设置文字的方向及对齐方式。

2. 修饰坐标轴

双击图表中要修饰的坐标轴，打开“坐标轴格式”对话框，如图 8-47 所示。在“图案”选项卡中，设置坐标轴及主要刻度线类型；在“刻度”选项卡中，设置分类数和分类号；在“字体”选项卡中，设置字体、字形和字号；在“数字”选项卡中，设置数据类型；在“对齐”选项卡中，设置文本方向。

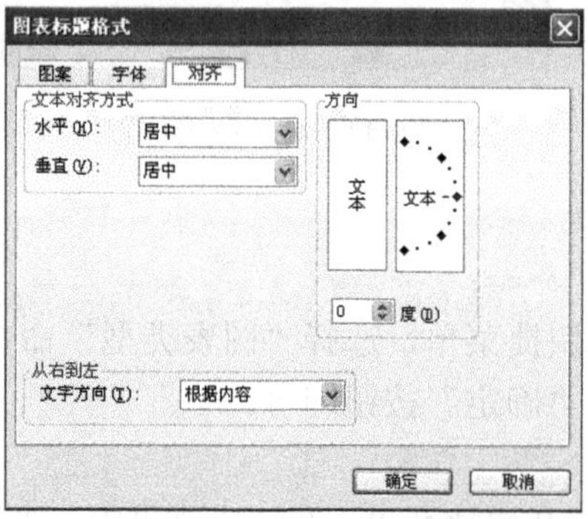

图 8-46 “对齐”选项卡

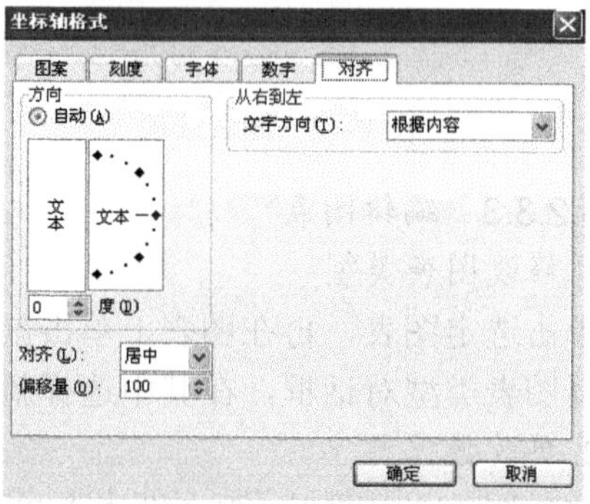

图 8-47 “坐标轴格式”对话框

3. 修饰图表区

单击选定图表，再在图表上单击鼠标右键，打开快捷菜单，选择“图表区格式”命令，打开“图表区格式”对话框，如图 8-48 所示，在其中可以设置图表区的边框、颜色、填充效果、字体等。

4. 修饰绘图区

双击图表中的绘图区（图形部分），打开如图 8-49 所示的“绘图区格式”对话框，在其中设置绘图区的边框和颜色。

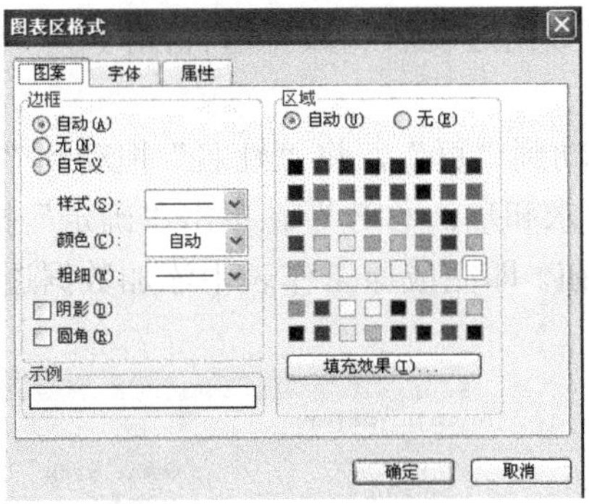

图 8-48　“图表区格式”对话框

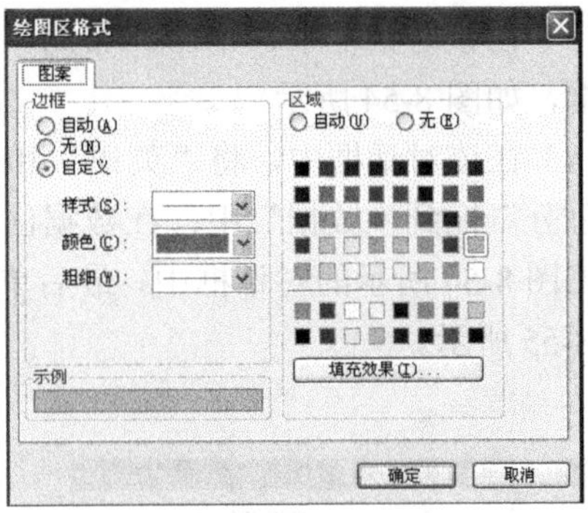

图 8-49　“绘图区格式”对话框

8.2.4　数据透视表

数据透视表可以对大量数据快速汇总和建立交叉列表。利用数据透视表能够查看源数据的不同汇总结果，筛选数据，还可以根据需要显示区域中的明细数据。

8.2.4.1　创建数据透视表

1. 创建数据透视表

使用如图 8-50 所示的数据源表中的数据，以“英语”和“计算机”为分页，以“姓名”为列字段，以“总分”为求和项，建立数据透视表。

（1）选择“数据”→“数据透视表和数据透视图”命令，弹出如图 8-51 所示的“数据透视表和数据透视图向导—3 步骤之 1”对话框。

	A	B	C	D	E	F	G	H
1	学号	姓名	语文	数学	英语	计算机	总分	平均分
2	1	吴忠	85	78	87	85	335	83.75
3	2	杨洋	85	83	81	78	327	81.75
4	3	谭欢	74	78	91	90	333	83.25
5	4	李超	93	94	80	87	354	88.5
6	5	何彬	92	89	83	76	340	85
7	6	肖珍	81	80	84	86	331	82.75
8	7	刘思思	83	80	76	87	326	81.5
9	8	陈浩	78	90	91	92	351	87.75
10	9	唐波	90	91	92	93	366	91.5
11	10	曾辉	91	92	93	94	370	92.5

图 8-50　数据源表

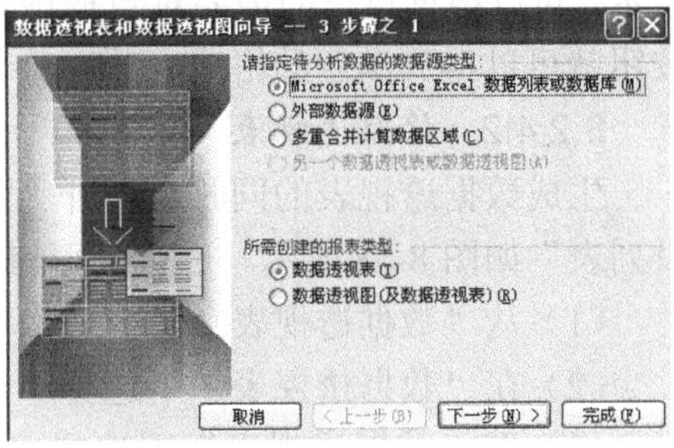

图 8-51　数据透视表向导步骤 1

使用的源数据是工作表中的数据，因此，选定“Microsoft Excel 数据列表或数据库”单选按钮，单击“下一步”按钮，弹出“数据透视表和数据透视图向导—3 步骤之 2”对话框，如图 8-52 所示。

（2）在“选定区域”中输入源数据所在的位置，单击“下一步”按钮，弹出“数据透视表和数据透视图向导—3 步骤之 3”对话框，如图 8-53 所示。

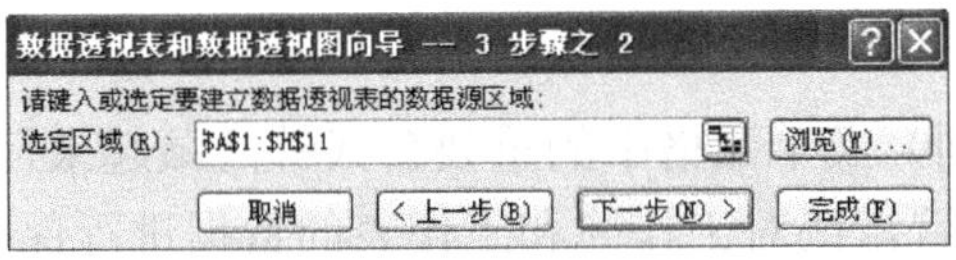

图 8-52　数据透视表向导步骤 2

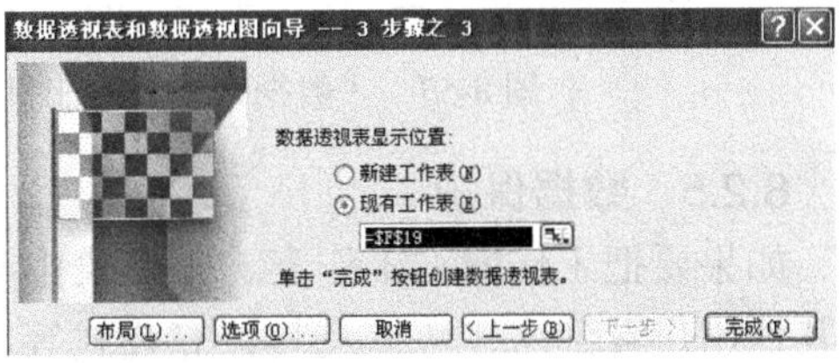

图 8-53　数据透视表向导步骤 3

（3）在该对话框中，单击“布局”按钮，弹出“数据透视表和数据透视图向导—布局”对话框，如图 8-54 所示。

（4）在该对话框中，将“英语”和“计算机”拖动到“页”，将“姓名”拖动到“列”，将“总分”拖到“数据”中，在数据区自动显示为“求和项：总分”。单击“确定”按钮返回到如图 8-54 所示的对话框中，最后单击“完成”按钮。即完成原工作表中添加数据透视表，如图 8-55 所示。

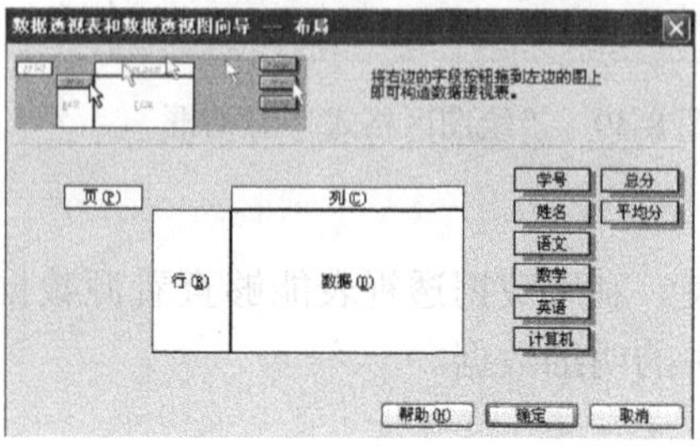

图 8-54 数据透视表的布局

英语	(全部)
计算机	(全部)
求和项:总分	
姓名	汇总
陈洁	351
何彬	340
李超	354
刘思思	326
谭欢	333
唐波	366
吴忠	335
肖珍	331
杨洋	327
曾辉	370
总计	3433

图 8-55 数据透视表

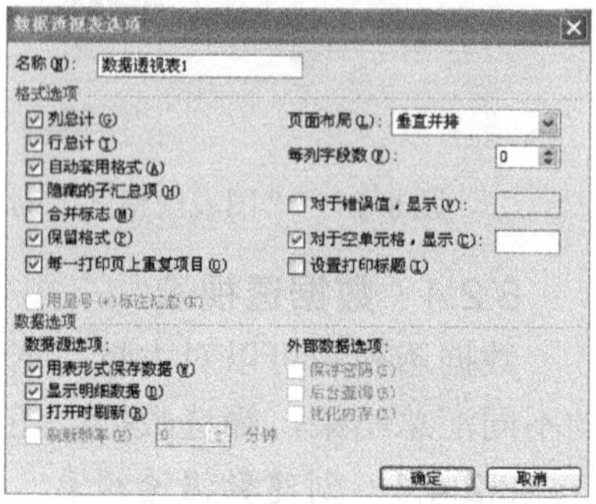

图 8-56 “数据透视表选项”对话框

2. 在数据透视表中设置格式

对数据透视表设置格式可以使数据透视表变得更加美观。其方法是：单击“数据透视表”工具栏中的“数据透视表”→“表选项”命令，弹出“数据透视表选项”对话框，如图 8-56 所示，可以根据自己的需要对数据透视表的格式进行设置。在完成各项设置后，单击“确定”按钮就可以得到满意的格式。

8.2.4.2 修改透视表

生成数据透视表的同时会打开“数据透视表”工具栏，如图 8-57 所示，“数据透视表字段列表”如图 8-58 所示。透视表可修改的选项如下。

（1）从“数据透视表字段列表”中将字段拖到页、行、列、数据区中，可修改字段。

（2）在“数据透视表”下选择“设置报告格式”项，可改变数据透视表格式。

（3）在“数据透视表”下选择“图表向导”项，可生成数据透视表的柱形图。

（4）如果数据源表中的数据发生改变，可选择“数据透视表”下的“刷新数据”项更新数据透视图。

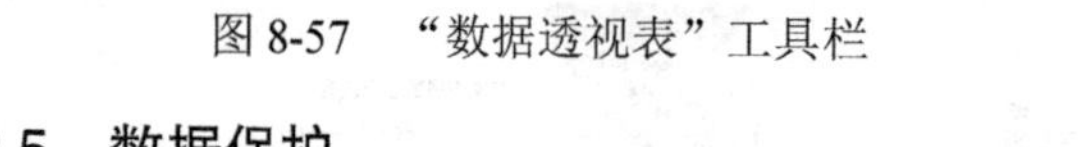

图 8-57 “数据透视表”工具栏

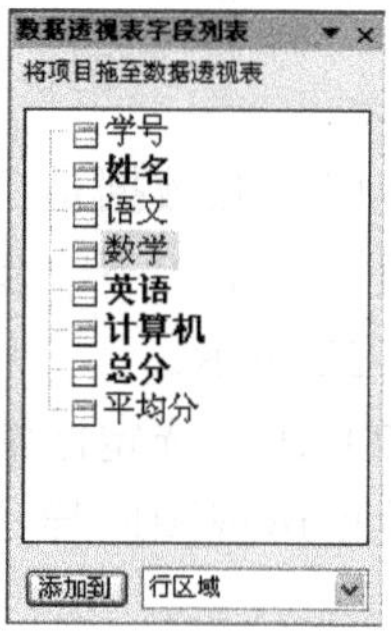

图 8-58 数据透视表字段列表

8.2.5 数据保护

如果要把工作簿、工作表、工作表中某行（列）及单元格中的重要公式等隐藏起来，不让其他用户看到这些数据及其计算公式等，可以设置密码对工作簿和工作表的数据进行保护，以禁止无关人员访问或防止别人非法修改。

工作簿的保护包括：保护工作簿，防止他人非法访问；禁止他人对工作簿中工作表或对工作簿窗口的非法操作。

1. 访问权限保护

为工作簿设置密码后，若要打开工作簿，必须输入正确的密码。

（1）限制打开工作簿。

1）选择“文件”→“另存为”命令，弹出“另存为”对话框，如图 8-59 所示。

2）输入要保护的文件名，选择保存位置。单击窗口顶部的“工具”按钮，然后选择“常规选项”，弹出“保存选项”对话框，如图 8-60 所示。

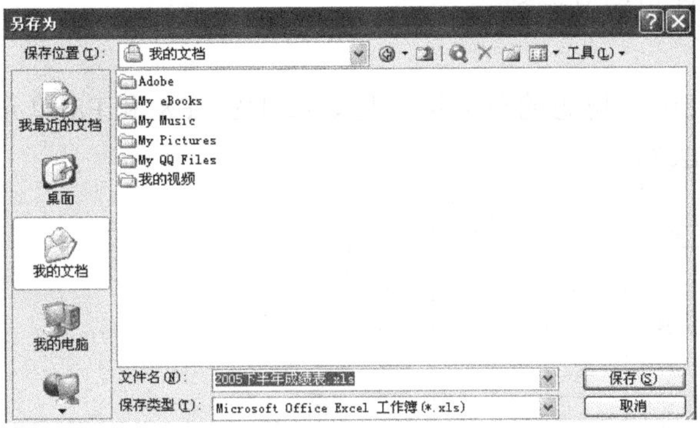

图 8-59 “另存为”对话框

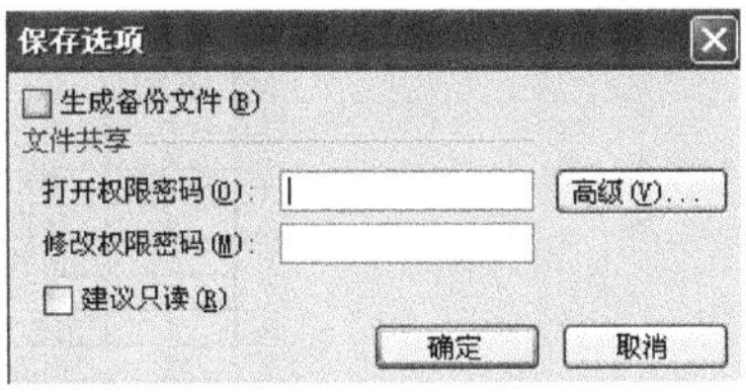

图 8-60 “保存选项”对话框

3）若需要设置打开权限密码，在“打开权限密码”文本框内输入密码。

4）单击“确定”按钮，保存密码。对话框将要求重新输入一次密码，重新输入一个或两个密码后，单击“确定”按钮，关闭“保存选项”对话框。

5）单击“保存”按钮，这时保存的文件将包含有自己的密码。

（2）限制修改工作簿。在“保存选项”对话框的“修改权限密码”文本框内输入密码。

（3）修改或取消密码。打开“保存选项”对话框，在“打开权限密码”或“修改权限密码”文本框中选定代表密码的符号。要修改密码，输入新的密码；如果要取消密码，则将密码删除，然后单击“确定”按钮。

2. 对工作簿的工作表和窗口的保护

对工作簿的工作表进行保护可以防止对工作表进行插入、删除、等操作；对工作簿窗口进行保护可以禁止对工作簿窗口的移动、缩放等操作，其具体方法如下。

（1）选择“工具”→“保护”→“保护工作簿”命令，打开“保护工作簿”对话框，如图 8-61 所示。

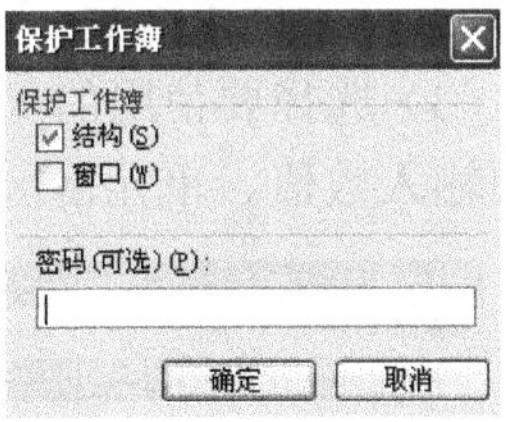

图 8-61 “保护工作簿”对话框

（2）选中“结构”复选框，表示保护工作簿的结构，工作簿中的工作表将不能被移动、删除或插入。

（3）选中“窗口”复选框，则每次打开工作簿时保持窗口的固定位置和大小，工作簿的窗口不能移动、缩放、隐藏、取消隐藏或关闭。

（4）输入密码，可防止他人取消对工作簿的保护。若要取消保护，选择“工具”→“保护”→“撤销工作簿保护”命令，输入密码后，单击“确定”按钮。

8.3　公式与函数的运用

公式和函数为用户分析与处理工作表中的数据提供了很大的方便。Excel 含有大量的函数，可以进行数学、文本、逻辑、在工作表内查找信息等计算工作。

8.3.1　函数的使用

在单元格中输入正确的公式或函数后，会立即在单元格中显示计算出来的结果。如果改变了工作表中与公式有关或作为函数参数的单元格里的数据，Excel 会自动更新计算结果。Excel 2003 除了系统提供的函数外，还允许自定义函数。

1. 在单元格中输入函数

例如，要计算如图 8-62 所示的工作表中刘思思的总成绩，将 C8、D8、E8 和 F8 单元格中的数据求和，结果放在 G8 单元格，方法如下。

	A	B	C	D	E	F	G	H
1	学号	姓名	语文	数学	英语	计算机	总分	平均分
2	1	吴忠	85	78	87	85	335	83.75
3	2	杨洋	85	83	81	78	327	81.75
4	3	谭欢	74	78	91	90	333	83.25
5	4	李超	93	94	80	87	354	88.5
6	5	何彬	92	89	83	76	340	85
7	6	肖珍	81	80	84	86	331	82.75
8	7	刘思思	83	80	76	87	326	81.5
9	8	陈洁	78	90	91	92	351	87.75
10	9	唐波	90	91	92	93	366	91.5
11	10	曾辉	91	92	93	94	370	92.5

图 8-62　输入函数

（1）选定 G8 单元格，在其中输入=SUM（C8:F8）。

（2）按 Enter 键或单击编辑栏中的按钮。

函数的一般格式为函数名（参数 1，参数 2，参数 3，…）。在活动单元格中用到函数时需以“=”开头，并指定函数计算时所需的参数。“：”是区域运算符，表示一个矩形区域。例如，C8:F8 表示 C8、D8、E8、F8 这 4 个单元格。

2. 粘贴函数

在 Excel 中插入函数的方法如下。

（1）选择“插入”→“函数”命令则打开“插入函数”对话框，如图 8-63 所示。

（2）在“插入函数”对话框中选择函数分类及函数名，如选择“常用函数”中的 AVERAGE。

（3）选择要使用的函数后，出现如图 8-64 所示的对话框，设置函数的参数。可以在参数框中输入数值、单元格区域或者在工作表中选择区域。最后单击“确定”按钮。

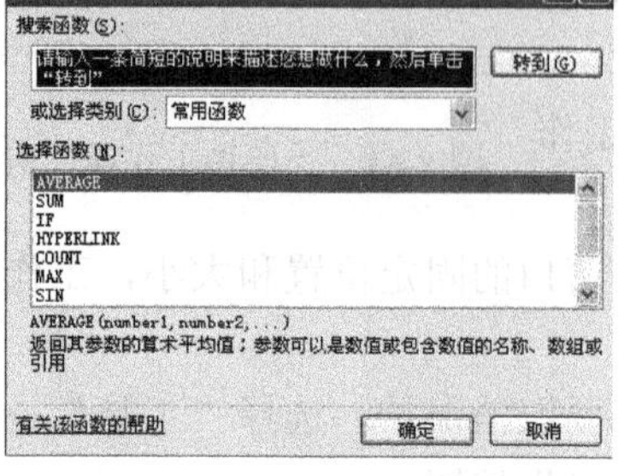

图 8-63　“粘贴函数”对话框

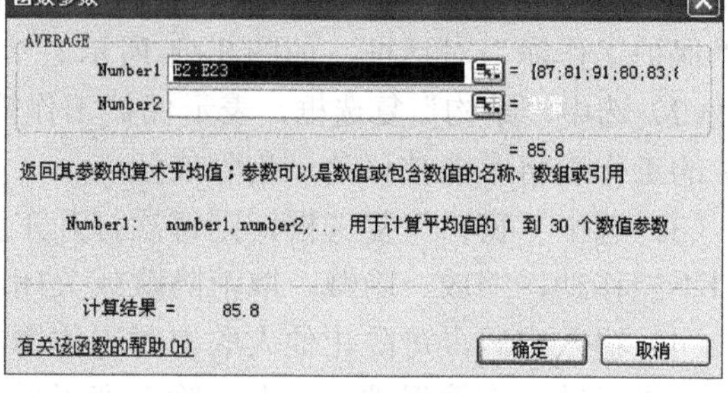

图 8-64　设置函数参数

8.3.2 常用函数

Excel 2003 提供的函数十分丰富，常用函数有以下几种。

（1）SUM（number1，number2，…）。计算单元格区域中所有数值的和。

（2）AVERAGE（number1，number2，…）。返回其参数的算术平均值。参数可以是数值或含有数值的名称、数组或引用。

（3）MAX（number1，number2，…）。返回一组数值中的最大值，忽略逻辑值及文本。

（4）COUNT（value1，value2，…）。计算包含数字的单元格及参数列表中的数字的个数。

（5）IF（logical_test，value_if_true，value_if_false）。判断一个条件是否满足，如果满足返回一个值，如果不满足则返回另一个值。

（6）HYPERLINK（link_location，friendly_name）。创建一个快捷方式或链接，以便打开一个存储在硬盘、网络服务器或 Internet 上的文档。

（7）SIN（number）。返回给定角度的正弦值。

（8）SUMIF（range，criteria，sum_range）。对满足条件的单元格求和。

（9）PMT（rate，nper，pv，fv，type）。计算在固定利率下，贷款的等额分期偿还额。

（10）STDEV（number1，number2，…）。估算基于给定样本的标准偏差。

8.3.3 输入公式

仅使用系统所提供的函数难以满足所有的需要完成，有些比较复杂的运算需使用公式。Excel 中的公式类似于数学公式。公式由操作数与运算符组成，操作数可以是单元格、区域、常数、数组、函数或其他公式。

如图 8-65 所示，要计算刘思思各门功课成绩，在 G8 单元格中输入=C8+D8+E8+F8，然后按 Enter 键。

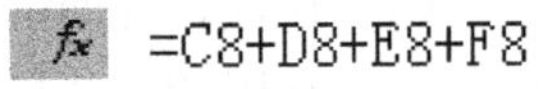

图 8-65 输入公式

8.3.4 相对引用与绝对引用

单元格引用是对工作表的一个或一组单元格进行标识，指定 Excel 公式使用哪些单元格的值。每个单元格在工作表中都有一个固定的地址，这个地址一般通过指定其坐标来实现。如在一个工作表中 B3 指定的单元格就是第 3 行与第 B 列交叉位置上的那个单元格，这个单元格的地址就可以表示为“B3”，这就是相对地址。绝对地址只需在行、列号前加上符号$，如$B$3。为了区分不同工作簿不同工作表中的单元格，要在地址前面增加工作簿工作表的名称，例如，[Book1] Sheet1!B3 指定的就是 Book1 工作簿中的 Sheet1 工作表中的 B3 单元格。

相对引用指向相对于公式所在单元格相应位置的单元格。相对引用使用的是相对地址。绝对引用指向工作表中固定的单元格，它的位置与包含公式的单元格位置无关。绝对引用使用的是绝对地址。混合引用包含一个相对引用和一个绝对引用。当含有公式的单元格因插入、复制等原因引起行、列引用的变化，公式中相对引用部分随公式位置的变化而变化。

以上三种引用方式可以相互转换，方法是在公式中选定引用单元格部分，按 F4 键进行转换。

8.4 快速迁移到 Excel 2010

Microsoft Office Excel 2010 的外观上看上去与 Excel 2003 有较大的差别，但基本功能差不多，Excel 2003 的菜单功能被功能区的可视化的按钮所代替。因此，熟悉 Excel 2003 的用户，也很容易学习 Excel 2010。

8.4.1 Excel 2010 操作界面

1. 操作界面介绍

Excel 2010 启动后的用户操作界面如图 8-66 所示。

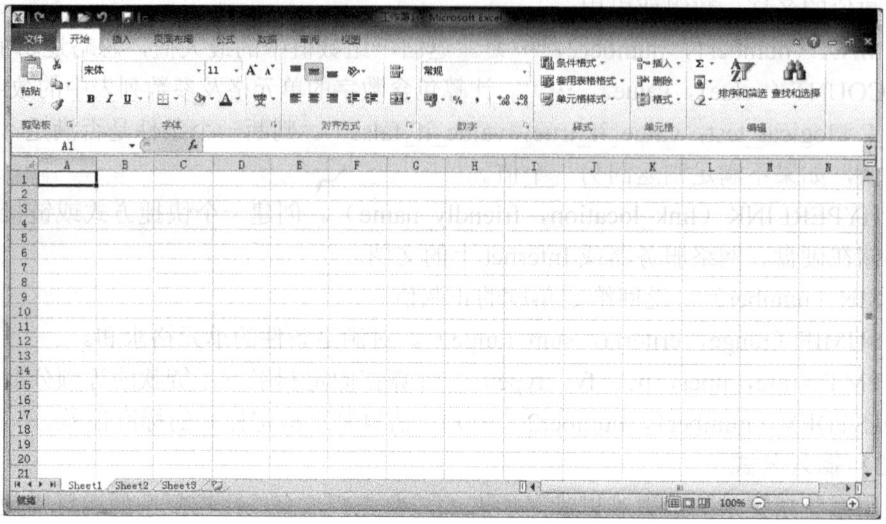

图 8-66 Excel 2010 用户操作界面

（1）在操作界面的最顶部是自定义快速访问工具栏，如图 8-67 所示。在这个工具栏中，要自定义常用的一些操作命令，如保存、新建、打开等。

（2）选项卡区，如图 8-68 所示，是数据表操作中的一些常用选项卡。

图 8-67 自定义快速访问工具栏

图 8-68 选项卡区

（3）隐藏功能区如图 8-69 所示。分别是隐藏功能区、系统帮助、最小化窗口、最大化窗口、关闭窗口操作命令。

（4）视图切换与缩放区如图 8-70 所示。可以在三种视图之间进行自由切换，可以改变视图的大小。

图 8-69 隐藏功能区

图 8-70 视图切换与缩放区

（5）功能区组如图 8-71 所示。每个功能区选项卡都包含组，每个组都包含一组相关命令。在此处，“开始”选项卡上的“数字”组包含于将数字显示为货币、百分比等形式的命令。右下角是的箭头是一个对话框的启动器。

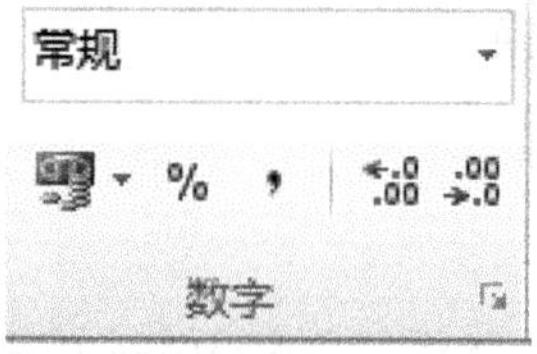

图 8-71 功能区组

2. 如何开始使用 Excel 2010

如果用户长期以来一直在使用 Microsoft Excel 2003，则对于在 Excel 2010 中的哪些地方可找到 Excel 2003 命令和工具栏按钮，肯定心存疑问。Excel 2010 提供许多免费资源来帮助用户学习 Excel 2010。在主程序窗口中单击"文件"选项卡，然后单击"帮助"项。在"支持"项下，单击"开始使用"项。在打开的网页上，单击指向某一项目的链接。当单击任何 Excel 2003 命令时，即可显示出该命令在 Excel 2010 中的准确位置。

3. 菜单和工具栏

在 Excel 2010 中，一个较宽的带形区域横跨主程序窗口顶部，这是功能区，它替代了旧版本中的菜单和工具栏。功能区上的每个选项卡都具有不同的按钮和命令，这些按钮和命令又细分为功能区组。当打开 Excel 2010 时，显示出功能区的"开始"选项卡。此选项卡包含许多在 Excel 中最常用的命令。注意最右端的命令，如位于"单元格"和"编辑"组中的命令。初次使用时，这些命令很容易被遗漏。在"单元格"组中，可找到用于插入、删除和格式化工作表、行和列的命令。在位于"单元格"组旁边的"编辑"组中，可找到"自动求和"按钮及用于填充和清除单元格的命令。功能区可调整其外观以适合计算机的屏幕大小和分辨率。在较小的屏幕上，一些功能区组可能只显示它们的组名，而不显示命令。在此情况下，只需单击组按钮上的小箭头，即可显示出命令。

8.4.2　Excel 2010 的特性

1. 昔日的命令可以在新版本的功能区上找到

在 Excel 2003 中，我们经常使用的一些命令，可以在 Excel 2010 中的相关功能区来找到。例如，在单元格、列和行中插入、删除、格式化或查找数据，相关命令在"数字"、"样式"、"单元格"和"编辑"功能组；添加数据透视表、Excel 表（以前称为列表）、图表、迷你图、超链接或页眉和页脚等相关命令集中在"表"、"图表"、"迷你图"、"链接"和"文本"功能区组；设置页边距和分页符，指定打印区域或重复行的相关命令在"页面设置"和"调整为合适大小"功能区组；查找函数、定义名称或解决公式问题的相关命令在"函数库"、"已定义名称"和"公式审核"功能区组；导入数据、连接到数据源、对数据排序、筛选数据、验证数据或执行模拟分析相关命令在"获取外部数据"、"连接"、"排序和筛选"和"数据工具"功能区组；检查拼写、审阅和修订或保护工作簿在"校对"、"批注"和"更改"功能区组；在工作表视图或活动工作簿之间切换、排列窗口、冻结窗格或录制宏在"工作簿视图"、"窗口"和"宏"功能区组等。

2. 打印预览

在 Excel 2010 中，"打印预览"不再显示在单独的窗口中。用户可在 Backstage 视图中查找它及其他与打印相关的有用设置。单击"文件"选项卡，然后单击"打印"项。窗口右侧将显示出当前工作表在打印时的外观预览结果。如果工作表为空，则不会出现预览图像。可使用窗口左侧来精确调整首选项。例如，进行设置以便所有工作表的列适合打印在一页上，或将方向从纵向更改为横向。如果要设置其他打印选项，则单击打印选项下的"页面设置"链接，或单击功能区上的"页面布局"选项卡以关闭 Backstage 视图并显示其他选项。

3. 创建自己的功能区选项卡或组

可自定义功能区命令，方法是将按钮放在希望它们出现的功能区组中，或者创建自定义的功能区选项卡。右键单击任何功能区组，然后单击"自定义功能区"项，在出现的"Excel 选项"对话框中，即可将命令添加到自己的选项卡或组中。例如，可以创建一个名为"快速格式”的选项卡，然后将常用的格式设置命令添加到此选项卡上的自定义组中。如果出错，则可使用“重置”按钮重置所有自定义内容并恢复到默认（“出厂”）设置。

并非所有旧版 Excel 命令都会出现在功能区上，但它们仍然可用。如果用户必须要使用其中的一些命令，则只需将它们添加到功能区或快速访问工具栏上即可。在“Excel 选项”对话框中的“从下列位置选择命令”列表中，选择“不在功能区中的命令”项。接着，找到需要的命令，然后将它添加到自定义功能区选项卡或组。

4. 快捷键提示简介

Excel 2010 为功能区提供了快捷方式，称为快捷键提示，以便用户可以在不用鼠标的情况下快速执行任务。按 Alt 键可在功能区上显示出快捷键提示，如图 8-72 所示。

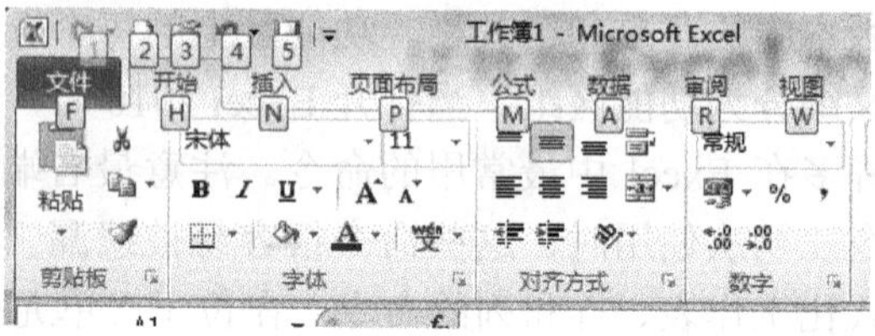

图 8-72　按 Alt 键可在功能区上显示出快捷键提示

接着，若要使用键盘切换到功能区上的某一选项卡，则按与该选项卡下显示的字母相对应的键。在上例中，将按下 N 以打开“插入”选项卡，按下 P 以打开“页面布局”选项卡，按下 M 以打开“公式”选项卡等。当用户通过此方法切换到功能区上的某一选项卡后，该选项卡可用的所有快捷键提示都将出现在屏幕上。然后，用户可以按下与要使用的命令相对应的最后一些按键来完成输入序列。若要在输入按键序列的过程中退回一级，按 Esc 键。连续多次执行此操作将取消快捷键提示模式。Excel 2003 中的键盘快捷方式在 Excel 2010 中仍然有效。

5. 文件兼容性

Excel 2010（和 Excel 2007）工作簿使用新的文件格式来保存文件。可在 Excel 2010 中打开和编辑旧版工作簿，并可与尚未使用 Excel 2010 的人员共享文件。打开一个使用 Excel 2003 创建的工作簿，在 Excel 2010 程序窗口中，将会在标题栏上的文件旁边看到“兼容模式”一词。表明，即使用户在使用 Excel 2010，但从技术角度而言，仍可处理早期文件格式，只是将无法使用如迷你图和更大的行列限制值等 Excel 2010 功能，除非将该文件转换为 2010 文件格式。

若要退出兼容模式并将 2003 文件转换为新的 Excel 2010 格式，则单击“文件”选项卡，然后依次单击“信息”和“转换”项。转换文件之前，首先自问是否需要与仍使用 Excel 2003（甚至更早版本）的人员协作处理工作簿。如果答案为是，则用户可能希望继续在兼容模式下工作，以防用户尝试使用旧版文件格式所不支持的新功能。

6. 查找高级功能

如果计划定期使用 Excel 2010 来设计宏、窗体和 XML 或 Visual Rasic 解决方案，则可在 Excel 功能区上添加“开发工具”选项卡。在功能区上，单击“文件”选项卡，然后单击“选项”项。在“Excel 选项”对话框中，单击“自定义功能区”项，在右侧出现的列表中选中“开发工具”复选框。单击“确定”按钮以关闭“Excel 选项”对话框。现在，“开发工具”选项卡将出现在功能区上的“视图”选项卡的右侧。

提示

如果只想在 Excel 2010 中录制宏，则无需添加“开发工具”选项卡。只需单击“视图”选项卡，然后在右侧查找“宏”组。

7. 启用规划求解和其他加载项

Excel 2010 附带有多种加载项，加载项是插入到 Excel 中以提供附加功能的程序。这些加载项包括分析工具库和更新版本的规划求解。但是，在启用这些加载项和其他加载项之前，它们并不会出现在功能区上。可通过以下两种方法之一来管理 Excel 加载项。

如果启用了“开发工具”选项卡（如左侧所述），则单击它，然后找到“加载项”组。接着，单击“加载项”以打开“加载项”对话框。或者，也可以单击“文件”选项卡然后单击“选项”项。在“Excel 选项”对话框中，单击“加载项”项。在接近屏幕底部的位置，查找“管理”框。确保选中“Excel 加载项”，然后单击“转到”项。在“加载项”对话框中，选中“分析工具库”和“规划求解加载项”复选框（及所需的任何其他加载项），然后单击“确定”按钮。启用后，分析工具库和规划求解加载项将出现在“分析”组中的“数据”选项卡上。

习　　题

一、填空题

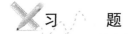

1. 电子表格由行列组成的（　　）构成，行与列交叉形成的格子称为（　　），（　　）是 Excel 中最基本的存储单位，可以存放数值、变量、字符、公式等数据。

2. 系统默认一个工作簿包含（　　）张工作表，一个工作簿内最多可以有（　　）个工作表。

3. 在工作表中输入的数据分为（　　）和（　　）。

4. （ ）可以是数值型数据或文字信息。

5. 当输入的数据位数太长，一个单元格放不下时，数据将自动改为（　　）。

6. 要查看公式的内容，可单击单元格，在打开的（　　）内显示出该单元格的公式。

7. 分类汇总是将工作表中某一列是已（　　）的数据进行（　　），并在表中插入一行来存放（　　）。

二、简述题

1. Excel 2010 提供了几种常用函数？

2. 简述进行排序的步骤。

3. 简述进行分类汇总的步骤。

活　　动

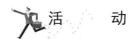

活动主题：Excel 数据与 Access 数据的交换与打印

活动任务：

1. 先从 Access 数据库中导出一个数据表，保存。

2. 然后使用 Excel 来打开该数据表。

3. 修改数据，并美化数据表格，然后使用 Excel 来打印数据表。

第 9 章　Microsoft Office PowerPoint 高级操作

本章重点介绍如何使用 PowerPoint 2003 制作演示文稿。主要内容包括如何建立演示文稿结构，如何编辑幻灯片、修饰幻灯片和如何对幻灯片进行排版，如何为幻灯片添加各种动画效果以加强演讲效果等。

9.1　演示文稿基本操作

9.1.1　隐藏幻灯片

隐藏幻灯片就是在放映演示文稿时不播放该幻灯片，但在各种视图中能够看到被隐藏的幻灯片。选择要隐藏的幻灯片，选择“幻灯片放映”→“隐藏幻灯片”命令，或在幻灯片浏览视图中单击工具栏上的“隐藏幻灯片”按钮，在幻灯片编号上会出现“斜线”。如果再次单击“隐藏幻灯片”按钮，则隐藏的幻灯片被恢复。

9.1.2　更改幻灯片顺序

在普通视图下，选中要移动的幻灯片，拖动幻灯片图标到目标位置，出现“横线”时释放鼠标左键，即可实现幻灯片顺序的变化。在幻灯片浏览视图下，拖动要移动的幻灯片到目标位置，当出现“竖线”标志时释放鼠标左键即可。也可以选中要移动的幻灯片，选择“编辑”→“剪切”命令，确定目标位置，选择“编辑”→“粘贴”命令来实现幻灯片顺序的更改。

注 意

通过“剪切”方式移动的幻灯片的设计模板将与目标处幻灯片的设计模板相同。

9.1.3　放大和缩小幻灯片

单击常用工具栏上的按钮下的列表可以改变幻灯片的显示比例。也可以选择“视图”→“显示比例”命令，通过弹出的“显示比例”对话框（见图 9-1）来进行设置。改变幻灯片的显示比例不会影响幻灯片的放映效果。

9.1.4　在幻灯片中插入对象

一般情况下，在幻灯片中通常要插入一些对象，如图片、表格、艺术字和声音等。这样演示文稿将更具表现力。

1. 插入声音

（1）插入文件中的声音。选择“插入”→“影片和声音”→“文件中的声音”命令，打开“插入声音”对话框，选择所要的声音文件，单击“确定”按钮，弹出插入声音提示框，如图 9-2 所示。单击“自动”按钮，将自动播放声音；单击“在单击时”按钮，则单击声音图标播放声音。插入声音后，在幻灯片上会出现一个小喇叭图标，可调整其的大小和位置，双击图标，可播放声音预览，再次单击停止。

（2）在单张幻灯片上录制声音。除了在幻灯片中插入声音文件外，还可以为选定的幻灯片录制指定声音。选择“插入”→“影片和声音”→“录制声音”命令，弹出“录音”对话框，如图 9-3 所示。单击“录制”按钮，开始录制；单击“暂停”按钮，结束录制；单击“确定”按钮，完成录制。此时会在幻灯片中出现一个小喇叭图标。

图 9-1　“显示比例”对话框

图 9-2　插入声音提示框

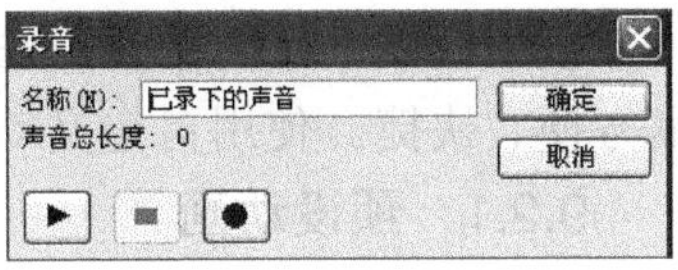

图 9-3　“录音”对话框

（3）播放 CD 乐曲。在幻灯片中可播放 CD 盘上的声音文件。把 CD 盘放入光驱，选择“插入”→“影片和声音”→“播放 CD 乐曲”命令，如图 9-4 所示。此时 PowerPoint 2003 会自动检测 CD 光盘上所有的曲目及每个曲目的播放时间，选择相应曲目后，单击“确定”按钮，即可播放 CD 乐曲。

（4）录制旁白。在播放演示文稿时可以加入旁白，说明演示文稿的内容。要录制旁白操作，需要有话筒。其方法是：选择“幻灯片放映”→“录制旁白”命令，弹出“录制旁白”对话框，如图 9-5 所示，显示可用磁盘空间及最大录制时间。

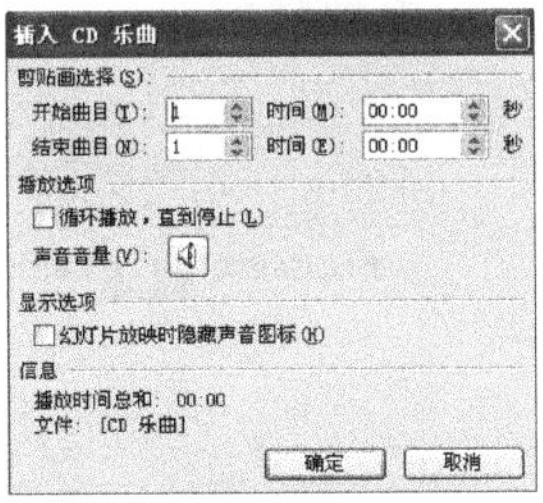

图 9-4　“播放 CD 乐曲”对话框

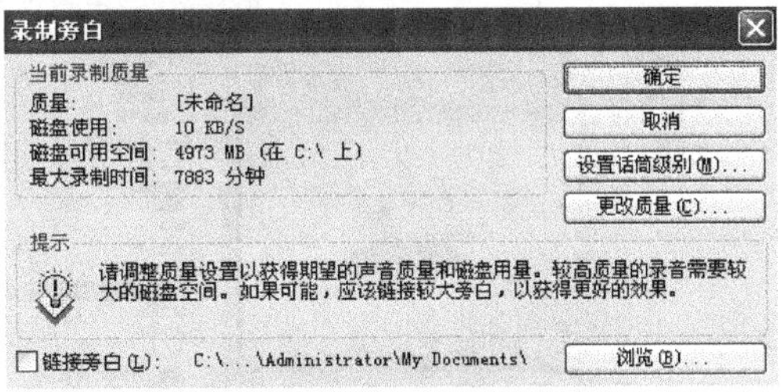

图 9-5　“录制旁白”对话框

图 9-6　录制旁白提示对话框

如果要作为链接对象插入旁白，选中“链接旁白”复选框，再单击“确定”按钮，开始录制；否则直接单击“确定”按钮。在幻灯片放映的同时通过话筒录入当前幻灯片的旁白内容，单击切换到下一张继续录制，直到结束幻灯片放映时结束录制。此时弹出录制旁白提示对话框如图 9-6 所示。

如果要保存时间及旁白，单击“保存”按钮，如果只需保存旁白，单击“不保存”按钮。此时每张具有旁白的幻灯片右下角都会出现一个小喇叭声音图标。

运行幻灯片放映时，旁白会随之自动播放。如果要只放映幻灯片不播放旁白，单击“幻灯片放映”→“设置放映方式”命令，选中“放映时不加旁白”复选框。另外，语音旁白优先于其他声音，如果语音旁白与其他声音共存，语音旁白会覆盖其他声音。

2. 插入影片

PowerPoint 2003 中可以播放多种视频文件，首选格式为 AVI。其插入方法是：选择“插入”→“影片和声音”→“文件中的影片”命令，选择所要的影片文件，设置是否自动播放。

插入完成后，在幻灯片中出现影片第一帧的图片。当播放演示文稿时，视频文件将被播放。

9.2 动画特效处理

幻灯片动画是指在幻灯片放映时，逐步显示幻灯片内不同层次、不同对象的内容。

设置动画效果有两种方法：一是采用预设动画，二是采用自定义动画。使用预设动画方案方便、快捷。使用自定义动画可以根据需要设计动画效果。

9.2.1 预设动画

PowerPoint 2003 将一些典型的动画效果设计成预设方案，使用时直接添加即可。其设置方法是：首先选定幻灯片的标题、段落或某个对象，然后选择“幻灯片放映”→“动画方案”命令，在其窗格中选择某种动画方案，如图 9-7 所示。单击“幻灯片放映”按钮，可预览动画。

9.2.2 自定义动画

自定义动画不仅适用于对多个对象的动画设置，还能够设置动画播放的顺序及方式、添加声音效果。其设置方法是：首先选定某张幻灯片，然后选择“幻灯片放映”→“自定义动画”命令，打开“自定义动画”任务窗格，如图 9-8 所示。

图 9-7 预设动画方案

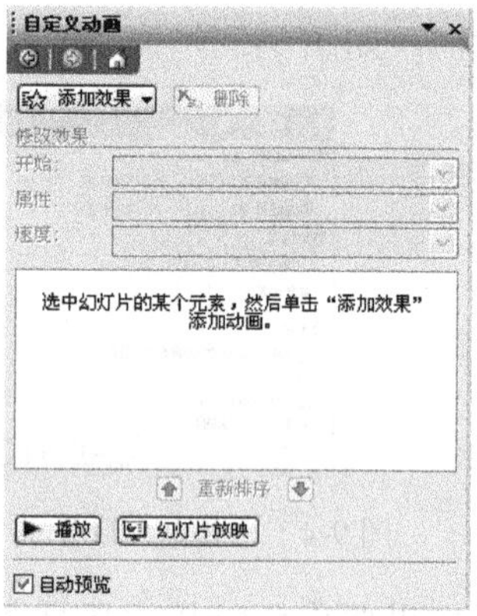

图 9-8 “自定义动画”任务窗格

9.3 幻灯片输出设置

9.3.1 打包演示文稿

演示文稿制作完成后，如果要在一个没有安装 PowerPoint 2003 的计算机上放映，则必须把该演示文稿打包才能在 Windows 下放映。打包就是利用系统提供的打包向导将演示文稿用到的所有文件和字体及 PowerPoint 播放器压缩到某个指定文件夹内，其具体步骤如下。

（1）打开要打包的演示文稿。

（2）选择“文件”→“打包成 CD”命令，出现打包成 CD 对话框，如图 9-9 所示。

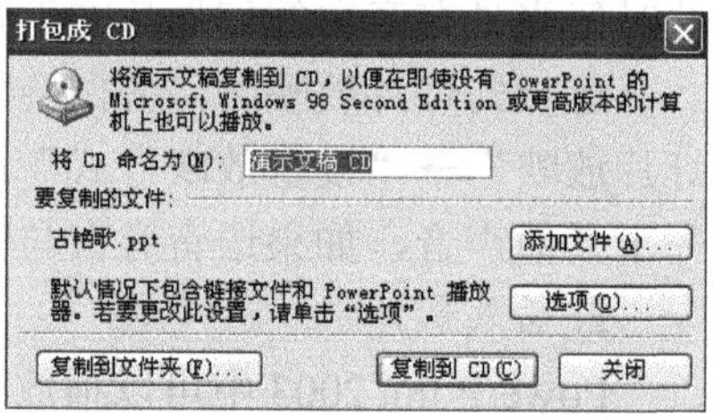

图 9-9 打包成 CD

（3）如果要打包多个演示文稿，还可以单击“添加文件”项，选择文件。

（4）单击“选项”，在“选项”对话框中选择“链接文件”或“嵌入 TrueType 字体”复选框，可以选择将外部文件和字体打包。如果要在没有 PowerPoint 的计算机上放映打包的演示文稿，那么需要选中“PowerPoint 播放器”，否则选择“不包含播放器”，单击“确定”按钮。

（5）选择“复制到文件夹”或者“复制到 CD”来定位一个打包的目标文件夹。在打包的目标文件夹中应确保没有与打包产生的两个文件同名，如果同名会覆盖掉原来的文件。

如果要播放由打包向导打包的演示文稿，就必须先将其解包，其具体步骤如下：

（1）在目标计算机上运行 pptview.exe 程序，打开选择目标文件夹，如图 9-10 所示。

图 9-10　选择目标文件夹

（2）选择解包的目标文件夹，要保证目标文件夹中没有同名文件，单击“确定”按钮。

（3）解包完成，即开始放映演示文稿。

9.3.2　打印演示文稿

在打印演示文稿前，首先要对演示文稿进行设置，如在演示文稿中添加页眉和页脚、设置打印页面的格式等。

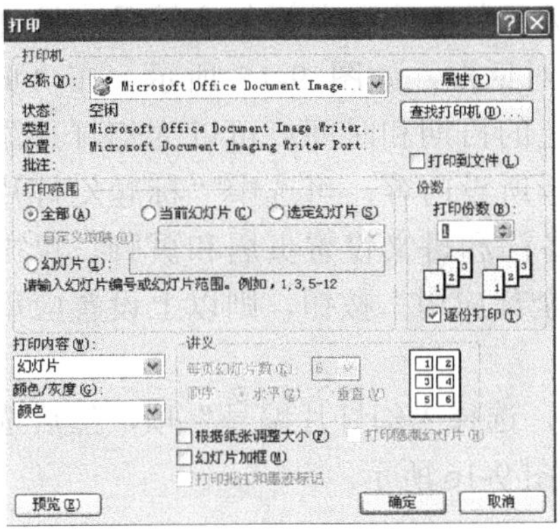

图 9-11　“打印”对话框

1. 黑白和彩色打印

在演示文稿创作完成后，能够以彩色、灰度或黑白方式打印演示文稿。一般情况下，演示文稿设计是彩色的，而打印时通常选用黑白色。此时打印效果会有很大的变化，可以在打印演示文稿之前先预览一下幻灯片和讲义的黑白视图，再对黑白对象进行调整。还可以根据需要打印成不同形式，如打印成幻灯片、大纲页、备注页和讲义。其具体方法如下。

选择“文件”→“打印”命令，打开“打印”对话框，如图 9-11 所示。

在“打印机”区域通过下拉列表选择打印机，选中“打印到文件”复选框，将会演示文稿以文件输出，保存到磁盘。在“打印范围”中可设置打印演示文稿的范围：全部、当前幻灯片、选定幻灯片和具体编号的某些幻灯片。如果演示文稿中设置了自定义放映，还可以选中“自定义放映”单选按钮，打印其中的幻灯片。可以在“打印份数”文本框中增加数值，打印多份演示文稿。要打印完一份完整的演示文稿，再打印下一份，可以选择“逐份打印”复选框。在“打印内容”下拉列表中有幻灯片、讲义、备注页和大纲视图，根据需要选择。如果以讲义的方式打印演示文稿，可在“讲义”区域设置每页包含的幻灯片数及幻灯片的排放顺序。在“颜色/灰度”项，可选择以灰度或纯黑白方式打印。当选择“根据纸张调整大小”时，则“页面设置”中定义的纸型将不起作用，按实际纸型打印。选择“幻灯片加框”项，打印加边框的幻灯片。如果有隐藏的幻灯片要打印，可选择“打印隐藏幻灯片”项。

在“打印内容”下拉列表中选择“讲义”项，设置每页显示三张幻灯片，排列顺序为水平，打印效果如图 9-12 所示。

在“打印内容”下拉列表中选择“备注页”项，打印效果如图 9-13 所示。

在“打印内容”下拉列表中选择“大纲视图”项，打印效果如图 9-14 所示。

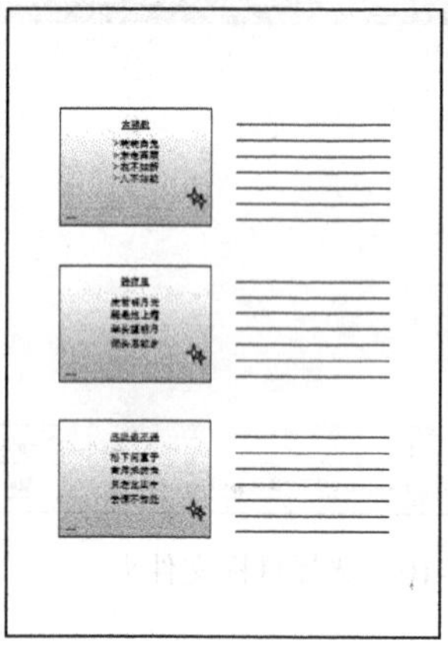

图 9-12 讲义方式打印

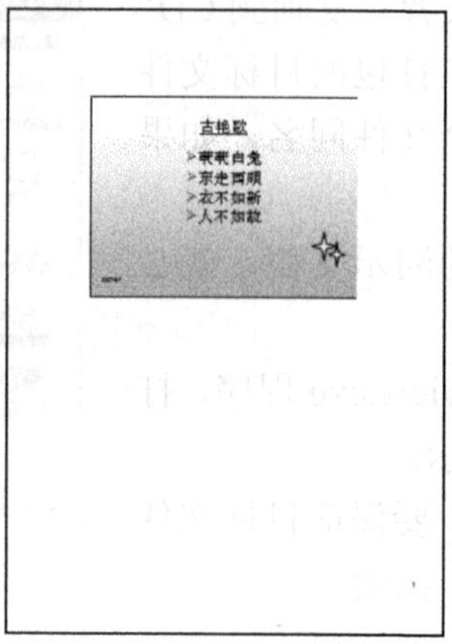

图 9-13 备注页方式打印

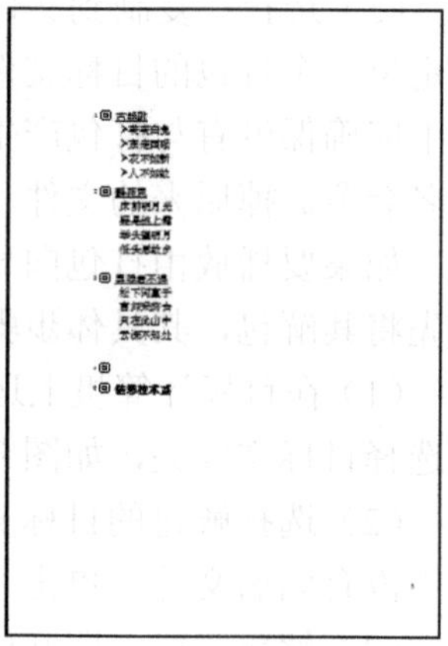

图 9-14 大纲视图方式打印

2. 添加页眉和页脚

页眉和页脚是演示文稿中注释性内容。可以为幻灯片、备注页和讲义添加页眉和页脚，一般的页眉和页脚包括日期和时间、页脚内容和幻灯片编号等内容。其添加方法是：选择“视图”→“页眉和页脚”命令，打开：“页眉和页脚”对话框，如图 9-15 所示。在“页眉和页脚”对话框中，可以添加自动更新日期或设置固定的日期和时间；可以为幻灯片添加编号；可输入附注性文本；若在标题幻灯片中不想显示所设内容，可选中“标题幻灯片中不显示”复选框；打开“备注和讲义”选项卡，可为备注和讲义设置页眉和页脚。单击“应用”按钮，把以上设置应用在当前幻灯片中，单击“全部应用”按钮，则以上设置应用到所有幻灯片中。

打开“幻灯片”选项卡，选中“自动更新”单选按钮，选择“幻灯片编号”项，然后选择“页脚”项，在文本框中输入“办公自动化”，效果如图 9-16 所示。

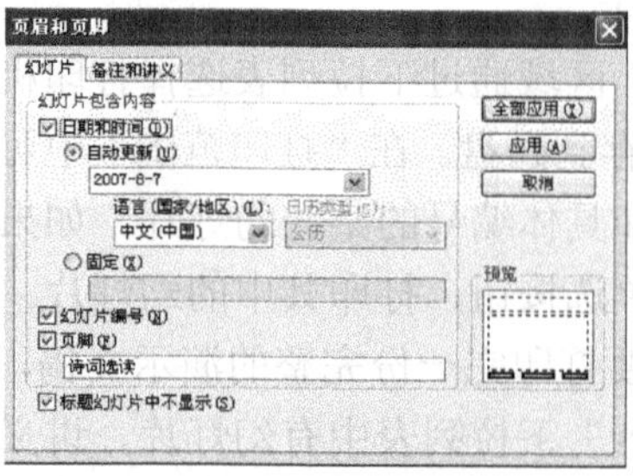

图 9-15 “页眉和页脚”对话框

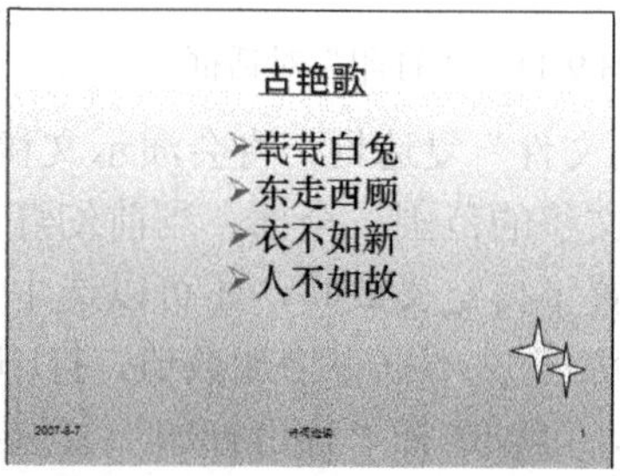

图 9-16 添加了页眉和页脚的幻灯片

3. 页面设置

一般情况下，按幻灯片放映方式显示演示文稿，可保留默认页面设置。如果有特殊需要时，可选择“文件”→“页面设置”命令，打开“页面设置”对话框图，如图 9-17 所示。在

“页面设置”对话框中的“幻灯片大小”下拉列表中有多种设置好的幻灯片尺寸，如图 9-18 所示，可根据需要选择。可以在“幻灯片编号起始值”的文本框中输入幻灯片的起始编号；在“方向”选区中设置“幻灯片”的方向或“备注、讲义和大纲”的显示方式。

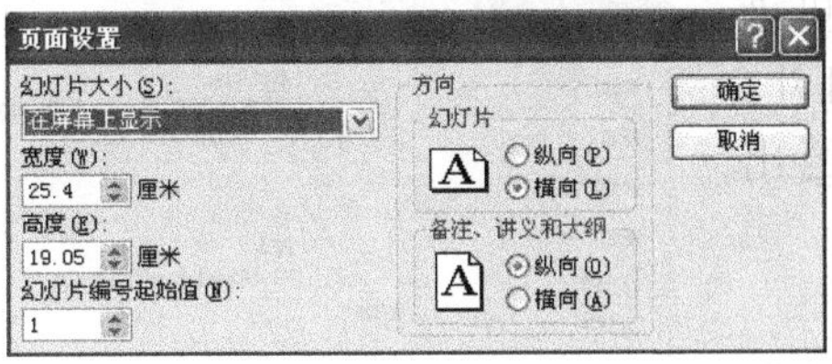

图 9-17　“页面设置”对话框

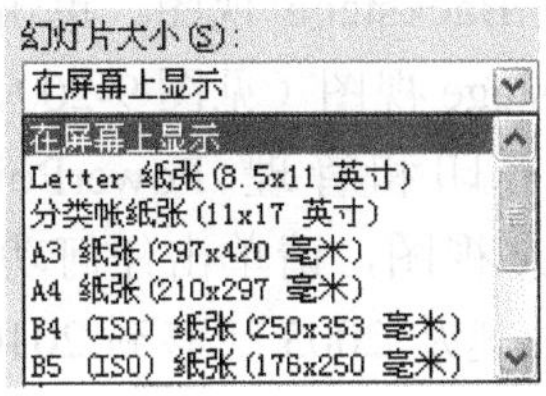

图 9-18　“幻灯片大小”列表

9.4　快速迁移到 PowerPoint 2010

Microsoft Office Powerpoint 2010 与 Powerpoint 2003 在界面上相差很大，但是大部分功能是一致的。用户对界面需要熟悉和了解。

9.4.1　用户界面

1. 全新的用户界面

全新的用户界面如图 9-19 所示。

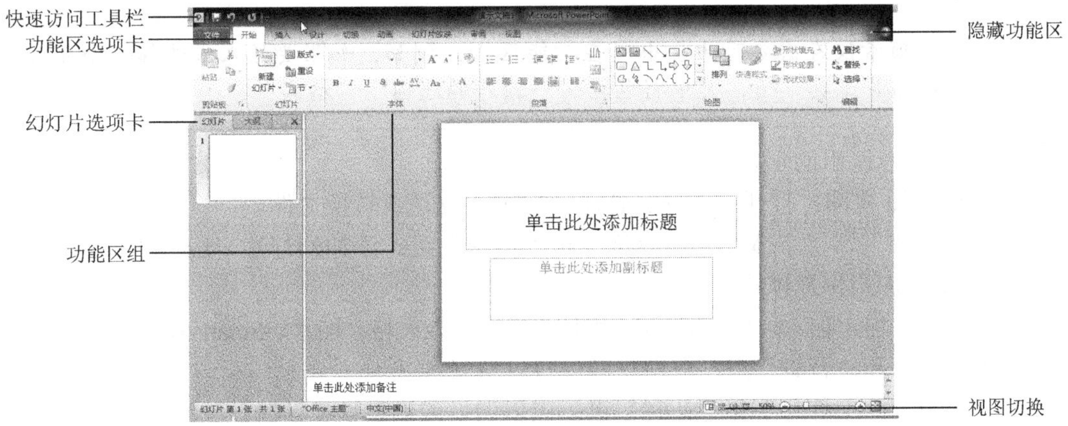

图 9-19　Powerpoint 2010 用户界面

（1）快速访问工具栏。显示在此处的命令始终可见，可在此工具栏中添加常用命令。

（2）功能区选项卡。单击功能区上的任何选项卡可显示出其中的按钮和命令。

（3）幻灯片选项卡。通过单击相应的缩略图版本可跳至演示文稿中的任何幻灯片。

（4）功能区组。每个功能区选项卡都包含组，每个组都包含一组相关命令。在此处，“段落”组包含用于创建项目符号列表或编号列表及将文本居中的命令。

（5）隐藏功能区。是否需要在屏幕上留出更多空间？单击此图标或按 Ctrl+F1 键可隐藏或显示功能区。

（6）视图切换。单击这些按钮可在“普通”、“幻灯片浏览”、“阅读视图”或“幻灯片放映”视图中查看当前演示文稿。

（7）对话框启动器（ ）。如果在任何功能区组标签旁边看到对话框启动器图标，则单击它可打开一个包含针对该组的更多选项的对话框。

（8）Backstage 视图。单击“文件”选项卡可进入 Backstage 视图（见图 9-20），可在此视图中打开、保存、打印和管理 PowerPoint 文件。若要退出 Backstage 视图，请单击任何功能区选项卡。

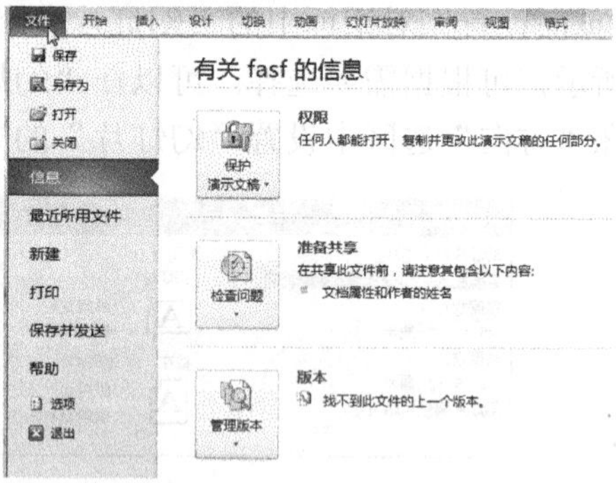

图 9-20　Backstage 视图

2. 快速从 2003 迁移到 2010

（1）使用帮助。在主程序窗口中单击“文件”选项卡，然后单击“帮助”项。

（2）菜单和工具栏。在 PowerPoint 2010 中，一个较宽的带形区域横跨主程序窗口顶部，这是功能区，它替代了旧版本中的菜单和工具栏。功能区上的每个选项卡都具有不同的按钮和命令，这些按钮和命令又细分为功能区组。当打开 PowerPoint 2010 时，将显示出功能区的“开始”选项卡。此选项卡包含许多在 PowerPoint 中最常用的命令。例如，该选项卡的左侧第一项是“剪贴板”组，其中包含用于“粘贴”、“剪切”和“复制”的命令及“格式刷”。在“幻灯片”组中，可找到用于插入“新建幻灯片”的命令及用于选择“布局”的命令。在“字体”组中，可找到用于将文字设置为“粗体”或“斜体”的命令。

提示

一些选项卡仅在需要时才会出现在功能区上。例如，如果要插入或选择一个图片，则会看到“图片工具”项，其中将包括一个额外的选项卡“格式”。

（3）各种功能区组的主要操作。

1）Backstage 视图：打开、保存、打印、保护、发送或转换文件。

2）“幻灯片”、“字体”、“段落”和“绘图”组：添加幻灯片、应用布局、更改字体、对齐文本或应用快速样式。

3）“表”、“图像”、“插图”和“媒体”组：插入表格、图片、Smart Art、视频或音频。

4）“主题”和“背景”组：应用主题或设置背景样式。

5）“切换到此幻灯片”和“计时”组：应用切换或调整切换计时。

6）“动画”和“计时”组：应用动画或调整动画计时。

7）“开始放映幻灯片”和“设置”组：启动幻灯片放映或设置幻灯片放映。

8）“校对”、“批注”和“比较”组：检查拼写、输入批注或比较演示文稿。

9）“演示文稿视图”和“母版视图”组：更改视图或创建幻灯片母版。

（4）打印预览。在 PowerPoint 2010 中，“打印预览”不再显示在单独的窗口中。可在 Backstage 视图中查找它及其他与打印相关的有用设置。单击“文件”选项卡，然后单击“打印”按钮。窗口右侧显示出当前演示文稿在打印时的外观预览结果。可使用窗口左侧来精确调整首选项。例如，是打印所有幻灯片还是只打印当前幻灯片，每页打印多少幻灯片，是否逐份打印幻灯片及是用彩色、灰度还是纯黑白来进行打印。如果要设置其他打印选项，请单击“设计”选项卡以关闭 Backstage 视图，然后在“页面设置”组中，单击“页面设置”项。

（5）预置格式化选项。在 PowerPoint 2010 中输入文字时，默认的格式是事先预置的。单击“文件”选项卡，然后单击“选项”。这将打开“PowerPoint 选项”对话框，可在其中自定义 PowerPoint 设置和首选项。“PowerPoint 选项”对话框中的一些设置只应用于 PowerPoint。但是，一些首选项（如配色方案）将应用到已安装的所有其他 Microsoft Office 2010 程序。

（6）保持常用命令就近可用。PowerPoint 程序窗口左上角的快速访问工具栏提供了指向经常使用的命令的快捷方式。通过在此工具栏中添加按钮，可以始终看到常用的所有命令，即使切换功能区选项卡时也是如此。单击快速访问工具栏旁边的下拉箭头可打开或关闭快捷菜单上列出的任何命令。如果要添加的命令未出现在该列表中，则切换到相应按钮所在的功能区选项卡，然后在其中右键单击该按钮。在出现的快捷菜单上，单击“添加到快速访问工具栏”项。

（7）创建自己的功能区选项卡或组。可自定义功能区命令，方法是将按钮放在希望它们出现的功能区组中，或者创建自定义的功能区选项卡。右键单击任何功能区组，然后单击“自定义功能区”项。在“PowerPoint 选 项 ”对话框中，可在自己的选项卡或组中添加命令。例如，可创建一个名为“常用”的选项卡，然后在此选项卡上的自定义组中添加最常用的命令。如果出错，可恢复到默认（“出厂”）设置，可使用“重置”按钮。并非所有旧版 PowerPoint 命令都会出现在功能区上，但它们仍然可用。如果必须要使用其中的一些命令，则只需将它们添加到功能区或快速访问工具栏上即可。

在“PowerPoint 选项”对话框中的“从下列位置选择命令”列表中，选择“不在功能区中的命令”。接着，找到需要的命令，然后将它添加到自定义功能区选项卡或组。

（8）文件的兼容性。打开一个使用 PowerPoint 2003 创建的演示文稿。在 PowerPoint 2010 程序窗口中，将会在标题栏上的文件名旁边看到“兼容模式”一词。这表明，即使在使用 PowerPoint 2010，但从技术角度而言，仍可处理早期文件格式，只是将无法编辑诸如形状样式或艺术字等 PowerPoint 2010 特色属性，除非将该文件转换为 PowerPoint 2010 文件格式。若要退出兼容模式并将 2003 文件转换为新的 PowerPoint 2010 格式，则单击“文件”选项卡，然后依次单击“信息”和“转换”项。转换文件之前，首先自问是否需要与仍使用 PowerPoint 2003（甚至更早版本）的人员协作处理演示文稿。如果答案为是，则用户可能希望继续在兼容模式下工作，以防用户尝试使用旧版文件格式所不支持的新功能。

（9）在演示文稿中添加音频。若要录制和收听音频，必须在计算机上安装声卡、麦克风和扬声器。当对任何幻灯片添加音频时，幻灯片上将会出现一个音频图标。可单击此图标以播放音频，也可将音频文件设置为自动播放。若要将音频添加到当前幻灯片，请单击“插入”选项卡。接着，在“媒体”组中，单击“音频”下的箭头。然后，执行下列操作之一。

1）单击“文件中的音频”项，找到包含要添加的音频文件的文件夹，然后双击该文件。

2）单击“剪贴画音频”项，在“剪贴画”任务窗格中找到需要的音频剪辑，单击该音频文件旁边的箭头，然后单击“插入”按钮。

若要预览音频剪辑，单击幻灯片上显示的音频图标下的“播放/暂停”按钮。

（10）查找高级功能。如果计划定期使用 PowerPoint 2010 来设计宏或 Microsoft Visual Basic forplications（VB）解决方案，则可在 PowerPoint 功能区上添加“开发工具”选项卡。

在功能区上，单击“文件”选项卡，然后单击“选项”项。在“PowerPoint 选项”对话框中，单击“自定义功能区”项，然后选中显示在右侧的列表中的“开发工具”复选框。单击“确定”按钮以关闭“PowerPoint选项”对话框。现在，“开发工具”选项卡将出现在“视图”选项卡的右侧。

提 示

如果只想在 PowerPoint 2010 中录制宏，则无需添加“开发工具”选项卡。只需单击“视图”选项卡，然后在右侧查找“宏”组。有关如何在 PowerPoint 2010 演示文稿中录制和添加旁白和计时的信息，按 F1 键打开帮助，然后搜索“录制和添加旁白和计时”项。

习　题

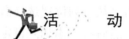

1. 在 Powerpoint 中，有哪几种视图？各适用于何种情况？
2. 怎样为幻灯片设置背景和配色？
3. 在 PowerPoint 中，同一个演示文稿能同时打开两次吗？如果能，有什么区别？
4. 如何录制旁白和设置放映时间？
5. 如何将一个大而复杂的演示文稿安装到另一台无 PowerPoint 软件的计算机上并演示？

活　动

活动主题：Powerpoint 2010 图形制作技巧体验

活动任务：

1. 找到一个 Powerpoint 2003 比较成功的文稿。
2. 将其全部的文字都采用 Powerpoint 2010 上的图形效果作为背景衬托。

第 10 章　Microsoft Office Visio 与 VBA 程序设计

在本章，对办公应用过程中经常需要使用的科学图形设计和高级程序控制套件进行简单介绍。

10.1　Microsoft Office Visio 与 VBA 简介

10.1.1　Microsoft Office Visio

Microsoft Office Visio 是一款 Microsoft Office 图形设计利器，如图 10-1 所示。便于 IT 和商务专业人员就复杂信息、系统和流程进行可视化处理、分析和交流。使用具有专业外观的 Office Visio 图表，可以促进对系统和流程的了解，深入了解复杂信息并利用这些知识做出更好的业务决策。Microsoft Office Visio 可以帮助用户创建具有专业外观的图表，以便理解、记录与分析信息、数据、系统和过程。

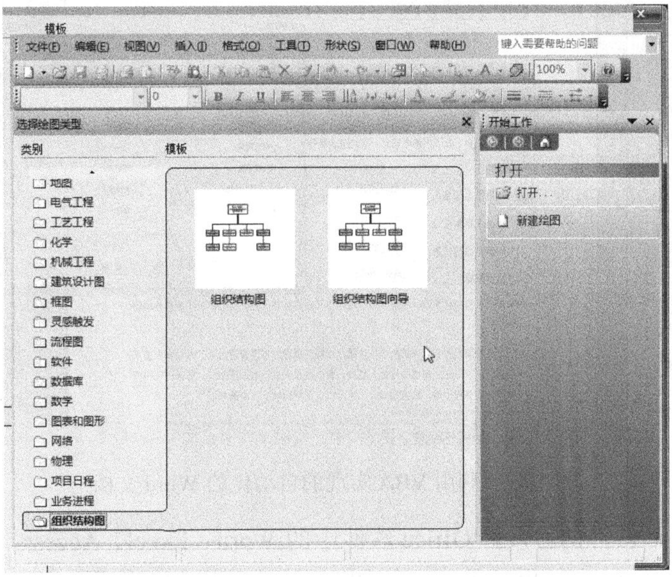

图 10-1　Microsoft Office Visio 2003 界面

在过去，如果进行室内设计，就会想到 AutoCAD。然而，在使用 Visio 时，以可视方式传递重要信息就像打开模板、将形状拖放到绘图中就可以轻松完成。现在，更新版本中的 Office Visio 中的增强功能使得创建 Visio 图表更为简单、快捷，令人印象更加深刻。

伴随着 Microsoft Office 系列出现的 2003、2007、2010、2012、2013 等各种版本，Microsoft Office Visio 也相应出现了 2003、2007、2010、2012、2013 版本。

Microsoft Office Visio 已成为目前市场中最优秀的绘图软件之一，其因强大的功能与简单操作的特性而受到广大用户的青睐，已被广泛应用于如下众多领域中。

（1）软件设计（设计软件的结构模型）。

（2）项目管理（时间线、甘特图）。

（3）企业管理（组织结构图、流程图、企业模型）。

（4）建筑（楼层平面设计、房屋装修图）。

（5）电子（电子产品的结构模型）。

（6）机械（制作精确的机械图）。

（7）通信（有关通信方面的图表）。

（8）科研（制作科研活动审核、检查或业绩考核的流程图）。

10.1.2 Visual Basic for Applications

Visual Basic for Applications（VBA）是 Visual Basic 的一种宏语言，主要能用来扩展 Windows 的应用程式功能，特别是 Microsoft Office 软件。也可说是一种应用程式视觉化的 Basic Script。如图 10-2 所示为一份在 Word 中利用 VBA 进行程序化控制编写的全国统一格式的课题申报书。

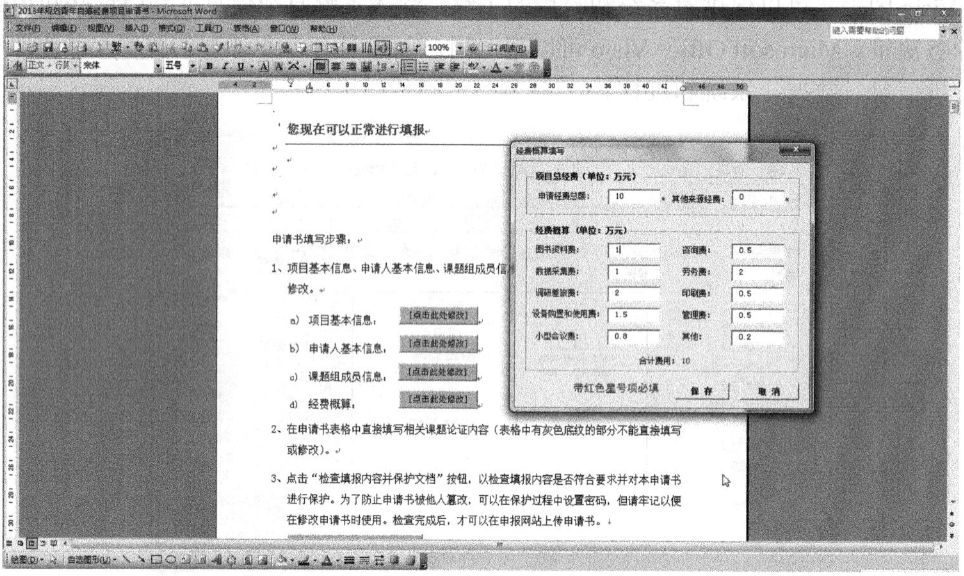

图 10-2 利用 VBA 实现的自动化的 Word 文档

由于微软 Office 软件的普及，Office 软件中的 Word、Excel、Access、Powerpoint 都可以利用 VBA 使这些软件的应用更高效率。例如，通过一段 VBA 代码，可以实现画面的切换；可以实现复杂逻辑的统计（如从多个表中，自动生成按合同号来跟踪生产量、入库量、销售量、库存量的统计清单）等。

掌握了 VBA，可以发挥以下作用。

（1）规范用户的操作，控制用户的操作行为。

（2）操作界面人性化，方便用户的操作。

（3）多个步骤的手工操作通过执行 VBA 代码可以迅速实现。

（4）实现一些 Visual Basic 无法实现的功能。

10.2　科学图形设计

10.2.1　科学图形包的安装与使用

1. 安装

如果在使用 Office 办公组件的同时，需要设计一些科学图形，最简单实用的办法就是安装科学图形包。但必须先安装 Microsfot Office Visio 系列，具体的安装步骤如下。

（1）在网络上搜索 Microsoft Office Visio 2003 或 2007 或 2010 等，以及科学图形包 seshape。

（2）安装 Microsoft Office Visio 中的一个版本。

（3）安装科学图形包，如图 10-3 所示。

（4）安装成功后，即可从开始菜单中启动 Microsoft Office Visio 2003。

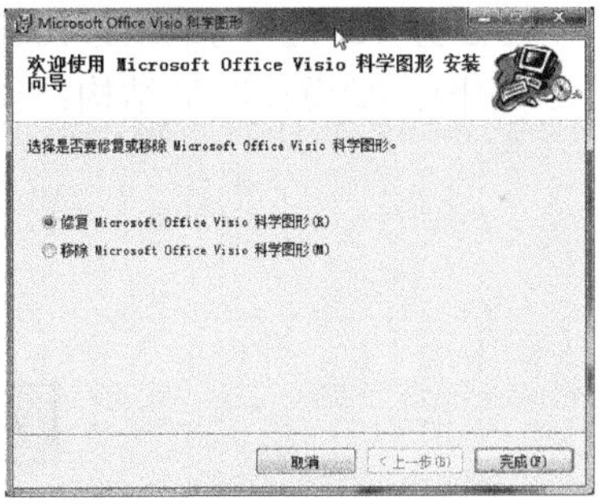

图 10-3　科学图形包的安装

2. Visio 2003 绘图环境

模具：指与模板相关联的图件（或称形状）的集合，利用模具可以迅速生成相应的图形，模具中包含了图件。

图件：指可以用来反复创建绘图的图形 （总共提供 158 个模具）。

模板：是一组模具和绘图页的设置信息，是针对某种特定的绘图任务或样板而组织起来的一系列主控图形的集合，利用模板可以方便地生成用户所需要的图形。

Visio 窗口：如图 10-4 所示。

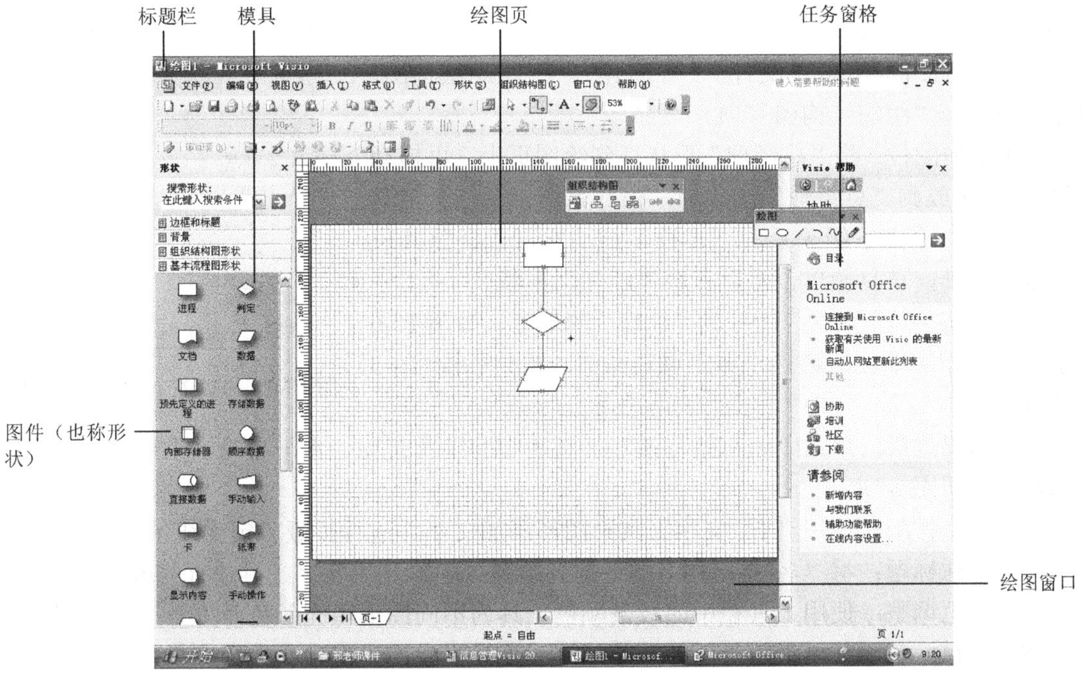

图 10-4　Visio 2003 窗口结构

10.2.2 科学图形设计

1. 组织结构图

组织结构图（Organization Chart），是最常见的表现雇员、职称和群体关系的一种图表，它形象地反映了组织内各机构、岗位上下左右相互之间的关系。组织结构图是组织结构的直观反映，也是对该组织功能的一种侧面诠释。

【任务 10-1】 按如图 10-5 所示组织结构图，进行设计，完成以下各种操作：①新建组织结构图；②设计图形结构；③保存图形模板；④打开先前保存的图形，并进行修改。

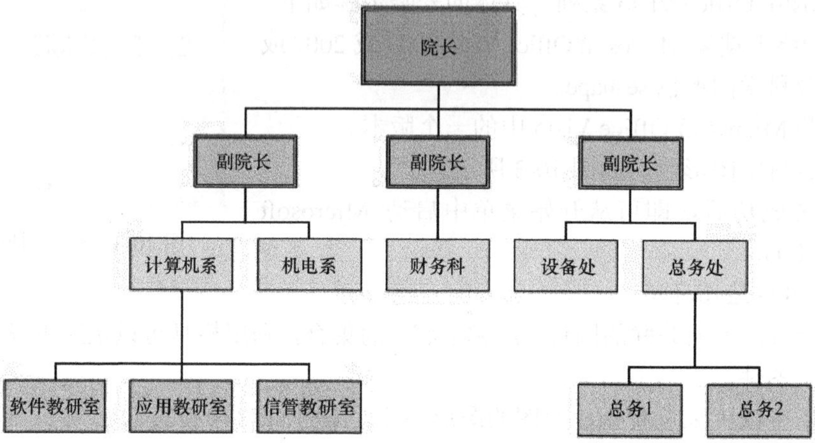

图 10-5 组织结构图

学习小组：请每个学员先进行试操作，体验 Visio 2003 的图形设计，然后小组内对各个操作进行交流和讨论，并小结经验。

教师示范和讲解。

（1）新建文件：单击“文件”→“新建”→“组织结构图”命令，再选择“组织结构图”项。

（2）添加图件：将“总经理”形状拖到绘图页上，再拖动“经理”形状放到“总经理”图形上，松开鼠标，系统会自动连接并生成一个上下级关系的图形框，拖动它可以调整其位置。依次类推，重复操作，建立三个“经理”形状。

（3）拖动“多个形状”图件到“经理”图形上，如图 10-6 所示，输入相应职位的数目。如此重复操作，构建如图 10-5 的结构图形。

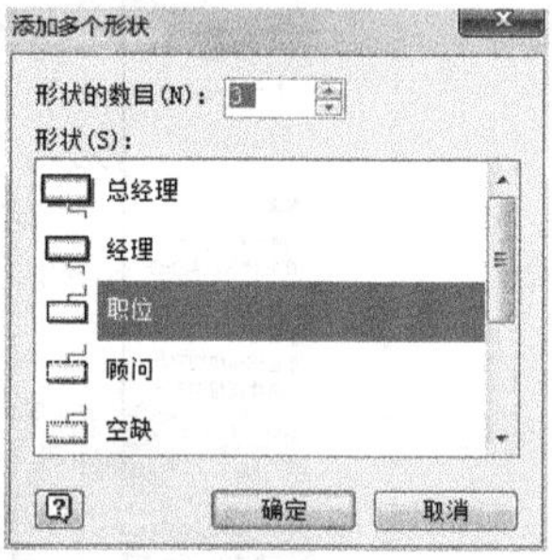

图 10-6 添加多个形状的对话框

（4）布局排版：单击“组织结构图”工具栏中的重新布局、水平布局、垂直布局、调整布局、更改间距等项。

（5）文字排版：使用“T”文字工具给图形添加文字并进行排版、定义线条颜色。

（6）标注标题：将“名称/日期”图件拖到绘图页中，利用文字工具进行修改。

（7）颜色调整：使用工具栏中的线条颜色工具为不同图形填充颜色。

（8）保存：使用菜单中的“保存”菜单，或工具栏中的“保存”按钮。

（9）打开：使用菜单或工具栏来打开已经保存过的文件，然后进行修改。

2. 灵感触发图

灵感触发图是一种让人产生想法和创造性地解决问题的有效方法，如图 10-7 所示。灵感触发图显示了层次结构中各标题间的相互关系。它是文字大纲的图形化表示法。

创建灵感触发图有两种比较流行的方法。

（1）从中心思想开始，逐层产生相关的标题和副标题。但是，当人们聚集在一起出主意、想办法时，想法是在一连串的快速反应下提出的，层次结构往往不明显，因此也就要求能迅速捕捉到这些想法。另外，在人们表达时捕捉到所有想法，再将结果进行组织、修改、提炼和共享。

（2）通过将形状拖放就位，可以直观地创建图表；通过在大纲窗口中输入大纲，可以自动创建图表。

利用 Microsoft Office Visio，可以任选一种方法来快速创建灵感触发图。在该图中，可以方便地添加标题、安排标题、创建图例和设置图表格式。在“大纲窗口”中查看图表时，标题之间的关系可以一览无余。甚至可以将图表导出到 Microsoft Office Word 大纲，获得线形视图。

【练习】 根据如图 10-8 所示的某产品营销计划灵感触发图，在 Visio 系统中设计出来。

图 10-7　灵感触发图

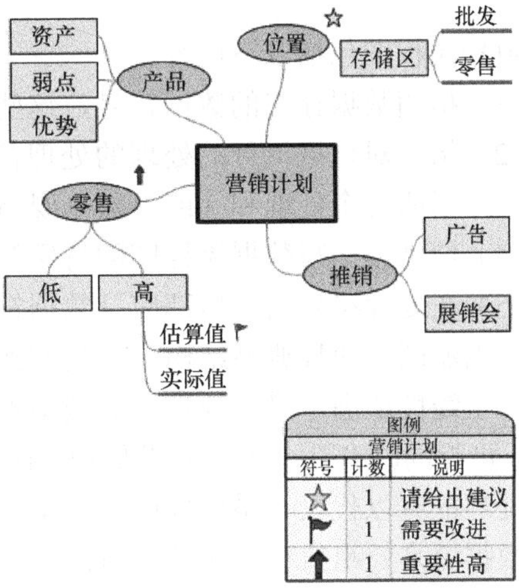

图 10-8　营销计划灵感触发图

主要操作步骤如下。

（1）单击“文件”→“新建”→“灵感触发”→“灵感触发图”菜单命令。

（2）在“灵感触发形状”中，将“主标题”形状拖到绘图页上，选取该形状，输入要表达中心思想的文字。

（3）选取“主标题”形状，打开“灵感触发”菜单，单击“添加副标题”项。

（4）向灵感触发图一次添加多个副标题：选取要将副标题添加到其中的标题，在“灵感触发”菜单中单击“添加多个副标题”项。

（5）在该对话框中，为每个新标题输入文字，每输入一个新标题后都按一次 Enter 键。添加完所有标题后单击“确定”按钮。

（6）一次添加一个标题：选取要将同级或下级标题添加到其中的标题，在“灵感触发”

菜单中单击“添加对等标题”或“添加副标题”项。

（7）添加对等标题：选取要将同级标题添加到其中的标题，在“灵感触发”菜单中单击“添加对等标题”项。

（8）移动标题：将标题移到同一页上的其他位置，选取标题并将其拖到该绘图页的其他所需位置。如果该标题有下属标题，它们将自动随该标题一起移动，而其连接线也会自动重新定位。将标题及其下属标题移到其他页上：选取图表相应部分中要移到其他页的顶级标题，打开“灵感触发”菜单，单击“将标题移到新页”项。在“移动标题”对话框的“移动到”中选择“新建页”命令，键入新页的名称或使用默认名称，再单击“确定”按钮。

（9）在不移动其下属标题的情况下将标题移到其他页：右击要移到其他页的标题，单击“复制”命令，浏览到要将该标题添加到其中的页，右击该页，单击“粘贴”命令。

3. 数据流图

数据流图（Data Flow Diagram，DFD），它从数据传递和加工角度，以图形方式来表达系统的逻辑功能、数据在系统内部的逻辑流向和逻辑变换过程，是结构化系统分析方法的主要表达工具及用于表示软件模型的一种图示方法。

数据流图从数据传递和加工的角度，以图形的方式刻画数据流从输入到输出的移动变换过程。

数据流程图包括以下内容。

（1）指明数据存在的数据符号，这些数据符号也可指明该数据所使用的媒体。

（2）指明对数据执行的处理的处理符号，这些符号也可指明该处理所用到的机器功能。

（3）指明几个处理和（或）数据媒体之间的数据流的流线符号。

（4）便于读、写数据流程图的特殊符号。

（5）在处理符号的前后都应是数据符号。数据流程图以数据符号开始和结束。

数据流图有两种典型结构，一是变换型结构，它所描述的工作可表示为输入、主处理和输出，呈线性状态。另一种是事务型结构，这种数据流图呈束状，即一束数据流平行流入或流出，可能同时有几个事务要求处理。在数据流图中加工用圆圈表示，在圆圈内写上加工名。一个处理框可以代表一系列程序、单个程序或者程序的一个模块。

数据流是一组数据。在数据流图中数据流用带箭头的线表示，在其线旁标注数据流名。在数据流图中应该描绘所有可能的数据流向，而不应该描绘出现某个数据流的条件。

【任务 10-2】 根据如图 10-9 所示的图书预订系统顶层图，绘出其数据流图。

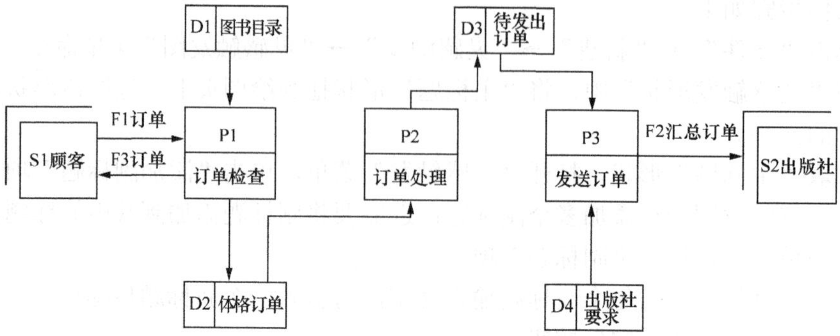

图 10-9　图书预订系统顶层图

学习小组：先进行试操作，体验数据流图的设计方法，然后小组内对各个操作进行交流和讨论，并小结经验。

教师示范和讲解。

（1）新建文件：单击“文件”→“新建”→“流程图”→“数据流图表形状”命令。

（2）选择模具：单击“文件”→“形状”→“打开模具”→选择“数据流图模具”命令。

（3）添加图形：拖动“外部项”、“数据加工”、“数据存储”形状到绘图页上，并输入文字。

（4）调整对齐：调整主干和分支路上的图形分别对齐。

（5）图形连接：使用“连接工具”连接图形，输入数据流名字。

（6）外观排版：调整文字、图形的颜色和线条、绘图居中（形状→绘图居中）。

（7）添加标题：输入标题、选择配色方案、背景。

10.3 VBA 程序设计基础

VBA 作为应用程序开发语言 Visual Basic 的子集，两者在结构上非常相似，但也有区别。如 Visual Basic 可以独立完成应用程序的开发并生成可执行文件，而 VBA 必须绑定在已经存在的应用程序（如 Word、Excel）中。VBA 的独特之处在于它由应用程序控制，反过来它又可以增强该应用程序的功能。VBA 继承了 Visual Basic 的很多语法，所以只要会 Visual Basic 编程，就可以很方便地使用 VBA。

10.3.1 常量、变量的声明和作用域

1. 常量

常量是指在程序运行的过程中，其值不能被改变的量。如 12、–5、3+2、2.1E+5、π 等。常量有直接常量、符号常量（用 Const 语句声明）、固有常量、系统定义常量（如 True、vbRed）等。

声明常量可以使用 Const 语句，其语法如下。

```
[Public | Private] Const constname [As type] = expression
```

如

```
Const PI as Single=3.1415926
```

参数说明如下。

（1）Public：可选的。该关键字用于在模块级别中声明在所有模块中对所有过程都可以使用的常数。在过程中不能使用。

（2）Private：可选的。该关键字用于在模块级声明只能在包含该声明的模块中使用的常数。不能在过程中使用。

（3）constname：必需的。常数的名称，遵循标准的变量命名约定。

（4）type：可选的。常数的数据类型，可以是 Byte、Boolean 、Integer、Long、Currency、Single、Double、Date、String 或 Variant。

（5）expression：必需的。文字、其他常数、或由除 Is 之外的任意的算术操作符和逻辑操作符所构成的任意组合。

2. 变量和数组

变量是指在程序运行的过程中，其值会因程序的需要而改变的量。

变量实际上是一个符号地址，它代表了命名的存储位置，包含在程序执行阶段修改的数据。每个变量都有变量名，在其作用域范围内可唯一识别。使用前可以指定数据类型（即采用显式声明），也可以不指定（即采用隐式声明）。

变量命名规则如下。

变量名必须以字母字符开头，在同一范围内必须是唯一的，不能超过 255 个字符，而且中间不能包含句点或类型声明字符，不要与关键字同名。

声明变量：虽然在程序设计中，允许使用隐式声明，但是良好的编程习惯要求在程序的前几行对所有的变量进行声明。声明变量常用的语句是 Dim 和 DefType（模块级）语句。强制变量声明可以使用 Option Explicit 语句。

（1）Dim 语句格式如下。

```
Dim 变量名 As 数据类型
```

（2）可以使用 Dim 语句在一行声明多个变量。如

```
Dim IntX,IntY,StrA as String
```

变量的数据类型如表 10-1 所示。

表 10-1　　变量的数据类型

数据类型	说　明	数据类型	说　明
Boolean	布尔型	Double	双精度
Byte	字节	Data	日期/时间
Integer	整型	String	字符串
Long	长整型	Object	对象
Currency	货币	Variant	变体型
Single	单精度		

VBA 中的类型说明符号有%(Integer)、&(Long)、!(Single)、#(Double)、$(String)和@(Currency)。类型说明符号使用时是作为变量名的一部分，放在变量名的最后一个字符。

用户自定义类型的声明：用户自定义类型的声明使用 Type…End Type 语句，其格式如下。

```
Type <用户自定义类型名>
<变量名 1> As <数据类型 1>
<变量名 2> As <数据类型 2>
……
End Type
```

举例：

```
Type StuType
    StuName As String*10        '定义字符串变量存储一个名字。
    StuBirthDate As Date        '定义日期变量存储一个生日。
    StuSex As Integer           '定义整型变量存储性别
End Type                        '(0 为女,1 为男)
```

使用：

```
Dim Ud as StuType
Ud. StuName ="Xyz"
Ud. StuBirthDate =75/12/17
Ud. StuSex = 1
```

变量的作用域：变量常用的作用域有 Local（局部级）、Private（私有，窗体级，模块级）或 Public（全局级）。

本地变量：仅在声明变量的过程中有效。在过程和函数内部所声明的变量，不管是否使用 Dim 语句，都是本地变量。本地变量具有在本地使用的最高优先级，即当存在与本地变量同名的模块级的私有或公共变量时，模块级的变量则被屏蔽。

私有变量：在所声明的模块中的所有函数和过程都有效。私有变量必须在模块的通用声明部分使用“Private 变量名 As 数据类型”进行声明。

公共变量：在所有模块的所有过程和函数都可以使用。在模块通用声明中使用“Public 变量名 As 数据类型”声明公共变量。

数组变量：数组是由一组具有相同数据类型的变量（称为数组元素）构成的集合。

（1）数组的声明。在 VBA 中不允许隐式说明数组，用户可用 Dim 语句来声明数组，声明方式如下。

```
Dim 数组名(数组下标上界) As 数据类型
```

例如：

```
Dim intArray(10) As Integer
```

这条语句声明了一个有 11 个元素的数组，每个数组元素为一个整型变量。这是只指定数组元素下标上界来定义数组。可以使用 Option Base 来指定数组的默认下标下界是 0 或 1。默认情况下，数组下标下界为 0。

（2）数组的使用。数组声明后，数组中的每个元素都可以当做单个的变量来使用，其使用方法同相同类型的普通变量。其元素引用格式如下。

```
数组名(下标值表)
```

其中，如果该数组为一维数组，则下标值表为一个范围为[数组下标下界，数组下标上界]的整数。如果该数组为多维数组，则下标值表为一个由多个（不大于数组维数）用逗号分开的整数序列，每个整数（范围为[数组该维下标下界，数组该维下标上界]）表示对应的下标值。

例如，可以如下引用前面定义的数组：

```
intAma(2)          '引用一数组 intAma 的第 3 个元素。
intArray (0,0)     '引用二数组 intArray 的第 1 行第 1 个元素。
```

例如，若要存储一年中每天的支出，可以声明一个具有 365 个元素的数组变量，而不是 365 个变量。数组中的每一个元素都包含一个值。下列的语句声明数组 curExpense 具有 365 个元素。按照默认规定，数组的索引是从零开始，所以此数组的上标界是 364 而不是 365。

```
Dim curExpense(364) As Currency
```

若要设置某个元素的值，必须指定该元素的索引（即下标值表）。下面的示例对于数组中的每个元素都赋予一个初始值20。

```
Sub F ()
    Dim C(364) As Currency
    Dim I As Integer
    For I = 0 to 364
        C(intI) = 20
    Next
End Sub
```

10.3.2　运算符和表达式

1. 算术运算符与算术表达式

算术运算符是常用的运算符，用来执行简单的算术运算。VBA提供了八个算术运算符，表10-2列出了这些算术运算符。

表10-2　算术运算符

运算符	含义	举例
+	加法运算	3+2，结果为5
–	减法运算	15–2，结果为13
*	乘法运算	2*3，结果为6
/	浮点除运算	5/2，结果为2.5
\	整除运算	5\2，结果为2
^	指数运算	3^2，结果为9
Mod	取模运算	5 Mod 2，结果为1
–	取负运算	–（5 Mod 2），结果为–1

在八个算术运算符中，除取负（–）是单目运算符外，其他均为双目运算符。单目运算符只需要一个运算数，双目运算符需要两个运算数。

2. 字符表达式和连接符

在VBA中，字符采用英文半角的双引号或单引号作定界符，如“123”，此处的“123”不能参与数学运算。字符连接符有两个，+号和&号，用&比用+号安全。举例如下。

```
A$="My"
B$="Home"
C$=A$+B$
```

变量C$的结果为"MyHome"。

3. 关系运算符、逻辑运算符和逻辑表达式

关系运算符也称比较运算符，用来对两个表达式的值进行比较，比较的结果是一个逻辑值，即真（True）或假（False）。用关系运算符连接两个算术表达式所组成的表达式叫关系表达式，如表10-3所示。VBA提供了六个关系运算符。

表 10-3　　关系表达式

运算符	作用	举例	结果
=	相等	3=2	False
<>或><	不相等	3+2<>4	True
<	小于	10<100	True
>	大于	2>3	False
<=	小于或等于	3<=3	True
>=	大于或等于	2>=5	False

逻辑运算也称布尔运算，由逻辑运算符连接两个或多个关系式，组成一个布尔表达式。常用的逻辑运算符有四个，如表 10-4 所示。

表 10-4　　逻辑运算符

运算符	含义
Not	取反，由真变假，或由假变真
And	与运算，两个表达式为真，则结果为真，否则为假
Or	或运算，两个表达式中有一个为真，则结果为真，否则为假
Xor	异或运算，两个表达式

4. 对象运算符与对象运算表达式

对象运算表达式中使用！和. 两种运算符，使用对象运算符指示随后将出现的项目类型。

（1）！运算符。！运算符的作用是指出随后为用户定义的内容。

使用！运算符可以引用一个开启的窗体、报表或开启窗体或报表上的控件。

（1）.(点) 运算符。.(点) 运算符通常指出随后为 Microsoft Access 定义的内容。例如，使用 .(点)运算符可引用窗体、报表或控件等对象的属性。举例：

Reports！[发货单]！[货主].Visible

5. 运算符的优先级

（1）=、<>或><的优先级别相同，<、>、>=、<=优先级别也相同，前两种关系运算符的优先级别低于后四种关系运算符。

（2）关系运算符的优先级低于算术运算符。

（3）关系运算符的优先级高于赋值运算符(=)。

10.3.3　函数

1. 数学函数

数学函数如表 10-5 所示。

表 10-5　　常用数学函数

函数	功能	举例	函数值
Abs(N)	求N的绝对值	Abs(-3)	3

续表

函　数	功　能	举　例	函 数 值
Cos(N)	求N的余弦	Cos(45*3.14/180)	0.707
Exp(N)	E指数	Exp(2)	7.389
Int(N)	返回参数的整数部分	Int(123.456)	123
Log(N)	自然对数	Log(2.732)	1
Rnd(N)	返回一个0—1之间的随机数	Rnd()	0–1之间的随机数
Sgn(N)	返回一个数的性质符号或0	Sgn(−5)	−1
Sin(N)	求N的正弦	Sin(45*3.14/180)	0.7068
Sqr(N)	求N的算术平方根	Sqr(25)	5
Tan(N)	求N的正切	Tan(45*3.14/180)	0.9992

2. 字符函数

字符函数如表 10-6 所示。

表 10-6　　字 符 函 数

函　数	功　能	举　例	函 数 值
InStr(C1，C2)	返回C2在C1中的位置	InStr(“ABCDE”，“DE”)	4
LCase$(C)	将C中的字母转换成小写	LCase$(“ABcdE”)	“abcde”
Left($C，N)	返回C中左边的N个字符	Left(“ABCDE”，3)	“ABC”
Len($C)	返回字符C的长度	Len(“ABCDE”)	5
LTrim$(C)	去掉前导空格	LTrim$(“□□A”+“□□A”)	“A□□A”
Mid$($C，M，N)	从第M个字符起，取出C中的N个字符	Mid$(“ABCDE”，2，2)	“BC”
Right$($C，N)	返回C中右边的N个字符	Right$(“ABCDE”，3)	“CDE”
RTrim$(C)	去掉后置空格	RTrim$(“□□A”+“□□A□□”)	“□□A□□A”
Space$(N)	产生N个空格字符	Space$(3)	□□□
Trim$()	去掉前导和后置空格	Trim$(“□□A”+“□□A□□”)	“A□□A”
UCase$(C)	将C中字母转换为大写	UCase$(“ABcde”)	“ABCDE”

3. 日期时间函数

日期时间函数如表 10-7 所示。

表 10-7　　日期时间函数

函　数	功　能
Date或Date()	返回当前系统日期（包含年月日），日期型
Year(Date)	返回指定日期的年份部分，数值型
Month(Date)	返回指定日期的月份部分，数值型

续表

函　数	功　能
Day(Date)	返回指定日期的天数部分，数值型
Hours(Time)	返回指定时间的小时部分，数值型
Minutes(Time)	返回指定时间的分钟部分，数值型
Second(Time)	返回指定时间的秒数部分，数值型
Time或Time()	返回当前时间（包含时分秒）
Now	返回当前的日期和时间
WeekDay()	返回当前的星期

4. 转换函数

转换函数如表 10-8 所示。

表 10-8　　转换函数

函　数	功　能	例　子	函　数
Asc(C)	返回C中第一个字符的ASCII码，数值型	Asc(“ABC”)	65
Chr(N)	返回ASCII码N对应的字符	Chr(97)	“a”
Str(N)	将N转成C类型	Str(1000)	“1000”
Val(C)	将C转成N类型	Val(“123.5”)	123.5

5. 数据类型

数据类型如表 10-9 所示。

表 10-9　　数据类型

数据类型	类型符号	占用字节	取值范围
整型（Integer）	%	2	-32768～32767
长整型（Long）	&	4	（不要求）
单精度型（Single）	!	4	（不要求）
双精度型（Double）	#	8	（不要求）
字符型（String）	$	不定	0～65400
货币型（Currency）	@	8	（不要求）
日期型（Date）	无	8	100-01-01～9999-12-31
布尔型（Boolean）	无	2	True或False
对象型（Object）	无	4	任何引用的对象
变体型（Variant）	无	不定	由最终的数据类型而定
字节型（Byte）	无	1	0～255

6. 常用关键字举例

关键字，又称为保留字，是指 VBA 中具有特殊意义的符号。这些关键字具有固定的含义，用户不能更改其拼写方式，在对过程、变量等命名时，不允许使用与关键字相同的拼写。

VBA中有许多关键字，可以分为数组、编译命令、控制流、变换、数据类型、日期与时间、目录和文件、错误信息等多种。

常见关键字举例如表10-10所示。

表10-10　常见关键字

Abs	Array	Asc	Boolean	Bytes
Call	Case	Chr	Const	Date
Day	Dir	Do	Double	Else
End	Exit	For	Function	If
Loop	Me	Not	Private	Randomize
Select	Space	Then	While	Xor

10.3.4　程序基本结构

1. 顺序结构

程序语句按照编写的顺序自顶向下逐句执行，称为顺序结构，这是程序最基本的结构。常见的顺序结构语句如赋值语句。示例：

```
A=5
B=10
```

2. 选择结构

选择结构也叫分支结构，选择结构根据某个条件是否成立决定下一步执行的语句或语句块。常见的选择语句有 If...Then...End If 和 Select Case…End Select 两组。

（1）If...Then...End If语句。

格式：

```
If <条件表达式> Then
   [语句块 1]
Else
   [语句块 2]
End If
```

举例：

```
If ZongFen>=60 Then
   MsgBox “及格”
Else
   MsgBox “不及格”
End If
```

（2）Select　Case…End　Select 语句。

格式：

```
Select Case <条件表达式>
Case <条件 1>
    [语句块 1]
Case <条件 2>
    [语句块 2]
    ......
[Case  Else]
    [语句块 n]
End  Select
```

举例：

```
M=Month(Date())
Select Case M
    Case 3 To 5
    MsgBox "春季"
Case 6 To 8
    MsgBox "夏季"
Case 9 To 11
    MsgBox "秋季"
Case 12 To 2
    MsgBox "冬季"
End Select
```

3. 循环结构

循环结构分为“当型循环”和“直到型循环”两种。前者是当条件满足时执行循环体内的语句，后者是进入循环体直到条件不满足时退出。VBA 提供三类循环结构，即 Do While…Loop、For…Next 和 While…Wend。

（1）Do While…Loop 循环。这是 VBA 中最基本的循环语句，当条件表达式为真时，重复执行循环体内的语句。

格式：

```
Do While <条件表达式>
    [语句序列 1]
[Exit  Do]
    [语句序列 2]
Loop
```

举例：

```
I=0
N=10
S=0
Do While I<=N
    S=S+I
    I=I+1
Loop
```

（2）Do…Loop While 循环。当要求循环体至少执行一次才能结束循环，此时，可以使用

Do…Loop While 循环。

格式：

```
Do
    [语句序列 1]
[Exit Do]
    [语句序列 2]
Loop While <条件表达式>
```

举例：

```
S=0
N=me.text1.value
If  N<0  then
    End
End If
Do
    S=S+N
Loop  While  S<=1000
```

（3）Do Until…Loop 循环。当条件表达式不满足时，重复执行循环体内的语句。与 Do While…Loop 意义相反。

格式：

```
Do Until <条件表达式>
    [语句序列 1]
[Exit Do]
    [语句序列 2]
Loop
```

（4）Do…Loop　Until 循环。执行一次循环体内的语句，然后判断条件是否成立，当条件不成立时继续执行循环体，条件满足则退出。

格式：

```
Do
    [语句序列 1]
[Exit Do]
    [语句序列 2]
Loop Until <条件表达式>
```

（5）While…Wend 语句。

格式：

```
While  条件
    [语句块]
Wend
```

该语句的执行方法是：首先判断条件，若为假，则跳出该语句；否则则执行语句块，然后再回去判断条件，直到条件为假时才停止执行语句块。

该语句功能与 Do While…Loop 语句相同。

（6）For…Next 语句。

格式：

```
For  索引变量 = 起始索引  To  结束索引  [步长]
  [语句块]
Next  索引变量
```

该语句的执行步骤为：首先把起始索引的值赋给索引变量。判断索引变量是否大于（当步长为负值时，则看是否小于）结束索引的值。若是，则退出循环，转去执行该语句之后的语句。其中，步长的默认值为 1。该语句与 Do 循环的不同之处在于 Do 循环不需要循环索引，但 For 循环需要。一般来说，在知道循环次数的情况下用 For 循环，而次数不定的情况下用 Do 循环。

（7）For Each…Next 语句。如果在一个对象集合或数组中对每个元素进行查看，则需要用 For Each…Next 语句重复执行某个语句块。

格式：

```
For Each  成员名  In  集合或数组名
    [语句块]
Next  [成员名]
```

其中，“成员名”是指对象集合或数组的元素，“集合或数组名”是指对象集合或数组名称。此循环语句的优点是不必知道对象集合或数组中有多少元素。

（8）With…End With 语句。With 语句的作用是对拥有同一父对象的多个子对象、属性或方法进行操作，但只需要写一个父对象名称。

从严格意义上来讲，With 语句不是一个循环，因为它是顺序执行的，但它可以和一个循环一样有用。实际上许多程序员认为它是一个循环。用户可以用 With 语句执行使用特殊对象的语句。

With 语句可以使许多控制语句代码变科简练，并可以提高代码的可读性。

格式：

```
With  父对象名称
    [语句块]
End With
```

其中，“父对象名称”是指用户正在处理的对象的名称。在“语句块”中不用书写对象名称即可引用该对象的子对象、属性或方法。

（9）Exit 语句。Exit 语句是一个重要的语句。它可以中断循环，也可以中断子程序、函数和属性过程。跳出循环语句可以用 Exit Do 和 Exit For 语句。退出子程序、函数和属性过程可以分别用 Exit Sub、Exit Function 和 Exit Property。

10.3.5 常用语句

在 VBA 的程序代码中，语句是程序的主要成分，或者说是程序的主体部分。每个语句以按“回车”键结束。

1. 语句

在默认情况下，在 VBE（Visnal Basic Editor，用 VBA 进行程序开发的环境）中输入语句后，VBE将自动进行语法检查，如果发现语法错误，将打开一个提示对话框。

（1）自动格式化。输入VBA语句后，VBE将按一定的规则进行简单的格式化处理。如将关键字的首字母大写、在运算符前后加入空格、删除各部分多余的空格等。

在输入VBA关键字时，可以不区分大小写。例如，输入MsgBox时，无论输入的是Msgbox、msgbox还是MSGBOX，当输入完该函数的参数并按“回车”键后，VBE都自动将其变为MsgBox。

为了提高程序的可读性，VBA代码中应加上适当的空格。当按“回车”键完成语句的输入后，各关键字之间无论插入多少空格，VBE都将其自动调整为一个空格。例如，输入以下代码（在关键字Selection与Borders之间插入了多个空格，在＝与xlNone之间无空格）：

```
Selection.Borders(xlDigaonalDown).LineStyle =xlNone
```

输入完语句并按“回车”键后，VBE将其自动格式化以下格式：

```
Selection.Borders(xlDigaonalDown).LineStyle =xlNone
```

在=前后各插入一个空格，同时其他关键字之间的空格被自动删除。

注意

不能在关键字的中间加入空格。

（2）复合语句与语句断行。一般情况下，要求程序中每个语句占一行。但在VBA中，也可以把几个语句放在一行中构成复合语句。各语句之间用冒号（:）分隔，例如：

```
Selection.Font.Bold = True: Selection.Font.Size = 20
```

与以下两行语句功能相同：

```
Selection.Font.Bold = True
Selection.Font.Size = 20
```

在VBE的代码窗口中，每行VBA代码可包含1023个字符。但是，为了使程序便于阅读，建议读者将一条长的语句打断为若干行。VBA中使用空格后接着一个下划线——续行符，可将一行代码延伸成两行以上。例如，以下语句

```
ActiveWorkbook.Protect Password: = " abc ",Structure:=Treu,Windows:=False
```

可改写为以下格式：

```
ActiveWorkbook.Protect _
    Password: = " abc ",_
    Structure:=Treu,_
    Windows:=False
```

通过续行符（_）可创建长的逻辑行。一个逻辑行，最多可包含24个连续的续行字符，也就是最多可以包含25个物理行。这样，逻辑行的字符总量可达1023字符。如果超过了字符总量，必须将该行分为若干语句，或指定一些表达式为中间变量。

（3）赋值语句和注释语句。赋值语句和注释语句是VBA中用得最多的两类语句。

（4）赋值语句。赋值语句的作用是对表达式进行运算，并将运算结果赋给左侧的变量或

属性。其语法格式如下：

```
[Let] varname = expression
```

一般都省略关键字 Let.varname 为变量或属性的名称，必须遵循标识符的命名约定；Expression 为赋给变量或属性的值，可以为一个表达式或一个常量值。

只有当表达式是一种与变量兼容的数据类型时，该表达式的值才可以赋给变量或属性。不将字符串表达式的值赋给数值变量，也不能将数值表达式的值赋给字符串变量，否则就会在编译时出现错误。

可以用字符串或数值表达式赋值给 Variant 变量，但反过来不一定正确。任何除 Null 之外的 Variant 都可以赋给字符串变量，但只有当 Variant 的值可以解释为某个数时才能赋给数值变量。

注意

将一种数值类型的表达式赋给另一种数值类型的变量时，会强制将该表达式的值转换为结果变量的数值类型。

例如，下面的语句使用显式的 Let 语句将表达式的值赋给变量。

```
Dim MyStr,MyInt
    '下面的变量赋值使用了 Let 语句
Let MyStr = "Hello World"
    Let MyInt = 5
下面是没有使用 Let 语句的相同赋值：
Dim MyStr,MyInt
MyStr = "Hello World"
MyInt = 5
```

下面的语句设置工作表 Sheet2 的 Visible 属性值为 True（即将该工作表显示出来）：

```
Sheets("Sheet2").Visible = True
```

（5）注释语句。在程序代码中，适当地加入注释可提高程序的可读性，方便代码的维护。在 VBA 中，注释以撇号（'）开头，或者以 Rem 关键字开头，再在其后写上注释内容。

Rem 语句的格式如下：

```
Rem  注释文本
```

也可以使用如下语法：'注释文本

也可不写任何注释文本。在 Rem 关键字与“注释文本”之间要加一个空格。若使用撇号来添加注释文本，则在其他语句行后面使用时不必加冒号。例如：

```
Sheets("Sheet2").Visible = True                '设置工作表为可视状态
```

如果使用 Rem 关键字，则需要在两条语句之间加上冒号，例如：

```
Sheets("Sheet2").Visible = True      :          设置工作表为可视状态
```

注释语句在程序中不产生执行代码，只是方便程序员与用户之间交流。

技巧：在调试程序时，可在不希望执行的代码前面添加注释符号。

在VBE中，“编辑”工具栏提供了两个按钮：“设置注释块”和“解除注释块”。使用这两个命令按钮可将选中的代码快速设置为注释，或取消其前面的注释符号（撇号）。

2. 数据输入/输出

计算机程序一般分为三部分：首先接收用户输入的数据，再按一定的算法对数据进行加工处理，最后输出程序处理的结果。在程序中，输入/输出语句占有很大的比例。在Excel中，可从工作表、用户窗体等多处获取数据，并可将数据输出到这些对象中。

（1）数据输入——InputBox函数。为了实现数据输入，VBA提供了InputBox函数。该函数将打开一个对话框作为输入数据的界面，等待用户输入数据，并返回所输入的内容。语法格式如下：

```
InputBox(prompt[,title][,default] [,xpos] [,ypos] [,helpfile,context])
```

该函数有七个参数，其意义分别如下。

1）Prompt为对话框消息出现的字符串表达式，最大长度为1024字符。如果需要在对话框中显示多行数据，则可在各行之间用回车换行符来分隔，一般使用VBA的常数vbCrLf代表回车换行符。

2）Title为对话框标题栏中的字符串。如果省略该参数，则把应用程序名放入标题栏中。

3）Default为显示在文本框中的字符串。如果省略该参数，则文本框为空。

4）Xpos应和Ypos成对出现，指定对话框的左边与屏幕左边的水平距离。如果省略该参数，则对话框会在水平方向居中。

5）Ypos应和Xpos成对出现，指定对话框的上边与屏幕上边的距离。如果省略该参数，则对话框被放置在屏幕垂直方向距下边大约三分之一的位置。

6）Helpfile设置对话框的帮助文件，可省略。

7）Context设置对话框的帮助主题编号，可省略。

例如，使用以下的代码可接收用户输入的数据。

```
Sub 使用InputBos函数()
    Dim strPrompt As String
    Dim strTitle As String
    Dim strDefault As String
    Dim strReturn As String
    strPrompt = "请输入用户姓名："
    strTitle = "输入对话框"
    strReturn = "李XX"
    strReturn = InputBox(strPrompt,strTitle,strDefault)
    Debug.Print strReturn
End Sub
```

在文本框中输入新的姓名，单击“确定”按钮，程序将把用户输入的内容输出到“立即窗口”中。使用InputBox函数时，应注意以下几点。

1）在默认情况下，InputBox函数的返回值是一个字符串类型，而不是变体类型。如果需要使用该函数输入数值，则需要使用Val函数（或其他的转换函数）将返回值转换为相应类型的数值。

2）如果用户单击“取消”按钮（或ESC键），则表示不使用当前输入的值，函数将返回一个空字符串。根据这一特性，可以判断用户是否输入数据到对话框中了。

3）执行一次 InputBox 函数，只能返回一个值，如果需要输入多个值，则必须多次调用该函数。

（2）数据输出——Print 方法。在早期版本的 Basic 中，数据的输出主要通过 Print 语句来实现。在 VBA 中，Print 作为窗体的一个方法，也可用来输出信息。但是在 VBA 中，用户窗体已经不支持 Print 方法了，因为在 VBA 中，Print 方法主要用来向“立即窗口”中输出程序的调试信息。

例如，在上例中使用如下语句向“立即窗口”中输出用户输入的信息：

```
Debug.Print strReturn
```

Print 方法的语法格式如下：

```
object.Print [outputlist]
```

在 VBA 中，object 只能为 Debug 对象，表示向“立即窗口”输出内容。参数 outputlist 是要打印的表达式或表达式的列表。如果省略，则打印一个空白行。Print 首先计算表达式的值，然后输出计算的结果。在 outputlist 参数中还可以使用分隔符以格式化输出的数据。格式化分隔符有以下四种。

1）Spc（n）：插入 n 个空格到输出数据之间。

2）Tab（n）：移动光标到适当位置，n 为移动的列数。

3）分号：表示前后两个数据项连在一起输出。

4）逗号：以 14 个字符为一个输出区，每个数据输出到对应的输出区。

（3）数据输出——MsgBox 函数。使用 MsgBox 函数打开一个对话框，在对话框中显示一个提示信息，并让用户单击对话框中的按钮，使程序继续执行。MsgBox 有语句和函数两种格式，语句格式如下：

```
MstBox  prompt[,buttons][,title][,helpfile,context]
```

函数格式如下：

```
Value=MsgBox(prompt[,buttons][,title][,helpfile,context]
```

通过函数返回值获得用户单击的按钮，并可根据按钮的不同而选择不同的程序段来执行。

该函数（或语句）共有五个参数，除第一个参数外，其余参数都可省略。各参数的意义与 Inputbox 函数参数的意义相同，不同的是多了一个 buttons 参数。buttons 参数用来指定显示按钮的数目及形式、使用提示图标样式、默认按钮，以及消息框的强制响应等。

（4）程序暂停和退出语句。程序在运行过程中，如果需要查看变量的运算中间值，可在代码中加入暂停语句，使程序暂停运行，然后在立即窗口中查看各变量的值。当满足一定条件时，可使用退出语句结束程序的运行。

（5）暂停语句。在需要暂停程序执行的地方放置 Stop 语句，即可让程序暂停运行。用 Stop 语句，就相当于在程序代码中设置断点。

Stop 语句会暂停程序的执行，但是它不像 End 语句，因为 Stop 不会关闭任何文件，或清除变量。暂停的程序又可以接着执行后续的代码。

Stop 语句主要用在调试程序阶段，在应用程序发布之前需要将程序中的 Stop 语句删除或注释掉。下面的代码使用Stop语句来暂停“For…Next”循环里的每一次完成。

```
Sub  暂停程序的执行()
    Dim i As Integer
    For i = 1 To 10                     '开始For…Next 循环
        Debug.Print i                   '将变量 i 的值输出到“立即”窗口
         Stop                           '每一次的完成都会在此暂停
    Next
End  Sub
```

按F5键执行以上过程，在“立即窗口”中输出一个数值1，程序就在Stop语句处暂停。再次按F5键，在“立即窗口”中输出一个数值2，程序又暂停。在暂停状态下，下一个将要执行的语句的底色显示为黄色，同时在左侧有一个黄色箭头。这时可按F8键来逐语句执行，也可按F5键继续执行后续的所有代码。在暂停状态下，可在“立即窗口”中输入Print语句显示程序中各变量的值，也可通过“本地窗口”查看变量的当前值。

（6）退出语句。所谓的退出有两种意义，一是退出正在执行的VBA代码，返回到VBE编辑环境中；另一种是退出Excel系统。

1）End语句。使用End语句可结束程序的运行，返回到VBE编辑环境中。执行End语句会重置所有模块级别变量和所有模块的静态局部变量。若要保留这些变量的值，需改为使用Stop语句，以在保留这些变量值的基础上恢复执行。

注意

End语句不调用Unload、QueryUnload或Terminate事件或任何其他VBA代码，只是强制性地终止代码执行。窗体和类模块中的Unload，QuerUnload和Terminate事件代码未被执行。类模块创建的对象被破坏，由Open语句打开的文件被关闭，并且释放程序所占用的内存。其他程序的对象引用无效。

End语句提供了一种强迫终止程序的方法。VBA程序正常结束应该卸载所有的窗体。只要没有其他程序引用该程序公共类模块创建的对象并且无代码执行，程序将立即关闭。

2）Quit方法。使用Application对象的Quit方法，将退出Excel。使用此方法时，如果未保存的工作簿处于打开状态，则Excel将显示一个对话框，询问是否要保存所做更改。

10.3.6　过程

1. 过程

过程是程序的逻辑单元，由一系列声明和语句构成。VBA中有两种过程，它们分别如下。

子程序：是一系列语句。宏即是子程序。

函数：也是一系列语句，但要返回结果。

（1）子程序。子程序是把代码组织到一起、完成一定功能、使程序更简单的代码块。它不返回值，但是可以通过参数给子程序传值。

子程序声明格式如下。

```
[ { Public | Private | Friend } ] [ Static ]Sub      子程序名称( [参数] )
    语名块
End  Sub
```

其中，Public 关键字使一个过程对于所有模块和它被声明的模块或窗体的其他过程都是可访问的。Private 关键字使一个过程仅在被声明的模块或窗体的其他过程中是可访问的。Friend 关键字仅能在类模块中使用，规定在整个工程中都是可见的，但对于该对象的实例的控制者是不可见的。默认为 Public，即所有模块均可访问的公有类型。Static 关键字规定在过程互相调用时保持过程的局域变量不变。

“参数”是用逗号分开的多个形式参数，它有下列格式：

```
[ Optional ] [ ByVal | ByRef ] [ ParamArray ] 变量名称 [ ( ) ] [ As 类型 ] [=defaultvalue]
```

在参数中，Optional 的意思是这个参数不是必须的；ByVal 指参数按值来传送；ByRef 指按地址来传送（ByRef 是默认选项）；ParamArray 在参数中是最后一个参数，表明最后的参数是一个变体数组；defaultvalue 可以是任意常量或常量表达式，如果用 Optional 关键字，那么它就是参数的默认值。参数类型默认情况下为变体型。

“语名块”又称为过程体，每次被调用时要执行过程体。

最后，End Sub 结束过程的定义。也可以用 Exit Sub 关键字从一个子程序中立即退出。用户可以使用列于参数表中的过程名调用一个子程序。

【例】 判断过程的调用是否传送参数。

```
Sub CountFiles( Optional intMaxFile As Variant )
    If  IsMissing( intMaxFile )  Then
    '没有传送 intMaxFile
        MsgBox("没有传送参数")
    Else
        '传送了 intMaxFile
        MsgBox("传送了参数")
    End If
End Sub
```

子程序又分为两种：事件过程和通用过程。

1）事件过程。当发生窗体或控件的事件（如单击、双击等）时，则调用相应对象的事件处理程序，它们就是事件过程，其名称由“-”连接对象名称和事件名称构成，如 Form1_Click 等。

2）通用过程。把许多事件过程的共同语句抽取出来构成一个通用过程，由各事件过程来调用，则可压缩空间和节省调试时间。

（2）函数。函数是带有返回值的过程。它可以完成子程序所能完成的工作，二者不同之处就在于函数可以返回值。一个函数就是一个可以调用和传递参数的代码块，使用函数可以把整个代码分成便于管理的几个部分。

函数声明格式如下。

```
[ { Public | Private | Friend } ] [ Static ] Function name( [参数] )[As 类型]
    语名块
    [name=返回值]
    语句块
End  Function
```

最后，End Function 结束过程的定义。也可以用 Exit Function 关键字从一个子程序中立即退出。

【例】 Private Sub Command1_Click()

```
Dim intResult As Integer
intResult = Add1(6)//调用函数 Add1();
MsgBox( "Result = " & Str$( intResult ) )
End Sub

Function  Add1( intAdd1  As  Integer ) As  Integer//函数 Add1()定义和声明;
   Add1=intAdd + 1
End Function
```

这个例子可以改为一个记数器。

【例】 Private Sub Command1_Click()

```
Dim intResult As Integer
intResult = Counter()//调用函数 Counter();
MsgBox( "Result = " & Str$( intResult ) )
End Sub

Function  Counter() As  Integer//函数 Counter()定义和声明;
   Dim intCountValue  As  Integer
   intCountValue  =  intCountValue + 1
   Counter = intCountValue
End Function
```

运行此程序，用户每单击一次按钮，调用 Counter()函数以增加单击按钮的次数，并且结果显示在一个信息框中。但是此程序并没有实现计数器的功能，因为返回值总是 1，为什么呢？

这是因为，在 Counter()函数被调用以后，Counter()函数中的计数器变量 intCountValue 被重新初始化。如何解决呢？

解决方案有两种，一种是把 intCountValue 声明为 Static 类型。在调用 Counter()函数时，变量可以保持它的值。另一种是声明整个函数为 Static 类型。这意味着它中间的全部变量都将保持原有的值。两种方案的代码分别如下。

第一种方案：

```
Private Sub Command1_Click()
Dim intResult As Integer
intResult = Counter()
MsgBox( "Result = " & Str$( intResult ) )
End Sub

Function  Counter() As  Integer
   Static intCountValue  As  Integer
   intCountValue  =  intCountValue + 1
   Counter = intCountValue
End Function
```

第二种方案：

```
Private Sub Command1_Click()
Dim intResult As Integer
intResult = Counter()
MsgBox( "Result = " & Str$( intResult ) )
End Sub

Static Function Counter() As Integer
    Dim intCountValue As Integer
    intCountValue = intCountValue + 1
    Counter = intCountValue
End Function
```

2. 过程的使用

调用子程序的形式有两种：

```
Call 子程序名称(参数1,参数2,…,参数n)
子过程名称     参数1,参数2,…,参数n
```

这里的参数均为实参。调用函数的方式是在表达式中写出函数名称和各个实参，其返回值则可用于表达式中。

【例】 计算圆的面积。

```
Function Area( Radius As Single) As Double
Const PI = 3.1415926
Area = PI * Radius^2
End Function
```

调用方法如下。

```
Result = Area( 5 * 6.3)
```

3. 过程的参数

在调用过程时，参数按它们的传递次序传递到被调用过程或函数中，传递方式分为以下两种。

（1）按值传递参数。用关键字 ByVal（不能省略）指出按值传递。把变量传递给过程，则过程对该参数值的改变不会影响调用者变量的值。

【例】 Sub Result (ByVal intNumber As Integer)

```
intNumber = intNumber + 10
End Sub
```

调用程序为

```
x = 1              'x为1
Call Result( x )
y = x+5            'x仍为1,y为6
```

（2）按地址传递参数。用关键字 Byref（可以省略）指出把变量的内存地址传递给过程，在过程中按地址可访问到变量实际的值，从而可以真正地改变变量原来的值，省略 Byref，则按地址传递参数。

【例】 Sub Result (Byref intNumber As Integer)

```
intNumber = intNumber + 10
End Sub
```

调用程序为

```
x = 1                'x为1
Call Result( x )
y = x+5              'x为11,y为16
```

除了以上两种方式外，还可以用关键字 Optional 指定可选参数。

【例】 Sub Result (ByVal intNumber As Integer, Optional strName As String)

```
intNumber = intNumber + 10
If IsMissing( strName ) Then
    '没有传送strName
        MsgBox("没有传送参数")
    Else
        '传送了strName
        MsgBox("传送了参数")
    End If
End Sub
```

则调用语句可为

```
Call Result(10, "LiLi")
```

也可以是

```
Call Result( 10 )
```

还可以给可选参数指定默认值。

【例】 Sub Result (ByVal intNumber As Integer, Optional strName As String ="LiLi")

```
intNumber = intNumber + 10
If IsMissing( strName ) Then
    '没有传送strName
        MsgBox("没有传送参数")
    Else
        '传送了strName
    MsgBox("传送了参数")
    End If
End Sub
```

则

```
Call Result(10, "LiLi")
```

和

```
Call Result( 10 )
```

具有相同结果。

也可以使用关键字 ParamArray 来说明参数个数是不确定的。

【例】 求和函数。

```
Dim x As Integer
Dim y As Integer
Dim z As Integer
Sub Sum( ParamArray Summ() )
For Each x In Summ
y = y + x
Next x
z = y
End Sub

Private Sub Command1_Click()
Sum( 1,2,3,4,5,6 )
Sum( 5,15,20 )
End Sub
```

10.3.7 程序控件

VBA 建立控件时，它自动产生一个对应于控件的名称，如按钮为 CommandButton1。每个控件都具有属性、事件和方法。程序中可以调用它们。VBA 程序开发就是使用对象及其属性、事件和方法来操作对象。

下面介绍几个主要的控件。

1. 标签控件

标签控件（Label）是用来显示静态文本的，它起到对其他控件进行注释的作用，不能直接进行编辑改写。但是可以用程序控制它的文本。图 10-10 中的“已处理”、“对象”、“选择操作”、“单层操作” 和 “可见层” 都是标签控件。

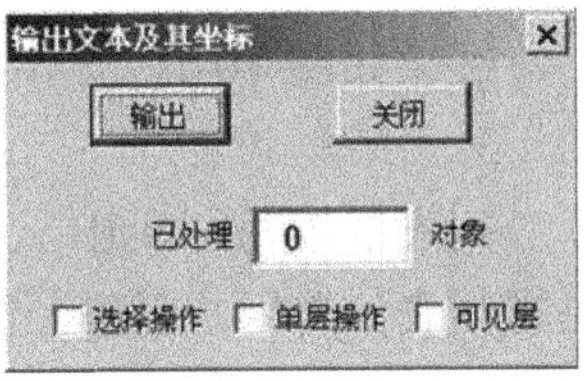

图 10-10　标签示例

标签控件具有以下重要属性。

（1）Caption 属性。包含用户看到的文本。

（2）ForeColor 属性。为文本选择显示的颜色。

（3）Alignment 属性。控制文本左、中、右对齐。

（4）AutoSize 属性。当其为 True 时，会使尺寸容纳不下输入字符串时，自动向右扩充尺寸。

（5）WordWrap 属性。当其为 True，可自动换行并垂直扩充。缺省情况下，右边到达边界时自动换行，但不能垂直扩充。

【例】 动态改变标签文本。

```
Private Sub CheckBox1_Click()
If CheckBox1.BoundValue = True Then
   CheckBox1.Caption = "隐藏标签"
Else
   CheckBox1.Caption = "显示标签"
End If
End Sub
```

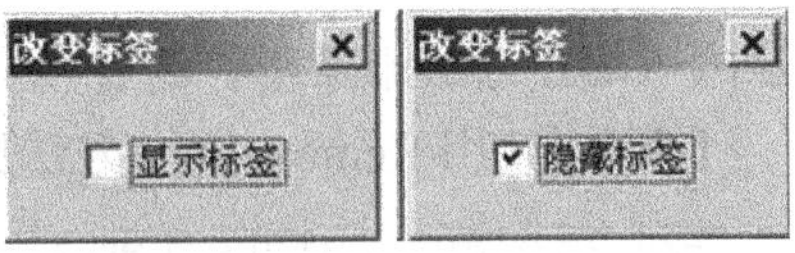

图 10-11　动态改变标签控件文本

结果如图 10-11 所示。

2. 文本框控件

文本框控件（TextBox）见图 10-10 中的内容为“0”的空白框。它可以用于输入或显示信息，以便为程序提供输入和输出数据。

文本框具有以下重要属性。

（1）Text：即用户输入或看到的文本。

（2）AutoSize 属性：当其设置为 True 时，若尺寸容纳不下输入的字符串，文本框自动向右扩充尺寸。

（3）Multiline 属性：当其设置为 True 时，输入字符串到达右边界时会自动换行。

（4）Enabled 属性：当其为 True 时，才可以改变其 Text 属性；否则为只读的。如用来显示的文本框设置即为 False。默认为 True。

（5）Value 属性：用于设置和返回内容，其功能基本与 Text 相同。

（6）ForeColor 属性：用于设置文本框显示文本的颜色。

（7）SelText 属性：用于存放选中的字符串。

（8）SelStart 和 SelLength 属性：指出选择字符串的起始位置和长度。

以下代码功能是从文本框中选取字符。

```
Dim strText As String
strText = "This is a text."
TextBox1.Value = strText
TextBox1.SelStart = 1
TextBox1.SelLength = 3
```

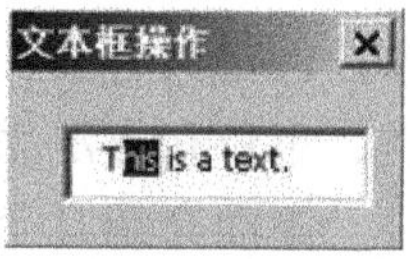

图 10-12　文本框操作

结果如图 10-12 所示。

3. 列表框控件

列表框控件（ListBox）（见图 10-13）是把用户增加到列表中的选项组成列表，向用户显示。如果用户增加的列表项多于列表所能够显示的数目，那么列表框会显示一个滚动条控件。在列表框中用户可以从中选择一个或多个选项。

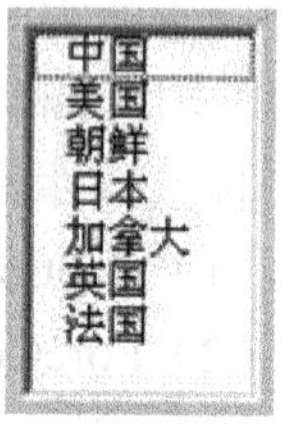

图 10-13　列表框

（1）给列表添加项。给列表添加项是用 AddItem 方法，格式为

```
列表框. AddItem 列表项[,索引]
```

其中，以“索引”指定“列表项”的插入位置，索引 0 表示首项，省略索引表示末尾。

例如，把“北京”放入列表首项：

```
List1 . AddItem "北京",0。
```

（2）删除列表项。利用 RemoveItem 和 Clear 方法删除列表中的项，格式为

```
RemoveItem  索引
Clear
```

其中，Clear 方法删除所有列表项，而 RemoveItem 方法是从列表中删除索引指定的项。

【例】 使用 RemoveItem 方法删除列表框中选中的项。

```
Private Sub DeleteItem_Click()
    ListBox1.SetFocus
    If ListBox1.ListCount >= 1 Then
```

```
        If ListBox1.ListIndex = -1 Then
            ListBox1.ListIndex = ListBox1.ListCount - 1
        End If
        ListBox1.RemoveItem( ListBox1.ListIndex )
    End If
End Sub
```

（3）列表排序。要把列表中的各项按字母排序，只需将其 Sorted 属性设置为 True 即可。

（4）单选和多选控制。列表框的 MultiSelect 属性用来设置是否可以选择多项。MultiSelect 属性的值可为 0、1、2。0 表示只能选择一个项；1 表示可以选择离散的多个项；2 表示选择连续的多个项。其效果如图 10-14 所示。

（a）　（c）　（c）

图 10-14　单选和多选控制

（a）选单项；（b）选离散的多项。（c）选连续的多项

（5）确定选择。根据选项的不同，其返回的结果也不同。只选择单项时，Text 属性即为所选的项。ListIndex 属性指出所选项在列表中的索引号。选择多个项时，Text 属性值为空。ListIndex 属性指出当前取得焦点的项的索引。Selected 属性用于确定列表中某项是否已被选取，参数为索引，其值为 True 则表示已被选取，否则表示没被选取。

（6）其他属性。ListCount 属性指出列表中项的个数。因为从 0 开始计数，所以要从 0 数到 ListCount-1。

List 属性包含列表中指定选项的文本，下标为索引。

Column 属性指出列的个数，其值可为 0，1，>1。0 表示垂直滚动的单列；1 表示水平滚动的单行；>1 表示多行多列。

RowSource 属性指出列表数据的源。

4. 组合框控件

组合框控件（ComboBox）（见图 10-15）是文本框与列表框的组合。在组合框中，用户既可以从下拉式选项列表中选择项，又可以直接输入值。

图 10-15　组合框控件

组合框有两种显示风格：下拉式组合框和列表框。这由其属性 Style 决定。

属性 Style=0 时，可以单击右边的向下箭头，显示出下拉式选项列表，从中选取所需选项送入上部文本框中，也可以直接在上部文本框中输入文本。

属性 Style=2 时，只可从下拉式列表中选择项，而不可直接输入值。

组合框属性如下。

（1）Text 属性。组合框最终只关心在上部文本框中的内容，不管它是从下拉式选项列表中选择的，还是直接输入的，都将其放入 Text 属性中。

（2）ListIndex 属性。指定选择项在列表框中的索引号，当直接输入值时，该属性值等于–1。

（3）组合框的一些方法如添加选项方法 AddItem 和删除选项方法 RemoveItem 等与列表相同。

5. 复选框控件

使用复选框控件（CheckBox）的目的是让用户从若干选项中选择一个或多个选项。每一个复选框具有三种状态：第一种处于未选中状态，框内为空；第二种处于选中状态，框内出现选中标记；第三种处于禁止状态。

复选框控件具有以下主要属性。

（1）Value 属性。表示其状态，未选中时其值为 0（或 False），选中时其值为 –1（或为 True），禁止状态时其值为 Null。

（2）BoundValue 属性。其作用与 Value 相同。

（3）Caption 属性。复选框旁边用来说明复选框的文本信息，也称作复选框标题。

（4）WordWrap 属性。当其为 True 时，Caption 属性中的文本会自动换行。

（5）ForeColor 属性。复选框标题的颜色。

例如，根据图 10-10 中“选择操作”、“单层操作”、“可见层”复选框的状态进行不同的操作。

```
If selectprocess.BoundValue = True Then GoTo STEP1
If layerprocess.BoundValue = True Then GoTo STEP2
If visiblelayer.BoundValue = True Then GoTo STEP3
```

STEP1 处是只对选择的对象进行操作。STEP2 处是只对单层即当前选择层中对象进行操作。STEP3 处是只对可见层中对象进行操作。

该程序中复选框具有一定的优先顺序，“选择操作”复选框最优先，“单层操作”次之，“可见层”最后。若三个复选框均不选则对整个文档所有对象进行操作。详细程序见后面的实例程序。

6. 选项按钮控件

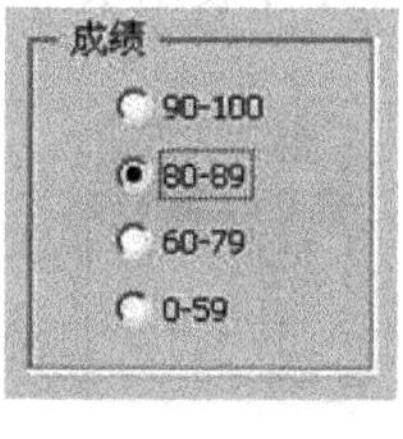

图 10-16 选项按钮

选项按钮控件（OptionButton）用于显示是否选中一个选项，也称为广播按钮。在选中和取消操作上复选框相同。选项按钮是圆形的，而复选框是矩形的，并且选项按钮一般成组使用。当选中一组选项按钮中的某个按钮时，对其他选项的选择会自动取消。用户需要在互相排斥的选项间进行选择时，应当使用选项按钮。例如在“成绩”框架中的四个分数区间选项按钮，如图 10-16 所示。

选项按钮控件具有以下主要属性。

（1）Value 属性。等于 True，则为选中状态；等于 False，则为未选中状态。

（2）Enabled 属性。等于 False，则禁止选中。

（3）Caption 属性。选项按钮旁边用来说明选项按钮的文本信息，也称为选项按钮标题。

（4）ForeColor 属性。选项按钮标题的颜色。

7. 框架控件

当在窗体上添加选项按钮时，这些选项按钮会自动组织起来，使得每次只能选中一个选项按钮。当用户选中一选项时，对其他选项的选择就会自动取消。但这样也会带来一些不方便。例如有两组按钮，分别使用性别和年龄来表示，希望用户在每一组中都可以做出选择，怎么办？可以使用框架控件（Frame）对选项按钮进行分组。把同组的选项按钮放在同一个框架控件中，即可以实现两组按钮分别选中的目的。如图 10-16 所示，所有不同成绩放在了一个名称为“成绩”的框架控件中。

为了区分类别，同类复选框也可以放在框架内。但它不是实际意义上的分组。也就是说不具有选项按钮分组的作用。

8. 命令按钮控件

命令按钮控件（CommandButton）是一种命令控制。用鼠标或键盘按下按钮，可引发一个事件，如 MsgBox()所显示的消息框中“确定”和“取消”按钮。单击命令按钮时，不但使其显示按下状态（则窗体上其他命令按钮全部变为弹起状态），而且还可调用 Click 事件处理程序，完成指定的功能。

命令按钮控件的主要属性和事件如下。

（1）Caption 属性。用于设定在命令按钮上显示的文本。

（2）Font 属性。用设定上述文本的字体。

（3）AutoSize 属性。其值为 True 时，使该命令按钮自动扩展，以容纳较长的文本。

（4）Value 属性。其值等于 True 时，表示该命令按钮处于被按下状态；等于 False，表示该命令按钮处于弹起状态。

（5）Enabled 属性。其值为 False 时，按钮变为灰色，不能被用户单击。

（6）Default 属性。按下 Enter 键等价于单击 Default 属性为 True 的命令按钮。该按钮为默认按钮。在窗体上只设定一个命令按钮的 Default 属性为 True，其他命令按钮的该属性都设定为 False。

（7）Cancel 属性。按下 Esc 键等价于单击 Cancel 属性为 True 的命令按钮，称它为取消按钮。

单击命令按钮时，调用该按钮的 Click 事件处理程序，它是无参数过程，在此过程中可以编辑所需操作的语句块。

9. 开关按钮控件

开关按钮控件（ToggleButton）让用户指定选项的状态。其功能与命令按钮（按下与弹起）或复选框（选中与未选中）相似。开关按钮的 Value 属性值指出该按钮的状态，等于–1（True）时，表示按下；等于零（False）时，表示未按下；等于 Null 时，表示禁止状态。单击开关按钮时调用 Click 事件处理程序。如图 10-17 所示显示了开关按钮的三种状态。

10. 微调按钮控件

微调按钮控件（SpinButton）（见图 10-18）可用于让用户指定一个数值。它不是采用直接输入数值的形式，而是单击该控件的两个方向按钮之一，以增加或减少在另一个控件中显示的数值。

该控件可以通过拖动鼠标边角变为垂直或水平方向，如图 10-19 所示。

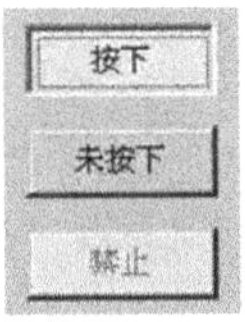

图 10-17 开关按钮的三种状态

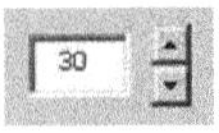

图 10-18 微调按钮和文本框结合操作

图 10-19 垂直和水平微调按钮

该控件主要属性和事件如下。

（1）Value属性。控件当前的值。

（2）Max属性。用于指定Value值的上限。

（3）Min属性。用于指定Value值的下限。

（4）SmallChange属性。单击一次控件Value变化的大小。

（5）SpinUp事件。单击自动加上SmallChange设定的值。

（6）SpinDown事件。单击自动减去SmallChange设定的值。

【例】 用微调按钮调整文本框中的值。

```
Private Sub SpinButton1_SpinDown()
TextBox1.Value = TextBox1.Value - SpinButton1. SmallChange
End Sub

Private Sub SpinButton1_SpinUp()
TextBox1.Value = TextBox1.Value + SpinButton1.SmallChange
End Sub
```

11. 图片控件

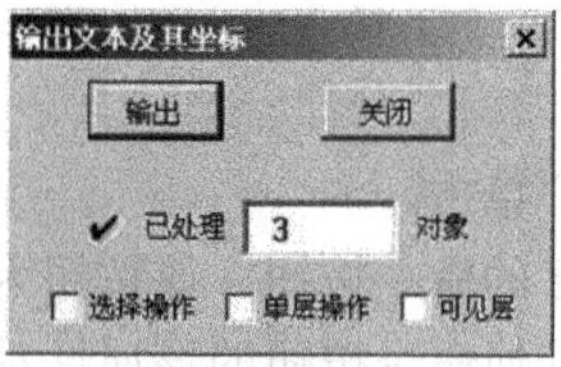

图10-20 图像控件示例

图像控件（Image）（见图10-20中的对号）的作用是显示图像。它能显示的图像格式有BMP、CUR、GIF、ICO、JPG或WMF等。图像控件使用起来非常简单，而且不占用太多的程序资源。使用该控件时，只需将图像文件装入图像控件的Picture属性（在设计阶段使用这个属性或在运行期间用LoadPicture()函数）即可。

图像控件是非常灵活的，它能自动调整尺寸，以适合控件中的图像大小。另一方面，如果不想让图像控件尺寸改变，可以将它的Stretch属性设置为True，意思是通过改变图像的尺寸来适应控件而不是改变控件以适应图像。

图像控件的主要属性如下。

（1）Picture属性。用于加载图像。设计阶段在属性窗口中选择该属性，单击右边的“...”按钮，则显示“加载图像”对话框。选择所要显示图像文件，确认后即设定了要显示的图像。

（2）Enabled属性。设置该对象是否处于有效状态。

（3）AutoSize属性。设置当其为True时，自动调整该对象的大小，以适应图像尺寸。

（4）Visible属性。用于控制图像的显示。当Visible为True时，图像显示；当Visible为False时，图像隐藏。

例如图10-20中，在做文本输出处理之前，图像（对号）不显示；当输出处理结束时图像（对号）显示。

其实现代码为

```
'初始化时隐藏图像
Image1.Visible = False
[处理代码段]
Image1.Visible = True    '结束时显示图像
```

12. 在工具箱中增删工具

从窗体工具箱中选取控件工具，可在窗体上加入各种控件对象，但是有时工具箱中的工具并不能满足于用户的需要，幸亏 VBA 中提供了在工具箱中任意增加和删除工具的功能。增加工具的方法如下。

在“Tools（工具）”菜单中选“Additional Controls（添加控件）...”命令，或者在工具箱中单击鼠标右键并在快捷菜单中选“Additional Controls...”命令，都可以出现“Additional Controls”对话框。

在“Available Controls（可用控件）”列表框中挑选所需控件，单击其左边的复选框，使之处于选中状态，如标准对话框控件 Microsoft Common Dialog Control，Version 6.0，如图 10-21 所示。

单击“确定”按钮。选中的控件就会出现在工具箱中，未选中的控件则从工具箱中删去了。图 10-22 显示了工具箱最后添加的标准对话框控件工具。

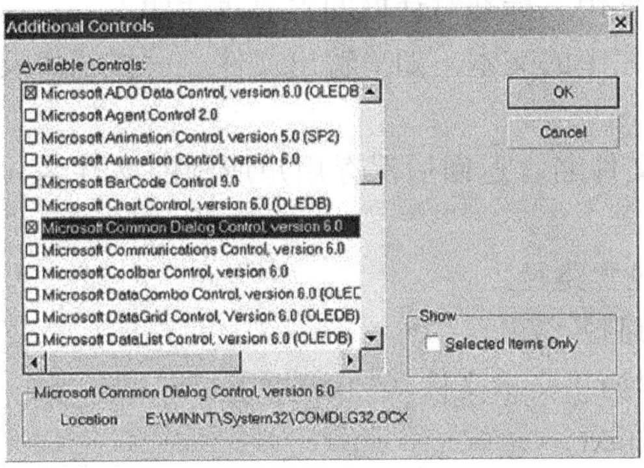

图 10-21 添加控件对话框

图 10-22 添加标准对话框后的工具箱

13. 标准对话框控件

Windows 标准对话框为用户提供了功能强大的、专业的交互式对话框，为普通用户提供了与所有 Windows 程序相同的界面。对用户来说，Windows 程序的标准用户界面非常便于使用。对于程序设计者来说，有了功能强大的标准对话框可随时使用，不必自己创建。

标准对话框是 VBA 控件提供的。它的加入方法参见“工具箱工具控件的增删”一节。标准对话框控件（CommonDialog）加入到窗体中后，其位置没有限制，因为在运行期间是不可见的。

使用控件的 Action 属性可以显示对话框。Action 属性是为了与 Visnal BaSic 早期版本兼容而提供的。其使用方法如下。

```
对象.Action = [Value]
```

其中，Value 值决定了对话框的类型：

（1）没有操作。

（2）显示“打开”对话框。

（3）显示“另存为”对话框。

（4）显示“颜色”对话框。

（5）显示“字体”对话框。

（6）显示“打印”对话框。

（7）运行 Winhlp32.exe。

同时也可以使用新方法：

（1）ShowOpen：显示打开对话框。

（2）ShowSave：显示另存为对话框。

（3）ShowColor：显示颜色对话框。

（4）ShowFont：显示字体对话框。

（5）ShowPrinter：显示打印或打印选项对话框。

（6）ShowHelp：调用 Windows 帮助引擎。

标准对话框控件能自动提供对话框界面的上下文帮助。通过单击“帮助”按钮调用上、下文相关帮助，“帮助”按钮在标题栏，标有“What's This”。另外，也可以右击选项以获得更多信息，然后在弹出的菜单中选择“What's This”命令。

下面以打开的另存为对话框为例说明它的使用。标准对话框的主要属性如下。

（1）DialogTitle 属性。显示在对话框标题栏中的文本。如“输出文件——提示您反馈其中的错误”。

（2）FileName 属性。打开或存储的默认文件名。返回后保存用户所选的文件名（包含路径）。

（3）FileTitle 属性。仅仅保存文件名，不包含路径。

（4）InitDir 属性。打开或存储文件的默认路径。

（5）Filter 属性。文件类型过滤器。如设置为“文本文件（*.txt）|*.txt”。

（6）DefaultExt 属性。文件默认扩展名。如 txt。

（7）MaxFileSize 属性。最大的文件名长度。如 SaveDlg.MaxFileSize = 260 将其文件名和路径限制在 260 字节。

（8）CancelError 属性。这是一个用来检测单击的是哪个按钮的系统方法。设置为 True，当用户单击 Cancel 按钮时，就会导致一个特殊的、无害的、错误代码为 32755 的可捕获错误。利用 On Error GoTo 语句并标签控件放在下列代码的末尾，这样，一旦用户单击了 Cancel 按钮，程序就跳到过程末尾，然后退出。

如图 10-23 所示显示了单击属性（Custom）右边按钮后弹出对话框的设置。

使用 SaveDlg . ShowSave 方法得到结果如图 10-24 所示。

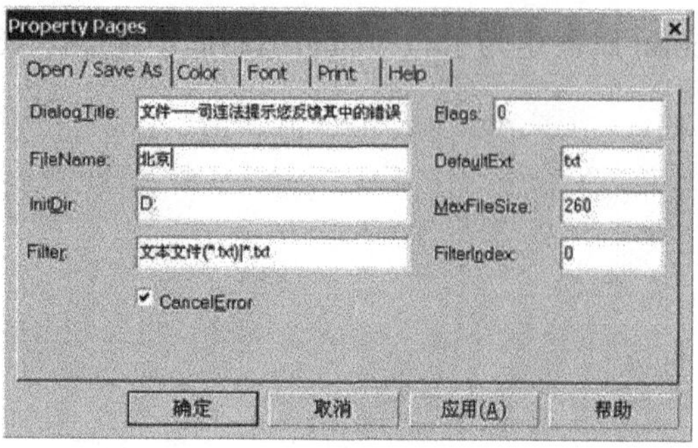

图 10-23 打开和另存为对话框初始化设置

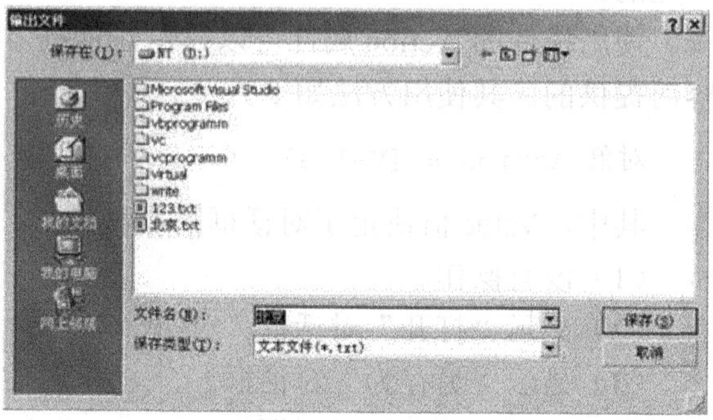

图 10-24 存储文件对话框运行结果

另外，标准对话框还有一个重要属性 Flags。可以在显示文件打开和另存为对话框中设置各种选项，下面是它的一些设置选项。

（1）cdlOFNAllowMultiselect——&H200；指定文件名列表框允许复选。用户在运行期间，可以通过按 Shift 键和用向上、向下按键选择所要的多个文件。之后，FileName 属性返回一个包含所有所选文件名的字符串，文件名在字符串中通过空格来分开。

（2）cdlOFNCreatePrompt——&H2000；指定当用户创建一个当前不存在的文件时，对话框提示创建文件。这个标志自动设置 cdlOFNPathMustExist 和 cdlOFNFileMustExist 标志。

（3）cdlOFNExplorer——&H80000；显示和资源管理器一样的打开文件对话框模板。这只有 Windows 95 和 Windows NT 4 才支持。

（4）cdlOFNExtensionDifferent——&H400；指明返回文件名的扩展名和由 DefaultExt 属性指定的扩展名不一致。如果扩展名匹配、文件无扩展名或 DefaultExt 属性为 Null，就不用设这个标志。当对话框关闭时就可以检测到这个标志值。这对于跟踪用户希望打开的文件种类是非常有用的。

（5）cdlOFNFileMustExist——&H1000；指定用户在文件名文本框中仅能输入存在的文件名。如果设置这个标志，用户输入一个无效的文件名时，系统会显示警告信息。这个标志能自动设置 cdlOFNPathMustExist 标志。

（6）cdlOFNHelpButton——&H10；使对话框显示帮助按钮。

（7）cdlOFNHideReadOnly——&H4；隐藏只读复选框。

（8）cdlOFNLongNames——&H200000；能够使用长文件名。

（9）cdlOFNNoChangeDir——&H8；当对话框打开时使其设为当前所在的目录。

（10）cdlOFNNoDereferenceLinks——&H100000；禁止使用壳链接（也称为短路）。通过默认值，选择一个壳链接使其能由壳来解释说明。

（11）cdlOFNNoLongNames——&H40000；禁止长文件名。

（12）cdlOFNNoReadOnlyReturn——&H8000；指明返回的文件不能具有只读属性，并且不能在写保护目录下面。

（13）cdlOFNNoValidate——&H100；指明标准对话框允许返回的文件名中有无效字符。

（14）cdlOFNOverwritePrompt——&H2；如果选择的文件已经存在，会引起另存为对话框产生一个消息框，用户必须确认是否覆盖此文件。

（15）cdlOFNPathMustExist——&H800；指定用户仅可输入有效路径。如果设置了这个标志并且用户输入一个无效的路径，将会显示警告信息。

（16）cdlOFNReadOnly——&H1；建立对话框时，只读复选框初始化为选定。该标志也指示对话框关闭时只读复选框的状态。

（17）cdlOFNShareAware——&H4000；指定忽略共享冲突错误。

需要说明的是，cdlOFNExplorer 和 cdlOFNNoDereferenceLinks 标志适用于 Windows 9X 和 Windows X。Windows 9X 中 cdlOFNExplorer 的公共对话框使用字符作为分隔符；而在没有 Windows 9X 外壳的 Windows NT 的早期版本中，多重选择是使用空格作为分隔符（所以不能支持长文件名）。无论是在 Windows X 还是在 Windows 9X 中，如果不选取 cdlOFNAllowMultiselect 标志，cdlOFNExplorer 和 cdlOFNLongNames 标志均没有意义，并且实际上是默认值。

无论是在 Windows X 还是在 Windows 9X 中，如果 cdlOFNAllowMultiselect 标志被单独使用，都不能支持长文件名。这是因为多重文件名要复现空格分隔符，而长文件名也可能包括空格符。在 Windows X 较早版本中，无法避免这种情况。如果使用 cdlOFNAllowMultiselect，就不能看到长文件名。如果在 Windows 9x 中添加 cdlOFNExplorer 标志，就可以既能文件多选，又能看到长文件名。但是，这些文件名显现空字符分隔符，而不是空格分隔符隔开。因此，cdlOFNAllowMultiselect 和 cdlOFNExplorer 一起使用时，在 Windows 9x 和 Windows X 中需要不同的文件名所得结果的语法分析。

针对标准对话框还有许多重要的类别及其属性。由于本书内容限制，不能一一讲解，要想详细了解它们，还需要查询其他相关资料。比如按 F1 键查寻帮助文件。

10.3.8 VBA 编程环境与实例

1. VBA 编程环境

在 Excel 工具栏的任意一处单击鼠标右键，从弹出菜单中选择 Visual Basic，出现 Visual Basic 工具栏，如图 10-25 所示。

图 10-25 Visual Basic 工具栏

单击该工具栏中的第三项图标按钮，就出现 VBA 编辑器，如图 10-26 所示。

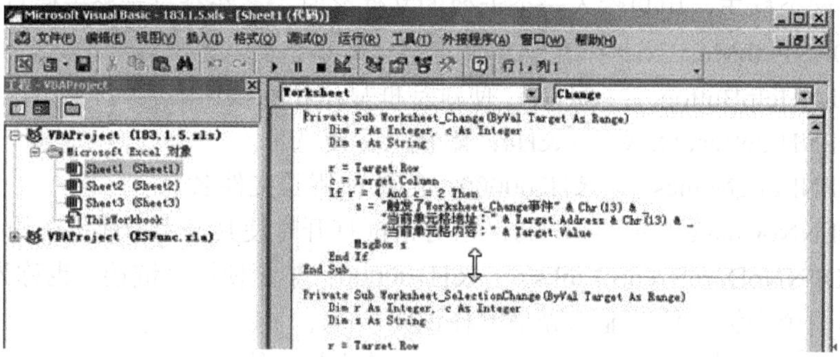

图 10-26 VBA 编辑器

还有一种进入 VBA 编辑器的方法：单击菜单“工具”→“宏”→“Visual Basic 编辑器”命令。

在 VBA 编辑器中单击“帮助”菜单，可看到打开 Visual Basic 联机帮助，用户可以系统、完整地学习 VBA 编程的有关内容。

2. Excel 对象模型

从编程的角度来看，Excel 的各个组成部分都称为对象。一个工作簿是一个 Workbook 对象，其中的每个工作表是 Worksheet 对象，一个单元格是 range 对象等。每种对象都有一定的“属性”。如 Range 对象有一个属性，代表单元格中的内容。这样，当想得到 A4 单元格的值时，就可以写这样一行代码：

```
x=range("A4").
```

对象还有一定的“事件”和“方法”，如 workbook 对象有一个 beforePrint 事件，当用户打印工作簿文件时发生。这样，如果希望在打印前提醒用户检查打印机，就可以写下面的这段代码。

```
Private Sub Workbook_BeforePrint(Cancel As Boolean)
 MsgBox "请检查打印机,然后按确定。"
End Sub
```

表 10-11 列举了 Excel 的常用对象及其属性和方法。

表 10-11　　　　Excel 的常用对象及其属性和方法

对象名	含　义	属性/方法		属性/方法含义
Workbook	工作簿	Worksheets	属性	属性，所包含的工作表集合
Worksheets	工作表集合	Count	属性	集合中包含的工作表数
Worksheet	工作表	Name	属性	工作表名称
		Prut	方法	打印
		PrintPreview	方法	打印预览
Range	单元区域（格）	Address	属性	区域地址
		Row	属性	左上角行号
		Column	属性	左上角列号
		Rows	属性	包含的所有行
		Columns	属性	包含的所有列
			属性	值
		Formula	属性	公式内容
		ct	方法	选中区域

打开 Excel 的联机帮助，在目录树中展开“编程信息”，可看到 Excel 的对象模型。从中可以详细了解每一种对象及其属性和方法的含义、用法。

3. 事件驱动的编程

如前所述，Excel 中的工作簿、工作表、单元区域、单元格、工具栏等都是对象，每类对象都有自己的一套属性、方法和事件。“事件”在用户操作后发生，如“保存”是一个事件，“打开”某个工作簿是一个事件，在某单元格中“输入”内容是一个事件，单击一个按钮还是一个事件。如果希望在完成某项操作的时候执行某段程序，就要把这段程序写在该操作对应的事件处理程序中。

常用的事件，如表 10-12 所示。

表 10-12　　　　常用的事件

对　　象	操　　作	事件处理程序
工作簿	打开	Workbook_Open
	关闭	Workbook_BeforeClose
	保存	Workbook_BeforeSave
	打印	Workbook_BeforePrint
工作表	双击	Worksheet_BeforeDoubleClick
	右击	Worksheet_BeforeRightClick
	选中区域/单元格	Worksheet_ctionChange
	改变单元格内容	Worksheet_Change
	激活	Worksheet_Activate

4. 实例

【实例 1】 VBA 在 Word 中的应用。

如果在 Word 中没有使用 VBA，Word 表格会显得极为不灵活。例如，在表格 10-13 中，要计算张某的综合积分。其计算公式将涉及四个单元格：张某的智育、德育、体育成绩及缺勤扣除，通过简单的相加就可以很容易地得到张某的综合积分。但是当智育成绩等四个单元格的数据发生修改变化时，综合积分单元格的计算结果不会自动发生变化，这时就容易发生表格处理错误。应用 VBA 就可以很好地解决这个问题，我们以表 10-13 为例，通过 VBA 的宏过程计算每位同学的综合积分。

表 10-13　　　　成 绩 表

学号	姓名	智育成绩	德育成绩	体育成绩	缺勤扣除	综合积分
01	张某	86	95	78	5	
02	李某	92	88	96	3	
03	王某	74	90	89	1	
04	赵某	81	85	90	4	

编写如下一个宏程序。

```
Sub computesum()
Dim i, jAs Integer
Dim counterAs Single
For i =2 To 5
counter=0
For j=3 To 6
counter=counter+Val(ActiveDocumen.t Tables(1).Cell( i, j).Range.Text)
Next j
ActiveDocumen.t Tables(1).Cell( j, 7).Range.Delete
ActiveDocumen.t Tables(1).Cell( j, 7).Range. InsertAfter counter
Next i
End sub
```

有了这个宏程序，以后每次修改数据源，只要运行一次这个宏程序就可以自动更新计算结果，这样可以避免由于数据源被修改而造成的表格处理错误，使得 Word 表格灵活起来了。

【实例 2】 VBA 在 Excel 中的应用。

Excel 是一种常用的电子表格处理软件，支持强大的公式和函数的计算。通常情况下，只需要在相应的单元格中输入计算公式或者系统自带的函数，即可得到想要的结果。但在一些特殊情况下，使用公式和系统自带的函数往往显得过于复杂，这时可以使用 VBA 来自定义需要的函数，以便提高工作效率。

例如，将考试成绩划分为四个等级，分别为优秀，良好，中等和不及格。使用两种不同的方法来实现。

方法一：

使用 IF 工作函数对成绩进行划分，需要在单元格中输入：

```
=IF (OR(G2>100, G2<0),“数据有错”, IF (G2<60,“不及格”, IF (G2<=74,“中等”, IF
(G2<=89,“良好”, IF (G2<=100,“优秀”,“数据出错”)))))
```

注意

假定成绩存放在“G2”单元格。

方法二：

使用 VBA 来自定义一个函数 score。

（1）单击“工具”菜单下的“宏—VisualBasic 编辑器”项，进入 VB 编辑器窗口。

（2）单击“插入”菜单下的“模块”项，在代码窗口中输入下列自定义的 score 函数代码。

```
Function score(pj)
If pj<60 Then score =“不及格”
If 60<=pjAnd pj<75  Then score =“中等”
If 75<=pjAnd pj<90  Then score =“良好”
If 90<=pjAnd pj<100  Then score =“优秀”
If Not(0<=piAnd pj<=100)  Then score =“数据出错”
End  Function
```

对比分析：通过对比可以看出，方法一中使用的 IF 工作函数，有多层嵌套，程序比较复杂，不易理解，极易出错。在方法二中，用户使用 VBA 语言自己定义了一个 score 函数，这个自定义的函数可以代替一个长而复杂的公式或者系统自带函数，增强了可读性，层次清晰，易于理解。

习　题

1. 安装 Microsoft Office Visio 2003 和科学图形包，将自己所在办公环境的网络结构图设计出来。

2. VBA 编程训练：

（1）任意输入两个数据，判断较大数，并显示出来。

（2）输入一个年份，判断它是平年还是闰年。

（3）输入三个数，找出它们中的最大数和最小数。（或者按序排列输出）

（4）输入 10 个同学的成绩，判断他们成绩的等级。（及格：60-70，中等：71-80，良好：81-95，优秀：95 以上）

（5）计算 1+2+3+…+100 的和。

（6）计算 1+3+5+…+99 的和。

（7）计算 1-2+3-4+5-…+99-100 的结果。

（8）求一元二次方程 $ax^2+bx+c=0$ 的根。

（9）找出 1000 以内的“水仙花数”。（水仙花数是一个三位数，它的各位上的数字的立方和，恰好等于它本身。如 153，$1^3+5^3+3^3=1+125+27=153$）

（10）找出 1000 以内的“同构数”。（同构数的特点是平方后得到的数的末尾和自身相同。如 25，$25^2=625$）

（11）找出1000以内的素数。

（12）用辗转相除法求任意两个数的最大公约数和最小公倍数。

（13）求6!。

（14）求1! +2! +3! +…+6!。

（15）找出10000以内的“四朵金花”。四朵金花是一个四位数，它每一位的四次方和等于它本身，如1634。

活　动

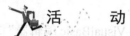

活动主题：科学图形设计训练——房屋装修设计

活动任务：

1. 向亲友要一张真实房屋平面图，上面有真实的尺寸。

2. 打开Visio 2003，建立这张房屋的平面图。

3. 将这个房屋平面图，按你的装修理念，进行构思和布局，全面进行设计。包括水电设计、家具布局、空间结构改造等。

第 11 章　现代办公数据库基础

在信息时代，现代化办公要求人们能够快速处理大批量的信息数据，在信息数据处理过程中需要应用数据库技术知识。从某种意义上说，数据库管理系统软件正是计算机技术与数据库技术相结合的产物，它是信息处理或数据处理的核心。

本章从数据库基本概念出发，逐一讲解信息、数据、数据处理、数据模型、数据库、数据库系统设计基础知识，并着重介绍 Access 2003 数据库管理工具的基本操作。最后通过人事管理信息系统的具体案例说明数据库在现代办公系统中的应用。

11.1　数据库基础知识概述

在计算机数据处理应用领域，人们首先遇到的基本概念是信息和数据，它们是两个不同的术语，但又密不可分。

11.1.1　信息和数据

信息（Information）是客观事物属性的反映。它所反映的是关于某一客观系统中某一事物的某一方面属性或某一时刻的表现形式。通俗地讲，信息是经过加工处理并对人类客观行为产生影响的事物属性的表现形式。

数据（Data）是反映客观事物属性的记录，是信息的载体。对客观事物属性的记录是用一定的符号来表达的，因此说数据是信息的具体表现形式。数据所反映的事物属性是它的内容，而符号是它的形式。

数据与信息在概念上是有区别的。

从信息处理角度看，任何事物的属性都是通过数据来表示的，数据经过加工处理后，使其具有知识性并对人类活动产生决策作用，从而形成信息。用数据符号表示信息，其形式通常有三种：数值型数据，即对客观事物进行定量记录的符号，如身高、体重、年龄、价格的多少等；字符型数据，即对客观事物进行定性记录的符号，如姓名、单位、地址的标志等；特殊型数据，如声音、视频、图像等。

从计算机的角度看，数据泛指那些可以被计算机接受并能够被计算机识别处理的符号。

总之，信息是有用的数据，数据是信息的表现形式，信息是通过数据符号来传播的。

11.1.2　数据库技术的发展

数据库技术所研究的问题是如何科学地组织和存储数据，如何高效地获取和处理数据，也叫数据管理技术。数据处理是将数据转换成信息的过程，包括数据的采集、整理、存储、分类、排序、检索、维护、加工、统计和传输等一系列操作过程。数据处理的目的是从大量的、原始的数据中获得人们所需要的资料并提取有用的信息，作为行为和决策的依据。

在计算机中，使用计算机外存储器如磁盘存储数据，通过计算机软件来管理数据，通过应用程序来对数据进行加工处理。

随着计算机软硬件技术的发展和社会对数据处理要求的不断增长，计算机数据管理技术也经历了由低级到高级的发展过程。它大致经历了人工管理、文件系统、数据库系统、高级数据库系统四个发展阶段。

1. 人工管理阶段

20 世纪 50 年代中期前，计算机的外部设备只有磁带机、卡片机和纸带穿孔机等，没有可以直接存取的磁盘设备。数据处理采用批处理的方式，没有专门用于数据管理的软件。计算机主要用于科学计算，所涉及的数据在相应的应用程序中进行管理，数据与程序之间不具备独立性。人工管理阶段应用程序和数据的对应关系如图 11-1 所示。

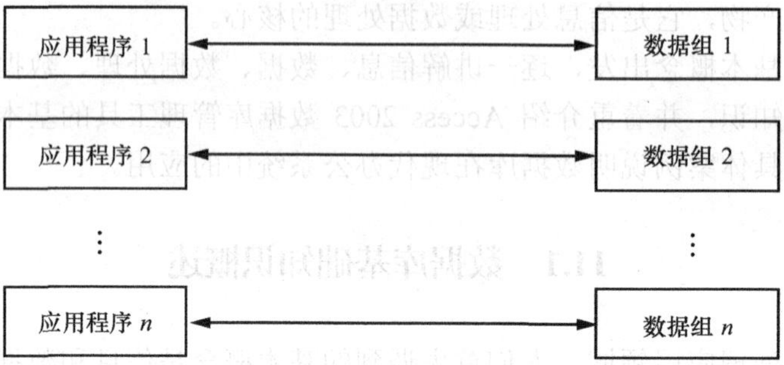

图 11-1 人工管理阶段程序和数据的对应关系

2. 文件系统管理阶段

从 20 世纪 50 年代后期到 60 年代末，磁盘和磁鼓等外部存取设备的出现和操作系统中提供的文件管理功能，使得计算机在信息管理方面的应用得到了迅猛发展，数据管理技术也提高到了一个新的水平。其主要特点是：数据独立于程序，可以重复使用；实现了文件的长期保存和按名存取。文件管理阶段应用程序和数据的对应关系如图 11-2 所示。

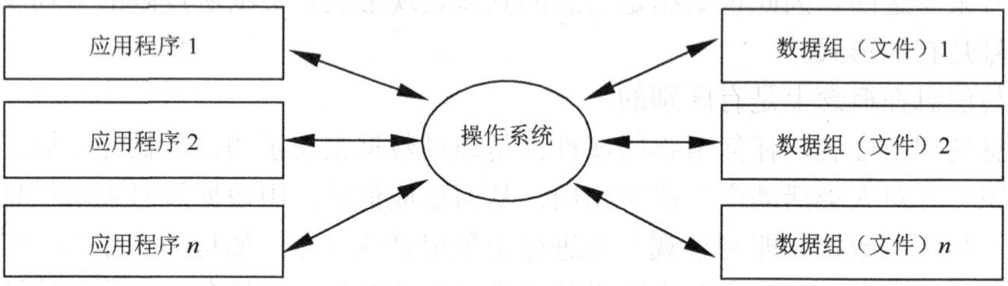

图 11-2 文件管理阶段程序和数据的对应关系

3. 数据库系统管理阶段

20 世纪 70 年代发展起来的数据库技术进一步克服了文件系统的缺陷，提供了对数据进行管理的更有效、更方便的功能。其主要特点是：具有较高的逻辑数据独立性；提供了数据库的创建、操纵以及对数据库的各种控制功能；用户界面友好，便于使用。数据库系统管理阶段应用程序和数据的对应关系如图 11-3 所示。

4. 高级数据库系统管理阶段

自 20 世纪 80 年代以来，以分布式数据库和面向对象数据库技术为代表，数据库技术进入了高级数据库阶段。此后，根据数据库管理应用领域的不断扩大，如知识库、多媒体数据库、工程数据库、统计数据库、模糊数据库、主动数据库、空间数据库、并行数据库以及数据仓库等新型数据库系统如雨后春笋般大量涌现，为数据管理和信息共享与利用带来了极大的方便。

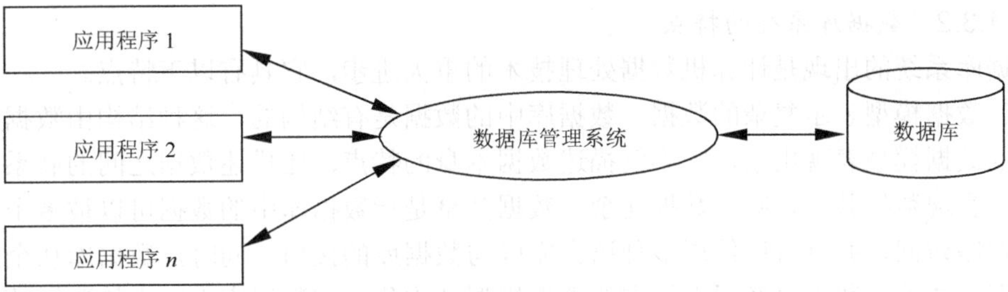

图 11-3　数据库系统管理阶段程序和数据的对应关系

11.1.3　数据库系统

11.1.3.1　数据库系统的组成

数据库系统是由数据库（Data Base，DB）、数据库管理系统（Data Base Management System，DBMS）、数据库管理员（Data Base Administrator，DBA）、数据库应用程序及用户 5 个部分组成。

1. 数据库

数据库是指长期存储在计算机内、有组织、可共享的数据集合。它不仅包含数据本身，而且还包括相关数据之间的关系。这些数据以一定的结构存放在存储介质中。其基本特点是数据能够为各种用户共享、具有最小的冗余度、数据对程序的独立性及由数据库管理系统统一管理和控制等。

2. 数据库管理系统

数据库管理系统是对数据库进行管理的软件，是数据库系统的核心。数据库管理系统位于用户和操作系统之间，为用户或应用程序提供访问数据的方法。包括数据库的建立、更新、查询、统计、显示、打印及各种数据控制。

3. 数据库管理员

数据库管理员是对数据库进行规划、设计、协调、维护和管理的工作人员。其主要职责是决定数据库的结构和信息内容、决定数据库的存储结构和存放策略、定义数据库的安全性要求和完整性约束条件及监控数据库的使用和运行。

4. 数据库应用程序

数据库应用程序是使用数据库语言开发的、能够满足数据库处理需求的应用程序。

5. 用户

用户可以通过数据库管理系统直接操纵数据库，或者通过数据库应用程序来操纵数据库。

数据库系统的五个部分及其相互关系如图 11-4 所示。

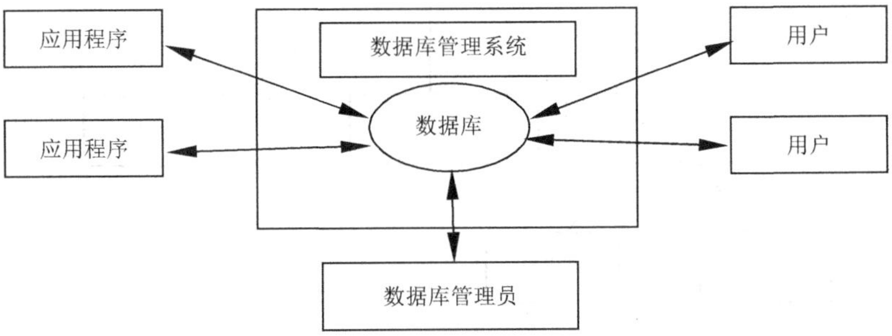

图 11-4　数据库系统的组成

11.1.3.2 数据库系统的特点

数据库系统的出现是计算机数据处理技术的重大进步，它具有以下特点。

（1）数据模型表示复杂的数据。数据库中的数据是有结构的，这种结构由数据库管理系统支持的数据模型表现出来，它不仅描述数据本身的特点，还描述数据之间的联系。

（2）实现数据共享，减少数据冗余。数据共享是指数据库中的数据可以被多个用户、多个应用程序访问，并且可以使用多种语言完成与数据库的接口。同时，数据库从全局的观念组织和存储数据，数据已经根据特定的数据模型结构化，在数据库中用户的逻辑数据文件和具体的物理文件不必一一对应，从而有效节省了存储资源，减少了数据的冗余，增强了数据的一致性。

（3）具有较高的数据独立性。所谓数据独立是指数据与应用程序之间的彼此独立，它们之间不存在相互依赖的关系。应用程序不必随数据存储结构的改变而变动。

在数据库系统中，数据库管理系统通过映像功能，实现应用程序对数据的逻辑结构与物理存储结构之间较高的独立性。用户只需以简单的逻辑结构来操作数据，无需考虑数据在存储器的物理位置与结构。

数据独立提高了数据处理系统的稳定性，从而提高了程序维护的效益。

（4）具有统一的数据控制功能。数据共享必然伴随着并发操作，即多个用户同时使用一个数据库。为此，数据库管理系统必须要提供必要的保护措施，包括并发控制功能、数据的安全性控制和数据的完整性控制。

11.1.4 数据模型

数据模型是指数据库中数据与数据之间关系的描述，是数据库系统的核心和基础，通常由数据结构、数据操作和完整性约束三部分组成。任何数据库管理软件都是基于某种数据模型的。数据库管理系统常用的数据模型有层次模型、网状模型和关系模型及面向对象数据模型等。

1. 层次模型

层次模型（Hierarchical Model）表示数据间的从属关系结构，使用有向树型结构来表示数据库中的数据间关系。层次模型像一棵倒置的树，根节点在上，层次最高；子节点在下，逐层排列。典型的层次型数据库系统有 IBM 的 IMS、SYSTEM 2000 等。层次模型的示例如图 11-5 所示。

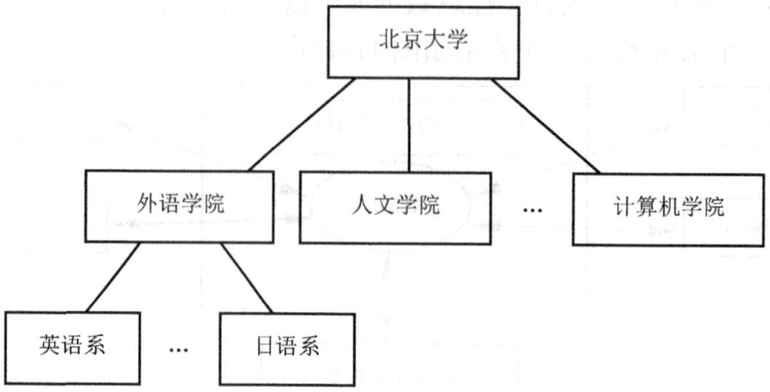

图 11-5 层次模型示例图

2. 网状模型

网状模型（Network Model）是层次模型的扩展，表示多个从属关系的层次结构，呈现一种交叉关系的网络结构。网状模型是以记录为结点的网络结构。

典型的网状型数据库系统有 IDMS、UDS、DMS1100、TOTAL 和 IMAGE3000 等。网状数据库模型对于层次和非层次结构的事物都能比较自然地模拟，在关系数据库出现之前网状数据库要比层次数据库用得普遍。在数据库发展史上，网状数据库占有重要地位。网状模型示例图如图 11-6 所示。

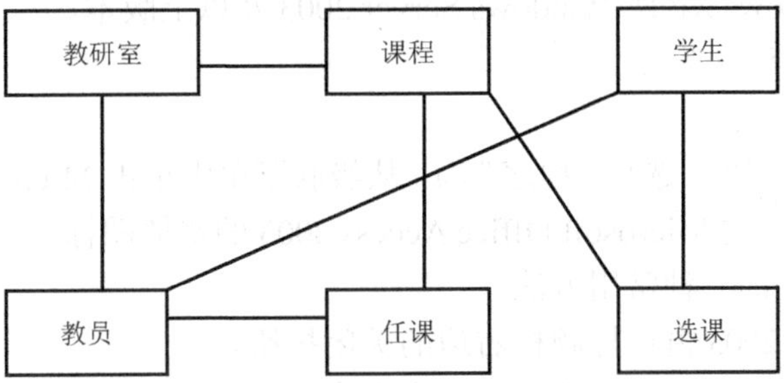

图 11-6　网状模型示例图

3. 关系模型

关系模型（Relational Model）使用二维表格的形式来表现数据库中的数据及其联系。在实际的关系数据库中的关系也称表。一个关系数据库就是由若干个表组成。

关系模型的主要特点如下。

（1）关系中每一分量不可再分，是最基本的数据单位。

（2）每一竖列的分量是同属性的，列数根据需要而设，且各列的顺序是任意的。

（3）每一横行由一个个体事物的诸多属性构成，且各行的顺序可以是任意的。

（4）一个关系是一张二维表，不允许有相同的属性名，也不允许有相同的元组。

关系模型示例，某部门专门人才基本情况表如表 11-1 所示。

表 11-1　　某部门专门人才基本情况表

编号	姓名	性别	学历	出生日期
2007001	张三	女	本科	1985-10-11
2007002	李四	男	硕士	1982-12-30
2007003	王五	男	专科	1978-08-06
2007004	赵六	女	硕士	1980-03-09

4. 面向对象数据模型

面向对象数据库采用面向对象数据模型，是面向对象技术与数据库技术相结合的产物。在面向对象数据库中使用了对象、类、实体、方法和继承等概念，具有类的可扩展性。数据抽象能力、抽象数据类型与方法的封装性。存储主动对象及自动进行类型检查等特点。面向对象模型能完整地描述现实世界的数据结构，具有丰富的表达能力。目前，在许多关系型数据库中已经引入并具备了面向数据库系统的某些特性。

11.2 Access 2003 概述

Access 2003 是微软公司开发的 Office 2003 系列组件之一，通过 Access 2003 提供的丰富工具集及可视化的界面，用户可以方便地建立和使用数据库。

11.2.1 Access 2003 的界面

Office 2003 安装环境要求，需要至少 245MB 的硬盘空间，操作系统需是 Microsoft Windows 2000、Windows XP 或 Windows Server 2003 及以上版本。

1. Access 2003 启动与退出

两种常用启动方法。

（1）单击“开始”菜单，选择“程序”项，从级联菜单中单击 Microsoft Office Access 2003。

（2）双击桌面建立的 Microsoft Office Access 2003 的快捷图标。

退出 Access 2003 的三种常用方法。

（1）单击 Access 2003 窗口标题栏右边的关闭按钮。

（2）选择 Access 2003 “文件” → “退出” 命令。

（3）按快捷键 ALT+F4。

2. Access 2003 的主窗口

启动 Access 2003 后，其用户界面如图 11-7 所示。包含标题栏、菜单栏、工具栏、任务窗格、状态栏等部分。

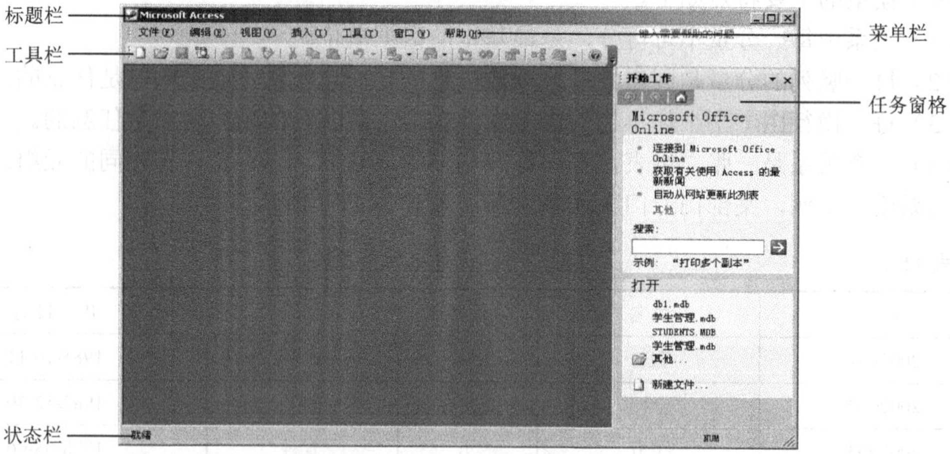

图 11-7 Access 2003 用户界面

（1）标题栏。标题栏位于屏幕界面的第一行，它包含系统程序图标、主屏幕标题、“最小化”按钮、“最大化”按钮和“关闭”按钮五个对象。

（2）菜单栏。菜单栏位于屏幕的第二行，它包含文件、编辑、视图、插入、工具、窗口和帮助七个菜单选项。

当单击其中一个菜单选项时，就可以打开一个对应的下拉式菜单，在该下拉式菜单下，通常还有若干个子菜单选项，当选择其中一个子菜单选项时，就可以执行一个操作。

（3）工具栏。启动 Access 2003 后，菜单栏下面显示的是数据库工具栏。Access 2003 系统供了 Web、数据库、自定义工具栏，其中自定义工具栏包括表设计、查询、报表等工具栏。可以通过“视图”→“工具栏”命令打开各个工具栏。

（4）状态栏。状态栏位于 Access 2003 主窗口的最底部，用于显示某一时刻的管理数据的工作状态。

（5）任务窗格。启动 Access 2003 后，自动出现默认的开始工作任务窗口。单击该窗口右上方的下拉按钮，可以看到打开帮助、搜索结果、文件搜索、新建文件等任务窗口的菜单。

可以通过“视图”→“工具栏”→“任务窗格”命令打开或关闭开始工作任务窗口。

11.2.2　Access 2003 数据库窗口

新建数据库文件或打开已经创建的数据库后，都可以打开 Access 2003 数据库窗口，如图 11-8 所示。

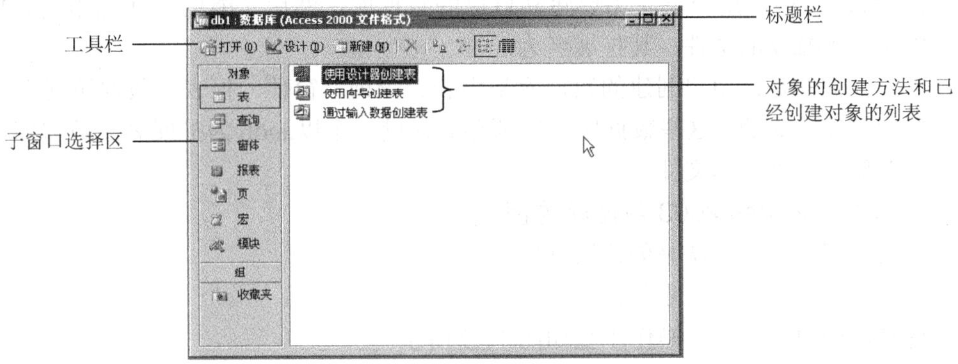

图 11-8　Access 2003 数据库窗口

（1）标题栏显示数据库文件名称，及窗口控制按钮。

（2）工具栏包含打开、设计、新建、删除及查看等按钮工具。

（3）子窗口选择区也叫对象选择区，包含表、查询、窗体、报表、页、宏、模块等七个对象和一个组。

（4）在对象选择区可以选择要显示的对象。

（5）表：表是关于特定主题（例如产品和供应商）数据的集合。为每个主题使用单个的表，意味着用户仅存储数据一次，这可以使数据库的效率更高，数据输入的错误较少。

（6）查询：使用查询可以按照不同的方式查看、更改和分析数据，也可以用查询作为窗体、报表和数据访问页的记录源。

（7）窗体：窗体是一种用于数据库中输入和显示数据库的数据库对象，使数据库有更好的操作界面。

（8）报表：报表是以打印格式显示数据的一种有效方式，能够直观显示所要查看的数据。

（9）页：一种特殊类型的 Web 页，用于查看和处理来自 Internet 或 Intranet 的数据。

（10）宏：宏是由一些操作组成的集合，创建这些操作可以帮助用户自动完成常规任务。通过使用宏组，可以同时执行多个任务。

（11）模块：模块基本上是由声明、语句和过程组成的集合，它们作为一个已命名的单元存储在一起，对 Microsoft Visual Basic 代码进行组织。Microsoft Access 有两种类型的模块：标准模块和类模块。

（12）对于经常使用的数据库对象，为了快速方便地找到它们，可以将它们的快捷方式组织到一个组中。这样当单击该组的图标时，这些数据库对象就会显示在数据库窗口的对象列表中。

（13）默认的组是“收藏夹”。创建新组的方法：在数据库选项卡的位置，右击鼠标，在弹出的菜单中选择“新组”命令。

（14）将一个数据库对象添加到组的方法是：选择对象，右击鼠标，在弹出的菜单中选择“添加到组”命令；或者直接将对象拖动至组。

11.3 Access 2003 数据库创建与维护

在 Access 中，用户首先需要建立自己的数据库，然后才能创建其他相关对象。Access 数据库是一个独立的文件，其扩展名为.mdb。

需要强调的是：用户创建的数据库是由表、查询、窗体、报表、数据访问页、宏和模块等数据库对象构成的，这些数据库对象都存储在同一个以.mdb 为扩展名的数据库文件中，即数据库对象不是独立的文件。

11.3.1 Access 2003 数据库的创建

Access 提供三种方法来创建数据库。

1. 使用数据库向导创建数据库

这是最简单的方法，操作步骤如图 11-9 所示。

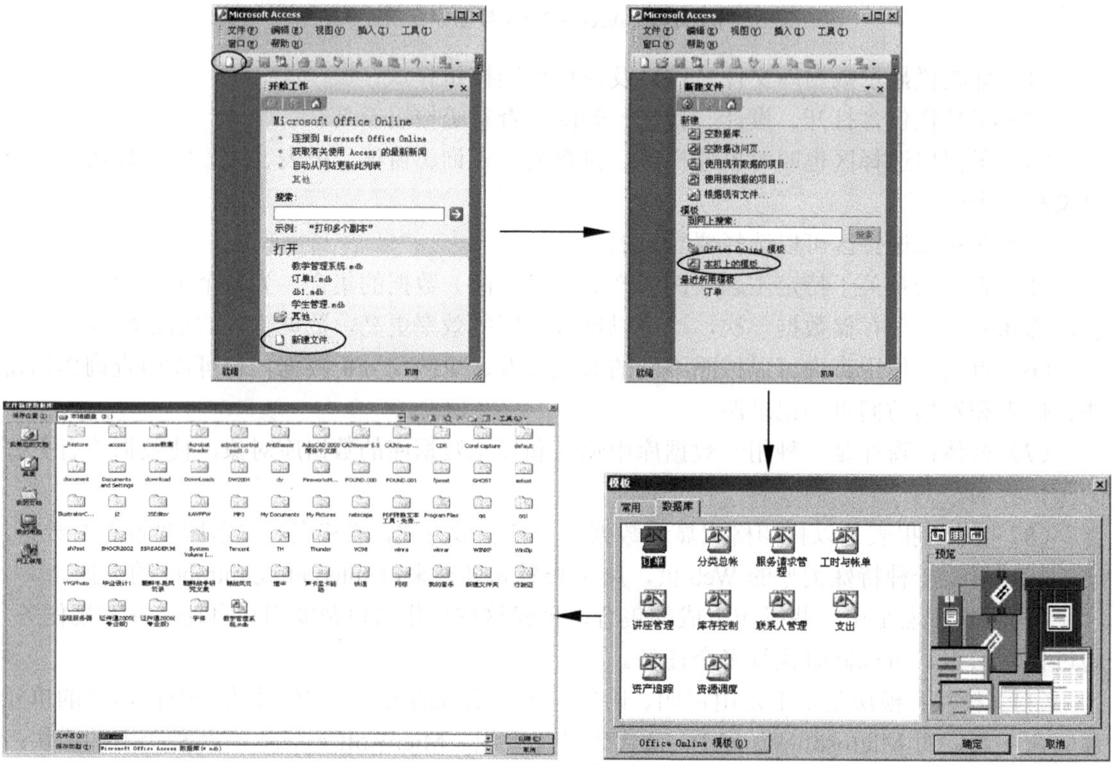

图 11-9 使用数据库向导创建数据库的步骤

（1）单击工具栏上的“新建”按钮，或在任务窗格中单击“新建文件”项。

（2）在“新建文件”任务窗格中，单击“本机上的模板”项。

（3）在出现的“模板”对话框中，单击“数据库”选项卡，单击要创建的数据库类型的图标。

（4）在“文件新建数据库”对话框中，指定数据库的名称和位置，然后单击“创建”按钮。

（5）然后利用数据库向导，一步步按提示操作即可为所选数据库类型创建必需的表、查询、窗体和报表。

2. 使用模板创建数据库

这是最快的方法，操作步骤如图 11-10 所示。

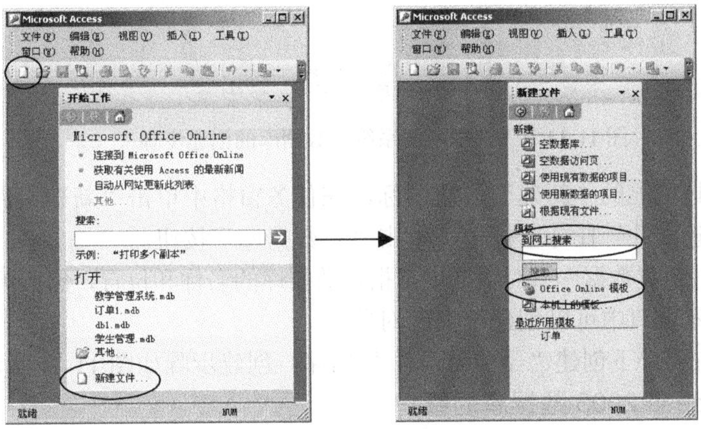

图 11-10 使用模板创建数据库的步骤

（1）单击工具栏上的“新建”按钮，或在任务窗格中单击“新建文件”项。

（2）在“新建文件”任务窗格中，在“模板”下搜索特定的模板；或单击“Office OnLine 模板”项，在弹出的对话框中找到合适的模板。

3. 创建空数据库

这是最灵活的方法，先创建一个空数据库，然后再添加表、窗体、报表及其他对象。操作步骤如图 11-11 所示。

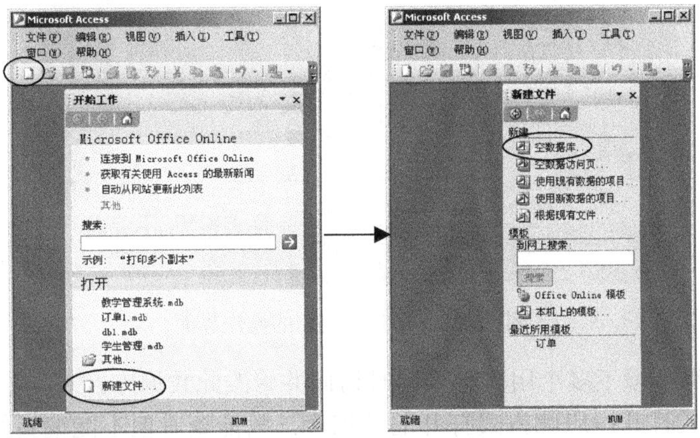

图 11-11 “教学管理系统”数据库的创建步骤（一）

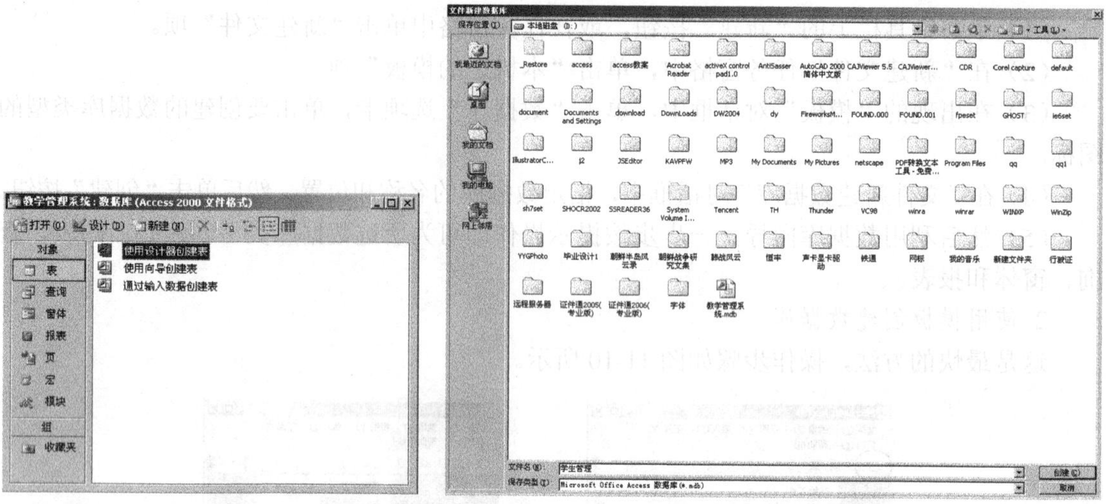

图 11-11 “教学管理系统”数据库的创建步骤（二）

（1）单击工具栏上的“新建”按钮图标，在任务窗格中单击“新建文件”项。

（2）在“新建文件”任务窗格中，单击“空数据库”按钮。

（3）在“文件新建数据库”对话框中，指定数据库的名称和位置，然后单击“创建”按钮。

（4）在数据库窗口中可以创建所需的对象。

【例 11-1】 在 D:\下创建“学生管理”数据库，创建步骤如图 11-11 所示。

11.3.2 Access 2003 数据库的维护

数据库创建好后，即可对它进行打开使用、压缩和修复等维护操作。

1. 打开数据库

（1）单击工具栏上的“打开”按钮，或者单击“文件”菜单中的“打开”命令。

（2）单击驱动器或文件夹，找到想要打开的数据库。

（3）打开数据库有下面四种方式，如图 11-12 所示。

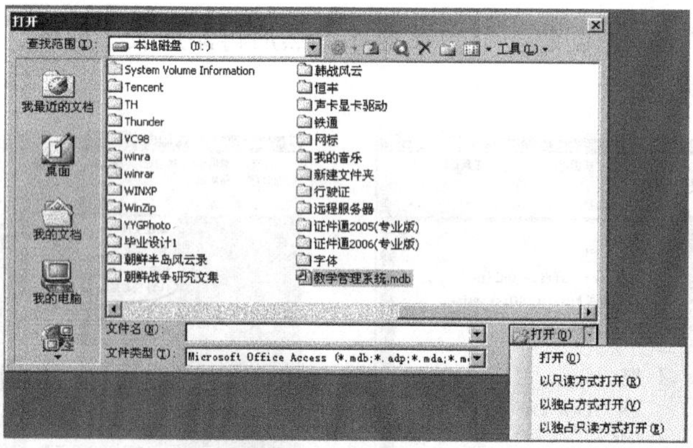

图 11-12 打开数据库的操作界面

1）打开：网络环境下多个用户可以同时访问并修改此数据库。

2）以只读方式打开：用此方式打开的数据库，只能查看但不能编辑修改，可以防止错误地修改数据。

3）以独占方式打开：在网络环境下，防止多个用户同时访问此数据库。

4）以独占只读方式打开：在网络环境下，以只读访问方式打开数据库，并且防止其他用户打开。

（4）在 Access 2003 中，打开数据库时，会出现“安全警告”对话框，如图 11-13 所示。

如果不希望出现该对话框，可以单击“工具”菜单“宏”中的“安全性”命令，在“安全性”对话框的“安全级”选项卡中选择级别为“低”，如图 11-14 所示。

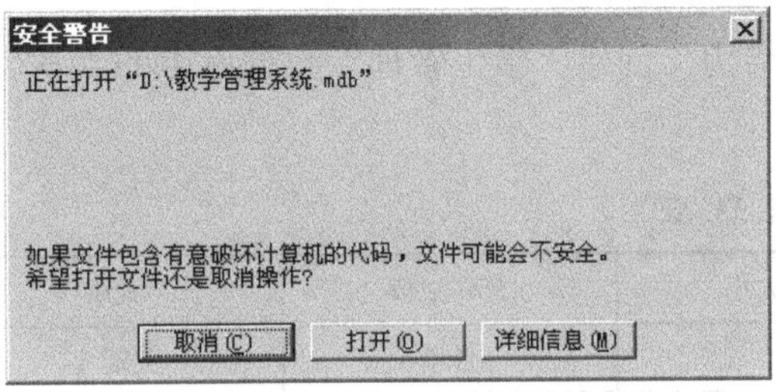

图 11-13　安全警告对话框

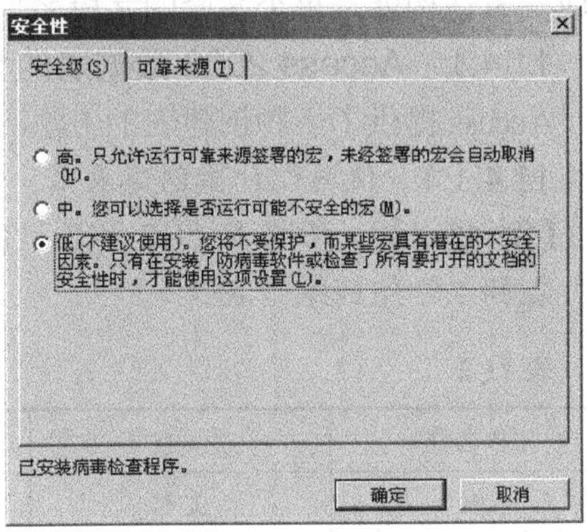

图 11-14　安全性对话框

2. 压缩和修复数据库

在对 Access 数据库操作的过程中，因为经常进行数据的删除、添加，使数据库文件变得支离破碎，数据库文件变得非常庞大，所以压缩可以优化 Access 数据库。

一般情况下，当试图打开一个 Access 数据库时，Microsoft Access 会自动检测该数据库是否损坏，并且自动提供修复。但是，在某些情况下，可能检测不到文件受损。因此，当数据库文件表现得异常、难以捉摸时，就要压缩并修复它。

Microsoft Access 对数据库的压缩和修复放在一个进程中处理。

（1）压缩和修复当前已打开或未打开的数据库。选择“工具”→“数据库实用工具”→“压缩和修复数据库…”命令，系统即自动进行数据库的压缩修复。

（2）每次关闭数据库文件时自动对其进行压缩和修复。如果想要 Microsoft Access 自动压缩数据库，可以进行下面的操作。

选择“工具”→“选项…”项，打开“选项”对话框，然后单击“常规”选项卡，选中“关闭时压缩”复选框。

注意

可通过按下 Ctrl+Break 键或 Esc 键来终止压缩和修复过程。

3. 改进数据库性能

根据计算机的配置和工作环境，可以使用“性能分析器”来改进数据库的性能。

方法：打开要优化的 Access 数据库，选择“工具”→“分析”→“性能”命令。

在“性能分析器”中列出了三种分析结果：推荐、建议和意见。Access 可以执行推荐和建议的优化，但意见优化必须由用户来执行。

11.4 Access 2003 数据表创建与维护

在 Access 空数据库建立可以建立表、查询、窗体等数据对象。其中，表是最基本的数据对象，用于存储和管理数据，是与特定主题（如教师或学生、产品或供应商）有关的数据的集合。

表将数据组织成列（称为字段）和行（称为记录）的形式。表由表结构和表内容两部分组成。表结构就是每个字段的字段名、字段的数据类型和字段属性，表内容就是表的记录。

11.4.1 Access 2003 数据表的创建

Access 提供了多种创建表的方法。

11.4.1.1 使用设计器创建表

【例 11-2】 参照表 11-2 和表 11-3 中的结构，创建“学生管理”数据库中的“学生信息”表和“学生成绩”表。

表 11-2 学 生 信 息 表

字段名称	字段类型	字段大小	允许空值	索引
学号	文本	6	必填	关键字
姓名	文本	12	必填	
性别	文本	2		
年龄	数字	整型		
小组	文本	8		

表 11-3 学 生 成 绩 表

字段名称	字段类型	字段大小	允许空值	索引
学号	文本	6	必填	关键字
语文	数字	整型		
数学	数字	整型		
外语	数字	整型		

（1）打开“学生管理”数据库，在数据库窗口中选择“表”数据库对象，或者单击“新建”按钮，弹出“新建表”对话框，操作界面如图 11-15 所示。

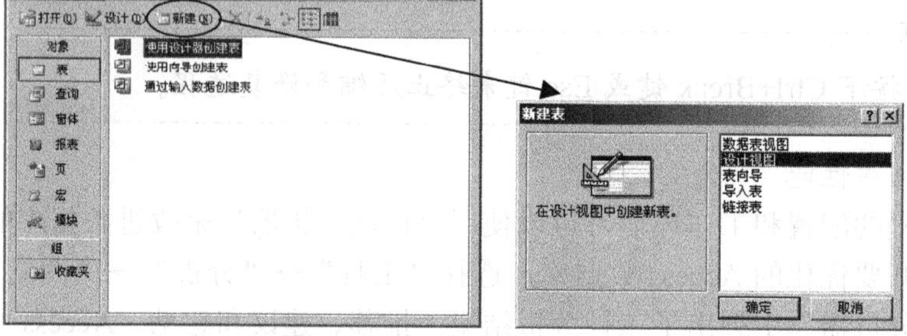

图 11-15 创建表的方法

（2）在数据库窗口双击“使用设计器创建表”项，或者在“新建表”对话框中双击“设计视图”项，进入数据表的设计视图，界面如图 11-16 所示。

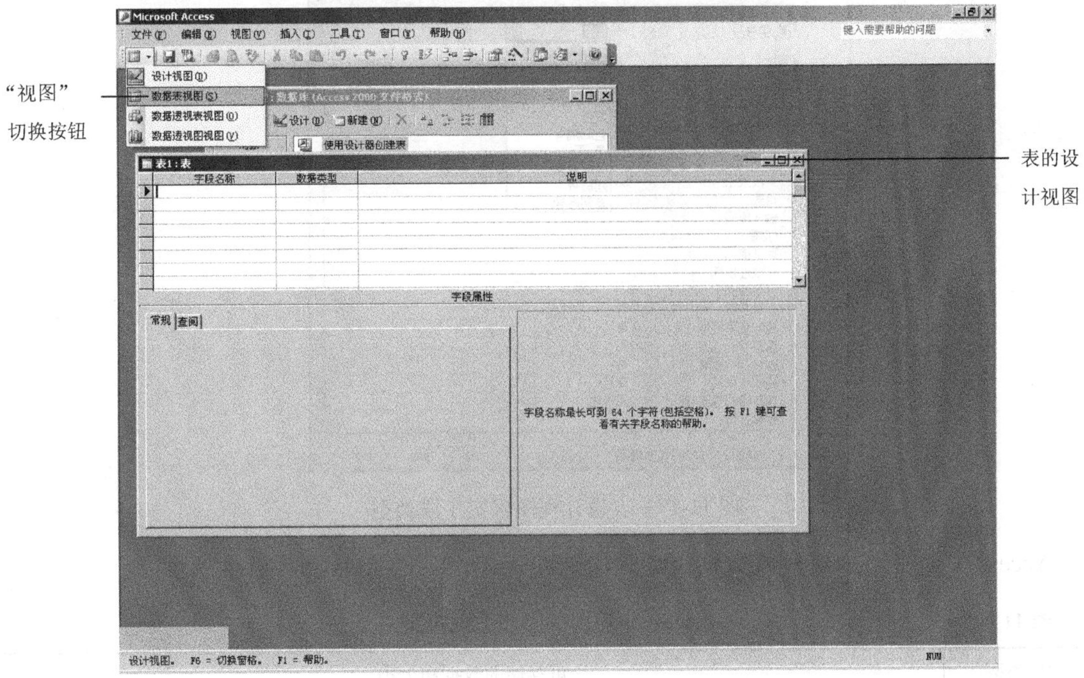

图 11-16　表的设计视图

注 意

利用“视图”切换按钮，可以切换至表的不同视图。在“设计视图”下，可以完成表结构的设计；在“数据表视图”下，可以输入记录、删除记录、删除字段和修改字段名称。

1. 字段名称

字段名称即给字段命名。例如，在表设计视图第 1 行“字段名称”列输入“学号”。字段名的命名规则如下。

（1）字段名最长可达 64 字符（包括空格）。

（2）字段名可以包含字母、数字、空格和其他字符。

（3）字段名不能包含（）、!、[]等字符。

（4）不能用空格作为字段名的第 1 个字符。

（5）应避免过长，最好使用便于理解的名字。

2. 数据类型

如图 11-17 所示，单击“数据类型”列，并单击右边向下三角箭头，选择“文本”数据类型。字段数据类型的设置定义了用户可以输入到字段中的值的类型。例如，数据类型为“文本”的字段可以存储由文本或数字字符组成的数据，而“数字”字段只能存储数值数据，以便在计算中使用。

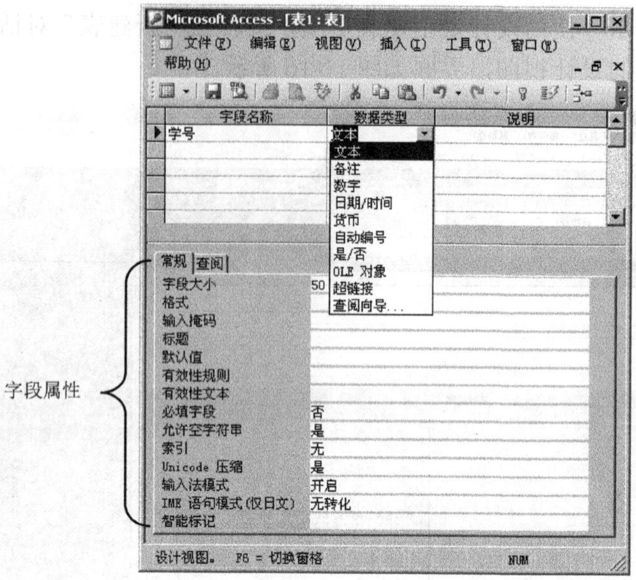

图 11-17　表设计视图确定字段类型

Access 中所有可用的字段数据类型、用法和存储空间的大小如表 11-4 所示。

表 11-4　　Access 中可用的字段数据类型

数据类型	可存储的数据和大小
文本	文本或文本与数值的结合，文本格式的数字不能用于计算，如姓名、电话号码等。最多255个字符，默认值为50个字符
备注	超长的文本或者文本与数值的结合，如个人简介、注释等。可最多为65535个字符
数字	可用于计算的数值，如长度、重量、分数等。既可以存放整数，也可以存放小数
日期/时间	表示日期和时间的数据类型，可用于计算，范围从100~9999，最多8字节
货币	表示货币的数据数据类型，小数点左边最多可存储15位数字，右边可精确到四位，最多8字节
自动编号	Access为每一条新记录的自动增加1的数值类型，4字节
是/否	布尔型数据类型，如是/否、开/关等。1字节
OLE对象	源于其他基于Windows应用程序中的对象链接与嵌入，如Microsoft Excel电子表格、图片、声音等。最多1GB
超链接	建立一个存储超级链接的字段，可以链接到一个URL字段。最多64000字符
查阅向导	创建一个字段，该字段允许从其他的表、列表框或组合框中选择字段的值。单击这个选项会打开一个“查阅向导”，根据向导可创建一个查阅字段。一般4字节

3. 字段说明

在表的设计视图中，字段输入区域的“说明”列用于帮助用户了解字段的用途、数据的输入方式及该字段对输入数据格式的要求。

4. 常规（字段属性的设置）

为字段定义了字段名称、数据类型及说明以后，Access 进一步要求用户定义字段属性。字段属性是一组特征，使用它可以控制数据在字段中的存储、输入或显示方式。

每一个字段都拥有字段属性，不同的数据类型所拥有的字段属性是各不相同的。

（1）字段大小。定义文本、数字或自动编号等数据类型的字段大小，应根据实际需要定义字段的大小。“学生信息”表中“学号”字段的大小为 6，“姓名”字段大小为 12。

注意

在 Access 中，一个汉字和一个西文字符一样，都占一个字符。

（2）格式。定义数字、日期、时间和文本的显示方式。该属性只影响数据的显示方式，不影响数据的存储方式，它对不同的数据类型使用不同的设置。

对于“文本”和“备注”类型字段，可以在“格式”属性的设置中使用特殊的符号来创建自定义格式。特殊的符号如表 11-5 所示。

表 11-5　　用于“文本”和“备注”类型的特殊字符

符号	说　明	格式设置	输入数据	数据显示
@	要求文本字符（字符或空格）	@@@-@@-@@@@	465043799	465-04-3799
&	不要求文本字符	（&&&）&&&&&&&&	01087654312	（010）87654312
<	强制所有字符为小写	<	DAVOLIO	davolio
>	强制所有字符为大写	>	davolio	DAVOLIO

对于“数字”和“货币”数据类型，可以将“格式”属性设为预定义的数字格式或自定义的数字格式。预定义的数字格式如表 11-6 所示。

表 11-6　　用于“数字”和“货币”类型的预定义格式

设　置	说　明	输入数据	数据显示
常规数字	（默认值）以输入的方式显示数字	3456.789	3456.789
货币	使用千位分隔符，对于负数、小数以及货币符号、小数点位置按照Windows“控制面板”中的设置	3456.789	￥3456.79
欧元	使用欧元符号€	3456.789	€3456.79
固定	至少显示一位数字	3456.789	3456.79
标准	使用千位分隔符	3456.789	3456.79
百分比	乘以100再加上百分号（%）	0.45	45%
科学记数	使用标准的科学记数法	3456.789	3.46E+03

创建自定义的数字格式，需在“格式”属性中使用以下特殊符号，特殊的符号如表 11-7 所示。

对于“日期 / 时间”、“是 / 否”数据类型，可以将“格式”属性设为预定义的格式，也可以使用自定义格式。例如将“学生”表中的“出生年月”字段设为日期 / 时间型，“格式”设为“短日期”。

表 11-7　　用于“数字”和“货币”类型自定义格式的字符

<table>
<tr><th>符 号</th><th>说 明</th><th>自定义格式</th><th>例 如</th></tr>
<tr><td>.（英文句号）</td><td>小数分隔符</td><td rowspan="9">自定义的数字格式
可以有1～4个节
·使用分号（；）作为
列表项分隔符
·每一节都包含了不
同类型数字的格式
设置：
第1节 正数的格式
第2节 负数的格式
第3节 零值的格式
第4节 Null值的格式</td><td rowspan="9">+0．0、-0．O、
O．0表示：在
正数或负数
之前显示正
号(+)或负号(–)，
如果数值为零则
显示O．O
O、(0)、“Null”
表示：按常用
方式显示正
数，负数在圆
括号中显示，
如果值为Null
则显示“Null”</td></tr>
<tr><td>,（英文逗号）</td><td>千位分隔符</td></tr>
<tr><td>0</td><td>数字占位符，显示一个数字或O</td></tr>
<tr><td>#</td><td>数字占位符，显示一个数字或不显示</td></tr>
<tr><td>$</td><td>显示原义字符“$”</td></tr>
<tr><td>%</td><td>百分比，数字将乘以100，并附加一个百分比符号</td></tr>
<tr><td>E-或e-</td><td>科学记数法，在负数指数后面加上一个减号（–），在正数指数后不加符号该符号必须与其他符号一起使用，如O．00E-00或O．00E0O</td></tr>
<tr><td>E+或e+</td><td>科学记数法，在负数指数后面加上一个减号(–)，在正数指数后面加上一个正号(+)该符号必须与其他符号一起使用，如O．00E+00</td></tr>
</table>

（3）输入掩码。定义数据的输入格式，使用“输入掩码”属性可以使数据输入更容易，并且可以控制用户在文本框类型的控件中输入的值。如可以为“电话号码”字段创建一个输入掩码，向用户显示如何准确输入新号码：(______) ________-________。

在创建输入掩码时，可以使用特殊字符来定义输入掩码。特殊字符如表 11-8 所示。

表 11-8　　输入掩码特殊字符

字 符	说 明	输入掩码	示例数据
0	数字（0～9，必须输入，不允许加号+与减号–）	（000）000-0000	（206）555-0248
9	数字或空格（非必须输入，不允许加号和减号）	（999）999-9999	（　）555-0248
#	数字或空格（非必须输入；在“编辑”模式下空格显示为空白，但是在保存数据时空白将删除；允许加号和减号）	#999	–20 2000
L	字母（A～z，必须输入）	>L????L?000L0	GREENGR339M3 MAY R 452B7
?	字母（A～z，可选输入）		
A	字母或数字（必须输入）	（000)AAAA-A AAAA	（010）1234-tele
a	字母或数字（可选输入）	（aa）aaa	（) 345
&	任一字符或空格（必须输入）	（&&）&&&	（12）345
C	任一字符或空格（可选输入）	cc（cc）	（12）34
.，:;-/	小数点占位符及千位、日期与时间的分隔符	99、99 99/99/99	12、34 06/01/23
<	将所有字符转换为小写	>L<??????????????	Maria
>	将所有字符转换为大写	>LL00000-0000	DB51392-0493
\	使后面的字符以字面字符显示	\A	只显示为A

注意

如果为同一字段定义了输入掩码，同时又设置了格式属性，格式属性将在数据显示时优先于输入掩码。这意味着即使已经保存了输入掩码，在数据设置了格式并显示时，仍将忽略输入掩码。

（4）标题。在数据表视图、窗体和报表中替换字段名，但是并不改变表中的字段名。

（5）默认值。默认值就是定义字段的默认值。例如，在“学生”表中可以将“籍贯”字段的默认值设置为“北京”。当在表中添加记录时，既可以接受该默认值，也可以输入其他城市的名称。

（6）有效性规则。指定对输入到记录、字段或控件在中的数据的要求。例如，输入的数据不能为 0，有效性规则可以这样设置：<>0。

（7）有效性文本。当输入的数据违反了“有效性规则”的设置时，可以使用“有效性文本”属性指定将显示给用户的消息。例如，当输入 O 时，显示“输入的数据不能为 O!”。

（8）必填字段。确定字段中是否必须有值。

（9）允许空字符串。定义文本、备注和超链接数据类型字段是否允许输入零长度字符串。

零长度字符串：不含字符的字符串。可以使用零长度字符串来表明知道该字段没有值。输入零长度字符串的方法是键入两个彼此之间没有空格的双引号" "。

Microsoft Access 中有两类空值：Null 值和零长度字符串。Null 值表示丢失或未知的数据。主键字段不可以包含 Null 值。

例如，“客户”表中含有一个“传真”字段时，如果不知道客户的传真号，或者不知道该客户是否有传真，则可将该字段留空。这种情况下，将字段留空可以输入 Null 值，意味着不知道值是什么。如果事后确定那位客户没有传真，则可以在该字段中输入一个零长度字符串，表明已知道这里没有任何值。

（10）索引。定义是否建立单一字段索引。索引可加速对索引字段的查询，还能加速排序及分组操作。例如，在“姓氏”字段中搜索某一雇员的姓名，可以创建该字段的索引，以加快搜索具体姓名的速度。

（11）Unicode 压缩。该属性定义是否允许对文本、备注和超链接数据类型字段进行 Unicode 压缩（Unicode 将每个字符表示为 2 字节）。

（12）输入法模式。定义焦点移至字段时是否开启输入法。

注意

每个字段的字段名、类型和长度是必须定义的，字段说明和其余的字段属性可以按照默认值来定义。

5. 定义和更改主键

Access 中的主键有三种类型：单字段主键、多字段主键、自动编号主键。

（1）单字段主键。如果某一个字段可以唯一标识一条记录，可以将该字段指定为主键。“学生”表中主键是“学号”字段。

选定字段，单击工具栏上的“主键”按钮。

（2）多字段主键。在不能保证任何单字段都包含唯一值时，可以将两个或更多的字段指定为主键。先按下 Ctrl 键，再依次单击多个字段，单击工具栏上的“主键”按钮。

（3）自动编号主键。将自动编号字段指定为表的主键是创建主键的最简单的方法。当向表中添加每一条记录时，“自动编号”字段自动设置为连续的数字。

6. 保存表结构

完成数据表结构的建立后，需要保存表。每个表用表名来标识，但是表名并不是一个文件名。

单击工具栏上的“保存”按钮，或者单击数据表设计视图的“关闭”按钮，出现保存表的询问对话框，如图 11-18 所示。按“是”按钮，出现“另存为”对话框，如图 11-19 所示。在“表名称”文本框内输入表名“学生信息”，单击“确定”按钮。

图 11-18　询问是否保存表对话框

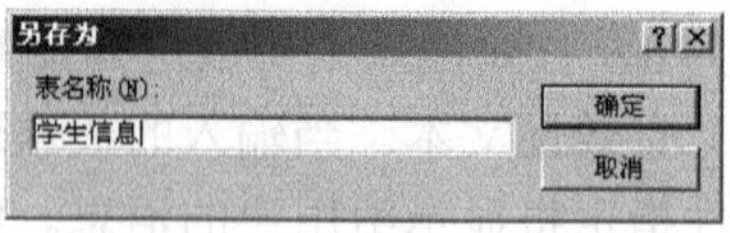

图 11-19　“另存为”对话框

如果在保存新建的表之前未设置主键，则 Microsoft Access 会继续询问是否要创建主键，如图 11-20 所示。如果单击“是”按钮，Microsoft Access 将创建“自动编号”主键。

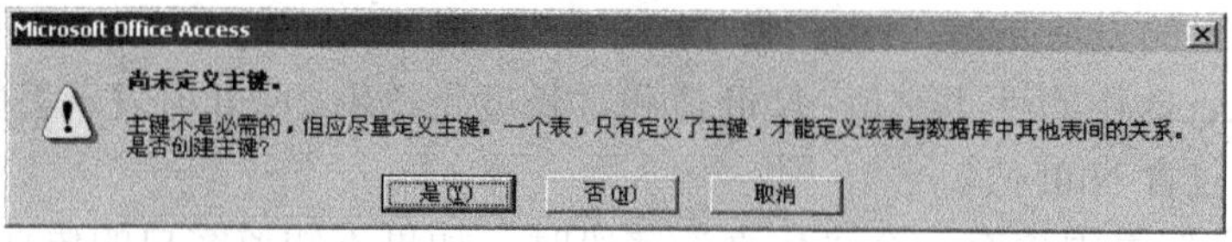

图 11-20　询问是否设置主键对话框

11.4.1.2　使用其他方法创建表

使用设计器创建表，是最常用、也是最灵活的方法。当然，表的创建还有其他方法。

1. 创建空白表

若要创建空白（空）表用以输入自己的数据，可以使用的方法如下。

（1）使用“表向导”，从预先定义好的表中为待创建的表选择字段，字段名可以重新命名。

（2）使用“设计视图”，任设计视图中创建表。

（3）使用“数据表视图”，将数据直接输入到空的数据表中。当保存表时，Access 将分析数据并自动为每一字段指定适当的数据类型及格式。

2. 利用现有数据创建表

若要利用现有数据创建表，可以使用的方法为：使用“导入表”或者“链接表”，导入或链接来自其他 Microsoft Access 数据库中的数据，或来自其他程序的各种文件格式的数据。

11.4.1.3　表记录的输入

在数据库窗口，双击所要需要输入记录的表，如“学生信息”表，进入数据表视图，如图 11-21 所示。

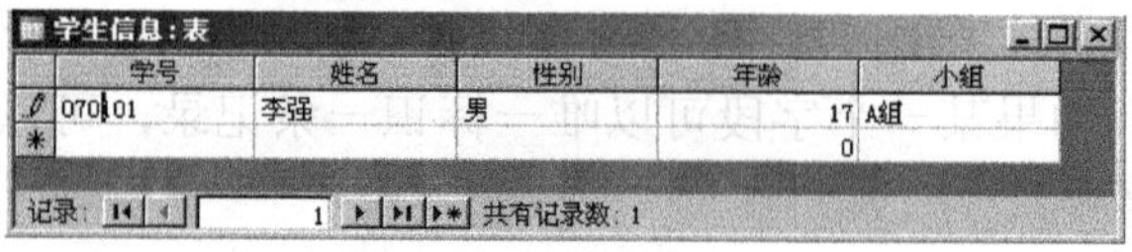

图 11-21　“学生信息”数据表视图

如果要添加新记录，可单击“插入”菜单，选择“新记录”命令。键入数据时，按 Tab 键转至下一个字段。在记录末尾，按 Tab 键转至下一个记录，或将光标移至记录末尾进行添加。

1.“是 / 否”数据类型的输入

“是 / 否”数据类型的字段（如党员）显示为一个复选框，复选框打钩，表示选中“是”，Access 将“–1”存入数据库。否则表示未选中“否”，Access 将“O”存入数据库。

可以约定选中表示“女”，未选中表示“男”。但是这样的表示含义不明确，一般用“查阅向导”数据类型来解决问题。

查阅向导用于创建一个“查阅”字段。“查阅”字段提供了一系列值，供输入数据时从中选择。这使得数据输入更为方便，并可确保该字段中数据的一致性。“查阅”字段提供的值可以来自固定值，也可以来自表或查询。性别、学历、职称、籍贯这些字段的值大多是固定的，为了输入方便，可以为这些字段创建查阅字段。

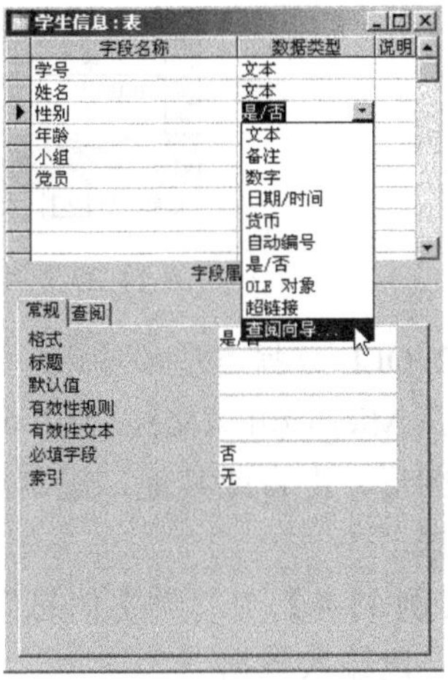

图 11-22　创建“性别”查阅字段

【例 11-3】 为“性别”字段创建查阅字段，“性别”为“是 / 否”数据类型。

（1）在“学生信息”表的设计视图中，选择“性别”字段，“数据类型”选择“查阅向导”，如图 11-22 所示。

（2）在出现的“查阅向导”对话框中，选择“自行键入所需的值”，单击“下一步”按钮。

（3）在如图 11-23 所示的“查阅向导”对话框中，输入查阅字段的固定值。

（4）将指针指向第 2 列的右边缘，按下鼠标左键，向左拖动，直至隐藏第 2 列，如图 11-24 所示，单击“下一步”按钮。

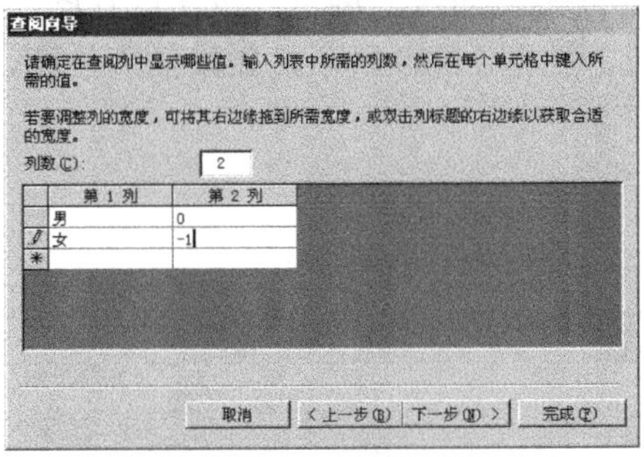

图 11-23　“查阅向导”对话框

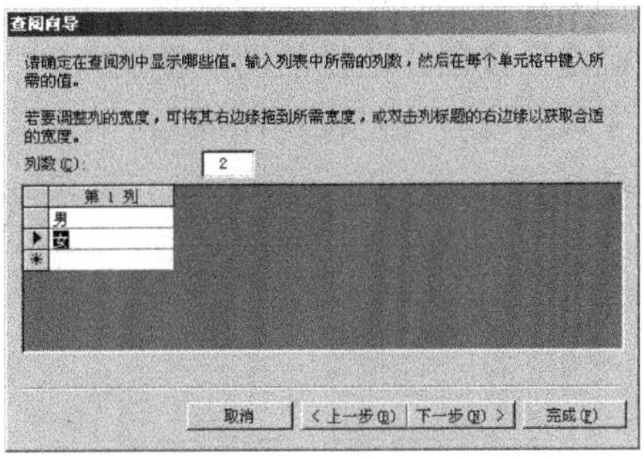

图 11-24　第 2 列隐藏至第 1 列后面

（5）这是非常重要的一步，确定哪列的数据保存到数据库中。创建“性别”查阅字段，目的是显示“男”和“女”，而保存的却是“0”和“–1”，因此应选择保存第 2 列，如图 11-25 所示。再单击“下一步”按钮。

（6）为查阅列指定标签为“性别”，如图 11-26 所示，单击“完成”按钮。

此时，在“学生信息”表的数据表视图下，“性别”字段不再是复选框，字段的输入可从组合框中选择，如图 11-27 所示。

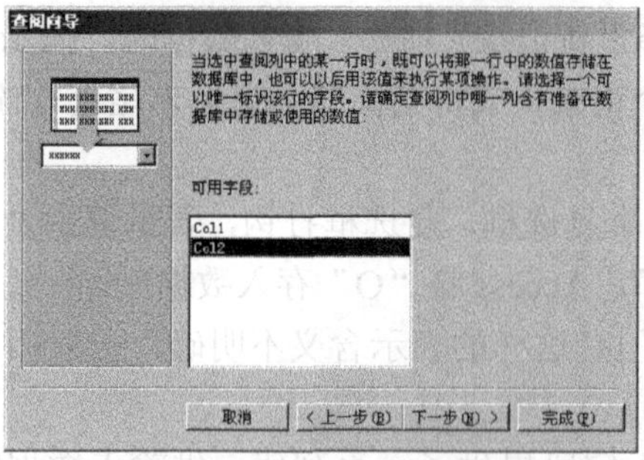

图 11-25　保存第 2 列数据

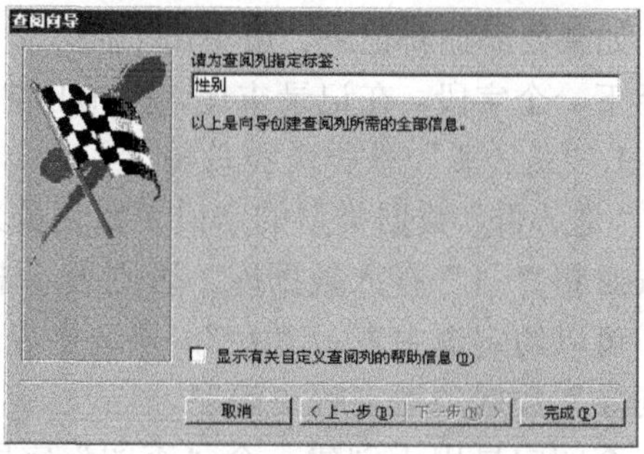

图 11-26　为查阅列指定标签

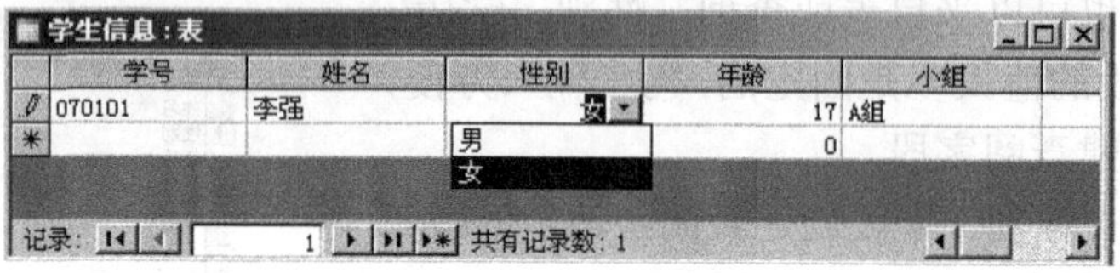

图 11-27　"是/否"类型性别字段创建查阅字段后的输入方式

2. OLE 数据类型的输入

在 Microsoft Access 表中可以链接或嵌入 0LE 类型的对象，如 Excel 电子表格、Word 文档、图形、声音或其他二进制数据。0LE 数据类型的输入比较特殊，用插入对象的方法来输入数据。

【例 11-4】 在"学生信息"表中新增加字段的"照片"是 0LE 类型，将第一条记录的"照片"字段输入数据。

（1）将光标移到第一条记录的"照片"字段，"照片"字段出现虚线框。

（2）单击"插入"菜单，选择"对象"命令，出现的对话框如图 11-28 所示。

（3）在对话框中，一般选择"由文件创建"单选按钮，通过"浏览"按钮选择图片，单击"确定"按钮，选择的图片便插入到"照片"字段。如图 11-29 所示，如果插入位图，"照片"字段的内容为"位图图像"。

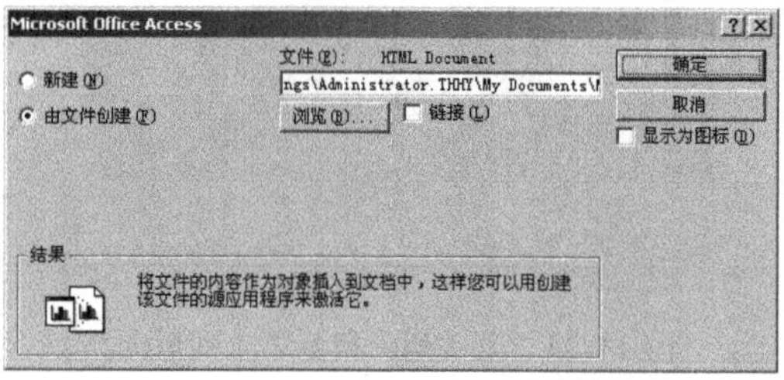

图 11-28　插入对象

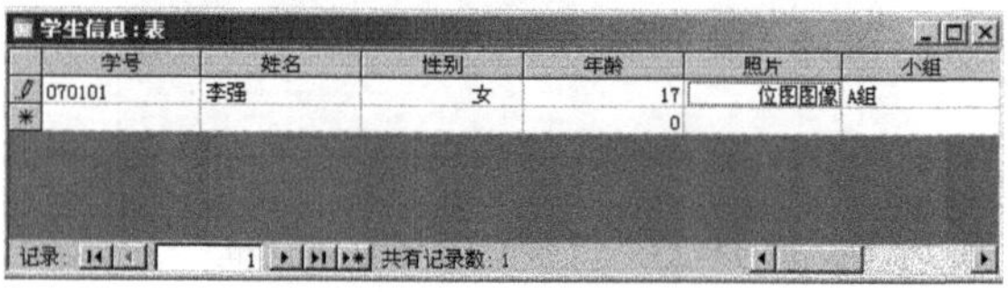

图 11-29 "照片"字段

（4）双击"照片"字段，即可看到图片。

11.4.2　Access 2003 数据表的维护

1. 修改表结构

（1）在设计视图中修改表结构。在数据库窗口，单击所要修改的表对象，单击"设计"按钮，如图 11-30 所示。

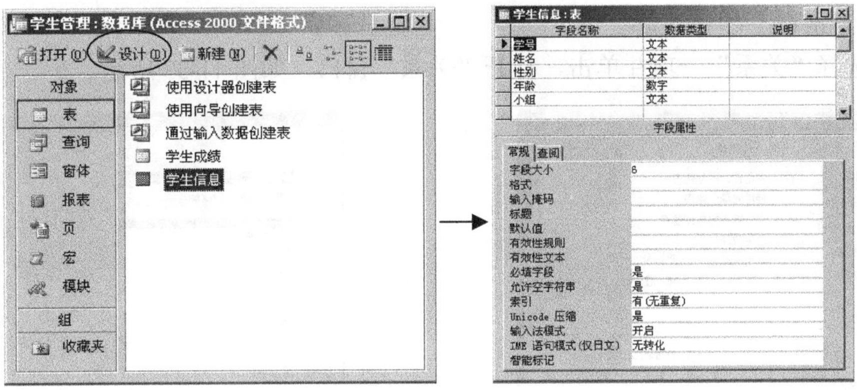

图 11-30　在设计视图中修改表结构

如果要插入字段，可单击某一字段，然后单击工具栏上的“插入行”按钮，则可在选择的字段的上一行插入字段。

如果要删除字段，单击行选定器选择一个字段，或将鼠标指针拖过所选字段来选择一组字段，然后单击工具栏上的“删除行”按钮。

（2）在数据表视图中修改表结构。在数据库窗口，双击所要修改的表，如图 11-31 所示。

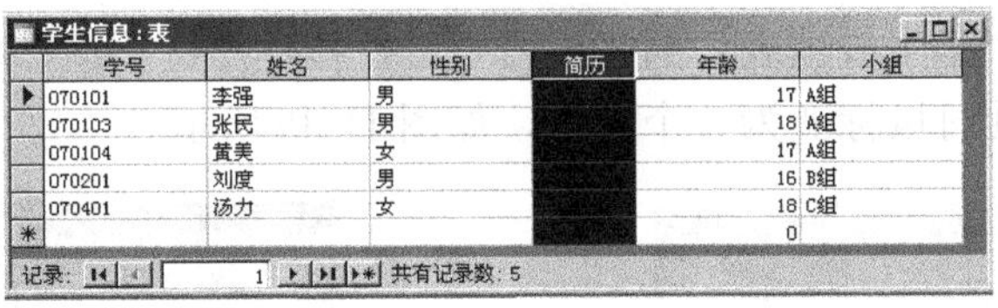

图 11-31　在数据表视图中修改表结构

单击某一字段，然后单击“插入”菜单中的“列”项，则在其左边插入新列，按右键弹出快捷菜单可以给新插入列重命名。

单击某一字段，然后单击“编辑”菜单中的“删除列”项，则可删除字段。

2. 建立表间的关系

在实际的数据库中，一般存在着多个表。通过表间的关系可将不同的表连接起来，使各表能同步工作。同时，表与表之间通常也会存在联系。如上面建立的“学习成绩”表和“学生信息”表中都包含“学号”为“070101”学生的信息。正是因为这样，表之间的关系才能得以建立。

表之间的关系分为以下几种。

（1）一对一关系：如果表 A 中的每一项，在 B 中至多有一项（也可以没有）与之对应，反之亦然，那么称表 A 和表 B 具有一对一关系。

（2）一对多关系：如果表 A 中的每一项，表 B 中有 n 项与之联系；反之，表 B 中的每一项，在 A 中至多有一项与之联系，则称表 A 和表 B 具有一对多关系。

（3）多对多关系：如果表 A 中的每一项，表 B 中有 n 项与之联系；反之，表 B 中的每一项，在 A 中有 m 项与之联系，则称表 A 和表 B 具有多对多关系。

下面介绍如何建立表间的关系，步骤如下。

（1）打开“学生管理”数据库，在“表”对应的列表框空白处点击鼠标右键，弹出如图

11-32所示对话框。

（2）选择“关系”一项并单击，打开“关系”窗口，如图11-33所示。

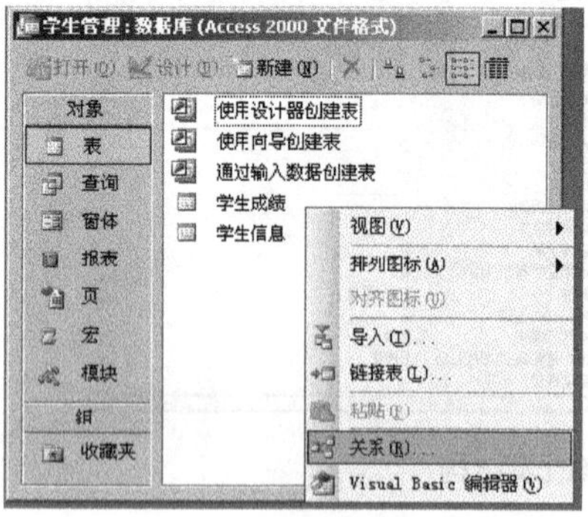

图11-32　建立表间关系

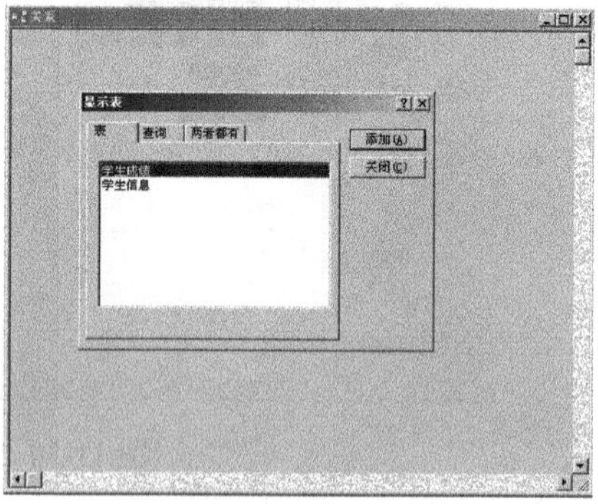

图11-33　关系布局窗口

（3）由于此前数据库中并没有建立表间的关系，因此关系布局中不存在任何元素，“显示表”对话框也将自动弹出。

（4）从“显示表”对话框中选择数据表，每选取一个表，按“添加”按钮。然后单击“显示表”对话框上的“关闭”按钮。添加完后窗口如图11-34所示。

（5）把鼠标置于“学生成绩表”的“学号”上，按住左键不放，拖动鼠标到“学生信息表”的“学号”上，此时鼠标变为一个方框，如图11-35所示。

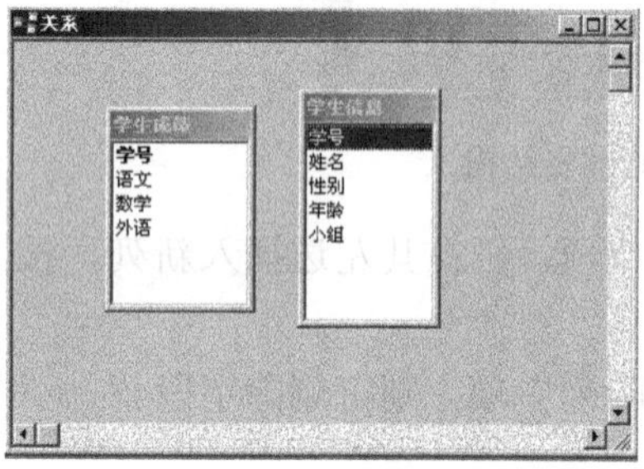

图11-34　在关系布局中加入表

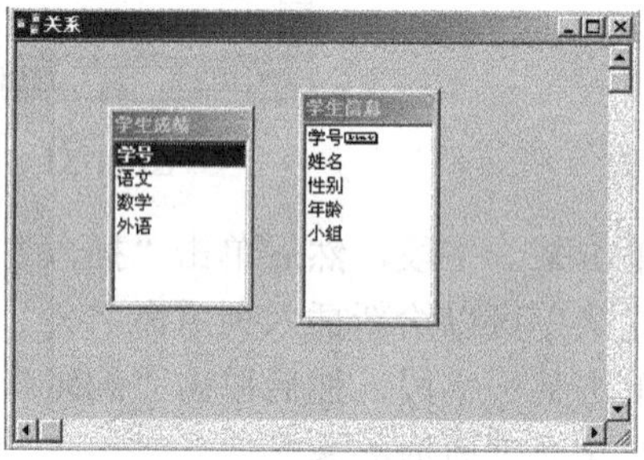

图11-35　拖动鼠标建立关系

（6）释放鼠标，弹出如图11-36所示对话框，要求对关系进行设置。选中“实施参照完整性”、“级联更新相关字段”和“级联删除相关记录”，然后单击“创建”按钮，关系就建立了。

关系建立后，关系布局如图11-37所示。关闭“关系”窗口时会弹出“保存”对话框，询问保存与否，按“是”按钮保存关系。

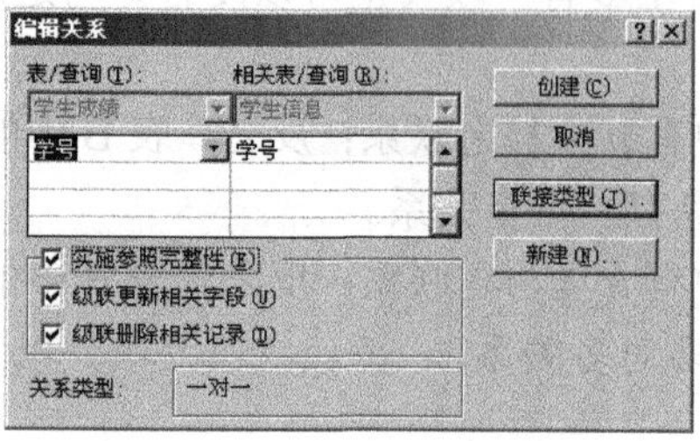

图11-36　编辑关系

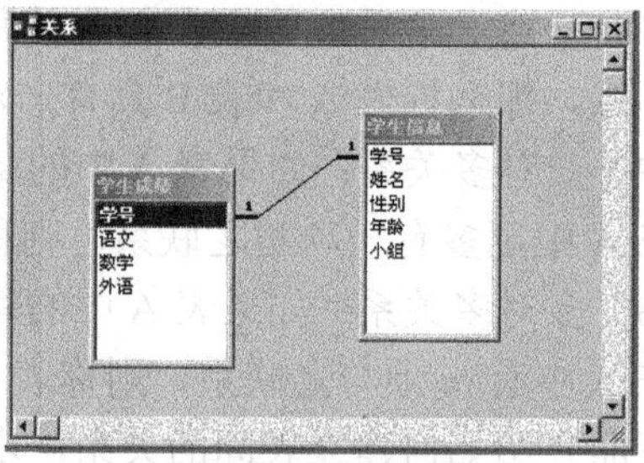

图11-37　新的关系布局

11.5　Access 2003 报表

在 Access 中有一个“报表”对象，这个对象可以帮助用户将数据打印在纸上。使用“报表”来打印格式数据是一种非常有效的方法。因为“报表”为查看和打印概括性的信息提供了最灵活的方法。可以在“报表”中控制每个对象的大小和显示方式，并可以按照所需的方式来显示相应的内容。还可以在“报表”中添加多级汇总、统计比较，甚至加上图片和图表。

11.5.1　报表的特点

报表可以对大量的原始数据进行综合整理，然后将数据分析结果打印成表。使用报表可以创建邮件标签。如“教学管理系统”数据库中的“教师标签”报表，如图 11-38 所示。

使用报表可以在图表中显示总计。如“教学管理系统”数据库中的“全校职称统计”报表，如图 11-39 所示。

图 11-38 “教师标签”报表

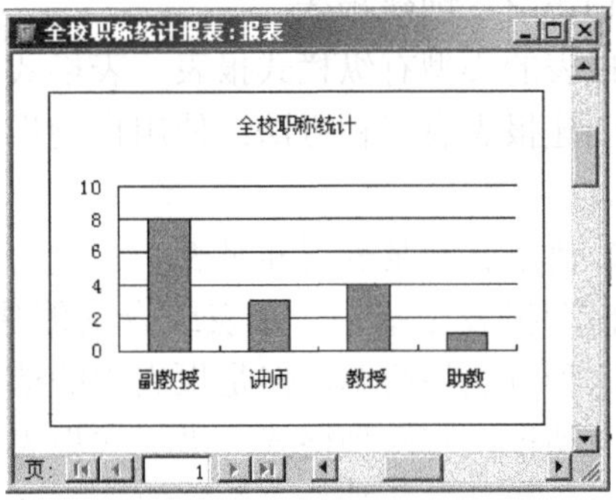

图 11-39 “全校职称统计”报表

1. 报表的视图

Access 为报表提供了三种视图操作窗口：设计视图、打印预览和版面预览。用户需要时可以在这三种窗口之间进行切换。

在设计视图中，用户可以创建报表。

在“打印预览”视图中，可以看到报表的打印外观，所显示的报表布局和打印内容与实际打印结果是一致的，即所见即所得。

在“版面预览”视图中，也可以对报表进行预览，但是在该视图中，报表只显示几个记录作为示例。

“打印预览”视图与“版面预览”视图的特点基本相同，唯一的区别是“版面预览”视图只预览数据源中的部分记录，而“打印预览”视图则是预览数据源的全部记录。因此，当报表数据源的记录较多时，使用“版面预览”视图既能预览报表的打印效果，又能提高效率而不至于等待太长的时间。

2. 报表的节

报表中的信息分布在不同的节中，每一个节都有特定的目的，按顺序依次是报表页眉、页面页眉、主体、页面页脚、报表页脚。报表是按照节的顺序打印的。

（1）报表页眉：只在整个报表开头显示，可以利用报表页眉放置公司徽标、报表标题。

（2）页面页眉：只在报表中每一页的最上方显示，如显示列标题。

（3）主体：报表数据源中每一条记录都放置在主体节。如果特殊报表不需要主体节，可以在其“属性”表中将主体节“高度”属性设置为 O。

（4）页面页脚：只在报表中每一页的最下方显示，如显示页码等。

（5）报表页脚：只显示在报表末尾，如显示报表总计等内容。

此外，如果创建分组报表，那么在报表的每个组内还可添加组页眉和组页脚。组页眉显示在新记录开始的地方，组页脚显示组总计等内容。

组页眉和组页脚的顺序是在主体节的前面和后面。

3. 报表和窗体

报表和窗体的设计类似，都是在设计视图中，通过添加控件、修改控件属性等方法设计。报表和窗体的记录源可以是表、查询或 SQL 语句。

但是两者也有区别，窗体主要用于制作用户与系统交互的界面，方便用户对数据库的各种操作，而报表主要用于数据的打印输出。

11.5.2 创建报表

报表的类型有纵栏式报表、表格式报表、图表报表和标签报表。

创建报表有三种方法：使用自动报表创建报表、使用向导创建报表和使用设计视图创建报表。

1. 使用自动报表创建报表

自动报表是基于一个表或查询创建的报表，该报表能够显示记录源中的所有字段和记录。这种方法最简单，但是报表中的信息占用空间多，信息显示不紧凑。

自动报表有两种格式：纵栏式报表和表格式报表。前者的特点是每个字段都显示在独立的行上，并且左边带有一个标签；后者的特点是每条记录的所有字段都显示在同一行中，标签只打印在每页的顶端。

【例 11-5】 以“学生管理”数据库中的“学生信息”表为记录源，创建一个自动报表。

创建步骤如下。

（1）打开“学生管理”数据库。

（2）在“数据库”窗口中，单击“报表”对象。

（3）单击“数据库”窗口工具栏上的“新建”按钮。

（4）在“新建报表”对话框中，选择“自动创建报表：表格式”或“自动创建报表：纵栏式”。

（5）单击报表所需的表或查询。这里选择“学生信息”表。

（6）单击“确定”按钮，自动生成报表，如图 11-40 所示。

（7）保存报表，将报表命名为“学生信息自动报表”。

提示

如果要创建一个使用多个数据表的报表，可首先利用多个表中的数据创建一个查询，然后将这个查询作为报表的记录源。

2. 使用向导创建报表

用向导基于一个或多个表或查询创建报表，向导将提示输入有关记录源、字段、版面及所需格式，并根据用户的回答来创建报表。

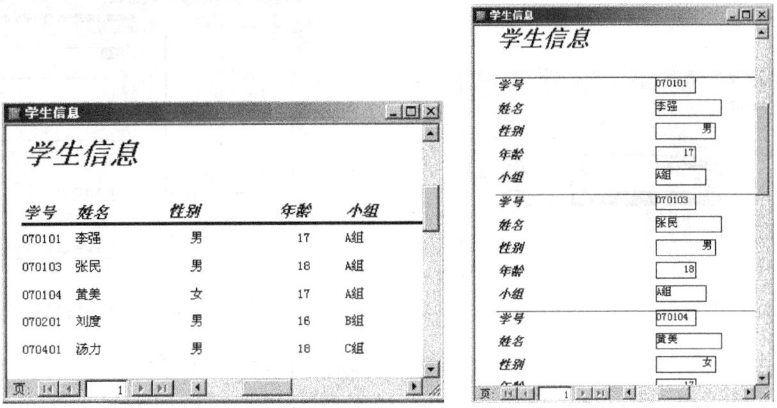

图 11-40　“学生信息自动报表”表格式、纵栏式打印预览视图

【例 11-6】　以“学生管理”数据库中的“学生成绩”表为记录源，利用向导创建一个报表。

创建步骤如下。

（1）打开“学生管理”数据库，在“数据库”窗口中，单击“报表”对象。

（2）单击“数据库”窗口工具栏上的“新建”按钮。

（3）在“新建报表”对话框中，选择“报表向导”项。

（4）单击报表所需的表或查询，这里选择“学生成绩”表。

（5）单击“确定”按钮，在出现的如图 11-41 所示的“报表向导”对话框中，选择全部字段。然后单击“下一步”按钮。

（6）在出现的“报表向导”对话框中，确定是否添加分组级别。将“学号”字段作为分组依据，如图 11-42 所示，在图中单击“分组选项”按钮。

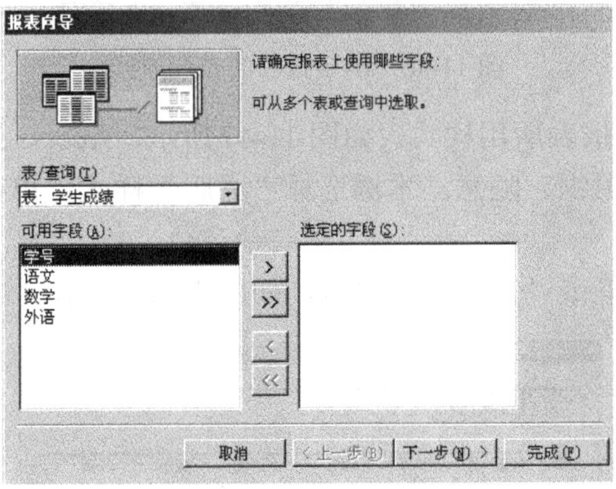

图 11-41　选择字段

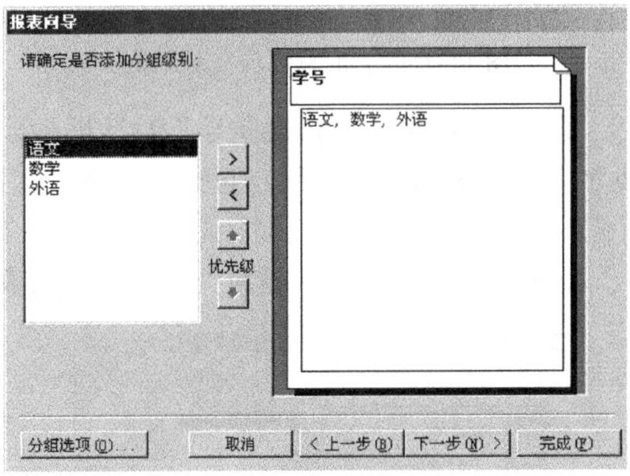

图 11-42　添加分组级别

在“分组间隔”对话框的“分组间隔”组合框中选择“第一个字母”，即按照“学号”字段的第一个字母来分组，如图 11-43 所示，单击“确定”按钮，然后单击“下一步”按钮。

（7）在出现的“报表向导”对话框中，确定明细记录使用的排序次序，最多可以按四个字段对记录排序，如图 11-44 所示。本例选择“学号”升序。

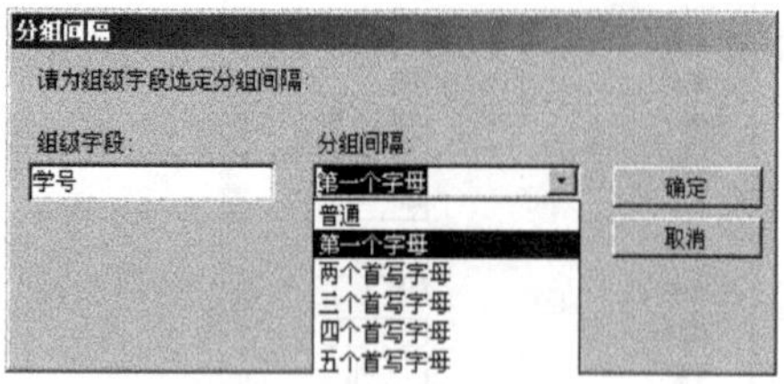

图 11-43　“分组分隔”对话框

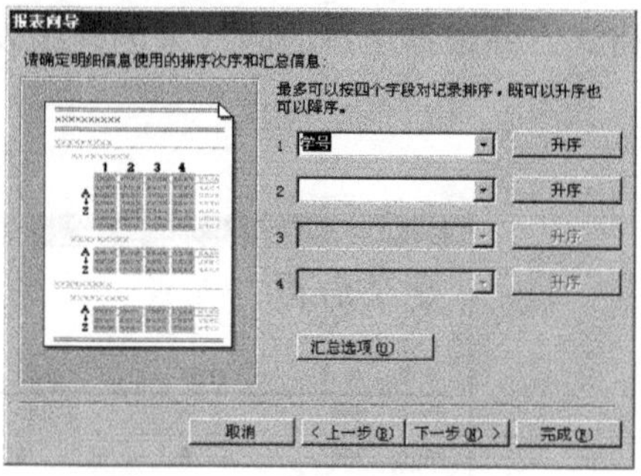

图 11-44　确定记录排序次序

（8）因为报表记录源中有数字形的字段，所以图 11-44 中包含了一个“汇总选项”按钮。单击此按钮可以进入如图 11-45 所示的“汇总选项”对话框，可以对数字形的字段进行汇总、平均、最小、最大的计算。本例分别计算各科成绩的平均值。单击“确定”按钮，返回到图 11-44 对话框，再单击“下一步”按钮。

（9）在出现的“报表向导”对话框中，确定报表的布局方式，如图 11-46 所示，有递阶、块、分级显示 1、分级显示 2、左对齐 1、左对齐 2。本例选择“递阶”布局，单击“下一步”按钮。

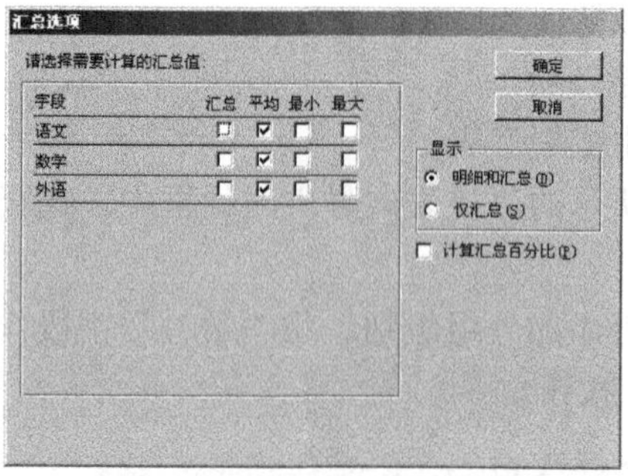

图 11-45　“汇总选项”对话框

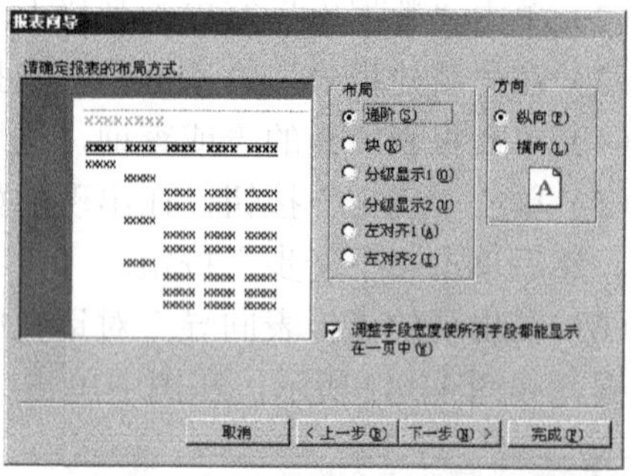

图 11-46　确定报表的布局方式

（10）在出现的“报表向导”对话框中，确定报表所用样式，如图 11-47 所示，Access 提供了六种报表格式：大胆、正式、淡灰、紧凑、组织、随意。本例选择“大胆”样式，单击“下一步”按钮。

（11）为报表指定标题为“学生成绩报表”，单击“完成”按钮后，如图 11-48 所示。

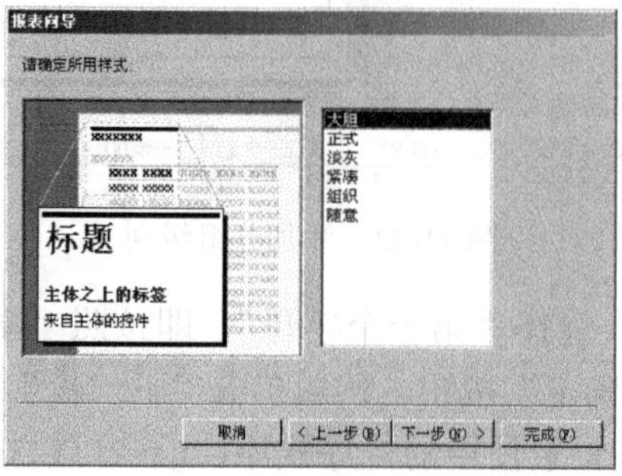

图 11-47　确定报表所用样式

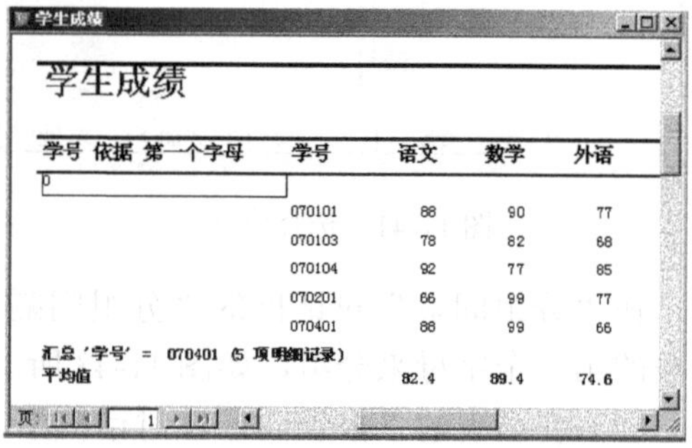

图 11-48　报表打印预览视图

（12）如果对生成的报表不满意，可以单击工具栏上的“视图”按钮，在设计视图中对其进行修改。

3. 使用设计视图创建报表

在设计视图中创建的报表，更能满足用户的需要。

【例 11-7】 以“学生管理”数据库的“学生成绩”为记录源，使用设计视图创建一个报表。

创建步骤如下。

（1）打开“学生管理”数据库。创建空白报表。在“数据库”窗口中，单击“报表”对象，然后双击“在设计视图中创建报表”项。选择执行“视图”→“网格”命令，取消设计视图的网格。

（2）根据报表实际需要，添加或删除页眉、页脚，调整节的大小。选择“视图”→“页面页眉 / 页脚”及“视图”→“报表页眉 / 页脚”复选菜单选项，如图 11-49 所示。

（3）设定报表记录源，报表记录源可以是表或查询。双击“报表节”选定器，在“报表”属性表的“数据”选项卡中，将“记录源”属性设置为“学生成绩”表。此时，“学生成绩表”作为报表设计的数据源自动出现在 Access 工作窗口中，如图 11-50 所示。

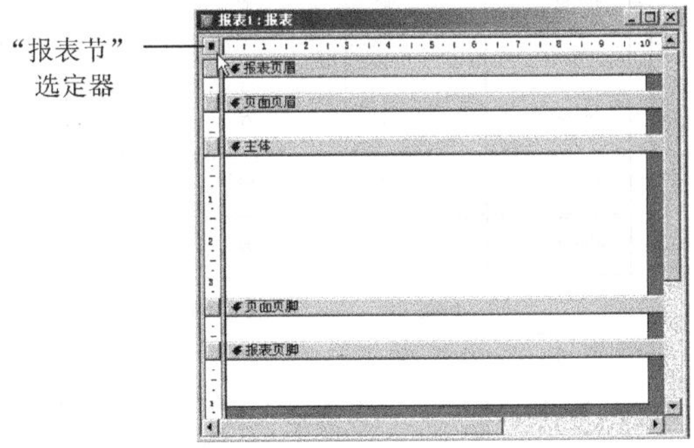

图 11-49 报表设计视图

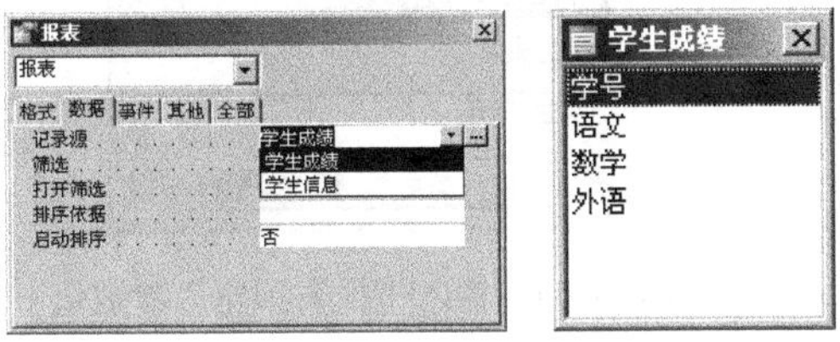

图 11-50 选择记录源

（4）在报表中添加控件和字段。本例报表设计视图如图 11-51 所示，详细说明如下。

1）在页面页眉中。在报表设计工具箱中找到标签控件，如图 11-52 所示，单击后，将鼠标移到“页面页眉”节中，创建“标签”控件，输入标题“学生成绩”。选中标签，单击右键弹出快捷菜单，选择“属性”子菜单项，弹出标签属性对话框，设置标签的字体、字号等属性，如图 11-53 所示。

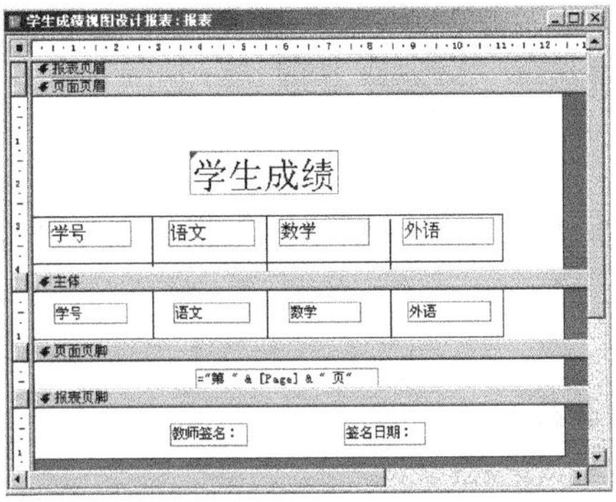

图 11-51 “学生成绩报表”设计视图布局

图 11-52 报表设计工具箱

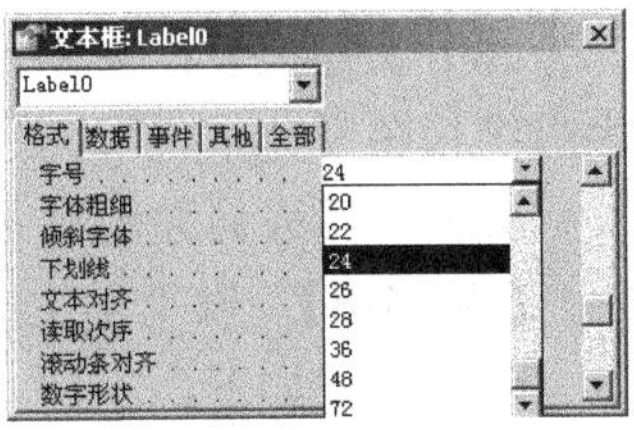

图 11-53 标签属性对话框

创建一个“矩形”控件，在“矩形”控件中再创建三条“直线”控件作为表格分隔线；在表格中创建四个“标签”控件，分别将其标题设置为“学号”、“语文”、“数学”、“外语”，作为表格标题。

2）在主体中：创建一个“矩形”控件，在“矩形”控件中再创建三条“直线”控件作为表格分隔线；将字段列表中的“学号”、“语文”、“数学”、“外语”字段拖至表格中，删除每个字段的标签控件。

3）在页面页脚中：选择执行“插入”→“页码”命令，选择在“页面底端”插入页码。

4）在报表页脚中：创建两个“标签”控件，标题分设置为“教师签名：”、“签名日期：”。

（5）设置报表中的控件属性，并调整大小和位置。

（6）调整报表的大小及节的高度。

（7）预览报表设计效果，在报表设计工具栏中选择“打印预览”按钮，出现如图 11-54 所示输入参数值对话框，输入“学生成绩”，单击“确定”按钮，出现报表打印预览视图，如图 11-55 所示。如果不满意，可再切换回设计视图，做进一步修改编辑。

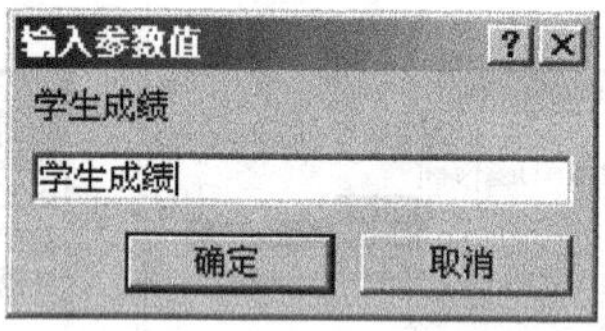

图 11-54　输入“报表预览”参数值

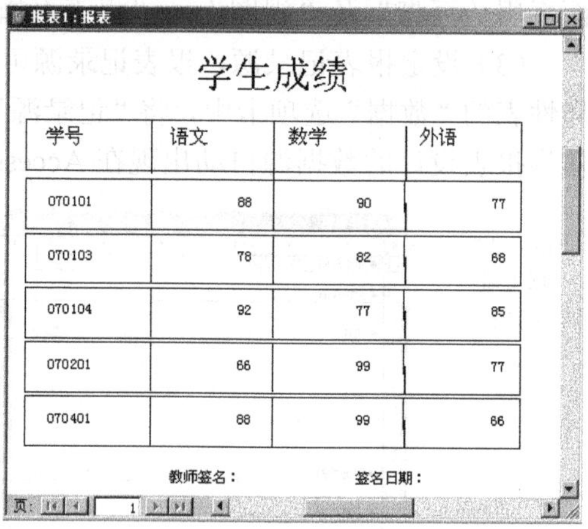

图 11-55　学生成绩报表打印预览视图

注意

在预览报表时，如果出现如图 11-56 所示的提示信息，可以这样修改：选择执行“文件”→“页面设置”命令，在“页面设置”对话框中调整页边距。

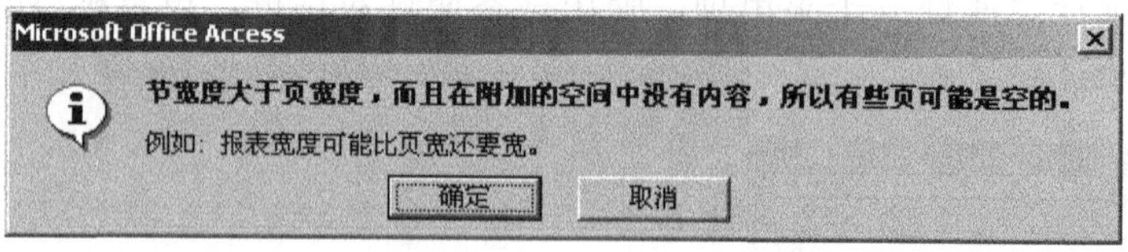

图 11-56　提示对话框

（8）保存报表：关闭报表设计视图布局窗口，弹出报表保存对话框，输入报表名称“学生成绩视图设计报表”，单击“确定”按钮。

4. 使用图表向导创建报表

【例 11-8】 以“学生成绩”表为记录源，创建一个图表。

创建步骤如下。

（1）打开“学生管理”数据库。在“数据库”窗口中，单击“报表”对象。

（2）单击“数据库”窗口工具栏上的“新建”按钮。

（3）在“新建报表”对话框中，选择“图表向导”项。

（4）单击图表所需的表或查询，这里选择“学生成绩”表。

（5）单击“确定”按钮，按照向导提示操作：选择字段；确定图表类型为“柱形图”；指定数据在图表中的布局方式，“学号”字段在 X 轴，“外语”字段在 Y 轴。如图 11-57 所示，确定图表标题为“学生外语成绩”，并选择“不显示图例”项。

（6）单击“完成”按钮，预览图表效果。

（7）切换至设计视图，调整图表大小，结果如图 11-58 所示。

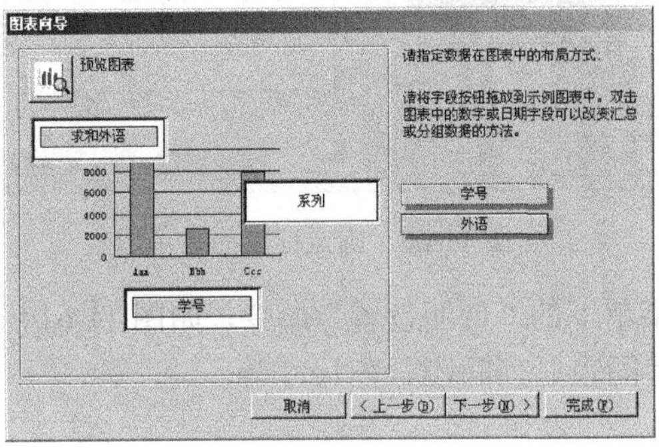

图 11-57　选择数据在图表中的布局

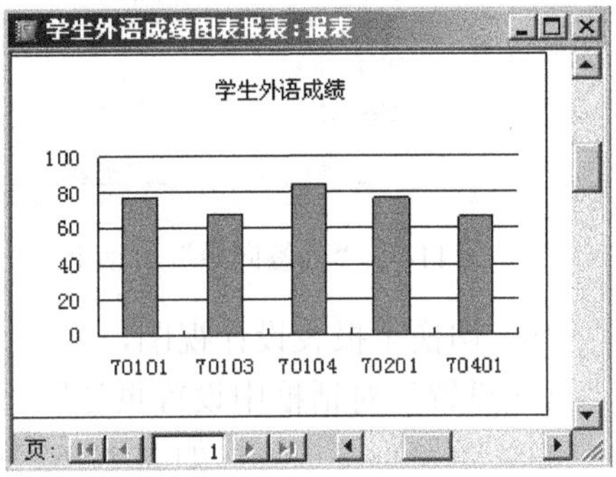

图 11-58　打印预览视图

（8）预览图表效果满意后，以“学生外语成绩图表报表”为报表名保存报表。

5. 使用标签向导创建报表

邮件标签是 Access 报表的一种特殊类型。将标签绑定到表或查询中，Access 就会为基础记录源中的每条记录生成一个标签。

可以使用“标签向导”或直接在没计视图中创建标签。向导会向用户详细提问记录源、字段、布局、所需格式、自定义打印标签的页面设置选项，并根据用户的回答创建标签。

注意

尽管可以在设计视图中手动创建标签，但设置“页面设置”选项可能是个非常烦琐的过程。而使用向导创建标签，并在设计视图中自定义标签的外观，可以加快标签的创建过程。

【例 11-9】 以“学生信息”表为记录源，创建一个标签报表。

创建步骤如下。

（1）打开“学生管理”数据库。在“数据库”窗口中，单击“报表”对象。

（2）单击“数据库”窗口工具栏上的“新建”按钮。

（3）“新建报表”对话框中，选择“标签向导”项。

（4）单击标签图表所需的表或查询，这里选择“学生信息”表，单击“确定”按钮。

（5）在如图 11-59 所示的“标签向导”对话框中，指定标签尺寸。也可以使用“自定义”，按钮自定义标签尺寸，单击“下一步”按钮。

（6）在“标签向导”对话框中，选择文本的字体和颜色，单击“下一步”按钮。

（7）在“标签向导”对话框中，确定标签的显示内容，如图 11-60 所示，单击“下一步”按钮。

（8）在“标签向导”对话框中，确定排序字段，按照“学号”来排序。

（9）指定标签报表的名称为“学生标签报表”。

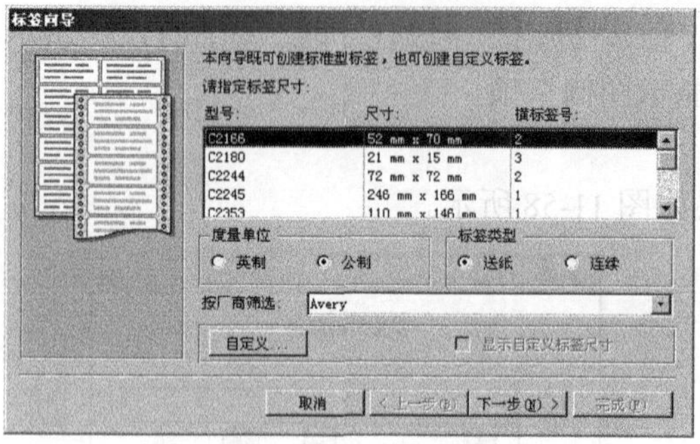

图 11-59 “标签向导”对话框

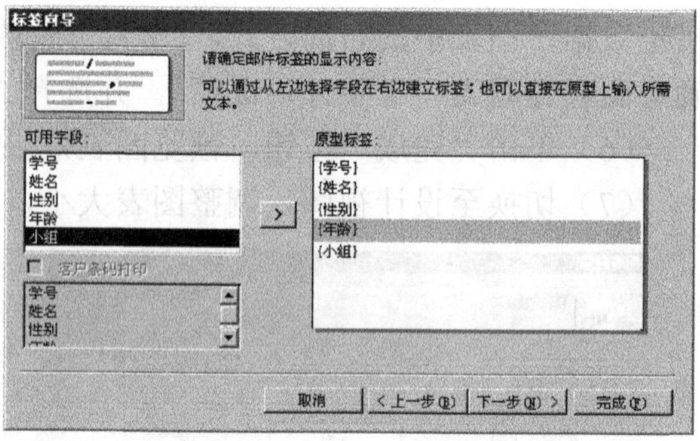

图 11-60 确定标签的显示内容

（10）切换至报表设计视图，单击“文件”菜单下的“页面设置”命令，如图 11-61 所示，在“页面设置”对话框中设置页边距、列数、行间距、列间距、列尺寸等。

（11）预览标签报表，如图 11-62 所示。

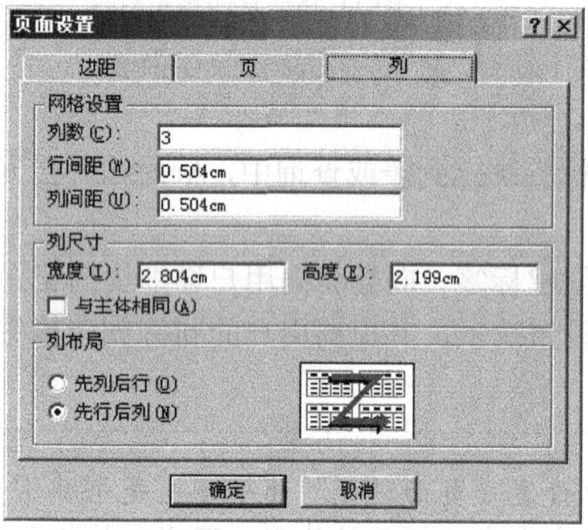

图 11-61 “页面设置”对话框

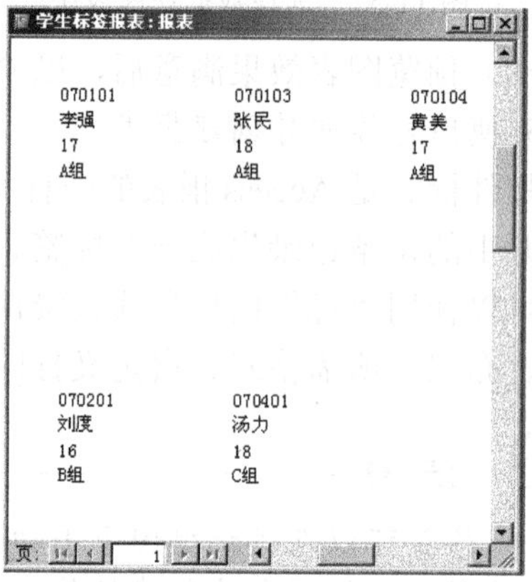

图 11-62 “学生标签报表”打印预览视图

注 意

在“打印预览”视图下，单击工具栏上的“打印”按钮，可以打印邮件标签。

11.5.3 报表的排序与分组

数据表中记录的排列顺序是按照输入的先后排列的，即按照记录的物理顺序排列。有时，需要将记录按照一定特征排列，这就是排序。

用户在输出报表时，需要把同类属性的记录排列在一起，这就是分组。

1. 报表排序

报表排序步骤如下。

（1）在设计视图中打开报表。

（2）单击工具栏上的“排序与分组”按钮，或者选择执行“视图”→“排序与分组”命令。

（3）在“排序与分组”对话框中，在“字段/表达式”列中选择排序字段（最多可以按照 10 个字段或表达式来排序），在“排序次序”列中选择升序或降序。

2. 报表分组

报表分组是指将具有共同特征的相关记录组成一个集合，在显示或打印时将它们集中在一起，并且可以为同组记录设置汇总信息。利用分组还可以提高报表的可读性和信息利用效率。

利用“报表向导”也可以分组，但是有时不能满足实际需要。在设计分组报表时，关键要设计好两个方面：一是要正确设计分组所依据的字段及组属性，保证报表能正确分组；二是要正确添加“组页眉”和“组页脚”中所包含的控件，保证报表美观且实用。

【例 11-10】 以“学生信息”表为记录源，创建一报表，报表按照“小组”分组。报表布局如图 11-63 所示。

创建报表步骤如下。

（1）打开“学生管理”数据库，在“数据库”窗口中，单击“报表”对象，再双击“在设计视图中创建报表”项。

（2）设置报表记录源为“学生信息”表。

（3）单击工具栏上的“排序与分组”按钮，如图 11-64 所示，在“排序与分组”对话框中，选择“小组”为分组字段，“排序次序”设置为升序，并将“组属性”中的“组页眉”、“组页脚”设置为“是”。这样在报表中将添加组页眉“小组页眉”和组页脚“小组页脚”，将“保持同页”设置为整个组。然后关闭“排序与分组”对话框。

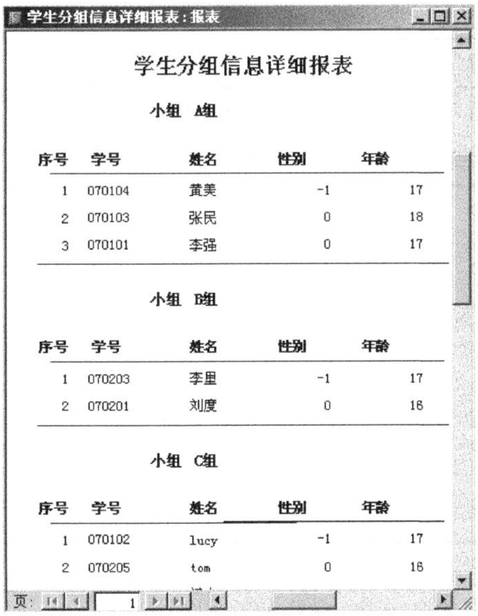

图 11-63　打印预览视图

图 11-64 中组属性各项的说明如下。

1）“组页眉”显示组页眉。

2）“组页脚”显示组页脚。

3）“分组形式”指定如何对字段中的数据或表达式中的数据，按照数据类型进行分组。分组字段的数据类型不同，“分组形式”属性值就不同，详细说明如表 11-9 所示。

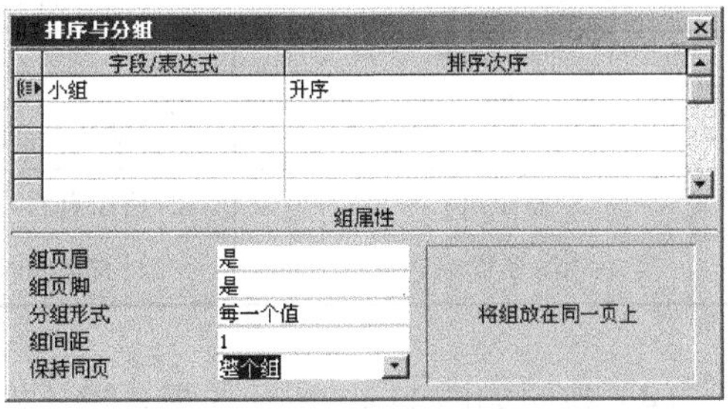

图 11-64　“排序分组”对话框

表 11-9 分组形式的设置

分组字段数据类型	属性设置	记录分组方式
文本	（默认值）每一个值	字段或表达式中的相同值
	前缀字符	在字段或表达式中，前n个字符相同
日期/时间	（默认值）每一个值	字段或表达式中的相同值
	年	同一历法年内的日期
	季	同一历法季度内的日期
	月	同一月份内的日期
	周	同一周内的日期
	日	同一天的日期
	时	同一小时内的时间
	分	同一分钟内的时间
自动编号、货币、数字型	（默认值）每一个值	字段或表达式中的相同值
	间隔	在指定间隔中的值

4）“组间距”记录分组的间隔值。分组字段类型的不同、分组形式的不同，组间距的设置就不同，如表 11-10 所示。

表 11-10 组间距的设置

字段类型	分组形式	组间距设置
所有	每一个值	（默认值）设置为1
文本	前缀字符	设置为3可对字段中前3个字符进行分组
日期/时间	周	设置为2将返回以每2周来分组的数据
日期/时间	时	设置为12将返回以半天的时间来分组的数据

5）“保持同页”设置分组记录的打印效果，如表 11-11 所示。

表 11-11 保持同页的设置

设　置	说　明
否	（默认值）打印组时，组页眉、主体节及组页脚不在同一页上
整个组	将组页眉、主体节及组页脚打印在同一页上
与第一条详细记录	只有在同时可以打印第一条主体记录时才将组页眉打印在同一页面上

（4）按照如图 11-65 所示的报表设计视图，在报表中添加控件和字段。

1）在页面页眉中：创建“标签”控件，“标题”属性为“学生分组信息详细报表”。

2）在小组页眉中：将字段列表中的“小组”字段拖到如图 11-65 所示位置，设置控件的“字号”、“字体粗细”、“下划线”等属性。

创建五个“标签”控件，“标题”属性依次为“序号”、“学号”、“姓名”、“性别”、“年龄”。

在五个“标签”控件下方，创建一个“直线”控件，作为组分隔线。

3）在主体节中：创建一个“文本框”控件，将控件标签删除。设置属性方法为：将文本框属性表“数据”选项卡下的“控件来源”属性设置为“=1”（这样做的目的是对报表中的记录记数，自动生成从 1 开始的编号。），“运行总和”属性设置为“工作组之上”，如图 11-66 所示。

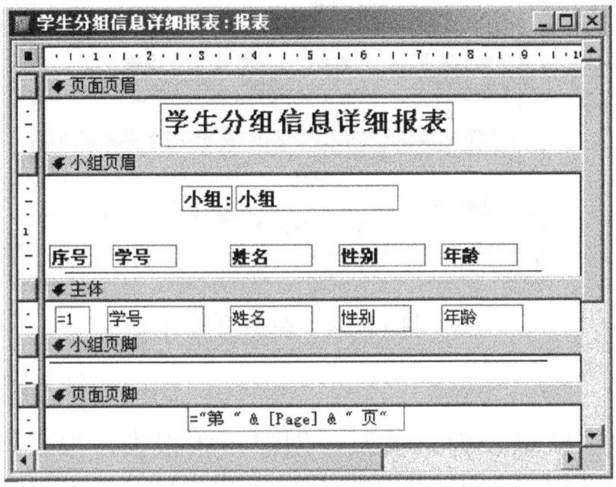

图 11-65　“学生分组信息详细报表”设计视图

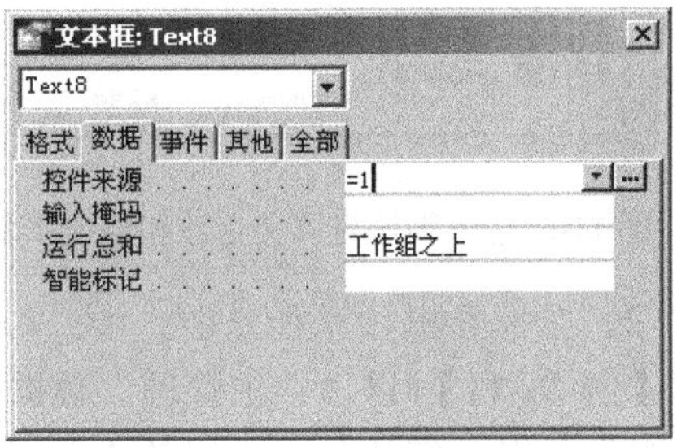

图 11-66　文本框属性表

创建一个“文本框”控件，将控件标签删除。设置属性方法为：将文本框属性表“数据”选项卡下的“控件来源”属性绑定到“小组”字段。再创建四个“文本框”控件，依次绑定到“学生信息”表的“学号”、“姓名”、“性别”、“年龄”字段。

4）在小组页脚中：创建一个“直线”控件作为组分隔线。

5）在页面页脚中：选择执行“插入”→“页码命令”命令，插入页码。

（5）调整节的高度，预览报表设计效果。

（6）预览报表设计效果满意后，关闭报表预览视图窗口，取名保存报表。

11.5.4　报表中的计算

在报表中，经常需要对所有记录或一组记录计算总计，或求平均值或记数。

1. 在报表中计算总计或平均值

（1）在设计视图中打开报表（或窗体，在窗体上也可以计算总计）。

（2）单击“工具箱”上的“文本框”控件。

（3）如果要计算一组记录的总计值或平均值，将“文本框”添加到组页眉或组页脚中。如果要所有记录的总计或半均值，将文本框添加到报表的页眉或页脚。

（4）在“文本框”控件中输入使用 Sum 函数计算总计值，或使用 Avg 函数计算平均值的表达式。

例如，在图 11-51 中，如果希望报表显示语文总成绩和语文平均成绩，那么在报表页脚要创建两个“文本框”控件。控件的“标签”的标题分别为“语文总成绩”、“语文平均成绩”；“文本框”控件中的表达式以“=”开始，如图 11-67 所示。

再如，在图 11-65 中，如果希望报表显示每组的记录个数，那么在组页脚创建一个“文本框”控件。控件的“标签”的标题为“总数”，“文本框”控件中的表达式以“=”开始，如图 11-68 所示。修改完毕后保存报表，可以在报表打印预览视图窗口中查看验证计算机结果。

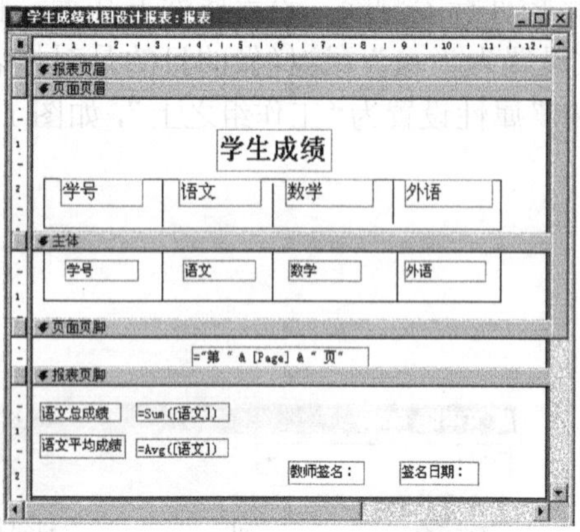

图 11-67 页脚计算语文总计和语文平均值

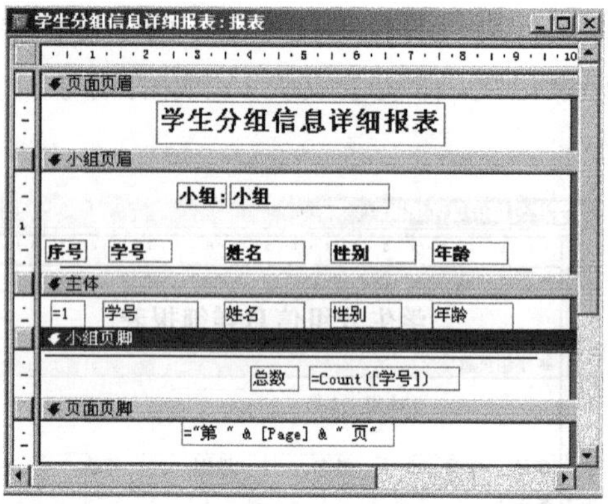

图 11-68 在组页脚计数

2．在报表中计算百分比

【例 11-11】 以“学生管理”数据库中的学生信息表为记录源，创建一张报表，报表按照“小组”分组，统计各个小组的人数及占全体学生的百分比，报表布局如图 11-69 所示。

（1）在“学生管理”数据库窗口中，单击“报表”对象，然后双击“在设计视图中创建报表”项。

（2）设置报表记录源为“学生信息”表。

（3）单击工具栏上的“排序与分组”，在“排序与分组”对话框中，选择“小组”为分组字段，“排序次序”设置为升序，并将“组属性”中的“组页眉”、“组页脚”设置为“是”，然后关闭“排序与分组”对话框。

（4）按照如图 11-70 所示的报表设计视图，在报表中添加控件和字段。

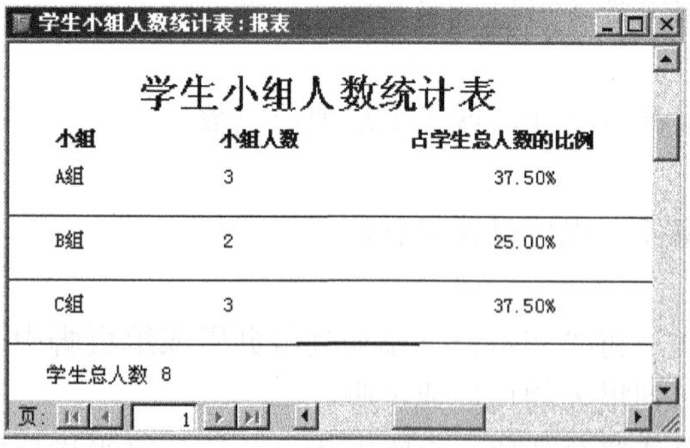

图 11-69 “学生小组人数统计表”打印预览视图

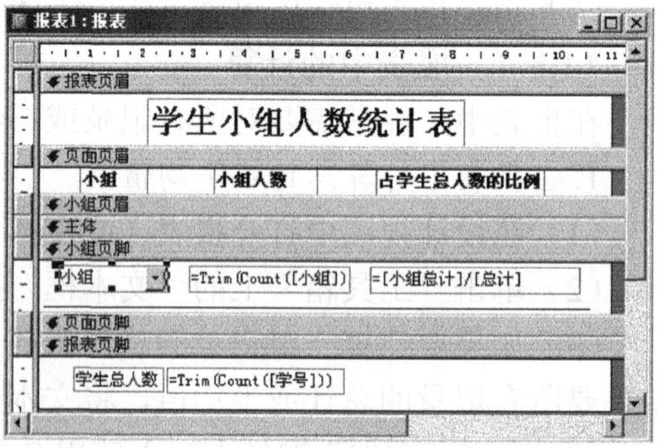

图 11-70 “学生小组人数统计表”设计视图

在报表页眉节中：创建一个标签，标题设为“学生小组人数统计表”，并设置字体字号属性。

在页眉页脚节中：创建三个标签，分别设置其标题为“小组”、“小组人数”、“占学生总人数的比例”，并设置字体属性。

在小组页脚节中：创建一个组合框，将控件标签删除，将组合框属性表“数据”选项卡下的“控件来源”属性设置为“小组”字段值。创建一个“文本框”控件，将控件标签删除，再将控件名称设置为“小组总计”，在文本框中输入：“=Trim（count（[小组]））”。创建一个“文本框”控件，在文本框中输入：“=[小组总计] / [总计]”，并将文本框的“格式”属性设置为“百分比”。

在报表页脚中：创建一个“文本框”控件，将控件标签标题设置为“学生总人数”，将控件名称设置为“总计”，在文本框中输入：“=Trim（Count（[学号]））”。

注意

（1）若要计算每个项目对组总计或报表总计的百分比，请将文本框放在主体节。

（2）若要计算一组项目对报表总计百分比，请将文本框放在组页眉或组页脚。

11.5.5　高级报表

Access 还可以创建功能更强的报表，如子报表和多列报表。

11.5.5.1　子报表

子报表是插在其他报表（亦可称主报表）中的报表。子报表是作为对象插入到主报表中，它可以放置在报表的任意一节内，整个子报表将在该节中打印。

主报表可以包含子报表，同样也可以包含子窗体。而且，能够根据需要无限量地包含子窗体和子报表。另外，主报表最多可以包含两级子窗体和子报表。例如，某个报表可以包含一张子报表，这张子报表还可以包含子窗体或子报表。

1. 子报表的记录源

主报表和子报表可以基于完全不同的记录源，此时主报表和子报表之间没有真正的关系。例如，主报表的记录源是“学院”表，而子报表的记录源是“课程”表，这样两个不相关的报表组合成一个单表。

主报表和子报表也可以基于相同的记录源或相关的记录源。如主报表的记录源是“一对多”关系中“一”方的表，子报表的记录源是“多”方的表。

2. 子报表的创建

创建子报表的方法有两种：一是利用“子窗体 / 子报表”控件，在已有的报表中创建子报表；二是将已有的报表作为子报表添加到其他报表中。

【例 11-12】　利用“子窗体 / 子报表”控件创建子报表。以“学生信息”表为记录源，创建一个主报表，显示学生部分信息；以“学生成绩”为数据源，利用“子窗体 / 子报表”控件创建子报表，显示学生成绩。

（1）在设计视图中创建报表，数据源为“学生信息”表，报表布局如图 11-71 所示。将该报表作为主报表。

（2）确保已选择了工具箱中的“控件向导”工具。

（3）单击工具箱中的“子窗体 / 子报表”控件。

（4）在主报表的主体节上单击，出现“子报表向导”对话框，按照向导对话框进行操作。

（5）首先在“子报表向导”对话框中，选择子报表的数据来源。本例选择“使用现有的表和查询”单选按钮，如图 11-72 所示，然后单击“下一步”按钮。

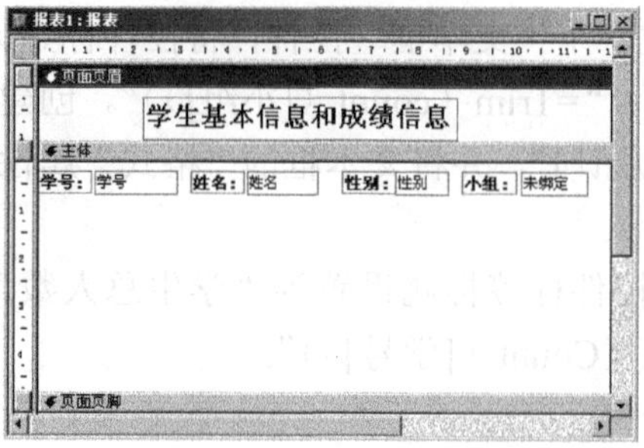

图 11-71　主报表布局

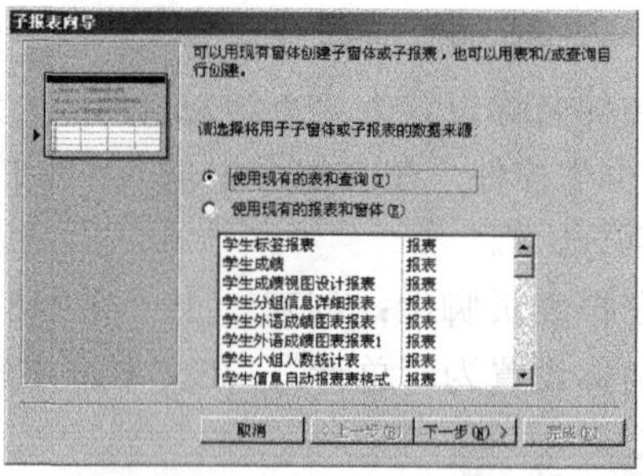

图 11-72　选择子报表数据来源

（6）在“子报表向导”对话框中，选择“学生成绩”表和字段，如图 11-73 所示，然后单击“下一步”按钮。

（7）在“子报表向导”对话框中，选择链接字段。如图 11-74 所示，选择“从列表中选择”单选按钮，并选择“对学生信息中的每个记录用学号显示学生成绩”，表示主表和子表按照“学号”字段链接，然后单击“下一步”按钮。

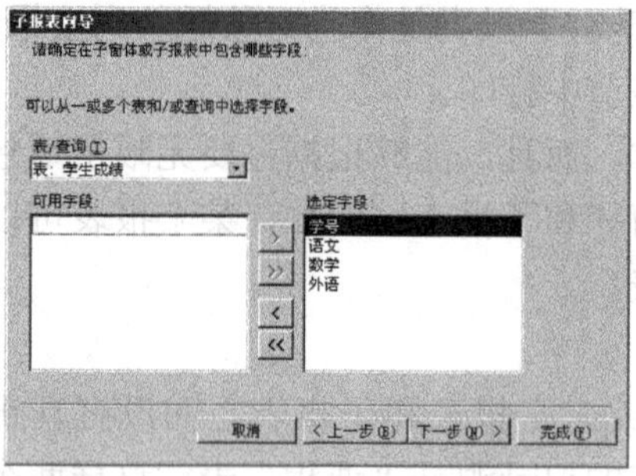

图 11-73　选择“学生成绩”及字段

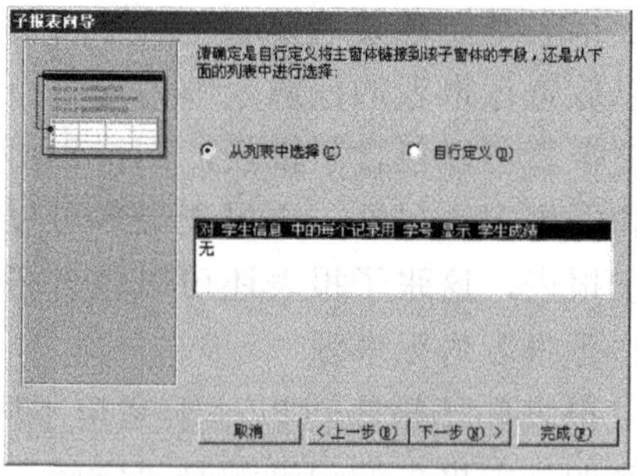

图 11-74　选择链接字段

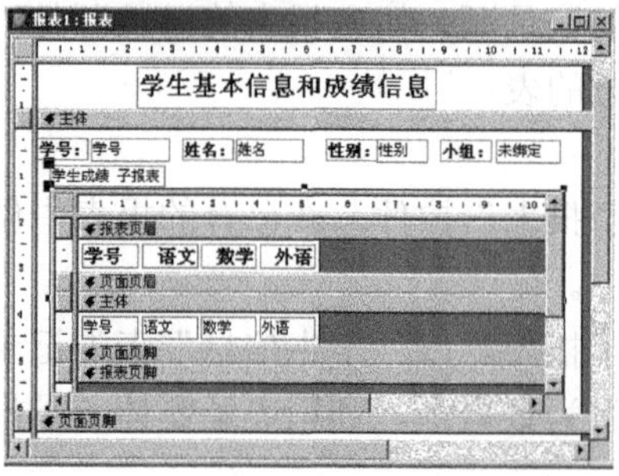

图 11-75　调整字报表的大小和布局

（8）在“子报表向导”对话框中，指定子报表名称为“学生成绩子报表”，然后单击“完成”按钮。Access 在主报表中自动创建了子报表，可以对子报表中的控件进行重新布局和格式化操作，如图 11-75 所示。

（9）预览并保存，主报表名称为“学生信息主报表”。从数据库窗口的报表对象可以看出，多出了两个报表对象：一个主报表和一个子报表。

【例 11-12】　将已有的报表作为子报表添加到其他报表中。

使用这种方法的前提条件是已经创建好两个报表，将一个报表拖到另一个报表中即可。添加子报表的步骤如下。

（1）在设计视图中打开希望作为主报表的报表。

（2）切换到数据库窗口。

（3）将希望作为子报表的报表从“数据库”窗口拖到主报表中需要出现子报表的节内。

（4）再进一步调整即可。

3. 链接主报表和子报表

在插入包含与主报表数据相关信息的子报表时，子报表控件必须与主报表相链接。主、子报表的链接可以确保在子报表中显示的记录与在主报表中显示的记录保持正确的对应关系。

如果主报表的数据源和子报表的数据源已经建立了关系，那么在创建子报表时，Access 将自动使子报表与主报表保持同步；如果没有建立关系，可以通过下面的方法建立链接。

（1）在设计视图中打开包含主、子报表的报表。

（2）单击子报表，然后单击工具栏上的“属性”按钮，打开属性窗口，如图 11-76 所示。

（3）在“链接子字段”和“链接主字段”属性框中输入子报表和主报表的链接字段。

（4）单击“链接子字段”右侧的“生成器”按钮，进入“子报表字段链接器”对话框。如图 11-77 所示，在主字段与子字段中选择链接字段后，单击“确定”按钮即可。

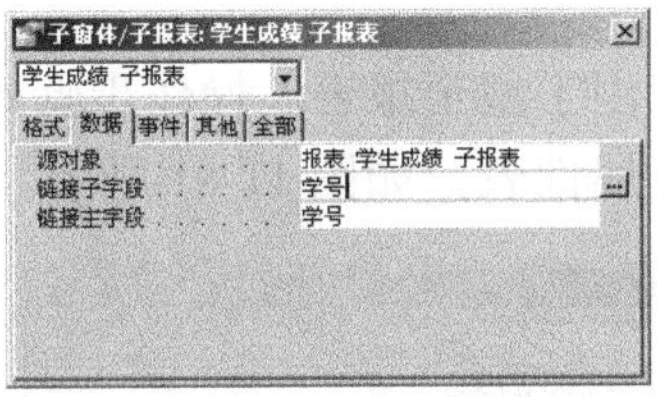

图 11-76　设置链接字段

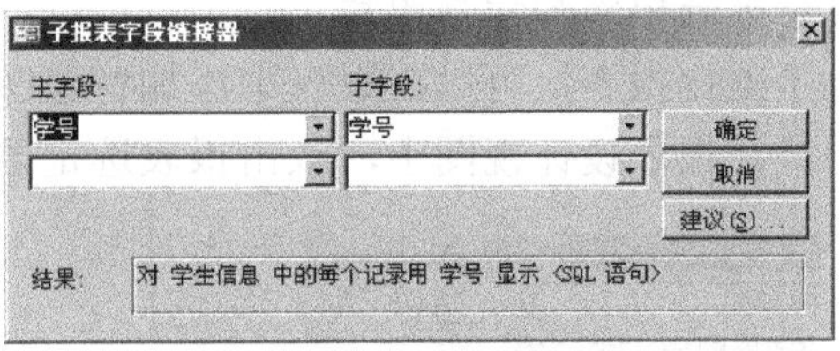

图 11-77　“子报表字段链接器”对话框

11.5.5.2　多列报表

在报表中以多列来显示数据，即报表中每行放置多个字段，数据紧凑、美观，节省纸张。

【例 11-13】　以“学生信息”表为记录源，创建一多列报表。报表按照“小组”分组，统计各个小组的人数，报表布局如图 11-78 所示。

（1）在设计视图中创建一个报表，记录源是“学生信息”表，按“小组”分组，设计视图如图 11-79 所示。

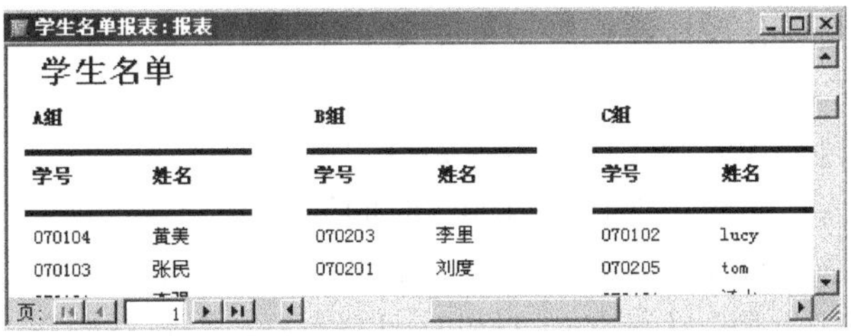

图 11-78 “学生名单”报表的打印预览视图

图 11-79 “学生名单”报表设计视图

（2）单击“文件”菜单，选择“页面设置”命令。

（3）在“页面设置”对话框中，单击“列”选项卡。

（4）在“网格设置”标题下的“列数”编辑框中，输入每一页所需的列数，在此输入 3。

（5）在“行间距”对话框中，输入主体节中每个记录之间所需的垂直距离。如果已在主体节中的最后一个控件与主体节的底边之间留有间隔，则可以将“行间距”设置为 0。在“列间距”对话框中，输入各列之间所需的距离。

（6）在“列尺寸”下的“宽度”文本框巾，为列输入所需的列宽 3.998，在“高度”文本框中输入所需的高度值 1.499，或者在设计视图中直接调整节的高度。

（7）在“列布局”下，单击“先列后行”项。

（8）单击“页”选项卡，在“打印方向”下，单击“纵向”，再单击“确定”按钮。

（9）选择“小组页眉”节，在属性窗口中，将“新行或新列”属性值设置为“节前”，表示组页眉在新列的顶部打印，如图 11-80 所示。

11.5.5.3　交叉报表

交叉报表和其他报表的创建方法是一样的，只是交叉报表的记录源是交叉表查询，在页眉中放置行标题和列标题的标签，在“主体”节中放置行标题和列标题的文本框。

11.5.6　报表的常规编辑

报表创建好后，可以对报表中的文字、控件等外观特性进行修改。

1. 在报表中添加背景图片

为了美化报表，可以在报表中添加背景图片，它可以应用于整个报表。操作步骤如下。

（1）在报表设计视图中，双击报表选定器打开“报表”属性表，如图 11-81 所示。

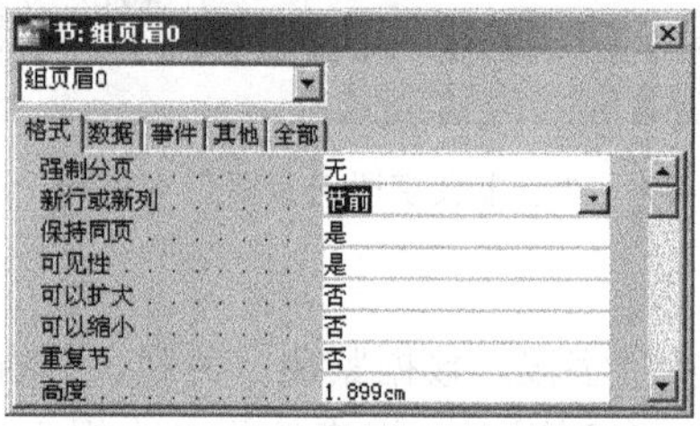

图 11-80　组页眉属性表

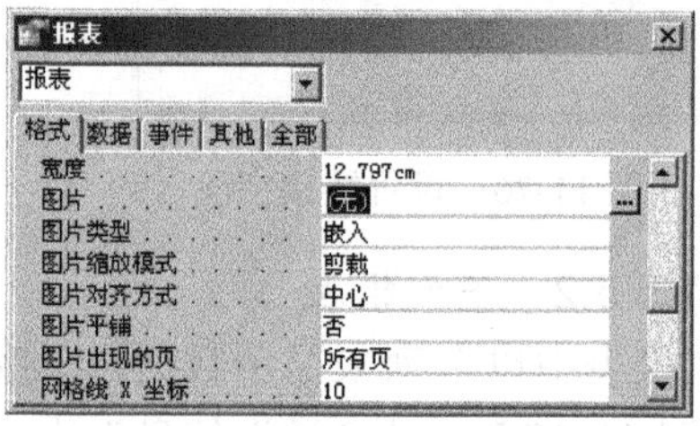

图 11-81　报表属性表

（2）在“图片”属性框中输入图片文件的路径和文件名，或者单击右端的“生成器”按钮。

（3）在“图片类型”属性框中指定图片的添加方式：嵌入或链接。

（4）“图片缩放模式”属性框控制图片的比例。该属性有剪裁、拉伸和缩放三种。

（5）在“图片对齐方式”属性框中指定图片的位置。

（6）在“图片平铺”属性框中确定是否使图片在报表页面重复。

2. 在报表中添加日期和时间

有时需要在报表的页眉或页脚显示日期和时间。操作步骤如下。

（1）在报表设计视图中，单击“插入”菜单，选择“日期与时间”命令。

（2）在“日期与时间”对话框中，选择日期和时间格式，单击“确定”按钮。

（3）如果有“报表页眉”，则在“报表页眉”中添加日期和时间文本框，否则添加在“主体”节。文本框中的内容分别是“=Date()”和“=Time()”。

3. 在报表中添加页码

操作步骤如下。

（1）在报表设计视图中，单击“插入”菜单，选择“页码”命令。

（2）在“页码”对话框中，选择页码的格式、位置和对齐方式，单击“确定”按钮。

（3）在页面页眉或页面页脚中添加页码文本框，其内容是“="第"&[Page]&"页"”。

4. 在报表中添加分页符

分页符的作用是在报表打印时产生一个新页。在“报表页眉”节中插入一个分页符，使报表页眉的内容完整地打印在两页。操作步骤为：利用工具箱中的“分页符”控件，在报表需要分页的位置创建一个“分页符”控件。

5. 报表的预览和打印

（1）页面设置。在预览和打印报表之前，需要对报表页面的边距、纸张大小等参数进行设置。操作步骤为：单击“文件”菜单，选择“页面设置”命令，然后进行页面设置。

（2）报表预览。报表预览是指在屏幕上查看数据打印时的外观。为了保证打印出来的报表整齐美观且合乎要求，可以边设计边预览。操作步骤为：在报表设计视图中，单击“视图”菜单，选择“打印预览”或“版面预览”命令，这样就可以进行版面预览。

（3）报表打印。操作步骤为：在报表设计视图或预览视图中，单击“文件”菜单，选择“打印”命令，在“打印”对话框中进行参数设置。

6. 报表快照

报表快照的作用是将报表对象保存为扩展名为．snp 的单一文件。在文件中包含了报表中每一页的高保真副本，并保留了报表中的二维布局、图形及其他的嵌入对象。

操作步骤如下。

（1）在“数据库”窗口，单击要为其创建报表快照的报表名称。

（2）单击“文件”菜单，选择“导出”命令。

（3）在“保存类型”列表框中，单击“快照格式（*．snp）”。

（4）选定导出的目标驱动器或文件夹，并输入文件名，然后单击“保存”按钮。

导出后的报表快照文件可以复制到其他计算机中，或通过电子邮件及 Web 浏览器进行电子分发和发布。用户可以脱离 Access 环境轻松快速地查看报表。

习　题

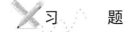

1. 简述数据处理的重要性，以及数据和信息的概念区别。
2. 什么是数据库、数据库管理系统和数据库系统？它们之间的关系是怎样的？
3. 数据库有哪几种数据模型？它们的主要特征是什么？
4. Access 数据库类型是什么数据模型？
5. Access 常用的创建数据库的方法有哪些？
6. Access 创建报表的目的是什么？Access 报表常用的创建方法有哪些？

活　动

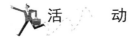

活动主题：Mircrosoft Office Access 2010 尝试操作

活动任务：

1. 打开 Access 2010，试与 Access 2003 比较操作界面。
2. 尝试性创建一个数据库，并创建三个表，然后进行维护操作。
3. 在表文件中录入数据，并进行记录的相关维护操作。
4. 设计报表，并进行输出操作设计。
5. 总结 Access 2010 与 Access 2003 在操作功能方面的区别。

第3部分　电子政务与主页设计篇

第12章　电　子　政　务

随着计算机技术、通信技术和互联网技术的飞速发展，信息化、数字化离人们的生活越来越近。以信息技术为先导的经济信息化、社会信息化、商务信息化、政府信息化等社会变革过程，对政府公共管理和服务提出了新的挑战，并进而引发了一场管理革命。政府运行原理、实现机制和具体手段都围绕着信息化发生了适应性转变，这种适应性转变集中表现为政府管理的信息化发展趋势。

12.1　电子政务基础知识

电子政务（e-government，e-governor）是近几年兴起的概念，它是信息技术发展的必然产物。从1993年美国总统克林顿宣布利用信息技术改造政府开始，电子政务就迅速列入了所有工业化国家的政治日程，并随之波及众多发展中国家。各国纷纷投入人力、物力大力发展电子政务，现在它已经成为治国不可或缺的工具。在不到20年的时间中，电子政务发展就经历了萌芽期、孕育期、发展期，随着电子政务被列为世界"信息高速路"五个应用领域中的第一位，它的发展进入了应用期。根据联合国教科文组织的调查，89%的国家都在不同程度上着手推动电子政务的发展，并将其列为国家级的重要事项。

12.1.1　电子政务及其相关概念

电子政务是在政府信息化的过程中，人们提出的一个被广泛应用的概念。但究竟什么是电子政务，人们在实践中又有许多不同的理解。概括起来说，电子政务是公共管理组织在政务活动中，全面应用现代信息技术、网络技术及办公自动化技术等进行办公、管理和为社会提供各种公共服务的一种方式。电子政务实际上就是平常我们所说的政务工作信息化，是指政府机构在其管理和服务职能中运用现代信息技术，实现政府组织结构和业务流程的全组优化，超越时间、空间和部门分隔的制约，建成一个精简、高效、廉洁、公平的政府运作模式。

在中国，电子政务的范围既包括各级行政机关系统的政务工作信息化，也包括执政党及国家权力机关、司法机关、政协及其他公共部门的政务工作信息化。一般地，电子政务至少应包括三层含义。

首先，电子政务必须借助现代信息技术、数字网络技术和办公自动化技术，同时也离不开信息基础设施和相关软件技术的发展。

其次，电子政务处理的是与公共权力行使相关的公共事务，或者为了提供高效的公共服务而快速处理公共部门内部的事务，这决定电子政务有着广泛的内容。

最后，电子政务并不是将传统的政府管理和运作简单地搬上互联网，而是要对现有的政府组织结构、运行方式、行政流程进行重组和再造，使其更有利于信息技术、网络技术的应用。

1. 电子政务与政府信息化

政府信息化是人们在日常工作中经常使用的一个概念，它是相对于国民经济信息化、社会信息化、企业信息化等来使用的。从 1999 年开始，联合国经济社会理事会连续两年都把通过信息化改造发展中国家的政府组织、重组公共管理、最终实现信息资源的共享作为其工作的重点，并在世界各国积极倡导“信息高速公路”建设的五个领域中，将推动政府信息化、建设电子政府一直列为第一位。可见，政府信息化是指为了适应信息时代的到来，运用信息技术、通信技术、网络技术及办公自动化技术等现代信息手段，对传统的政府管理和公共服务进行改造，从而大大提升政府管理的有效性，满足社会及公众对政府公共管理和公共服务的期望，促进社会经济的发展。

电子政务与政府信息化有着密切的联系。如果说政府信息化强调的是一个过程，那么，电子政务则是实现政府信息化的具体途径。也就是说，通过在政务活动中不断扩大电子化政务的范围，逐步推动政府信息化水平由低向高发展。从这种意义上说，政府信息化的过程，就是不断推进具体政务工作电子化的过程，也可以说，电子政务是实现政府信息化的一种手段。

2. 电子政务与电子政府

电子政府是国外比较流行的一个概念，有时也称“电子化政府”等。通常电子政府是相对于传统政府而言的，它的核心是通过在传统政府中应用现代信息技术、网络技术和通信技术，使政府的存在形式发生重大变化，从而形成一个现实性与虚拟化相结合的跨平台网络政府。从这种意义上说，电子政府就是电子化网络政府。

电子政务与电子政府的联系在于，电子政府的建设，是以一系列电子政务的实现为前提的，如果没有大量政务工作的信息化，电子政府是不可能建成的。从这个意义上说，电子政府的建设必须以电子政务的发展为基础。电子政务与电子政府的区别在于，电子政务是指一项一项具体政务工作的信息化，而电子政府则指整个政府管理的信息化。在实践中，有的政府机构在某些领域或某几项政务工作方面实现信息化，并不意味着就建立起了电子政府。但只要建立起了电子政府，其主要的政务工作必然实现了信息化。

3. 电子政务与办公自动化

办公自动化是指利用现代化的办公设备、计算机技术和通信技术来代替办公人员的手工作业从而大幅度提高办公效率的一种管理手段。电子政务与办公自动化有着密切的关系，办公自动化强调的是政府内部在各类政务工作的处理方面要运用先进的设备，并借助这些设备，大幅度提高办公效率并提高政务工作的质量。而电子政务有着更广泛的内容，它不仅强调政府的内部办公要实现信息化，更重要的是政府向社会、企业乃至公众提供的各种公共服务，也要实现信息化，从某种意义上说，后者的重要性比政府内部信息化更为重要。当然，办公自动化是电子政务的基础条件之一，也就是说，在政府内部，电子政务的目标是要通过办公自动化来实现的，离开了办公自动化，政府内部的电子政务也就失去了基础。

4. 电子政务与政府上网

政府上网是 1999 年中国推动的“政府—上网工程”形成的一个概念。政府上网的基本含义在于，政府及其相关部门利用互联网，建立自己的门户网站，向公众发布信息，实现与企业、公众的信息沟通、交流，并提供一站式“在线服务”，实现公共服务事项的网上办理。

随着电子政务的发展，政府的网站将发挥更大的作用。电子政务与政府上网也有一定的联系与区别。从二者之间的联系看，不管是电子政务还是政府上网，都是政府信息化的重要内容，某些电子化的公共服务项目，必须通过政府网站才能进行；离开政府网站，政府就不可能向社会提供一个单一的窗口。二者的区别在于，电子政务的含义要宽泛得多。除了政府向社会提供的公共服务事项外，政府与政府之间、政府部门与部门之间的交流、信息传递等，也都属于电子政务的范畴。这说明这两个概念并不能等同。

12.1.2　电子政务的应用

电子政务有着广泛的应用领域，可以说涉及政府管理的各个方面。按照电子政务的应用结构，我们可以把电子政务的应用，分为六大类别。

第一类：政府为社会提供的应用服务及信息发布。这方面主要包括以下几点。

（1）通过政府网站发布信息，提供查询。

（2）面向社会的各类信访、建议、反馈及数据收集和统计系统。

（3）面向社会的各类项目申报、申请。

（4）相关文件、法规的发布、查询。

（5）各类公共服务性业务的信息发布和实施，如工商管理、税务管理、保险管理、城建管理等。

第二类：政府部门之间的应用。这方面主要包括以下几点。

（1）各级政府间的公文信息审核、传递系统。

（2）各级政府间的多媒体信息应用平台，如视频会议、多媒体数据交换等。

（3）同级政府间的公文传递、信息交换。

第三类：政府部门内部的各类应用系统。这方面主要包括以下几点。

（1）政府内部的公文流转、审核、处理系统。

（2）政府内部的各类专项业务管理系统，如日程安排、会议管理、机关事务管理等。

（3）政府内部面向不同管理层的统计、分析系统。

第四类：涉及政府部门内部的各类核心数据的应用系统。这部分主要包括以下几点。

（1）机要、秘密文件及相关管理系统。

（2）领导事务管理系统，如日程安排、个人信息。

（3）涉及重大事件的决策分析、决策处理系统。

（4）涉及国家重大事务的数据分析、处理系统。

第五类：电子商务在政府管理中的应用，如政府电子化采购等。

第六类：电子社区，即城市社区管理中信息手段的应用。

12.1.3　中国发展电子政务的相关政策和标准规范

随着信息技术的不断发展，我国对推进电子政务、加快政府信息化建设高度重视。早在1992年，国务院办公厅就提出建设全国行政首脑机关办公决策服务系统的目标和具体实施方案，并在全国政府系统推行办公自动化。2001年，国务院办公厅又制定了全国政府系统政务信息化建设的五年规划，对我国政府信息化的指导思想、方针、政策等作出了明确规定。

2002年，国务院信息化办公室和国家标准化管理委员会成立了电子政务标准化总体组，标志着我国电子化工作全面启动。2006年，国务院办公室发布了《关于推进国家电子政务网络建设的意见》，提出了电子政务建设的基本要求，为我国电子政务发展做了进一步的规范。

同时在《2006—2020 年国家信息化发展战略》明确了“十一五”期间我国电子政务发展的工作重点：进一步完善电子政务标准体系的建设。

2007 年 9 月 30 日，国家电子政务网络中央级传输骨干网网络正式开通，标志着统一的国家电子政务网络框架基本形成，为各部门各地区开展业务应用提供了一个安全可靠、资源丰富、管理规范、服务专业的公共平台。

2007 年以后又出台了《国家信息化领导小组关于推进国家电子政务网络建设的建议》、《国家电子政务总体框架》等相关政策。

目前，在标准规范方面，相继出台了《电子政务主题词表编制规则》、《电子政务业务流程通用规范》、《电子政务数据元》、《基于 XML 的电子公文格式规划》以及一些信息安全方面的标准规范。

12.1.4　电子政务在公共管理中的地位和作用

在新的历史条件下，推动政府信息化、发展电子政务成为影响我国在国际社会中竞争力的一个重要方面。

（1）大大提高公共政策制定的科学性和有效性。

（2）改善政府的公共服务，提高服务质量。

（3）实现资源共享，大大降低行政成本。

（4）从根本上改变政府的管理方式，提高公务员队伍的整体素质。

12.2　电子政务的功能和意义

电子政务是政府管理方式的革命，它不仅意味着政府信息的进一步透明和公开，而且意味着政府要通过网络来管理其管辖的公共管理事务。电子政务最重要的内涵是运用信息及通信技术打破行政机关的组织界限，构建一个电子化的虚拟机关，使人们可以从不同的渠道获取政府的信息及服务，而不是传统的经过层层关卡书面审核的作业方式，而政府机关之间及政府与社会各界之间也是经由各种电子化渠道进行相互沟通，并依据人们的需求、可以使用的形式、要求的时间及地点，提供各种不同的服务选择。

12.2.1　电子政务的功能

电子政务包括三方面的内容，即政府部门内部的网络化和无纸化办公，政府部门之间通过网络进行的协同办公和信息共享，以及政府通过网络实现的与公众的沟通和互动。这三项内容各有其独特的功能，同时，它们结合起来又具有一些整体性的功能。电子政务的几项重要功能如下。

（1）增强政府监管力度，维护市场经济秩序。

（2）整合决策依据，实现决策支持。

（3）实施信息发布，提供丰富信息。

（4）加强沟通互动，有利服务公众。

（5）降低行政成本，提高办公效率。

（6）发挥主导作用，带动国家信息化建设。

12.2.2　实施电子政务的意义

实施电子政务的意义有以下几点。

（1）改革传统政务模式，促进政府职能转变。

（2）增强透明度，实现“阳光政务”。

（3）提高服务意识，适应国际服务水平。

（4）政务信息化将促进国民经济的发展。

（5）政务信息化将带动社会信息化的发展。

12.3 中国电子政务的发展历程和成果

中国电子政务的发展可以追溯到20世纪80年代。

12.3.1 中国电子政务的发展历程

按照不同时期的发展特点，中国电子政务的发展可分成四个不同的阶段。

1. 办公自动化阶段

中国政府早在20世纪80年代已意识到信息革命带来的挑战与机遇，各政府部门已经开始尝试利用计算机技术辅助一些基础的政务活动，如文件电子化处理、数据电子化存储等，这就是所谓的“办公自动化”发展阶段。这一阶段主要的特点是利用计算机替代一部分手工劳动，提高政府文字、报表处理等工作的效率。在20世纪80年代的中后期，全国各地许多政府机构掀起了学习计算机、使用计算机的热潮。但由于在当时计算机设备价格昂贵、软件易用性差，办公自动化的普及并不是很迅速。到20世纪80年代末，全国各地不少政府机构已建立起了各种纵向或横向内部信息办公网络，很多政府机构成立了专门的信息中心，为提高政府的信息处理能力和决策水平起到了重要的作用。

2. “金字工程”实施阶段

进入20世纪90年代，我国的政府信息化建设进一步加快，特别是一系列“金字工程”的启动，标志着中国政府与国民经济信息化的序幕正式拉开。1993年12月，我国政府成立“国家经济信息化联席会议”，确立“实施信息化工程，以信息化带动产业发展”的指导思想，正式启动“金卡”、“金桥”、“金关”等重大信息化工程。

“金卡工程”是以电子货币工程为重点的应用系统工程，主要是通过利用邮电、金融系统现有的网络资源，借助“金桥网”，为金融系统推行信用卡和现金卡，为商贸、旅游等行业提供新型电子支付手段服务。

“金桥工程”，即国家公用经济信息通信网工程，是国家经济和社会信息化的基础设施之一。金桥网建成后，于1996年9月开通互联网业务，为中国的网络事业发展作出了重要的贡献。

“金关工程”是“金桥工程”的起步工程之一，它的主要目的是通过海关、外贸、外汇管理和税务等政府部门的联网，向企业提供相关服务，建立起出口退税、进出口配额和许可证管理、收汇和结汇、进出口贸易统计等信息应用系统，加强和改善政府对进出口贸易的管理。

紧随“三金工程”之后的是“金税工程”，为了配合中国财税体制的改革，推行以增值税为主体的流转税制度，严格税收征管，杜绝税源流失而实施的一项全国性的信息化工程。“金税工程”的实施为提高税收征管水平、保证国家税收来源完整具有重要的意义。

3. 政府上网阶段

1999年初开始的“政府上网工程”，标志着真正意义的电子政务活动在我国正式启动。“政府上网工程”的主要目的是推动各级政府部门通过网络向社会提供各种公共信息资源，并逐步应用网络实现政府的相关职能，为实现电子政务打下坚实的基础。

4. 电子政务实质性应用阶段

2000 年以后我国电子政务迅速发展。

2007 年，我国电子政务发展的基本特征大体可以归纳为五个方面：一是电子政务建设的战略部署已经完成；二是电子政务建设的战略目标、战略任务越来越明确；三是电子政务建设的整体思路越来越清晰；四是对电子政务建设规律的认识越来越深刻；五是电子政务建设的成效也越来越突出。

2008 年，开始实施的《政府信息公开条例》，对于各种政府信息的公开，提出了系统而明确的要求。

2009 年，中国政府在电子政务方面做了很多工作。特别值得一提的是，由中国社会科学院信息化研究中心与国脉互联政府网站评测研究中心联合主办的“2009 中国政府网站绩效评估暨第四届中国特色政府网站评选发布会”在北京隆重召开。全国共有 21 个部委、25 个省的 350 余位政府网站代表出席，国内著名电子政务专家、电子政务技术厂商及各主流媒体代表约 100 多人参加了会议。

12.3.2　中国电子政务发展取得的成果

目前，我国电子政务已经取得了积极进展，成为各级政府开展工作的重要支撑。

1. 电子政务基础建设成效显著

截至 2011 年底，中国网民规模达到 5.13 亿人，较 2010 年底增长 5580 万 ，普及率达到 38.3%，手机上网网民规模也达到 3.56 亿人。以上统计数据表明，基于网络平台与信息技术的电子政务，通过向民众提供规范、透明、高效的全方位、一体化、网络化与电子化的公共管理服务，对于改革传统政务模式、提高行政管理效率、优化政府组织结构、增强公共服务能力等方面发挥了重要作用，有效提高了政府公信力和公众满意度。

2. 电子政务取得了阶段性成果

（1）丰富了政府职能的实现形式。电子政务为实现由传统政府的管理职能向现代政府的管理与服务职能转变提供了新的技术手段，使政府能以各种现代手段实现政府职能。

（2）初步建设了基础网络和内部应用。当前各类政府机构 IT 应用基础设施建设已经相当完备，网络建设在“政府上网工程”的推动下已获得长足进展，大部分政府职能部门如税务、工商、海关、公安等都已建成了覆盖全系统的专网。从具体应用效果看，政府内部通过网络化沟通和信息共享，办公效率大有提高。

（3）促进了我国软件业的发展。电子政务的特殊性为民族软件企业的发展提供了一个难得的机遇。

12.3.3　中国电子政务发展存在的问题

近年来，我国各级政府在电子政务建设方面取得很大成绩，但在建设中仍存在着一些不容忽视的问题。

1. 电子政务资金投入动力不够

地方电子政务的发展水平，与当地经济实力、财政收入状况密切相关。电子政务发展水平不高，在很大程度上是由于投入力度不足造成的。

在资金投入方面，仍存在“重硬件，轻软件，轻数据；重建设投入，轻运维投入”的现象。这使硬件难以充分发挥作用，业务应用水平难以提高，后续维护工作难以跟进，业务系统缺陷难以及时修正，影响了工作使用信息化手段的积极性。

2. 电子政务市场发育不良

目前，国内从事电子政务建设的IT企业良莠不齐，在一定程度上制约了电子政务建设水平。

3. 电子政务协调机制建设相对滞后

因电子政务协调机制建设相对滞后，导致跨部门电子政务推进工作困难重重，一定程度上影响了政府事务处理的工作效率和公共服务水平。

12.4 电子政务的建设

从国际电子政务的发展可以看出，电子政务的发展应定位在实现以“公共管理”为目标和以“知识管理”为模式的管理创新。

12.4.1 电子政务模型

1. 电子政务的发展定位

（1）公共管理目标。电子政务发展的首要问题是确立政府公共管理目标模式。所谓政府公共管理目标模式是指政府在市场经济条件下的角色定位。按照公共行政的一般理论，政府在整个社会中扮演的角色主要涉及社会的公共领域，即行使公共权力，代表公共利益，管理公共事务，提供公共服务，维护公共秩序，承担公共责任。

电子政务的公共管理几乎包括了生活、教育、就业、交易等各个领域，其服务对象也几乎包括所有公民、企业、政府机构、政府工作人员及国外游客等。因此，电子政务的发展是在“小规模、严管理、大服务”目标下为各类用户提供任何时间、任何地点、任意方式（Anytime、Anywhere、Anyhow，3A）的多元化、个性化公共管理服务。

（2）知识管理模式。“知识管理”应是以“人”为中心、以信息为基础、以知识创新为目标，将知识看做是一种可开发资源的管理思想。简单地说“知识管理”就是人在管理中对其集体的知识与技能的捕获与运用的过程，目的就是寻求信息处理能力与人的知识创新能力的最佳结合，在整个管理过程中最大限度地实现知识共享，以达到将最恰当的知识在最恰当的时间传递给最恰当的人，并能作出最恰当的决策。

2. 电子政务环境

电子政务涉及的环境主要包括两大方面：社会环境和内部环境。

（1）电子政务的社会环境。首先，电子政务系统需要一个适应网络经济条件的法规环境，电子政务的存在和发展必须以特定的法律、法规和政策来规范。其次，电子政务系统需要一个适应电子政务建设和应用的社会信息化环境，电子政务系统需要如国家信息化、城市信息化、企业信息化、商业信息化和行业信息化以至于家庭信息化建设和发展的协作。

（2）电子政务的内部环境。就内部环境而言，电子政务是用技术改进现有的各种关系，并创造新型关系，创建新的服务，延伸政务价值链，因此，电子政务系统的建设涉及政府内部思想，政府、业务、管理、人才和技术等方方面面。建立完善的政府机构，制定行政管理及其流程的标准和规范体系及业务操作和资源利用的管理制度体系，成立由管理人员、技术专家在内的建设领导小组，组成由技术雄厚、人员稳定的开发队伍和有关政府部门政务人员相结合的工作小组是电子政务实施必须具备的基本条件。而政府结构的变革、管理模式的改革、人文环境的创造和业务流程的优化重组则是电子政务实施的核心。

3. 电子政务的实施

在电子政务实施过程中，要解决三个层面的问题：第一层面是认识问题，其中包括在电子政务的目标、价值、意义、时机、重要性、利弊等方面达成基本共识。第二层面是操作问题，也就是说，如何做好电子政务工程和如何运行好电子政务，包括管理、规划、投资、标准、组织、阶段性、评价、系统结构、运营、法律制度和环境等问题。第三层面是工程和技术问题，也就是项目方案和实施问题，这里包括软硬件、安全、认证，人员培训等。一个完整的电子政务实施方案应包括以下内容。

（1）完善的组织机构。成立由管理人员、技术专家在内的系统建设领导小组，组成由技术雄厚、人员稳定的开发队伍和有关政府部门工作人员相结合的工作小组。

（2）确定总体目标和阶段目标。整个电子政务系统的建设要以优化政府管理工作的各核心业务流程，提高工作效率，更好地发挥政府宏观管理、综合协调管理与服务的职能为总体目标。具体实施可分为内部建设、政府上网、政务上网、网间互联等几个阶段进行，循序渐进逐步加以完善，最终形成功能强大的电子政务综合应用系统。

（3）进行系统总体设计，确定开发应用标准和规范。结合电子政务系统信息和应用的特点，综合考虑网络体系、支撑安全体系、应用体系等组成部分进行系统的总体设计。同时要建立各子系统所必须依据的统一技术规范、应用平台、指标体系、信息代码、运行管理制度等，以确保整个政务系统成为高效运行的有机整体。

（4）构建基本支撑体系。

1）选用 TCP/IP 网络作为低层通信网，利用 IPSEC 或其他安全协议构建安全通信通路。

2）构建安全体系。安全管理体制综合了安全检测、实体安全、运行安全、信息安全、网络公共秩序和人员管理等安全法规的规定。另外，有实效的稽查制度和事故应变制度也是管理体制的重要组成部分。运用适合网络结构的安全技术，为系统提供保障。安全技术分为用户身份安全、网关安全、主机安全、网络安全、内容安全和系统安全等。

3）确定系统可靠性方案，如备份，防病毒，复杂系统的容错，应急体系等。

（5）构建应用体系。电子政务系统的应用具备以下特点：随机访问服务，大量的潜在用户，应用必须安全可靠，应用开发周期要短，与工作流程紧密结合，与现有信息系统高度集成等。因此，在构建电子政务系统的应用体系时要遵循以下步骤。

1）熟悉机关工作规则、明确用户需求和划清业务流程，确定每个节点进入、流出的信息与正常工作的运转情况一致。

2）选择具有高度的可伸缩性，能够实现多系统并存所需的互操作能力，以及多种资源管理能力的应用开发平台。

3）确定应用开发模式，在构造电子政务系统各子系统和应用环节时应尽可能投入使用，在应用中发现问题、解决问题，并尽快与已有系统融为一体。

4）选用科学的系统开发方法：在系统规划和分析阶段采用生命周期法确定系统目标、主要功能、共享数据库在具体实现上采用原形法，在开发过程中用户（机关工作人员）始终参与系统开发过程，使得系统目标和功能得以保证，而又较快地研制出满足用户需求的应用系统，同时减少维护代价。

（6）进行系统评估。首先，确定待评估系统的边界和范围，明确评估的目的。其次，确定待评估系统的状态与所处的阶段（如可行性分析、总体设计、系统开发与运行等各阶段）。

再次，选择适当的评估方法（结果观察法、类比—对比法、专家评价法或评分法等），确定适当的评估指标。最后，搜集有关数据、资料进行分析、计算，得出评估结果，作出评估报告。

12.4.2 电子政务平台

电子政务系统是一个庞大复杂的应用系统，涉及大量计算机和网络等新兴技术。政府部门应该如何整合内、外资源，选择适合自身情况的电子政务建设方案，完成电子政务发展规划，分期分批建成高效实用的电子政务系统，也就成为各级政府必须关注和解决的问题。

电子政务系统建设的第一步，是电子政务平台的搭建，而国家电子政务平台建设，则以地区性电子政务平台的搭建为基础，分批分片进行。地区电子政务平台的建设，旨在建立一个地区性的电子政务体系，将现有的和即将建设的政府各部门网络应用系统连接起来，统一相关的技术标准和软件规范，互联互通，成为一个统一的地区性政务办公和服务平台。

具体而言电子政务平台的建设包括网络平台和应用平台两个方面。

1. 网络平台

（1）部门内部网。部门内部网，又称Intranet，就是把部门内的计算机通过特定的传输媒体（如电缆、光缆和无线媒体）用网络适配器连接而成的网络系统。Intranet具有速度快、带宽高、性能稳定的特点。在Intranet内，计算机之间可以相互通信、共享资源（如存储设备、打印机和Internet入口）。Intranet的规模可大可小，可以说，任何大型网络，都是由大量中、小型Intranet连接而成的。

一个运行良好、功能齐备的Intranet，通常包括计算机、传输媒体、网络适配器、网络连接设备、网络管理系统五部分。

部门内部网的建设包括网络设计、网络建设、网络管理三个环节。要建成稳定高效的部门内部网，首先需要根据部门自身的需求和实际条件，结合通行的Intranet设计规范进行网络设计。网络设计的内容涉及规模、功能、结构、硬件选型等多个方面，在实际设计过程中，一般考虑以下原则：适用性、可靠性、可扩展性、易用性。与网络设计比较，网络建设的内容就相对简单，网络建设的具体过程，就是依照设计阶段制定的标准和规范，进行安装、调试，直至设备全部投入正常使用。

（2）地区政务数据中心。地区政务网络数据中心，是地区性政务网络的中心节点。地区政务数据中心向本地区的政务网络用户提供各种网络服务，对地区网络的运行加以监控管理，同时还负责通过专门接口与其他网络进行数据交互。地区政务数据中心是地区性政务网络的核心，同时也是政府网络服务的支持中心、政府网站的资源中心和网络数据的交换中心。

地区政务数据中心的功能十分强大。除了传统的虚拟主机、主机托管、租用业务外，还可利用宽带政务网络的有利条件，建立视频点播、网络硬盘、实时信息、异地通信（如可视电话）等一系列业务，向接入的政府部门提供更新、更全的服务。

地区政务数据中心涵盖了地区政务网络中全部的访问管理、数据传输、互联网接入和应用服务管理，不仅是数据存储的中心，而且是数据流通的中心。因此，地区政务数据中心对设备、人员、管理等各方面的要求都很严格，除了丰富的带宽资源，还需要有安全可靠的机房设施和高水平的网络安全管理。

一个功能完整的政务数据中心通常包含以下八个相对独立的功能子系统：交换系统、数据存储系统、增值服务系统、托管系统、后台管理系统、计费系统、访问控制系统、安全系统。

2. 应用平台

（1）Windows 系列操作系统。Windows 是美国微软公司推出的计算机操作系统，已经为全球计算机用户接受并得到了广泛应用，直至今日，它仍然是全世界普及率最高的计算机操作系统。Windows 系列操作系统主要针对桌面应用领域，其简单易用的功能特性和 Windows 操作系统特有的用户基础，使其在各类电子政务应用系统中得到了广泛的应用。Windows 作为一种成功的操作系统，主要具备以下特点：图形化操作界面，易学易用；用户界面统一、友好；多任务的运行机制；操作简便，界面友好，对应用软件有良好的支持。

（2）Linux 操作系统。Linux 操作系统，最早是由一位名叫 LinusTorvalds 的芬兰大学生在 1991 年编写完成的，之后便开始作为免费软件在全世界范围内自由使用传播。红旗 Linux 则是中国科学院软件研究所在 2000 年利用 Linux 技术内核，自行开发研制成功的一套计算机操作系统，可用于大型服务器和桌面计算机系统，目前，其正式版本已达到 7.0。红旗 Linux 以开放的 Linux 源代码为基础，进行了有针对性的本地化开发，同时也对 Linux 的内核进行了一定改进。与 Windows 相比，红旗 Linux 的运行性能更高，更稳定，而且同样具备全中文图形界面，支持多种硬件体系结构，安全性和方便性也有自身特点。红旗 Linux 的技术已经通过了国家有关方面的验证，并在各地政府近期的电子政务采购项目中得到了相当的重视。

习　题

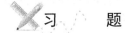

1. 什么电子政务？
2. 电子政务的应用有哪些？
3. 电子政务在公共管理中的地位和作用是什么？
4. 电子政务有哪些功能和意义？
5. 中国目前电子政务的发展趋势是什么？你如何看待这个问题？
6. 对于一个电子应用比较广的单位，如何构建一个电子政务的应用系统？

活　动

活动主题：电子政务工作体验

活动任务：

1. 上网，打开中国电子政务网：http://www.e-gov.org.cn/，了解其结构、内容和功能。
2. 上网搜索本地政府电子政务门户网站，认真了解电子政务在本地的发展现状。
3. 思考：构建一个电子政务网站，应该设计哪些基本的结构、功能和服务内容？

第 13 章　Dreamweaver CS4 主页制作

13.1　Dreamweaver CS4 的简介

随着互联网的普及，HTML 技术的不断发展和完善，随之而产生了众多网页制作工具。网页制作工具基本上可以分为"所见即所得"网页制作工具和"非所见即所得"网页制作工具（即源代码制作工具）两类，二者各有千秋。"所见即所得"网页制作工具的优点就是直观、使用方便、容易上手，在其中进行网页制作与在 Word 中进行文本编辑一样不会感到有什么区别，但它同时也存在难以精确达到与浏览器完全一致的显示效果的缺点。也就是说，在"所见即所得"网页制作工具中制作的网页放到浏览器中是很难达到真正想要的效果的，这一点在结构复杂一些的网页（如动态网页结构及精确定位）中便可体现出来。"非所见即所得"的网页制作工具就不存在这个问题，因为所有的 HTML 代码都是在用户的监控下产生的，但是，"非所见即所得"制作工具的工作效率太低。

常用的网页制作软件有 FrontPage 和 Dreamweaver 等。Dreamweaver 因其功能全面、操作灵活、专业性强，而倍受到网页制作人员的青睐。作为办公人员，学会使用一种网页制作工具，是办公人员信息素养的重要体现。因此，本章介绍 Dreamweaver 主页制作工具的基本操作。

13.1.1　Dreamweaver 发展概述

Macromedia 公司自 1997 年首次推出 Dreamweaver 获得巨大成功后，于 2000 年推出了 Dreamweaver UltraDev。该产品除了提供 Dreamweaver 的功能外，还提供以 ASP、JSP 和 ColdFusion 建立网页应用程式的工具。2002 年 5 月又推出 Dreamweaver MX，目的是支援现代网页专业人员兼负的多重角色。2003 年 9 月推出 Dreamweaver MX 2004，新增了对以 CSS 为基础的设计与开发提供的革命性功能，将网页实际提升到新的层次，通过将 CSS 结合在所有使用者的工作流程中，促进了网页专业人员对 CSS 的普遍采用。2005 年 8 月 8 日，宣布推出 Dreamweaver 8，它以之前版本为基础，扩充了主要范围的功能，如 XML 和 CSS，并简化了工作流程，以帮助使用者事半功倍，借由支援最新的专业设计方式。同年，ADDBE 公司收购了 Macromedia 公司，并又以之前版本为基础，相继推出了 Dreamweaver CS3、Dreamweaver CS4、Dreamweaver CS5 等。目前常用版本是 Dreamweaver CS4。

13.1.2　Dreamweaver CS4 新功能

相对于老版本的 Dreamweaver，Dreamweaver CS4 新增了以下功能。

（1）实时视图功能。借助 Dreamweaver CS4 中新增的实时视图在真实的浏览器环境中设计网页，同时仍可以直接访问代码。呈现的屏幕内容会立即反映出对代码所做的更改。

（2）针对 Ajax 和 JavaScript 框架的代码提示功能。借助改进的 JavaScript 核心对象和基本数据类型支持，更快速、准确地编写 JavaScript。通过组合常用的 JavaScript 框架（包括 jQuery、Prototype 和 Adobe Spry）来使用 Dreamweaver 的扩展编码功能。

（3）相关文件功能。在 Dreamweaver CS4 中使用"相关文件"功能更有效地管理构成目前网页的各种文件。单击任何相关文件即可在“代码”视图中查看其源代码，在“设计”视图中查看父页面。

（4）集成编码增强功能。领略内建代码提示的强大功能，令 HTML、JavaScript、Spry 和 jQuery 等 Ajax 框架、原型和几种服务器语言中的编码更快、更清晰。

（5）“代码导航器”功能。新增的“代码导航器”功能可显示影响当前选定内容的所有代码源，如 CSS 规则、服务器端包括、外部 JavaScript 功能、Dreamweaver 模板、iframe 源文件等。

（6）Adobe AIR 创作支持功能。在 Dreamweaver 中直接新建基于 HTML 和 JavaScript 的 Adobe AIR™ 应用程序。在 Dreamweaver 中即可预览 AIR 应用程序。使 Adobe AIR 应用程序随时可与 AIR 打包及代码签名功能一起部署。

（7）FLV 支持功能。通过轻松点击和符合标准的编码将 FLV 文件集成到任何网页中。设计时在 Dreamweaver 全新的实时视图中播放 FLV 影片。

（8）支持领先技术。在支持大多数领先 Web 开发技术的工具中进行设计和编码，这些技术包括 HTML、XHTML、CSS、XML、JavaScript、Ajax、PHP、Adobe ColdFusion® 软件和 ASP。

（9）学习最佳做法。参考 CSS 最佳做法实现可视化设计并辅以通俗易懂的实用概念说明。在支持可访问性和最佳做法的同时创造 Ajax 驱动的交互性。

（10）CSS 最佳做法新增功能。无需编写代码即可实施 CSS 最佳做法。在“属性”面板中新建 CSS 规则，并在样式级联中清晰、简单地说明每个属性的相应位置。

（11）全面的 CSS 支持增强功能。借助“设计”和“实时视图”中的即时可视反馈，在“属性”面板中快速定义和修改 CSS 规则。使用新增的“相关文件”和“代码导航器”功能找到定义特定 CSS 规则的位置。

（12）学习资源增强功能。借助 Dreamweaver CS4 中丰富的产品随附教程掌握 Web 构建技能。通过由社区推动的帮助系统与最新 Web 技术保持同步。

（13）更广阔的 Dreamweaver 社区增强功能。从广阔的 Dreamweaver 社区受益，它包括在线 Adobe Design Center 和 Adobe Developer Connection、培训与研讨会、开发人员认证计划及用户论坛。

（14）在线服务。

（15）掌控内容。使客户能从浏览器中直接更新他们的网页。无需数据库或复杂的编码即可将动态数据添加到站点。

（16）Adobe Photoshop 智能对象新增功能。将任何 Adobe Photoshop® PSD 文档插入 Dreamweaver 即可创建出图像智能对象。智能对象与源文件紧密链接。无需打开 Photoshop 即可在 Dreamweaver 中更改源图像和更新图像。

（17）HTML 数据集新增功能。无需掌握数据库或 XML 编码即可将动态数据的强大功能融入网页中。Spry 数据集可以将简单 HTML 表中的内容识别为交互式数据源。

（18）全新用户界面新增功能。借助共享型用户界面设计，在 Adobe Creative Suite® 4 的不同组件之间更快、更明智地工作。使用工作区切换器可以从一个工作环境快速切换到下一个环境。

（19）跨产品集成增强功能。通过跨产品线的直接通信和交互，充分利用 Dreamweaver CS4

和其他 Adobe 工具的智能集成和强大功能，包括 AdobeFlash CS4 Professional、Fireworks® CS4、Photoshop CS4 和 Device CentralCS4 软件。

（20）Adobe InContext Editing 新增功能。在 Dreamweaver 中设计页面，使最终用户能使用 Adobe InContext Editing 在线服务编辑他们的网页，无需帮助或使用其他软件。作为 Dreamweaver 设计人员，可以限制对特定页面、特殊区域的更改权，甚至可以自定格式选项。

（21）Subversion 集成新增功能。在 Dreamweaver 中直接更新站点和登记修改内容。Dreamweaver CS4 与 Subversion&re 软件紧密集成，后者是一款开放源代码版本控制系统，可以提供更强大的登记/注销体验。

（22）跨平台支持增强功能。Dreamweaver CS4 可用于基于 Intel® 或 PowerPC® 的 Mac、Microsoft®Windows® XP 以及 Windows Vista® 系统。在首选系统中设计，交付跨平台、可靠、一致、高性能的成果。

13.1.3 Dreamweaver CS4 的工作界面

安装了 Dreamweaver CS4 以后，依次单击“开始”→“所有程序”→“Adobe Dreamweaver CS4”命令，启动 Dreamweaver CS4 程序。如果需要经常使用 Dreamweaver CS4，可以从程序组中拖拽 Dreamweaver CS4 图标到桌面，以后双击此图标即可启 Dreamweaver CS4 程序。

启动 Dreamweaver CS4 后，进入 Dreamweaver CS4 创建项目面板，如图 13-1 所示。

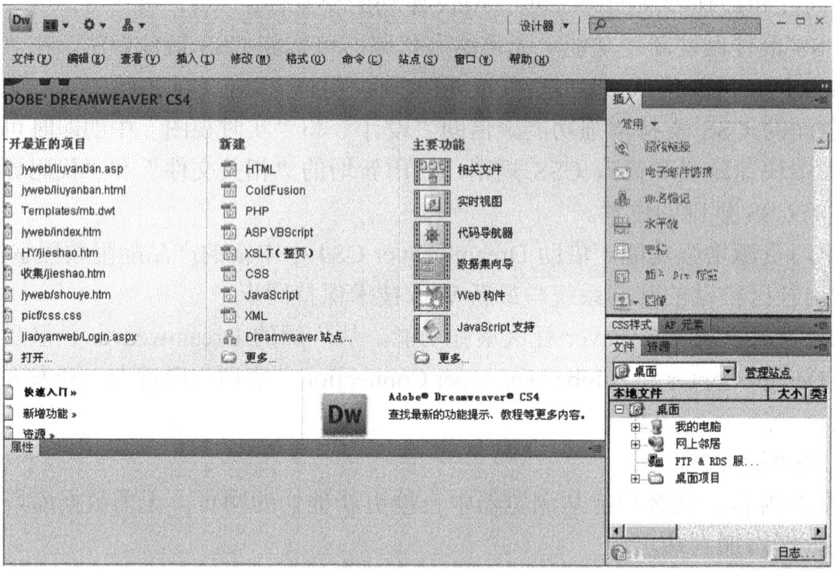

图 13-1 创建项目面板

单击项目面板中“新建”项目下的 HTML，进入如图 13-2 所示的 Dreamweaver CS4 的工作界面，下面将分别讲解窗口界面中各功能块的含义与基本操作。

1. 应用程序工具栏

在 Dreamweaver CS4 的窗口标题栏上新增了五个命令，它们是网页制作中最常用的命令，新版本中这样的布局能节省大量的时间，让人们集中精力于设计上，同样我们也可以从菜单栏和工具栏中找到相应的选项。

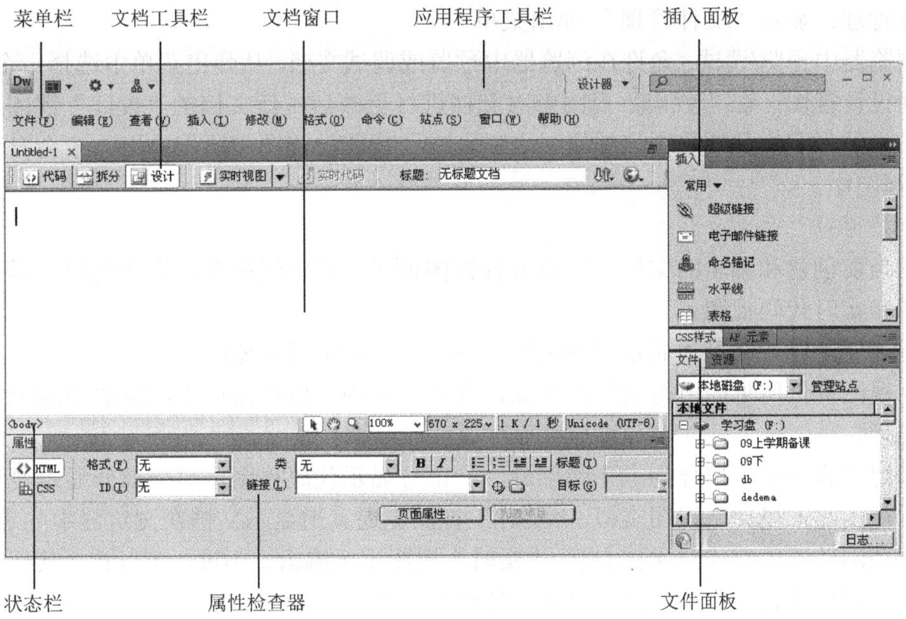

图 13-2 Dreamweaver CS4 的工作界面

2. 菜单栏

菜单栏位于标题栏的下方，汇集各种功能菜单，设计和开发网站的所有命令都可以在菜单中找到。

3. 文档工具栏

文档工具栏中包含如图 13-3 所示按钮，这些按钮可以在文档的不同视图间快速切换：代码视图、设计视图、拆分视图，实时视图和实时代码视图。工具栏中还包含一些与查看文档、在本地和远程站点间传输文档有关的常用命令和选项。

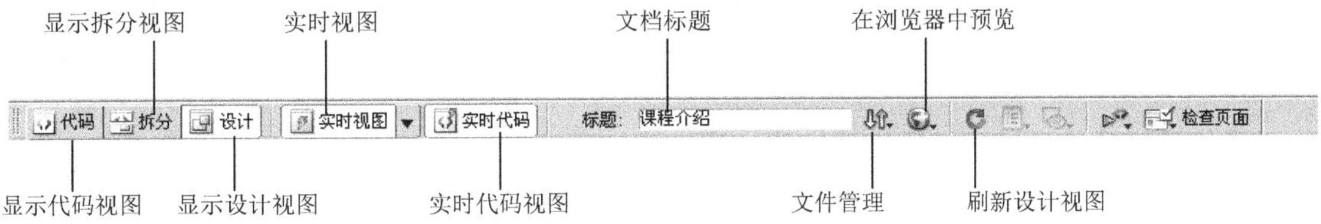

图 13-3 文档工具栏

显示代码视图：仅在文档窗口中显示“代码”视图。

显示拆分视图：在文档窗口的一部分中显示“代码”视图，而在另一部分中显示“设计”视图。当选择了这种组合视图时，“视图选项”菜单中的“在顶部查看设计视图”选项变为可用。

显示设计视图：仅在文档窗口中显示“设计”视图。

实时视图：显示不可编辑的、交互式的、基于浏览器的文档视图。

实时代码视图：显示浏览器用于执行该页面的实际代码。

文档标题：允许为文档输入一个标题，它将显示在浏览器的标题栏中。如果文档已经有了一个标题，则该标题将显示在该区域中。

文件管理：显示“文件管理” 弹出菜单。

在浏览器中预览/调试：允许在浏览器中预览或调试文档。从弹出菜单中选择一个浏览器。

刷新设计视图：在“代码”视图中对文档进行更改后刷新文档的“设计”视图。在执行某些操作（如保存文件或单击该按钮）之后，在“代码”视图中所做的更改才会自动显示在“设计”视图中。

4. 文档窗口

显示当前创建和编辑的文档。它有五种视图模式，即代码视图、设计视图、拆分视图，实时视图和实时代码视图。

代码视图是以代码形式显示和编辑当前网页和网页中的对象的属性。

设计视图提供所见即所得的编辑界面，在设计视图中以最接近于浏览器中的视觉效果显示设计元素。

拆分视图将编辑窗口分为上下两部分，一部分显示代码视图，另一部分显示设计视图。

实时视图与“设计”视图类似，“实时”视图更逼真地显示文档在浏览器中的表示形式，并能够像在浏览器中那样与文档交互。“实时”视图不可编辑。不过，可以在“代码”视图中进行编辑，然后刷新“实时”视图来查看所做的更改。

实时代码视图仅当在“实时”视图中查看文档时可用。“实时代码”视图显示浏览器用于执行该页面的实际代码，当在“实时”视图中与该页面进行交互时，它可以动态变化。“实时代码”视图不可编辑。

5. 状态栏

文档窗口底部的状态栏提供与正在创建的文档有关的其他信息，如图 13-4 所示。

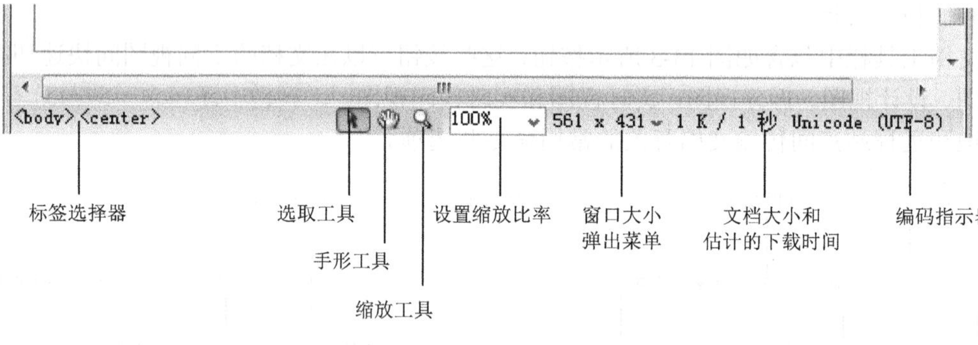

图 13-4 状态栏

标签选择器：显示环绕当前选定内容的标签的层次结构。单击该层次结构中的任何标签以选择该标签及其全部内容。单击<body>可以选择文档的整个正文。

手形工具：允许单击文档并将其拖到文档窗口中。单击选取工具可禁用手形工具。

缩放工具：可以放大或缩小正在编辑的文档。

设置缩放比率：可以为文档设置缩放比例。

缩放工具和“设置缩放比率”弹出菜单：为文档设置缩放比率。

窗口大小弹出菜单（在“代码”视图中不可用）：用于将“文档”窗口的大小调整到预定义或自定义的尺寸。

文档大小和下载时间：显示页面（包括所有相关文件，如图像和其他媒体文件）的预计文档大小和预计下载时间。

编码指示器；显示当前文档的文本编码。标签选择器：显示环绕当前选定内容的标签的层次结构。单击该层次结构中的任何标签可以选择该标签及其全部内容。单击<body>可以选择文档的整个正文。若要设置标签选择器中某个标签的类或 ID 属性，可以在该标签上单击鼠标右键，然后从上下文菜单中选择一个类或 ID。

6. 属性检查器

通过属性检查器（见图 13-5）可以检查和编辑当前选定的页面元素最常用的属性，如文本和插入的对象。其内容会根据所选对象的不同而不同。如果当前选择了文本，则会显示出与文本相关的属性，如文本对齐方式、加粗、倾斜等。要显示或隐藏属性检查器，选择菜单栏中的“窗口”→“属性”命令。选择的对象不同，属性检查器中包含的信息也不一样。双击左上角的竖直线，可显示其他的设置信息，再次双击左上角的竖直线可隐藏属性检查器下方的信息。亦可通过选择“窗口”菜单下的“属性”命令来实现上述功能。

7. 插入面板

插入面板（插入栏）包含用于将图像、表格和媒体元素等各种类型的对象插入到文档中的按钮，这些按钮按几个类别进行组织，包括“常用”、“布局”、“表单”、“数据”、“Spry”、“文本”、“收藏夹”和“服务器代码”八个类别栏，可以通过从“类别”弹出菜单中选择所需类别来进行切换。在默认情况下，显示的是“常用”类别栏中的工具，如图 13-6 所示。

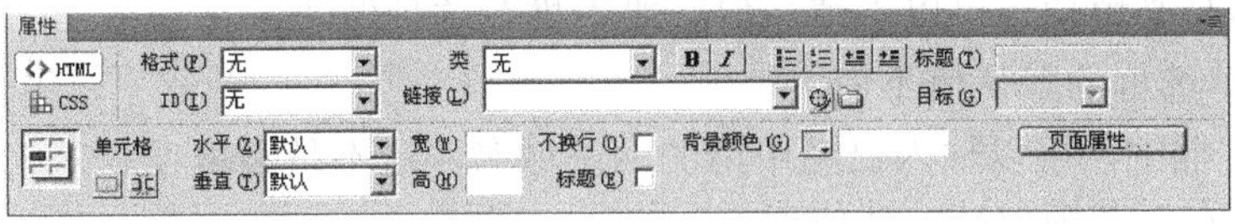

图 13-5　属性检查器

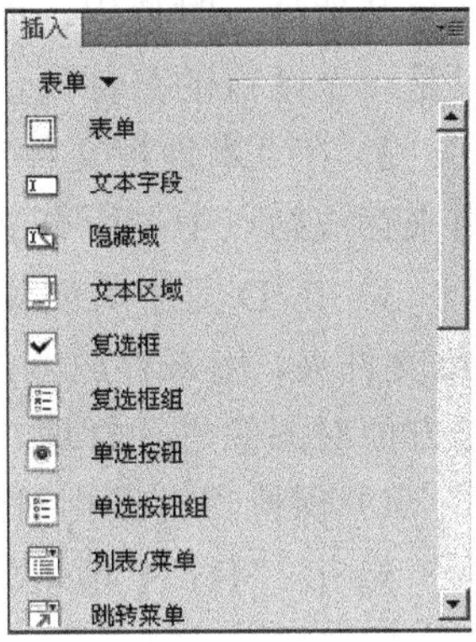

图 13-6　插入面板

8. 文件面板

用于管理文件和文件夹，非常类似于 Windows 资源管理器。

13.2　Dreamweaver CS4 起步操作

13.2.1　创建本地站点

在开始用 Dreamweaver 制作网页时，首先要定义一个本地站点。本地站点可以看成是一个文件夹，该文件夹用来存放所有的网页、图像、声音等文件，从而方便网站的维护与管理。创建本地站点的步骤如下。

（1）在创建站点之前，先在本地硬盘上建立一个空文件夹。例如，在本地计算机的硬盘 D 盘上创建一个名称为 myweb 的文件夹。

（2）启动 Dreamweaver CS4 应用程序，选择“站点”→“管理站点”命令，弹出“管理站点”对话框，如图 13-7 所示。

（3）单击“新建”按钮，在弹出的下拉列表框中选择“站点”命令，弹出“未命名站点定义为”对话框，选择“高级”选项卡。

（4）设置本地信息，如图 13-8 所示。

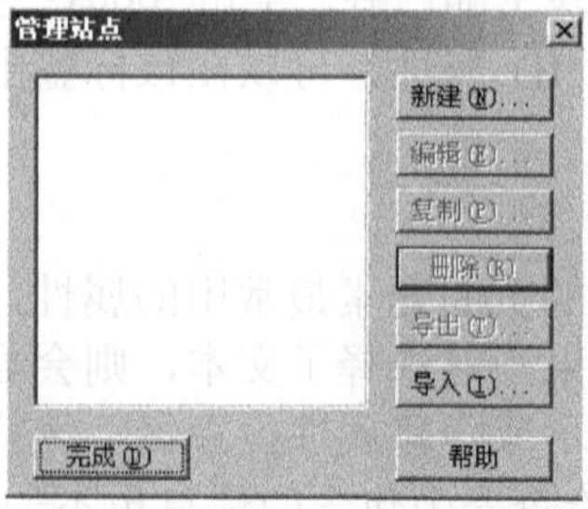

图 13-7　“管理站点”对话框

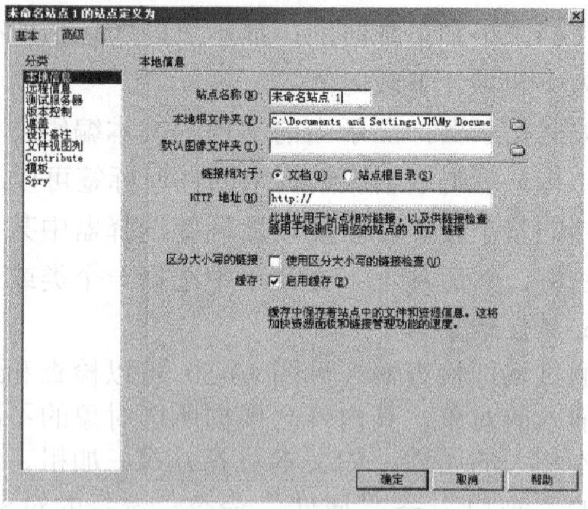

图 13-8　本地信息设置

1）在“站点名称”中输入“我的网站”。站点名称只会显示在某些面板或对话框中，供区分其他站点时使用，而不会显示在浏览器的其他任何地方，对站点的外观也没有影响，它只是一个站点的名称而已。所以，站点名称是比较随意的名字。

2）在“本地根文件夹”中单击右边的文件夹图标，选择D盘中所创建的文件夹myweb，用来存放站点中的所有文件。

3）在D盘中所创建的文件夹myweb下创建一个新文件夹pic，默认图像文件夹选择该pic文件夹，用来存放网站中的图像。默认图像文件是存放网站中的图像的专用文件夹，目的是方便对图像进行管理。这不是必填项，可以不填，但一般不推荐这种做法。

4）保持“链接相对于”单选框的默认值不变。

5）在“HTTP地址”文本框中，可以输入已经申请的网站域名，这不是必填项。

6）“区分大小写”和“缓存”两项保持默认值不变。

（5）单击“确定”按钮，关闭“站点定位为”对话框。

（6）单击“管理站点”对话框中的“完成”按钮，完成本地站点的设置。

观察一下新建的站点，发现它像资源管理器，右侧显示网站内的所有文件，并且以D:\myweb为根目录。

试一试：试一试“管理站点”对话框中各个按钮的功能。

注意

在站点里添加文件和文件夹时，文件名不能使用中文，也不要以数字开头。文件夹命名一般采用英文，不要在文件名和文件夹名中使用空格和特殊字符，长度一般不超过20个字符，命名采用小写字母，除特殊情况才使用中文拼音。如一些常见的文件夹命名为images（存放图形文件）、flash（存放Flash文件）、style（存放CSS文件）、scripts（存放Javascript脚本）、inc（存放include文件）、link（存放友情链接）、media（存放多媒体文件）等。一般将主页命名为index.html或default.html。

13.2.2　创建静态网页

1. 新建网页文档

启动Dreamweaver CS4后，进入Dreamweaver CS4创建项目面板，选择“创建”项目下的 HTML，即可创建新的网页文档。也可选择“文件”菜单下的“新建”命令，在弹出的新建文档对话框中，选择“空白页”选项卡，单击“页面类型”下的 HTML 选项创建新的网页文档。

2. 保存网页

新建网页后，需要把网页保存在站点文件夹下。保存新建的 HTML 文件时，默认的文件名是 untitled.html。但一般不使用默认文件名而使用自定义的文件名，如 zhuce、index、login 等有一定意义的汉语拼音或英文名称。

3. 预览网页

要查看自己的网页在浏览器中显示的结果，可以先保存网页，选择“文件”→“在浏览器中预览”→Internet Explore 6.0，或使用快捷键 F12 进行预览网页。

4. 打开网页

要打开保存过的网页，可以选择“文件”菜单下的“打开”命令来打开网页。也可以在文件面板相应的站点中找到该网页，双击网页即可。

5. 设置主页

要将已有的网页设置为主页，可以在文件面板相应的站点中找到该网页，右击网页，在弹出的快捷菜单中选择“设成首页”命令即可。主页名称为 index.htm 或 default.htm。

13.2.3 设置页面属性

网页标题、背景图像和颜色、文本和链接颜色及边距是每个网页文档的基本属性。可以使用“页面属性”对话框设置或更改页面属性，具体操作方法如下。

（1）打开需要设置页面属性的网页文档。

（2）选择“修改”→“页面属性”菜单命令，或单击文本属性检查器中的“页面属性”按钮。

（3）在打开的“页面属性”对话框中根据需要更改页面属性，如图 13-9 所示。

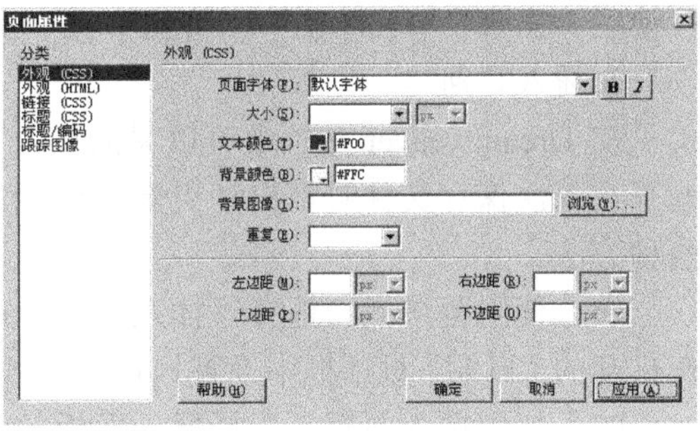

图 13-9 页面属性对话框

“外观”选项是设置页面的一些基本属性。可以定义页面中的默认文本字体、文本字号、文本颜色、背景颜色和背景图像等。例如设置页面的所有文本颜色为红色。

“链接”选项是一些与页面的链接效果有关的设置。“链接颜色”定义超链接文本默认状态下的字体颜色，“变换图像链接”定义鼠标放在链接上时文本的颜色，“已访问链接”定义访问过的链接的颜色，“活动链接”定义活动链接的颜色，“下划线样式”可以定义链接的下划线样式，“标题/编码”选项用来设置网页的标题。网页标题可以是中文、英文或符号，显示在浏览器的标题栏中。在左侧“分类”列表中选择“标题/编码”可以编辑更改网页标题。也可直接在设计窗口上方的标题栏内输入或更改。

13.3 文本、媒体元素与超链接

Dreamweaver CS4 支持目前流行的各种网页技术，使用它提供的工具和面板能轻松地设计各种网页。其中文本、媒体元素与超链接是网页的基本元素，接下来将介绍如何插入和编辑它们。

网页的主要信息都是通过文本向浏览者传递的，文本在整个网页中使用最为频繁。文本格式的设置，可以使文本内容更加清楚、有条理、美观、大方。

13.3.1　插入文本、日期及特殊字符

1. 插入文本

在 Dreamweaver CS4 文档窗口的“设计”视图下可以直接输入文本，也可以将其他窗口中的文本复制到文档窗口中。若要输入特殊字符，有如下五种方法。

（1）选择插入面板的“文本”类别，然后选择按钮，在弹出的级联菜单中选择一种特殊字符，也可选择“其他字符”命令，打开“其他字符”命令对话框，在其中选择需要插入的特殊字符。

（2）选择“插入”→“HTML”→“特殊字符”菜单命令，可以在网页中插入许多特殊字符。

（3）在“代码”视图下，输入&字符，Dreamweaver CS4 会自动以下拉列表的方式显示全部特殊字符，从中选择需要的特殊字符即可。

（4）在“设计”视图下，使用区位码或其他标准输入法，按下 v 键的同时，直接输入数字（0 除外），会弹出一个列表框，从中选择需要的特殊字符即可。

（5）复制其他文档（如 Word）中的特殊字符，然后粘贴到 Dreamweaver 的文档中。

在 Dreamweave 中输入文本要注意以下两种换行方式。

1）硬换行：也就是回车换行，在需要换行的文字后按“回车”键，文字另起一段且上下段之间出现的间隔较大，在代码标签中以<p>表示。

2）Shift+回车：需要换行且中间又不显示较大空格时，按下 Shift+“回车”键实现，也可使用“插入”→HTML→“特殊字符”→“换行符”命令，在代码标签中以
表示。

2. 插入日期

在 Dreamweaver 文档中可以灵活插入日期对象，还可以选择在每次保存文件时都自动更新该日期。输入日期有以下两种方法。

（1）使用菜单栏。选择“插入”菜单的“日期”命令，在打开的“日期”对话框中设置日期的格式，如图 13-2 所示。

（2）使用插入面板。选择插入面板的“常用”类别上的“日期”按钮，在打开的“日期”对话框中设置日期的格式。如图 13-10 所示。

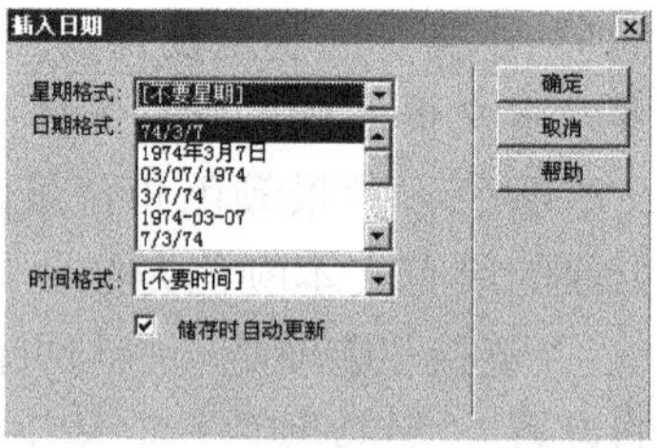

图 13-10　插入日期对话框

提示

（1）若要使日期自动更新，可在“插入日期”对话框中选择“存储时自动更新”复选框，否则插入后变成纯文本并永远不自动更新。

（2）如果选择了“存储时自动更新”，则在日期格式插入到文档中后可以对其进行编辑，如更改星期格式、日期格式和时间格式。方法是选中页面中的日期，在属性检查器中单击“编辑日期格式”按钮，如图 13-11 所示。

图 13-11　编辑日期格式

例如，要在打开的网页中添加一个根据修改时间自动更新的日期，如图 13-12 所示。

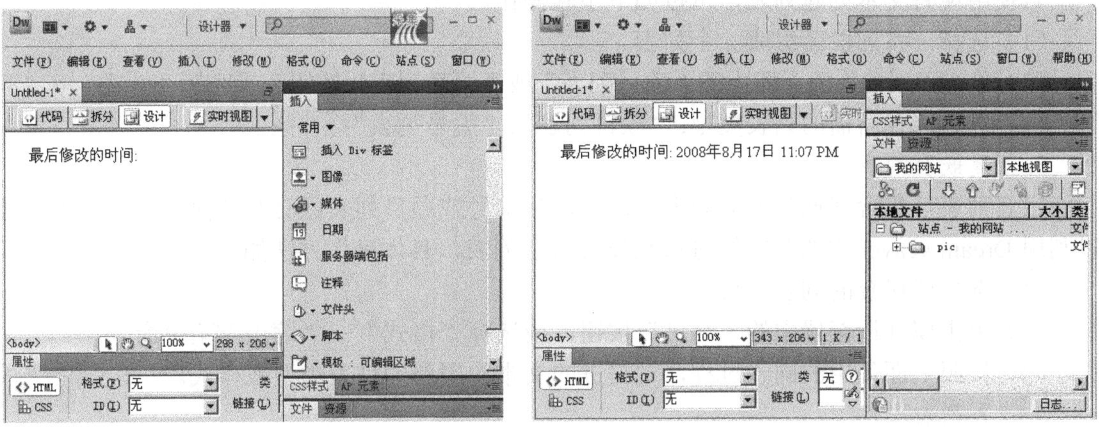

图 13-12　插入动态更新日期前后的效果

具体步骤如下。

（1）打开网页，在文档窗口中，将插入点置于“最后修改的时间”之后。

（2）选择“插入”菜单的“日期”命令或选择插入面板中“常用”类别上的“日期”按钮，打开“日期”对话框。

（3）在打开的“日期”对话框中设置日期格式，单击“确定”按钮。

13.3.2　设置文本列表

为了使列出的内容看起来更有条理性，可为其添加列表。如一些并列的内容可以添加项目符号，一些次序性较强的内容可以添加编号。

1. 列表的类型

列表分为项目列表和编号列表。项目列表也称为无序列表，表示各个项目之间没有顺序级别之分，通常使用一个项目符号作为每条列表项的前缀。编号列表也称为有序列表，通常可以使用阿拉伯数字、英文字母和罗马数字等作为每条列表项的前缀，各个项目之间通常有一种先后关系。

注 意

如果每个栏目之间不是以段落形式输入的，只有在设置完成第 1 个列表项，按下 Enter 键，才能设置第 2 个列表项。

2. 创建列表

在文档窗口中键入时，可以用现有文本或新文本创建编号列表、项目符号列表。

若要创建新列表，可按如下步骤操作。

（1）在 Dreamweaver 文档中，将插入点放在要添加列表的位置，然后执行下列操作之一。

1）单击“属性”检查器中的“项目列表”或“编号列表”按钮。

2）选择“格式”→“列表”项，然后选择所需的列表类型：“项目列表”或“编号列表”。指定列表项目的前导字符出现在“文档”窗口中。

（2）键入列表项目文本，然后按Enter键创建其他列表项目。

（3）若要完成列表，按两次Enter键。

若使用现有文本创建列表，可按如下步骤操作。

（1）选择一系列段落组成一个列表。

（2）单击“属性”检查器中的“项目列表”或“编号列表”按钮，或选择“格式”→“列表”项，然后选择所需的列表类型：“项目列表”、“编号列表”。

3. 创建嵌套列表

嵌套列表是包含其他列表的列表。例如，将编号或项目列表嵌套在其他编号列表中。可以利用Dreamweaver中的文字缩进量来设置嵌套列表，具体操作方法如下。

（1）选择要嵌套的列表项目。

（2）单击属性检查器中的“缩进”按钮，或选择“格式”→“缩进”菜单命令。

（3）按照上面使用的同一过程，对缩进的文本应用新的列表类型或样式。

4. 设置列表属性

使用“列表属性”对话框可以设置整个列表或个别列表项的外观，如将无序列表的项目符号改为正方形，将有序列表的阿拉伯数字改为英文字母，将个别列表项目或整个列表的项目符号样式进行修改。

（1）设置整个列表的列表属性。设置整个列表的操作方法如下。

1）在文档窗口中，创建至少一个列表项目。新样式将自动应用于添加到列表的其他项目。

2）将插入点放到列表项目的文本中，然后选择“格式”→“列表”→“属性”菜单命令，打开“列表属性”对话框。

3）在出现的对话框中，设置要用来定义列表的选项。列表类型指定列表属性，而列表项目指定列表中的个别项目。使用弹出式菜单选择项目、编号、目录或菜单列表。根据所选的“列表类型”，对话框中将出现不同的选项。

样式确定用于编号列表或项目列表的编号或项目符号的样式。所有列表项目都将具有该样式，除非为列表项目指定新样式。

开始计数设置第一个编号列表项的值。

4）单击“确定”按钮。

（2）设置列表项目的列表属性。设置列表中某个项目的属性的操作方法如下。

1）在文档窗口中，将插入点放在要格式化的列表项目的文本中 。选择“格式”→“列表”→“属性”菜单命令。

2）在出现的对话框的“列表项目”下，设置要用来定义列表项目的选项。

新建样式可以指定所选列表项的样式。“新建样式”弹出式菜单中的样式与“列表类型”弹出式菜单中显示的列表类型相关。例如，如果“列表项目”弹出式菜单显示“项目列表”，则“新建样式”弹出式菜单中只有项目符号选项可用。

重设计数可以设置用来从其开始为列表项编号的特定数字。

3）单击“确定”按钮。

试一试：试着在 Dreamweaver 中做如图 13-13 所示的项目列表。

1. 科学开拓着世界
    - 大自然的时钟
    - 广寒宫嫦娥迎佳宾
2. 寻求科学难题的解
    - 诺贝尔奖得主的摇篮
    - 李约瑟难题和它的解
3. 科学在社会的土壤里
    - 知识经济的奇迹
    - 太空的较量

图 13-13　项目列表

13.4　图　像　控　制

在网页中使用图像，可以使网页更加生动美观。网页中常用的图像格式有三种：GIF、JPEG 和 PNG。前两种格式的图像能被绝大多数的浏览器完全支持，而 PNG 格式的图像只有在 Internet Explorer 4.0 以上版本和 Netscape Navigator 4.04 以上版本支持。因此，GIF 和 JPEG 是网页中最常用的图像格式。

GIF 格式在网页中使用得最普通、最广泛。GIF 格式支持图像游离在背景之上的视觉效果，可以使图像产生透明的效果。GIF 格式的图像可以被交错下载，它还可以将很多幅图像结合在一个 GIF 文件中，通过浏览器顺序下载和显示，从而实现动画的效果，这就是所谓的动画 GIF。

JPEG 最多可以支持 16.8M 种颜色，因此照片、油画和一些细腻、讲求色彩浓淡的图像常采用 JPEG 格式：JPEG 具有调节图像质量的功能，允许选择高质量、无损失的压缩或低质量、丢失图像信息的有损压缩，由于 JPEG 支持很高的压缩率，其图像的下载速度非常快。

13.4.1　插入图像

将图像插入 Dreamweaver 文档时，Dreamweaver 自动在 HTML 源代码中生成对该图像文件的引用。为了确保此引用的正确性，该图像文件必须位于当前站点中。如果图像文件不在当前站点中，Dreamweaver 会询问是否要将此文件复制到当前站点中。

可以动态插入图像。动态图像指那些经常变化的图像。例如，广告横幅旋转系统需要在请求页面时从可用横幅列表中随机选择一个横幅，然后动态显示所选横幅的图像。

在网页中插入图像的操作步骤如下。

（1）在文档窗口中，将插入点放置在要显示图像的地方。例如打开如图 13-14 的页面，将插入点放在第一行。

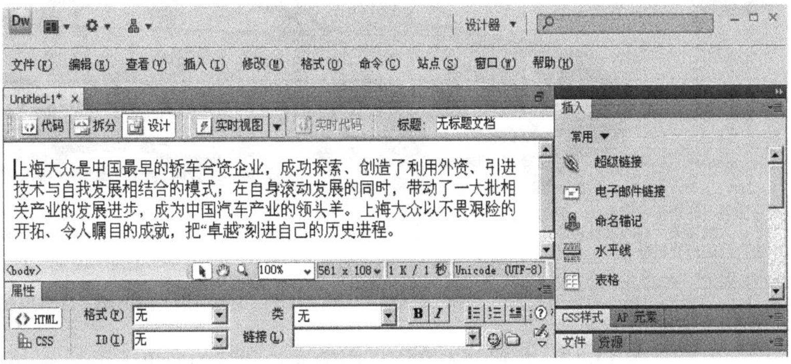

图 13-14　插入点放在要显示图像的第一行

（2）执行以下操作之一。

1）在插入面板的“常用”类别中，单击“图像”按钮，在弹出的级联菜单中选择“图像”命令。

2）在插入面板的“常用”类别中，将图像图标拖入文档窗口中。

3）单击“插入”菜单，选择“图像”命令。

4）将图像从“文件”面板拖到文档窗口中的所需位置。

（3）在出现的“选择图像源文件”对话框中查找图像的文件路径，选择要插入的图像。例如在 ch6 中，选择图像 P1.gif，如图 13-15 所示。

（4）单击“确定”按钮，将显示“图像标签辅助功能属性”对话框，如图 13-16 所示。

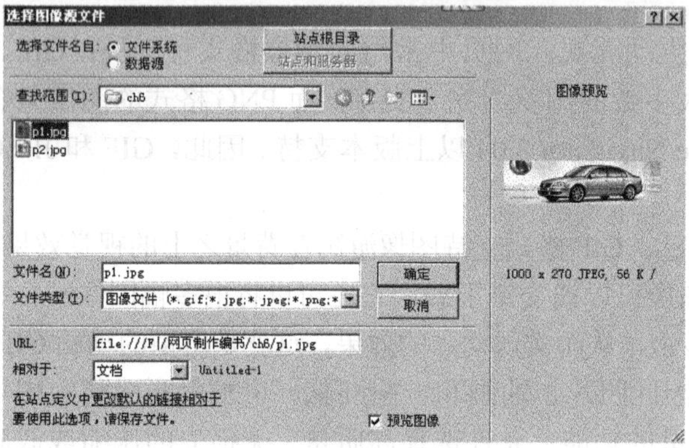

图 13-15　选择源图像

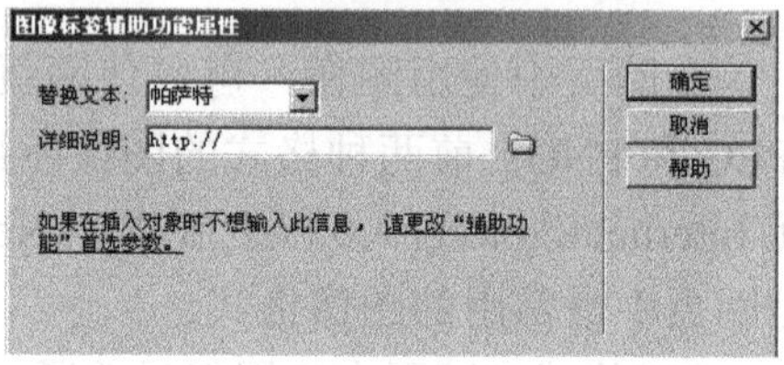

图 13-16　图像标签辅助功能属性对话框

在“替代文本”和“详细说明”文本框中输入值，然后单击“确定”按钮。其中在“替代文本”文本框中，可以为图像输入一个名称或一段简短描述，输入应限制在 50 个字符左右，当在浏览器中浏览网页时，将鼠标放在该图像上会显示输入的信息。“详细说明”文本框是输入当用户单击图像时显示的文件位置，或者单击文件夹图标可以选择图像的文件。例如在“替代文本”文本框中输入“帕萨特”，那么当在浏览器中浏览网页时，将鼠标放在该图像上，将会出现“帕萨特”字样，如图 13-17 所示。

图 13-17　替代文本文本框中输入帕萨特的效果

提 示

"替代文本"和"详细说明"文本框中也可不输入内容，直接单击"确定"按钮。如果在插入图像时不想出现"图像标签辅助功能属性"对话框，可以打开"编辑"→"首选参数"菜单命令，在出现的"首选参数"对话框选择"辅助功能"选项，不选"在插入时显示辅助功能属性"下的"图像"复选框。

（5）单击"确定"按钮，完成图像的插入。

注 意

为保证图像能正常显示，应在图像放入站点目录的图像文件夹内，并把网页保存在站点文件夹下。

提 示

网页中还可插入动画、声音和视频等。插入方法：先将插入光标置于页面中需要插入这些媒体元素的位置；执行"插入"→"媒体"命令，在弹出的"选择文件"对话框中，选择要插入的文件后单击"确定"按钮。插入后可以使用属性检查器对插件的一些属性进行设置。

13.4.2　设置图像属性

插入图像后，如果想要根据实际情况修改图像，如更改图像的大小，边距，替换文本等内容，可以在属性检查器或中设置该图像的属性，如图 13-18 所示。

图 13-18　设置图像属性

1. 调整图像大小

可以根据需要更改插入到网页中的图像尺寸。选择要调整大小的图像，在属性检查器的"宽"和"高"文本框中输入图像的尺寸大小。或者用鼠标拖动图像右下角的三个控制点（在图像的底部、右侧和右下角出现调整大小的黑点）来改变图像的大小，如图 13-19 所示。

图 13-19 图像右下角的 3 个控制点

注 意

调整图像大小只可以改变图片的显示大小，并不会改变文件的大小。如果要想减小文件缩短下载时间，就要借助别的图片处理软件来完成。

提 示

为使调整时保持图像的比例不变，可按住 Shift 键的同时拖动控制点。

2. 设置图像替换文本

当在浏览器中浏览网页时，将鼠标放在该图像上会显示文字提示“帕斯特”。要更改替换文本，选择该图像，打开属性检查器，在“替换”下拉列表框中重新输入文字。

3. 图像链接

点击图像时，可以打开新网页或其他文件。在“链接”文本框中选择希望打开的文件即可。

13.4.3 制作导航条

在网页中使用导航条是为了让浏览者通过导航按钮进入网站中的其他栏目。通常，将每个栏目按钮排列在一起的行和列称为网站导航条。网站中的导航条分文字导航条和图像导航条，其中，图像导航条相对比较立体性和直观性，视觉效果更加突出。

导航条项目有以下四种状态。

（1）一般：用户尚未单击或尚未与此项目交互时所显示的图像。例如，此状态下的项目看上去似乎还未被点击。

（2）滑过：指鼠标指针滑过“一般”图像时所显示的图像。项目的外观发生变化（如变得更亮），以便让用户知道可与这个项目进行交互。

（3）按下：指项目被单击后所显示的图像。例如，用户单击某项目后，载入一个新的页面，而导航条仍然显示，只是被单击的项目变暗，表示它曾被选择过。

（4）按下时鼠标经过：指在项目被单击后，鼠标指针滑过“按下”图像时，所显示的图像。例如，项目变淡或变灰。此状态可作为一个给用户的可视提示，告诉他们在站点的这一部分，此项目不能再被单击。

要说明的是，不必包含所有这四种状态的导航条图像。例如，可以只选用“一般”和“按下”这两种状态。使用“插入导航条”命令之前，须首先为各个导航项目的显示状态创建一组图像。可将导航条项目视为按钮，因为单击它时，导航条项目将用户带到其他页面。插入导航条时，须命名导航条项目，并选择要用于它们的图像。下面说明插入导航条的方法。

（1）执行下列操作之一。

1）选择“插入”→“图像对象”→“导航条”命令。

2）在插入面板的“常用”类别中，单击“图像”按钮并选择“导航条”命令。

（2）在出现的“插入导航条”对话框进行相应的设置，下面说明说明各选项的含义。在“项目名称”文本框中，键入导航条项目的名称（例如 Home）。

每一个项目都对应一个按钮，该按钮具有一组状态图像，最多可达四个。项目名称在“导航条项目”列表中显示。用箭头按钮排列项目在导航条中的位置。

1）在“一般图像”文本框中，单击“浏览”按钮选择最初将显示的图像。此文本框为必需项，其他图像状态选项为可选项。

2）在“鼠标经过图像”文本框中，单击“浏览”按钮，选择当一般图像显示时如果用户鼠标指针滑过项目所显示的图像。

3）在“按下图像”文本框中，单击“浏览”按钮选择用户单击项目后显示的图像。

4）在“按下时鼠标经过图像”文本框中，单击“浏览”按钮选择当用户将鼠标滑过按下图像时所显示的图像。

5）在“替换文本”文本框中，输入项目的描述性名称。

在“按下时，前往的 URL”文本框中，单击“浏览”按钮选择要打开的链接文件，然后从弹出的“选择 HTML 文件”对话框中选择打开文件的位置。

选择“预先载入图像”，可在载入页面时下载图像，以便鼠标指针滑过图像时不发生延迟。

选择“初始时显示‘按下图像”，可在显示页面时，以“按下”状态显示所选项目，而不是以默认的“一般”状态显示。例如，当载入主页时，导航条上的“主页”项目应处于“按下”状态。选择此选项时，在“导航条项目”列表中该项目后面将出现一个星号。

在“插入”下拉列表框中，可选择在文档中是垂直插入还是水平插入导航条项目。

选中“使用表格”复选框，可以表的形式插入导航条项目。

单击加号（+）按钮向导航条添加另一个项目，然后重复上述步骤定义该项目。

（3）完成导航条项目的添加及定义后，单击“确定”按钮。

13.4.4　创建鼠标经过图像

在浏览网页时，经常看到这种效果：当鼠标指针移动到某个图像上时，图像就会发生变化，即变为大小和原图像一样但内容发生变化的另一幅图像；而当鼠标指针离开此图像时，图像又恢复为原图像。整个效果如图 13-20 所示，这就是所谓的鼠标经过图像（也称交替图像）。

（a）变换前的图像

（b）变换后的图像

图 13-20　鼠标经过图像

鼠标经过图像实际上是由两幅图像组成：初始图像（当首次载入页面时显示的图像）和变换图像（当鼠标指针移动到初始图像上时显示的图像）。

若要创建鼠标经过图像效果，应该先在文档窗口中，将插入点放置在要显示替换图像的位置上，然后选择“插入”→“图像对象”→“鼠标经过图像”菜单命令，或单击“插入”面板下的“常用”类别中的“图像”→“鼠标经过图像”命令，出现“插入鼠标经过图像”对话框。设置“原始图像”属性和“鼠标经过图像”属性，单击“确定”按钮。

13.4.5　创建 Web 相册

当手上拥有了很多图像，并想建立网页图库时，可以通过创建 Web 相册来实现。Web 相册是将许多图片保存在一起，并且将它们缩小显示在网页中，当浏览者浏览其中一幅图片时，便弹出该图片的原图。制作时有一个小小的限制，就是在安装 DreamWeaver 的同时还要安装网页图像处理软件 Fireworks。DreamWeaver 使用 Fireworks 为每个图像创建一个缩略图和一个较大尺寸的图像，然后 DreamWeaver 创建一个 Web 页，它包含所有缩略图和一个指向较大图像文件的链接。

制作相册的具体步骤如下。

（1）建立源图像文件夹与目标文件夹，即将相册所需的图像文件放置在源文件夹中，目标文件夹用于存放所有生成的相册内容。

（2）选择“命令”→“创建网站相册”命令，出现如图 13-21 所示的“创建网站相册”对话框，对话框中各选项的含义如下。

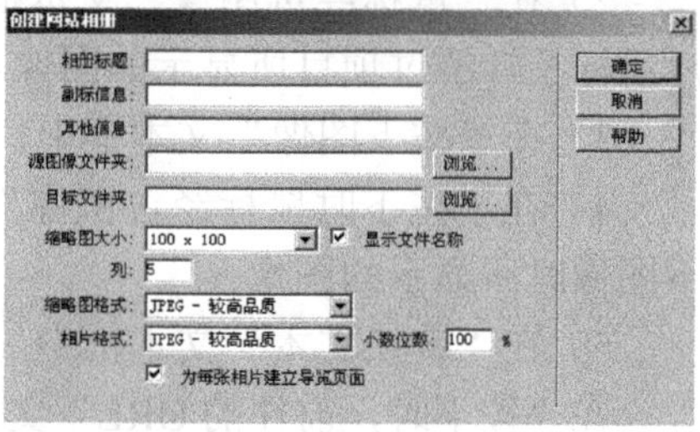

图 13-21　“创建网站相册”对话框

1）相册标题：在文本框中输入一个标题，该标题将显示在包含缩略图的页面。

2）源图像文件夹：选择包含源图像的文件夹。

3）目标文件夹：选择一个目标文件夹，放置所有导出的图像和 HTML 文件。

4）缩略图大小：选择缩略图图像的大小。

5）列数：输入显示缩略图的列数。

（3）单击“确认”按钮，Fireworks 自动启动进行相册的制作。如果所包含的图像文件数目较多，可能会需要几分钟的时间。处理完成后，DreamWeaver 再次处于活动状态，并创建包含缩略图的页面，如图 13-22 所示。这时单击其中一幅缩略图，则弹出该图像的原图，如图 13-23 所示。

图 13-22　缩略图页面

图 13-23　主图页面

13.4.6　链接与路径

在创建链接之前，需要了解从作为链接起点的文档到作为链接目标的文档之间的文件路径。了解从作为链接起点的文档到作为链接目标的文档之间的文件路径对于创建链接至关重要。

每个网页都有一个唯一的地址，称作统一资源定位器（URL）。不过，当创建本地链接（即从一个文档到同一站点上另一个文档的链接）时，通常不指定要链接到的文档的完整URL，而是指定一个始于当前文档或站点根文件夹的相对路径。

（1）绝对路径。绝对路径提供所链接文档的完整URL，而且包括所使用的协议（如对于Web页，通常使用 http://）。例如，http://www.hnfnc.edu.cn/about_dysf/index.html 就是一个绝对路径。必须使用绝对路径，才能链接到其他服务器上的文档。尽管对本地链接（即到同一站点内文档的链接）也可使用绝对路径链接，但不建议采用这种方式，因为一旦将此站点移动到其他域，则所有本地绝对路径链接都将断开。对本地链接使用相对路径还能在需要在站点内移动文件时，提供更大的灵活性。

注意

当插入图像（非链接）时，如果使用图像的绝对路径，而图像又驻留在远程服务器而不在本地硬盘驱动器上，则将无法在文档窗口中查看该图像。此时，必须在浏览器中预览该文档才能看到它。只要情况允许，对于图像要使用文档或站点根目录相对路径。

（2）文档相对路径。文档相对路径的基本思想是省略掉对于当前文档和所链接的文档都相同的绝对 URL 部分，而只提供不同的路径部分，例如 about_dysf/index.html 就是一个相对路径。文档相对路径对于大多数 Web 站点的本地链接来说，是最适用的路径。在当前文档与所链接的文档处于同一文件夹内，而且可能保持这种状态的情况下，文档相对路径特别有用。文档相对路径还可用来链接到其他文件夹中的文档，方法是利用文件夹层次结构，指定从当前文档到所链接的文档的路径。

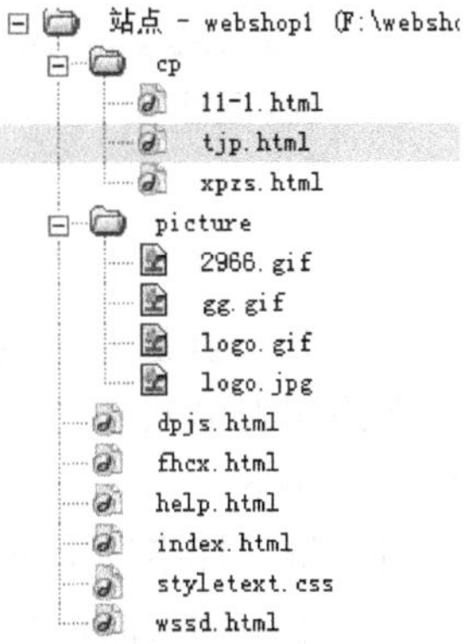

图 13-24　webshop1 的站点结构

假设一个站点的结构如图 13-24 所示。

若要从 tjp.html 链接到 xpzs.html（两个文件在同一文件夹中），文件名就是相对路径：xpzs.html。若要从 tjp.html 链接到 index.html（在父文件夹中，tjp.html 向上一级），可使用相对路径：../index.html，每个 ../ 表示在文件夹层次结构中上移一级。若要从 dpjs.html 链接到 xpzs.html（在名为 cp 的子文件夹中），可使用相对路径：cp/xpzs.html，每个正斜杠（/）表示在文件夹层次结构中下移一级。

若成组地移动一组文件，例如移动整个文件夹时，该文件夹内所有文件保持彼此间的相对路径不变，此时不需要更新这些文件间的文档相对链接。但是，当移动含有文档相对链接的单个文件或者移动文档相对链接所链接到的单个文件时，则必须更新这些链接。如果使用“文件”面板移动或重命名文件，则 Dreamweaver 将自动更新所有相关链接。

13.5　表单对象及属性

表单是一种用于实现网页浏览者与服务器之间信息交互的页面元素，被广泛地应用于各种信息的搜集与反馈，如制作留言板、讨论区和订单等。

表单由表单域和表单对象（也称表单元素、表单控件）组成。其中，表单域用于存放所有的表单对象，并包含处理数据所用服务器端程序的 URL 以及将数据提交到服务器的方法，如图 13-25 所示即为一个表单。

13.5.1 表单对象简介

Dreamweaver CS4 提供了大量的表单对象，包括文本字段（也叫文本域）、隐藏域、文本区域、复选框、复选框组、单选按钮、单选按钮组、列表/菜单、跳转菜单、图像域、文件域和按钮等。单击“插入”面板切换到“表单”类别栏下，即可看到各种表单对象，如图 13-26 所示。

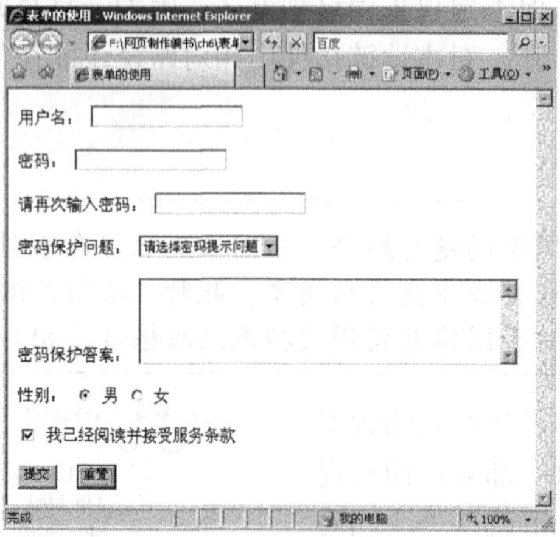

图 13-25 表单

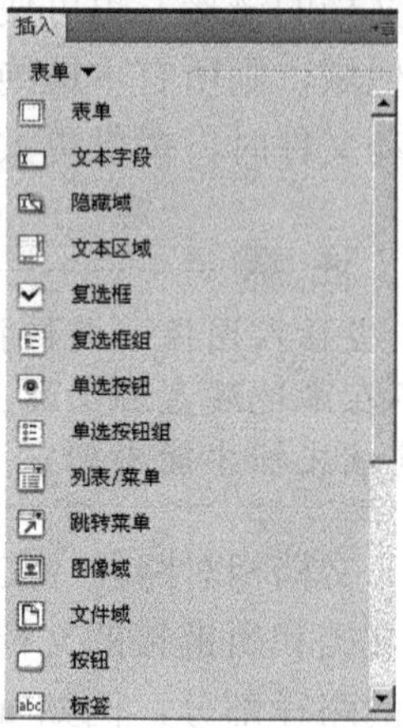

图 13-26 各种表单元素

13.5.2 创建表单域

在添加表单元素之前，必须先在网页中创建一个空白的表单，即表单域。创建表单域的操作步骤如下。

（1）将鼠标指针定位在要创建表单域的位置。

（2）单击插入面板的“表单”类别，在弹出的级联菜单中选择“表单”命令，也可以选择“插入”→“表单”→“表单”菜单命令，在页面中将出现一个红色的虚线框，即表单域，如图 13-27 所示。

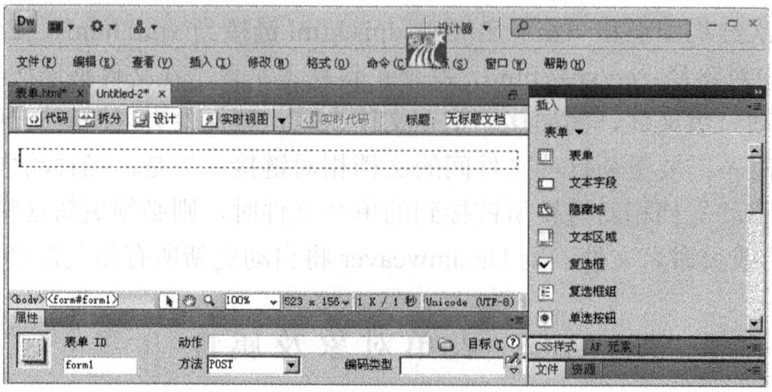

图 13-27 创建表单域

注 意

如果用户看不到红色的虚线框，可以选择“查看”→“可视化助理”→“不可见元素”命令使其显示。

（3）在属性面板中设置表单域的参数。

1）表单 ID：设置表单的名称，当编写代码时才用到这个名称，Dreamweaver CS4 会自动生成，用户也可自己取名，该名称必须是唯一的。

2）动作：用来设置处理该表单的动态页或用来处理表单数据的程序路径。例如设置为“mailto:hnfnc@126.com”，表示该表单数据通过电子邮件的方式发送。

3）方法：设置将表单数据提交到服务器的方式，有 GET 和 POST 两种，默认为 POST。

GET 方式是将数据附在 URL 后发送，即所传送的数据会在浏览器的地址中显示出来，而且数据长度有限制。POST 携带的数据量大，它是将表单中的数据作为一个文件提交，不会附在 URL 后，比较适合内容较多的表单。

4）目标：用来设置表单被处理后，反馈网页的打开方式。有四个选项，分别为（_blank（在新窗口中打开）、_parent（在父窗口中打开）、_top（在顶层窗口中打开）、_self（在原窗口中打开）。

13.5.3　添加表单对象

在创建表单域之后，就可以向其中添加表单对象了，下面介绍各种表单对象的添加方法。

1. 文本字段

文本字段是一个接受文本信息的空白框，它几乎可以容纳任何类型的文本数据。在网页中，常见文本字段有单行、多行和密码文本字段三种。

（1）添加单行文本字段。添加单行文本字段的操作步骤如下。

1）将鼠标指针定位在表单域中并输入文本“用户名：”。

2）单击插入面板的“表单”类别，在弹出的级联菜单中选择“文本字段”命令，即在表单域中添加一个文本字段，如图 13-28 所示。

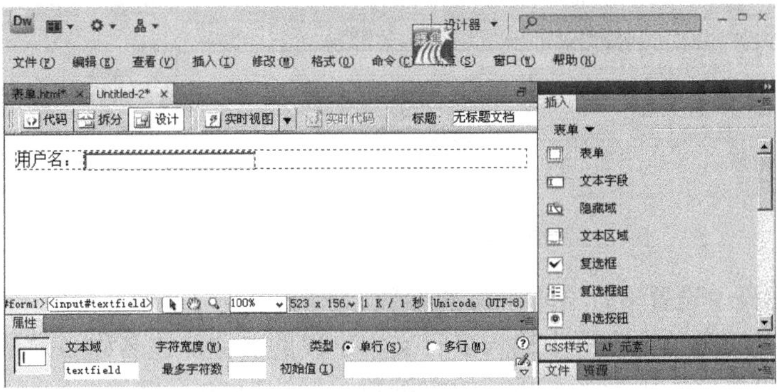

图 13-28　添加单行文本字段

3）在属性面板中设置单行文本字段的参数。

文本域：在其下方的文本框中输入单行文本字段的名称，该名称必须是唯一的。

字符宽度：设置字段中最多可显示的字符数。

最多字符数：设置字段中最多可输入的字符数。

类型：设置文本字段的类型是单行、多行还是密码，这里选中单行按钮。

初始值：设置打开网页时，在单行文本字段中默认显示的文本。

（2）添加密码文本字段。在密码文本字段下，输入的文本将被替换为星号或者用户定义的项目号，以避免其他浏览者直接观察到用户密码。多行文本字段与单行文本字段的添加方法基本相同，具体操作步骤如下。

1）将鼠标指针定位在表单域中并输入文本“密码：”。

2）单击插入面板的“表单”类别，在弹出的级联菜单中选择“文本字段”命令，即在表单域中添加一个文本字段。

3）在属性面板中选中密码按钮，则该文本字段即为密码文本字段，如图13-29所示。

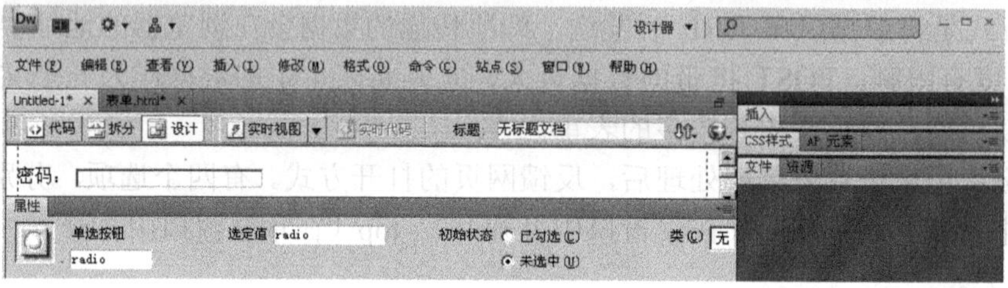

图13-29 添加密码文本字段

（3）添加多行文本字段。多行文本字段也称为文本区域，与单行文本字段的添加方法基本相同，操作步骤如下。

1）将鼠标指针定位在表单域中并输入文本“密码保护答案：”。

2）单击插入面板的“表单”类别，在弹出的级联菜单中选择“文本字段”命令，即在表单域中添加一个文本字段。

3）在属性面板中选中多行按钮，此时的文本字段即为多行文本字段，如图13-30所示。

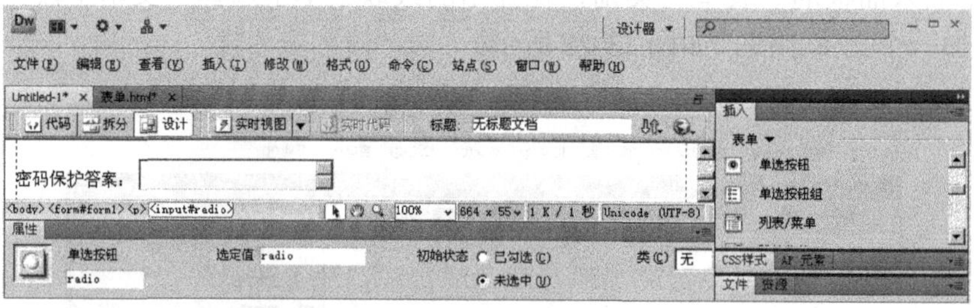

图13-30 添加多行文本字段

4）在属性面板中设置多行文本字段的参数。

文本域：在其下方的文本框中输入多行文本字段的名称，该名称必须是唯一的。

字符宽度：设置字段中最多可显示的字符数，默认为20个字符。

行数：设置字段中要显示的最大行数，默认为两行。

初始值：设置打开网页时，在多行文本字段中默认显示的文本。

文本区域的添加也可直接单击插入面板的“表单”类别，在弹出的级联菜单中选择“文区域”命令，即在表单域中添加一个多行文本字段。

2. 添加列表和菜单

使用列表和菜单可以在有限的空间内为用户提供多个选项。在表单域中添加列表和菜单的操作步骤如下。

（1）将鼠标指针定位在表单域中并输入文本“请选择密码提示问题：”。

（2）单击插入面板的“表单”类别，在弹出的级联菜单中选择“列表/菜单”命令，即在表单域中添加一个菜单，如图 13-31 所示。

（3）在属性面板中设置菜单的参数。

1）列表/菜单：在其下方的文本框中输入列表或菜单的名称。

2）类型：设置所添加对象是菜单还是列表。

3）高度：该项只能在列表模式下使用，用于指定列表所显示的行数。

4）选定范围：用于设置是否允许用户选择多个选项。

5）列表值：单击该按钮，将弹出对话框，在列表中输入标签的名称，例如“请选择密码提示问题”、“你母亲的姓名是”、“你父亲的姓名是”、“你小学校名是”（见图 13-32），单击“确定”按钮。

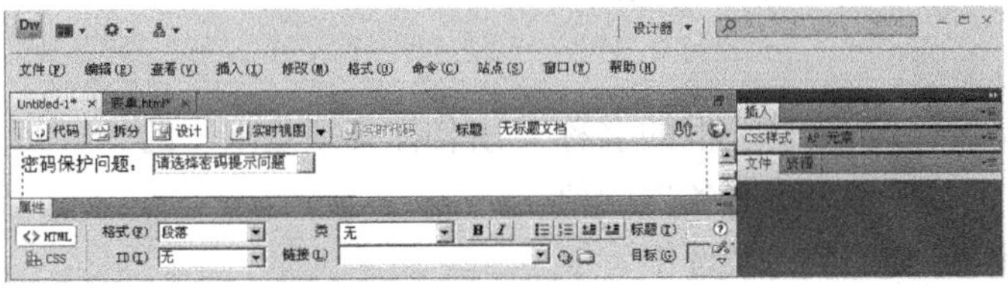

图 13-31　添加列表/菜单

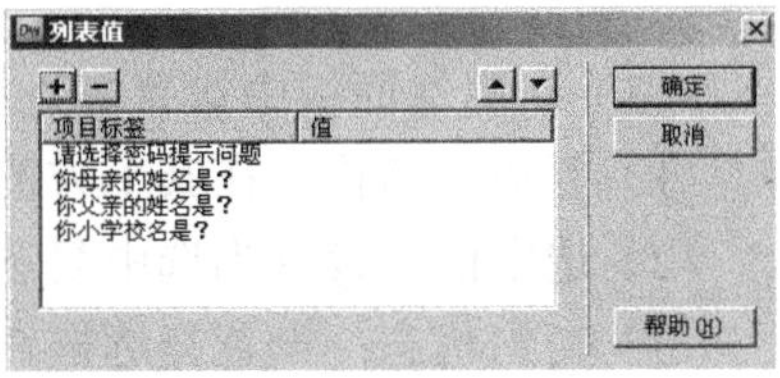

图 13-32　“列表值”对话框

3. 添加单选按钮

单选按钮通常被成组使用，在同一个组中的所有单选按钮必须具有相同的名称。在表单域中添加单选按钮的操作步骤如下。

（1）将鼠标指针定位在表单域中并输入文本“性别：”。

（2）单击插入面板的“表单”类别，在弹出的级联菜单中选择“单选按钮”命令，即在表单域中添加一个单选按钮，如图 13-33 所示。

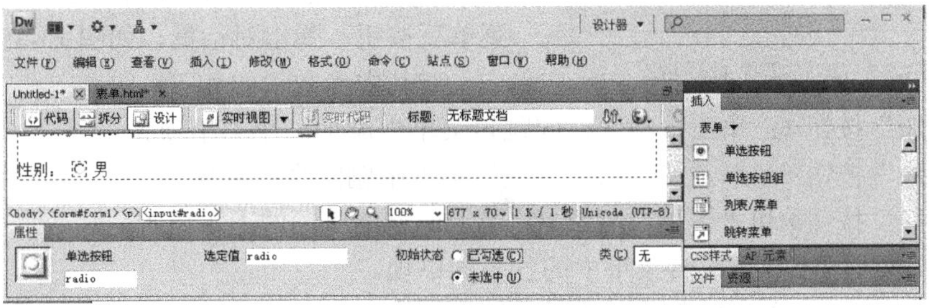

图 13-33　添加单选按钮

（3）在属性面板中设置单选按钮的参数。

1）单选按钮：在其下方的文本框中输入单选按钮的名称。

2）选定值：设置当选中单选按钮时所要传送给服务器的值。

3）初始状态置单选按钮在默认模式下是否被选中。

4. 添加复选按钮

复选框允许在一组选项中选中多个选项，用户可以选择任意多个合适的选项。在表单域中添加复选框的操作步骤如下。

（1）将鼠标指针定位在表单域中并输入文本“我已阅读并接受服务条款”。

（2）将鼠标指针定位在表单域中要插入“复选框”按钮的位置，单击插入面板“表单”类别栏中的“复选框”按钮，在表单域中添加一个复选框，如图 13-34 所示。

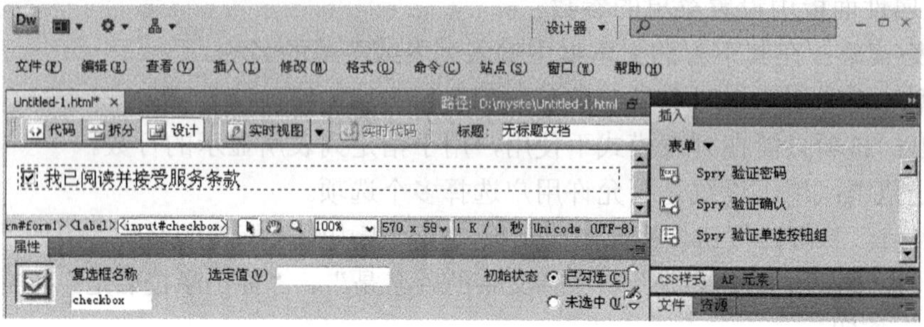

图 13-34　添加复选框按钮

（3）在属性面板中设置复选框的参数。

1）复选框名称：在其下方的文本框中输入复选框的名称，该名称必须是唯一的。

2）选定值：设置当选中复选框时所要传送给服务器的值。

3）初始状态：设置复选框在默认模式下是否被选中。

5. 添加跳转菜单

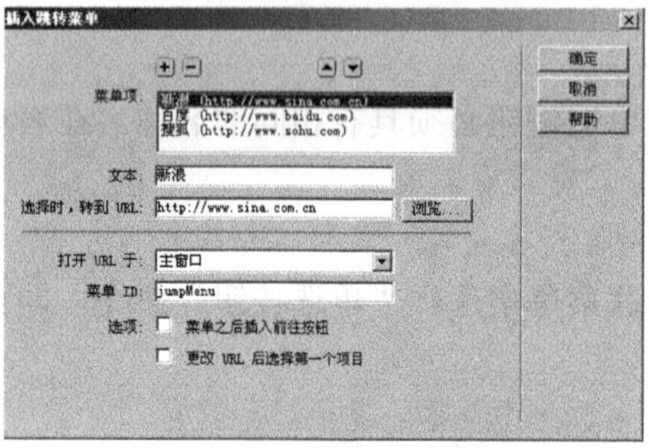

图 13-35　跳转菜单对话框

跳转菜单和下拉菜单的不同之处在于选择跳转菜单中的内容可以进行页面的超链接，而选择下拉菜单中的内容则不能。在表单域中添加跳转菜单的操作步骤如下。

（1）将鼠标指针定位在表单域中并输入文本“友情链接：”。

（2）单击插入面板“表单”类别栏中的“跳转菜单”按钮，弹出对话框，如图 13-35 所示。

对其中参数说明如下：

1）“添加”按钮+：单击该按钮，向跳转菜单中添加一个菜单项。

2）“删除”按钮−：单击该按钮，从跳转菜单中删除当前菜单项。

3）“上移”按钮▲和“下移”按钮▼：用于调整菜单项的上下位置。

4）菜单项：用于显示跳转菜单中的各个菜单项。

5）文本：用于输入当前菜单项的文本信息。

6）选择时，转到 URL：用于输入链接网页的地址。

7）打开 URL 于：用于设置链接网页在浏览器中的打开方式。

8）菜单 ID：用于设置当前菜单项的名称。

9）菜单之后插入前往按钮：选中该复选框，可以在添加的跳转菜单后添加一个按钮。当选择某个选项后，单击该按钮跳转。若没有选中该复选框，当选择某个选项后自动跳转。

10）更改 URL 后选择第一个项目：选中该复选框，可以在打开链接网页后，仍然显示第一个菜单项。

（3）单击“确定”按钮，则在表单域中添加了一个跳转菜单。

（4）按 Ctrl+S 键保存文件，按 F12 键预览网页效果，如图 13-36 所示。

图 13-36　跳转菜单效果

6. 添加文件域

文件域用来帮助用户浏览硬盘中的文件，并将这些文件作为表单数据上传的。在表单域中添加文件域的操作步骤如下。

（1）将鼠标指针定位在表单域中。

（2）单击插入面板“表单”类别栏中的“文件域”按钮，在表单域中添加一个文件域，如图 13-37 所示。

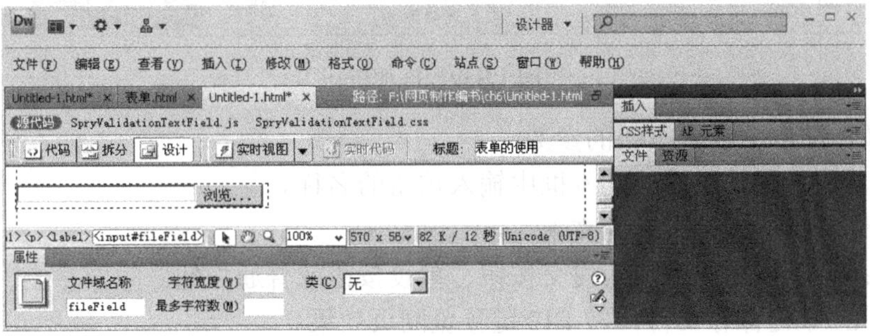

图 13-37　添加文件域

（3）在属性面板中设置文件域的参数。

1）文件域名称：在其下方的文本框中输入文件域的名称。

2）字符宽度：设置文件域中最多可显示的字符数。

3）最多字符数：设置文件域中最多可输入的字符数。

（4）按 Ctrl+S 键保存文件，按 F12 键预览网页效果，如图 13-38 所示。

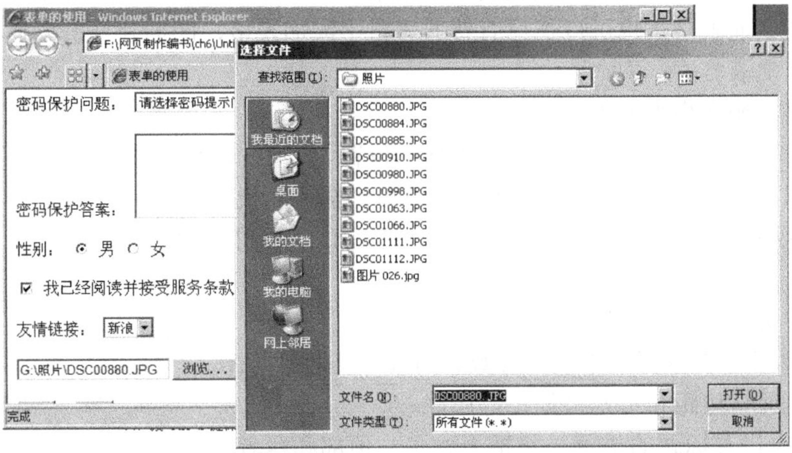

图 13-38　文件域效果

7. 添加按钮

按钮是交互式网页必不可少的页面元素，包括提交按钮、重设按钮和普通按钮三种类型。在表单域中添加按钮的操作步骤如下。

（1）将鼠标指针定位在表单域中。

（2）单击插入面板“表单”类别栏中的“按钮”按钮，在表单域中添加按钮，如图 13-39 所示。

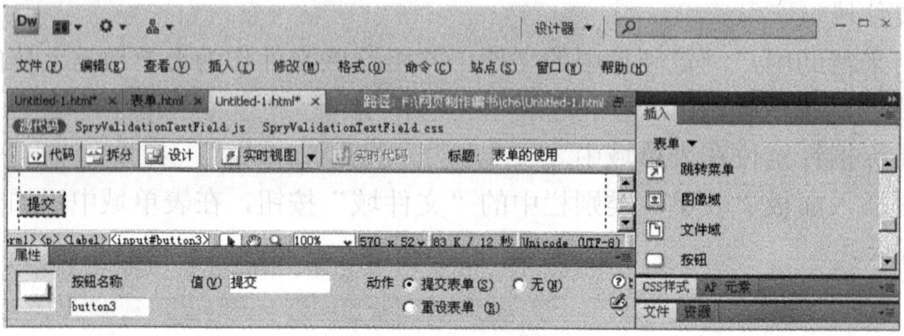

图 13-39　添加按钮

（3）在属性面板中设置按钮的参数。

1）按钮名称：在其下方的文本框中输入按钮的名称。

2）值：设置显示在按钮上的文本。

3）动作：设置按钮的类型为提交按钮、重设按钮或普通按钮。

（4）按 Ctrl+S 键保存文件，按 F12 键预览网页效果。

13.6　表格、层、框架、CSS 样式表及模板

13.6.1　表格及其格式控制

13.6.1.1　创建表格

表格是网页的基本结构，由行和列构成，而行和列的交汇又构成了单元格。使用表格定位页面元素就是将页面中的元素放置到一个个单元格中。在 Dreamweaver CS4 中，用户可以在页面中创建普通表格，也可以在已有普通表格中添加表格，即创建嵌套表格。

1. 创建普通表格

创建表格的操作步骤如下。

（1）将鼠标指针定位在要创建普通表格的位置。

（2）选择“插入”→“表格”菜单命令或单击插入面板的“布局”类别栏中的“表格”按钮，弹出对话框，如图 13-40 所示。

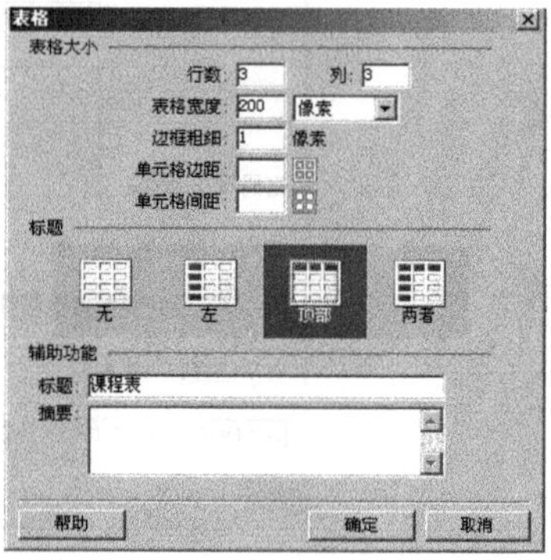

图 13-40　表格对话框

对其中参数说明如下。

1）表格大小：在该区域中设置行数、列数、表格宽度、边框粗细、单元格边距和单元格间距等属性。

2）标题：设置标题的位置，包括无、左、顶部和两者四种。

3）标题：设置表格标题，该标题在表格的外侧。

4）对齐标题：设置表格标题的对齐方式。

5）摘要：描述表格的相关信息。

（3）参数设置完毕后，单击按钮创建表格，如图 13-41 所示。

2. 创建嵌套表格

创建嵌套表格的操作步骤如下。

（1）将鼠标指针定位在要创建嵌套表格的单元格中。

（2）选择“插入”→“表格”菜单命令或单击插入面板的“布局”类别栏中的“表格”按钮。

（3）设置参数完毕后，单击按钮创建嵌套表格，如图 13-42 所示。

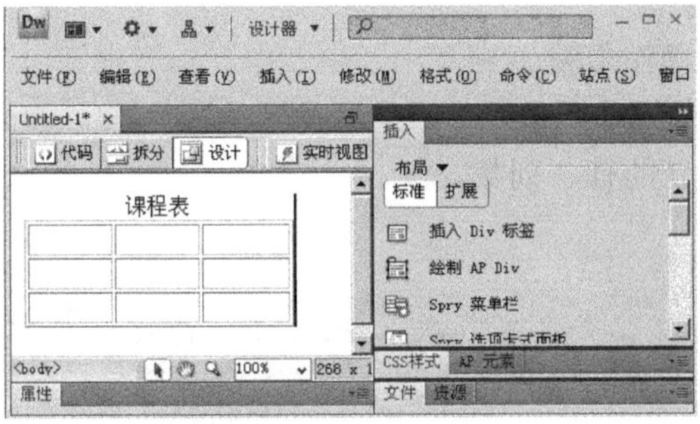

图 13-41　插入表格

图 13-42　插入嵌套表格

注 意

默认情况下，在表格的上端或下端有一个绿色的表格宽度标记，如果用户需要取消它，可以选择“查看”→“可视化助理”→“表格宽度”菜单命令。

13.6.1.2　操作表格

在创建表格之后，常常需要对表格做进一步的处理，如选择表格元素，改变表格大小、更改行高或列宽、添加或删除行或列、合并与拆分单元格，以便更好地定位页面元素。

1. 表格元素的选定

使用标签选择器可以方便地选定整个表格，也可以选定表格的单元格、行或其他元素。如选定整个表格，可以把光标置于表格内的任一单元格内，然后单击状态栏的标签选择器中的<table>标记即可，选中后会在表格四周出现三个控制点，如图 13-43 所示。使用相同的方法可以选中表格内的单元格、行等元素。当然，还有其他选择对象的方法，和 word 软件类似。

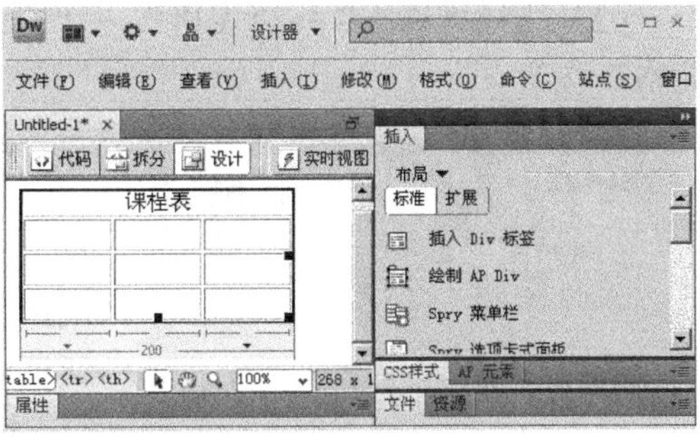

图 13-43　选中表格

2. 改变表格大小

改变表格大小的操作步骤如下。

（1）选中表格。

（2）拖动右边的控制点在水平方向上调整表格的大小，也可利用属性检查器中的属性“宽”来调整表格水平方向的宽度。注意，属性“宽”有两个单位：像素和百分比。其中像素宽度是固定的，表格大小不随窗口大小的变化而变化。如定义一个宽度为500像素的表格，在窗口最大化时表格是500个像素，窗口缩小时表格也是500个像素；如果把表格宽度定义为90%，当窗口缩小时表格也按比例缩小。

（3）拖动底部的控制点在垂直方向上调整表格的大小。

（4）拖动右下角的控制点同时在两个方向上调整表格的大小。

3. 更改行高或列宽

将鼠标指针定位在要改变行高或列宽的边框上，当鼠标指针变为÷或⇹形状时，上、下或左、右拖动鼠标可以改变行高或列宽。

4. 添加或删除行或列

用户可以通过属性面板添加或删除行或列，操作步骤如下。

（1）选中要添加或删除行或列的表格，如图13-44所示。

（2）在“属性”面板的行、列文本框中输入新的行、列数。

（3）按Enter键修改表格，如图13-45所示。

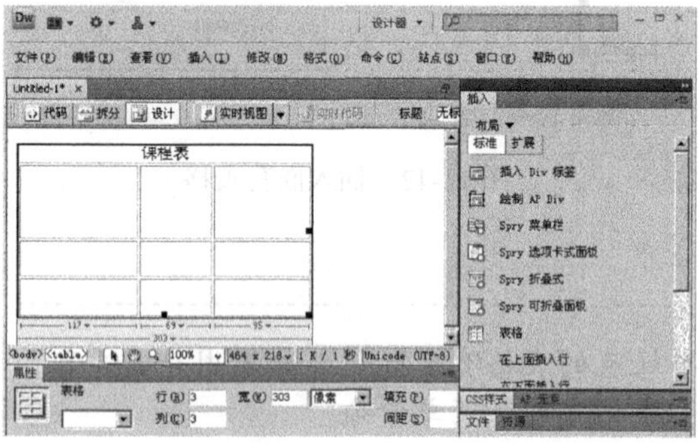

图13-44　选中表格

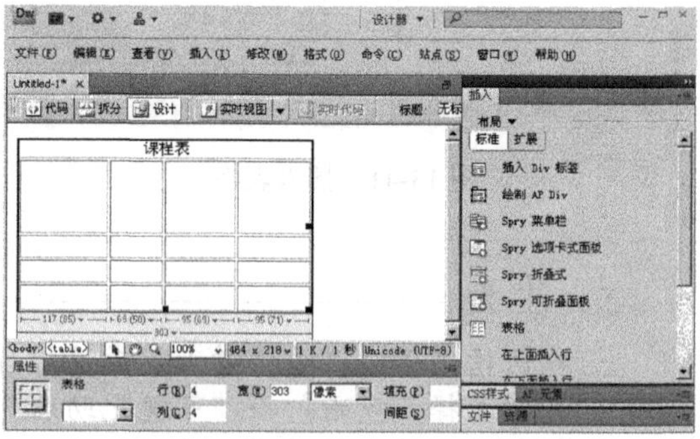

图13-45　修改后的表格

5. 合并与拆分单元格

合并单元格的操作步骤如下。

（1）选中需要合并的几个单元格。

（2）选择“修改”→“表格”→“合并单元格”菜单命令或选择属性检查器中“合并单元格”按钮。

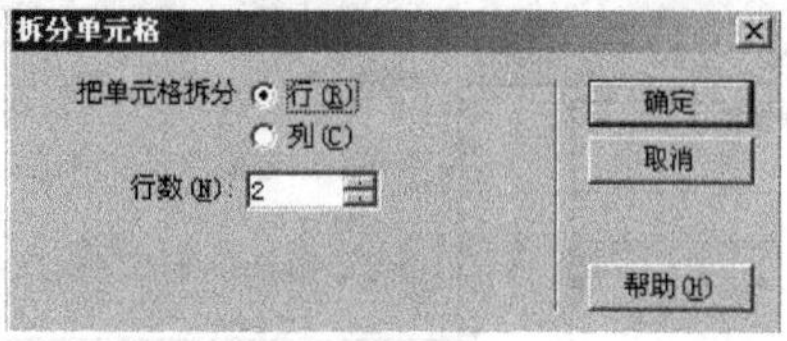

图13-46　“拆分单元格”对话框

拆分单元格的操作步骤如下。

（1）选中需要拆分的单元格。

（2）选择“修改”→“表格”→“拆分单元格”，或选择属性检查器中“拆分单元格”按钮，在弹出的对话框中设置参数，如图13-46所示。

（3）单击“确认”按钮执行拆分操作。

13.6.1.3　设置表格属性

（1）表格基本属性设置。用户可以通过属性检查器设置表格的各种属性，如图13-47所示。

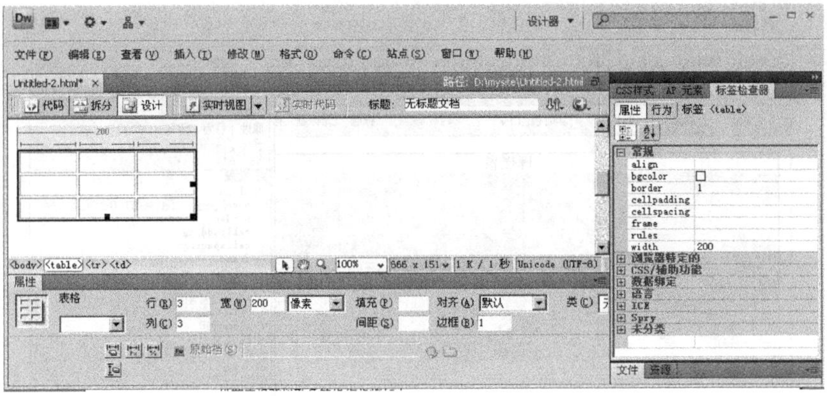

图 13-47 表格属性

对其中参数说明如下。

1）表格：在其下的下拉列表中可设置表格的名称。

2）行或列：设置表格的行数和列数。

3）宽：设置表格的宽度。

4）填充：设置单元格内容和单元格边框之间的像素数。

5）间距：设置相邻单元格之间的像素数。

6）对齐：设置表格相对于同一段落中其他元素的显示位置，包括默认、左对齐、居中对齐和右对齐四个选项。

7）边框：以像素为单位指定表格边框的宽度。

8）“清除列宽”按钮或“清除行高”按钮：单击该按钮，删除表格中所有明确指定的列宽或行高。

9）“将表格宽度转换成像素”按钮：单击该按钮，根据当前窗口的大小和原来的百分比，将表格宽度以像素值的形式表示。

10）“将表格高度转换为百分比”按钮：单击该按钮，根据当前窗口的大小和原来的像素值，将表格高度以百分比的形式表示。

类似地，可以使用属性检查器设置单元格的对齐方式、宽、高和背景色等属性。

注 意

当属性检查下方的信息隐藏时，可双击属性检查器左上角的竖直线，这样下方的信息就可以显示。

（2）设置表格的背景颜色。

设置表格背景颜色的操作步骤如下。

1）选中要设置背景颜色的表格。

2）选择“窗口”→“标签检查器”命令，在“常规”选项卡下“bgcolor”属性后的文本框中输入颜色值，如“#00FF00”，或者单击“bgcolor”属性后的颜色框，在弹出的调色板中指定颜色，如图 13-48 所示。

类似地，可以设置单元格、行和列的背景颜色。

图 13-48　设置表格的背景颜色

（3）设置表格的细边框。Dreamweaver 为用户提供了定义表格边框的属性 Border，也可以在 DreamWeaver CS4 中利用背景色和间距设置表格的边框。

例如，要制作一个粗细为 1 像素的绿色边框：先设定表格的间距为 1，边框为 0；再设定表格的背景色为绿色；最后设定所有单元格的背景色为白色。这样，由于表格单元格间有 1 个像素的间距，因此有 1 个像素的表格绿色背景色没有被单元格的白色背景所覆盖，看起来像是 1 个像素的绿色边框，如图 13-49 所示。

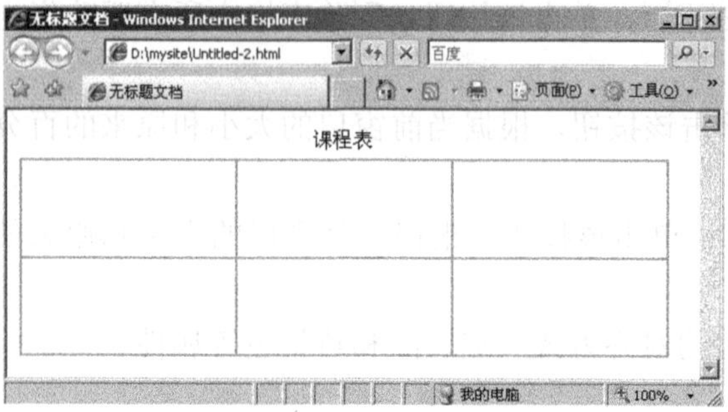

图 13-49　设置表格的边框颜色

这里需要说明的是，当在“设计”视图中对表格进行格式设置时，可以设置整个表格或表格中所选行、列或单元格的属性。如果将整个表格的某个属性（例如背景颜色或对齐）设置为一个值，而将单个单元格的属性设置为另一个值，则单元格格式设置优先于行格式设置，行格式设置又优先于表格格式设置。

表格格式设置的优先顺序为单元格、行、表格。例如，如果将单个单元格的背景颜色设置为蓝色，然后将整个表格的背景颜色设置为黄色，则蓝色单元格不会变为黄色，因为单元格格式设置优先于表格格式设置。

试一试：制作粗细为 5 个像素的红色边框。

13.6.1.4　使用表格规划网页布局

在一张复杂的网页中，常用表格来进行网页的排版布局。网页中用户只能看到有边框和背景色的表格，而没有边框和背景色的表格，用户是感觉不到的。因此，常用没有边框和背景色的表格把网页划分为若干块，再用表格对每一块进行划分，最后插入内容。

下面以湖南省第一师范学校主页的内容区为例来学习利用表格进行网页布局，如图 13-50 所示。

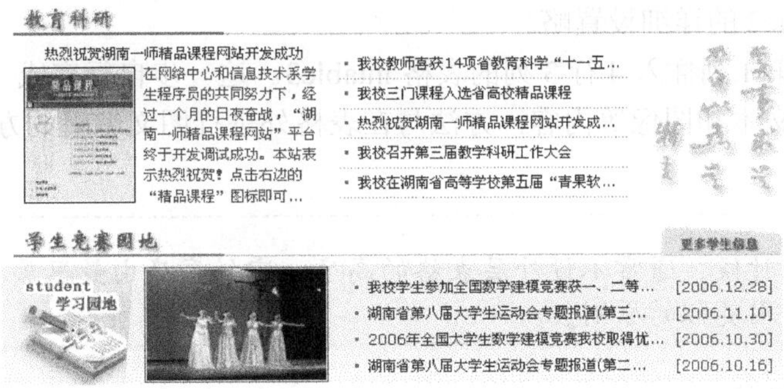

图 13-50　湖南省第一师范学校主页的内容区

（1）这是一个嵌套表格，最外层是一个 4 行 2 列的表格 outtable。

1）宽度为 90%，不设表格高度。

2）边框为 0。

3）合并第 1 行和第 3 行的两个单元格。

4）给第 2 行右边的单元格添加背景图像，调整单元格的行高和列宽，使之与背景图像的大小一致。这里，调整行高为 135 像素，列宽为 371 像素。

5）给第 4 行添加浅蓝色背景。

外层表格 outtable 的详细设置如图 13-51 所示。

（2）在第 2 行第 2 列插入 5 行 2 列表格 intable1。

1）设表格宽度为 100%，即占满整个单元格。

2）边框为 0，高度设为 135 像素，以便与背景图像一致。

3）合并第 2 列的 5 个单元格。

内层表格 intable1 的详细设置如图 13-52 所示。

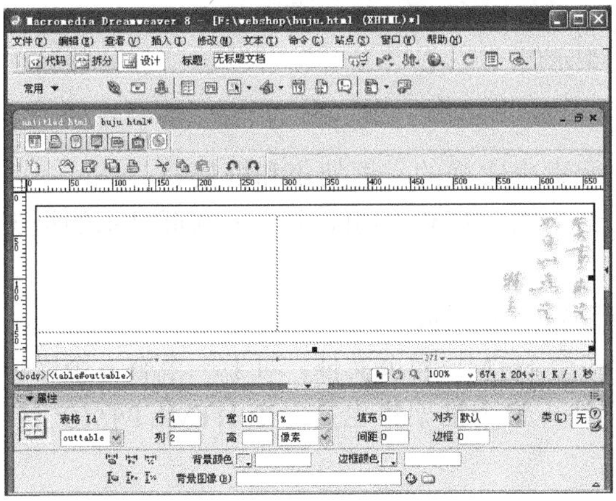

图 13-51　外层表格 outtable

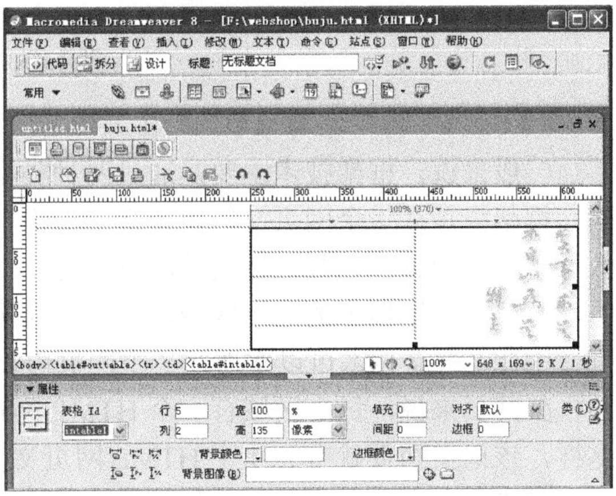

图 13-52　内层表格 intable1

（3）在第 2 行第 1 列插入 2 行 2 列的表格 intable2。

1）设表格宽度为 100%，即占满整个单元格。

2）边框为 0。

3）合并第 1 行的 2 个单元格。

内层表格 intable2 的详细设置略。

（4）在第 4 行第 1 列插入 4 行 3 列的表格 intable3。这一步自行完成。

在表格中插入文本和图像等内容，方法与在表格外进行图文编辑的方法相同。

注意

表格嵌套的时候，通常不设外层表格的高度，它的高度由最里层的单元格高度和来决定，宽度也采用类似的原则。

13.6.2 框架结构

框架技术是一种页面元素的定位技术，使用它可以将浏览器窗口划分为若干个区域，分别显示不同的网页。框架技术最常见用途就是导航。一组框架通常包括一个含有导航条的框架和另一个要显示主要内容页面的框架，如图 13-53 所示。

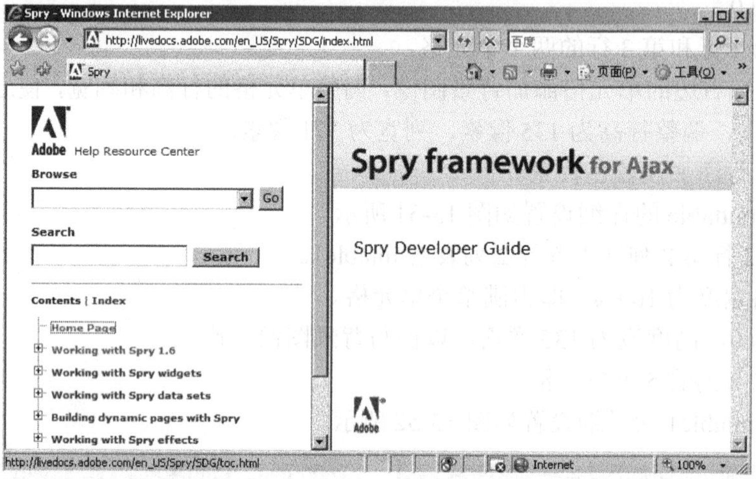

图 13-53　框架示例

13.6.2.1　框架集与框架

一般来说，框架技术主要是通过两种类型的元素来实现的：框架集和框架。

框架集是在一个网页文档内定义了一组框架结构的 HTML 网页，定义了网页显示的框架数量、框架的大小、载入框架的网页源等属性。

框架是浏览器中的一个区域，该区域显示一个独立的网页。

因此，框架技术可以实现在一个网页内显示多个 HTML 网页文件。对于一个有 n 个区域的框架网页来说，每个区域有一个 HTML 网页文件，整个框架集也是一个 HTML 网页文件。这样，该框架网页就有 n+1 个 HTML 网页文件。

13.6.2.2　框架的操作及属性设置

1. 框架的基本操作

（1）创建框架。创建框架的方法有很多，常见的有方法有两种。

方法一：选择“文件”→“新建”菜单命令，在弹出的“新建文档”对话框中选择“示例中的页”→“框架页”选项卡，如图 13-54 所示。

方法二：首先新建一个 HTML 空白文档，然后选择“插入”→“HTML”→“框架”菜单命令，或者单击插入面板的“布局”类别栏中的“框架”按钮，在弹出的下拉菜单中选择框架集。

（2）拆分已存在的框架。拆分已存在框架的操作步骤如下。

1）将鼠标指针定位在框架边框所包围的区域内。

2）选择“修改”→“框架集”菜单命令下的子命令拆分框架。

（3）选择框架、框架集。框架创建好后，经常要对选择框架与框架集的操作步骤如下。

1）选择“窗口”→“框架”菜单命令或按快捷键 Shift+F2，打开框架面板，如图 13-55 所示。

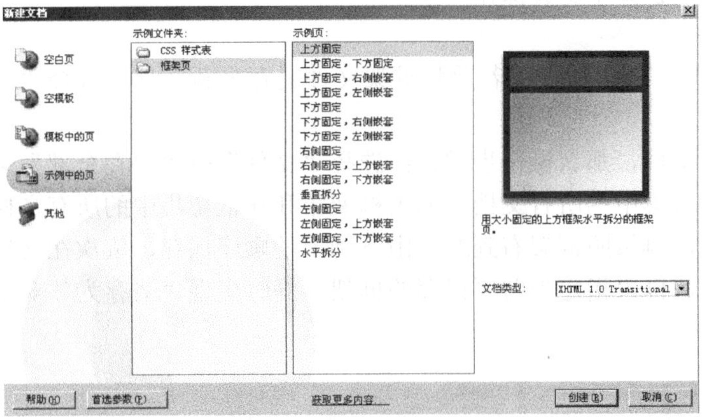

图 13-54 创建框架集

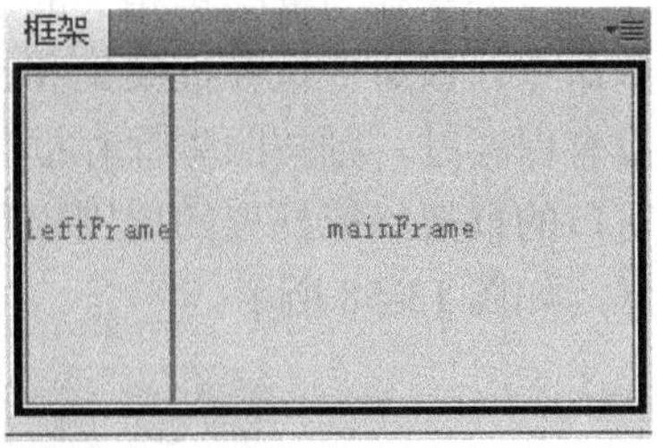

图 13-55 框架面板

2）在面板中单击框架名称选中框架，单击最外的边框选中框架集。

注 意

在页面中被选择的框架或框架集四周将被虚线包围，如图 13-56 和图 13-57 所示。

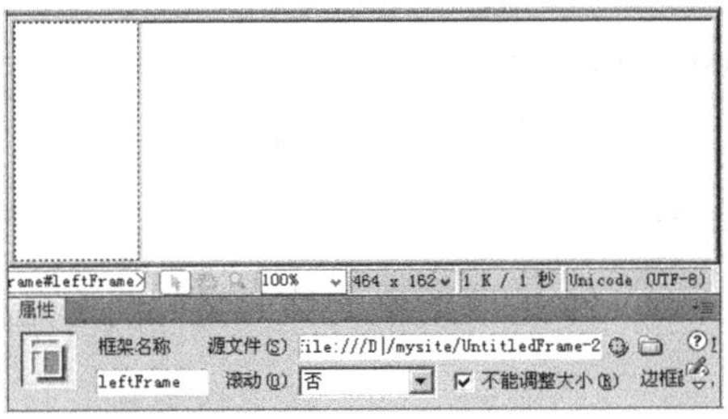

图 13-56 选择框架

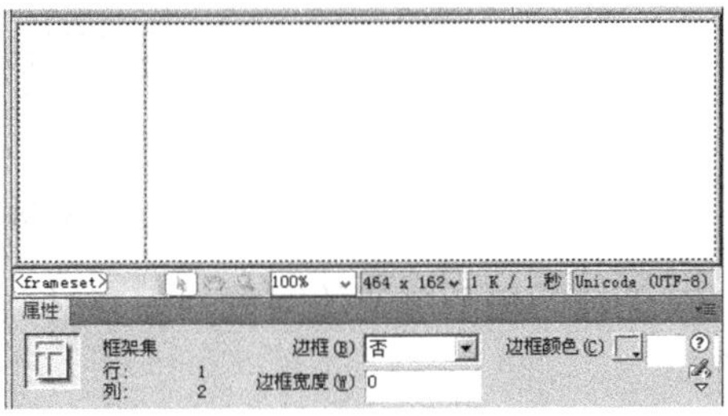

图 13-57 选择框架集

（4）保存框架与框架集。预览或关闭包含有框架的网页文档时，必须保存框架集文件及要在框架中显示的所有文档，可以单独保存每个框架集文件和带框架的文档，也可以同时保存框架集文件和框架中出现的所有文档。

在使用可视化工具创建一组框架时，框架中显示的每个新文档将获得一个默认文件名。例如，第一个框架集文件被命名为 UntitledFrameset-1.html，而框架中第一个文档被命名为 UntitledFrame-1.html。

如果只保存框架集文件，那么按如下步骤操作。

1）在“框架面板”中选择框架集。

2）若要保存框架集文件，选择“文件”→“保存框架页”菜单命令；若要将框架集文件另存为新文件，选择“文件”→“框架集另存为”菜单命令。

注意

这种方式仅仅是保存了框架集文件而已，框架内的内容并没有被保存下来

如果要保存框架中显示的文档，按如下步骤操作。

1）在要保存的框架中单击。

2）选择“文件”→“保存框架”菜单命令；若要将框架文件另存为新文件，选择“文件”→“框架另存为”菜单命令。

若要保存与框架集相关的所有文件，那么操作步骤是：选择“文件”→“保存全部”菜单命令，该命令保存框架集和在框架集中的所有文档。如果框架集和在框架集中的所有文档没有保存过，则按照先保存框架集，再按照框架右到左，由下到上的顺序保存，依次在文档窗口的框架集或框架的周围出现粗边框来指定当前要保存的框架，同时出现“另存为”对话框，如图 13-58 所示。

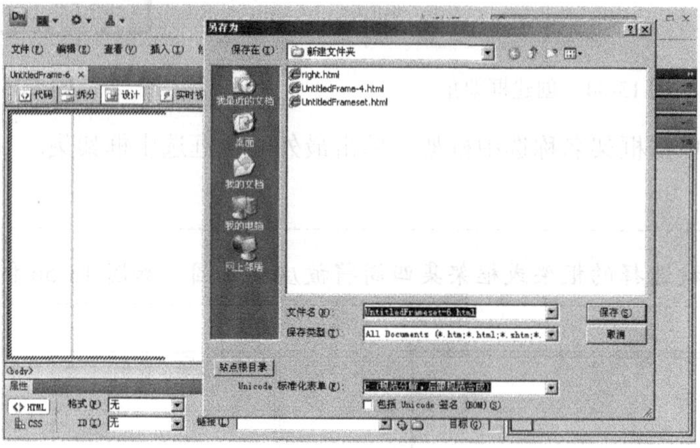

图 13-58 保存全部菜单命令

对于包括两个框架的网页，保存时共有三个文件，一个是框架集文件，另外两个是框架文件。

2. 设置框架和框架集属性

在 Dreamweaver CS4 中，使用“框架”属性面板可以定义框架的名称、源文件、页边距等属性，使用“框架集”属性面板可以定义框架集的边框颜色和宽度等属性。

（1）设置框架的属性。选中要设置属性的框架，在属性面板中将显示该框架的属性，如图 13-59 所示。

对其中参数说明如下。

1）框架名称：设置所选框架的名称，创建框架时自动产生。

2）源文件：设置框架中所显示网页的路径。

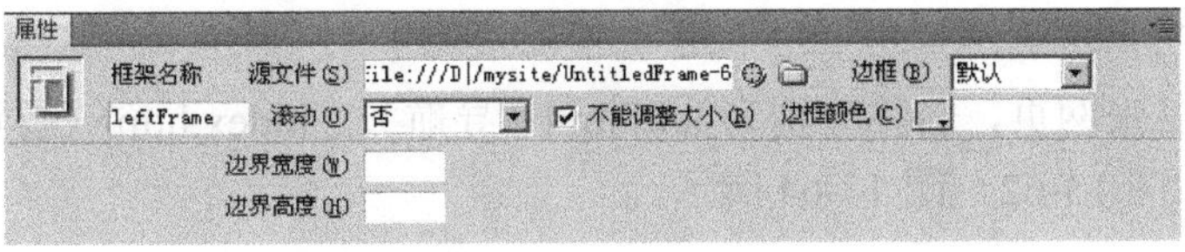

图 13-59　“框架”属性检查器

3）滚动：确定在没有足够的空间显示当前框架内容时，是否显示滚动条。

4）“不能调整大小”复选框：设置在浏览网页时用户是否能够对框架边框进行调整。

5）边框：设置是否显示框架的边框。

6）边框颜色：设置框架边框的颜色。

7）边界宽度：设置框架中的网页与框架左、右边框的距离。

8）边界高度：设置框架中的网页与框架上、下边框的距离。

（2）设置框架集的属性。选中要设置属性的框架集，在属性面板中将显示该框架集的属性，如图 13-60 所示。

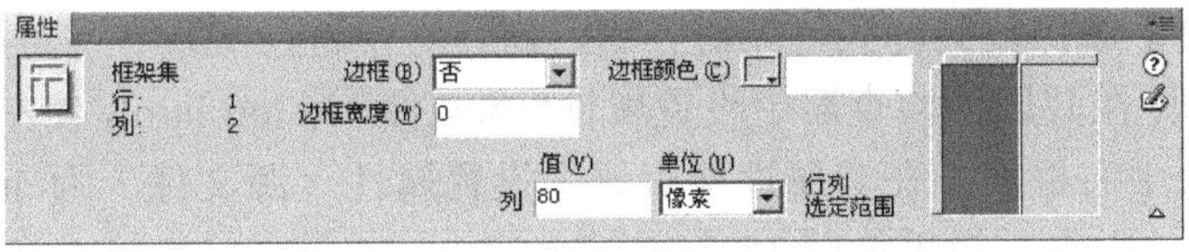

图 13-60　“框架集”属性检查器

对其中参数说明如下。

1）边框：确定网页的框架边框是否可见。

2）边框宽度：设置框架集的边框宽度。

3）边框颜色：设置框架集的边框颜色。

4）列值：设置选中框架的尺寸。

5）单位：设置选中框架的尺寸单位。

（3）设置超链接目标框架。所谓超链接目标框架，是指当单击超链接时，超链接的目标网页文件在哪个框架中显示。例如，对于一个左对齐的列式框架结构，一般是在左边框架的网页中包含链接的导航信息，当点击左侧框架中的条目，对应的内容便会呈现在右侧的框架中。如图 13-61 所示。下面来看如何来完成这样的链接。

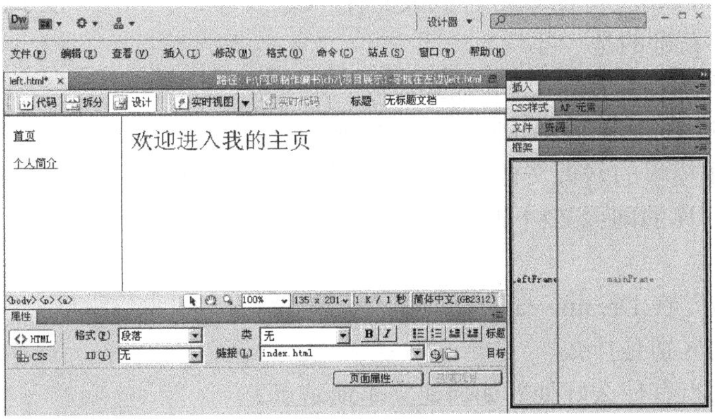

图 13-61　左对齐的列式框架结构

操作步骤如下。

1）首先创建三张网页，名称分别为 left.html（导航）、index.html（首页）和 rjj.html（个人简介），效果如图 13-62～图 13-64 所示。

图 13-62　左框架中导航页的效果图

图 13-63　首页的效果图

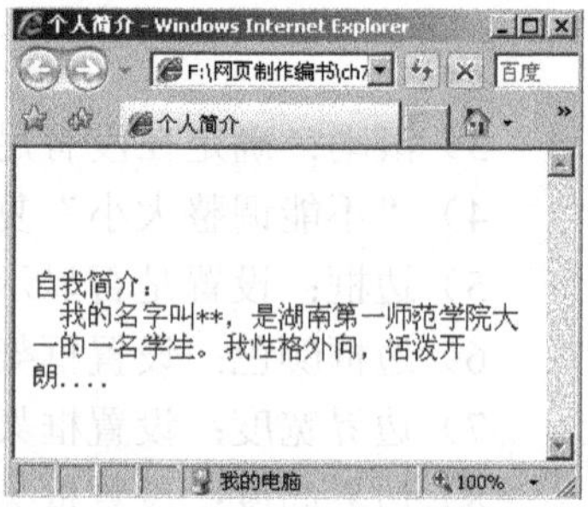

图 13-64　个人简介效果图

2）新建一个 HTML 空白文档，然后选择“插入”→“HTML”→“框架”菜单命令，在弹出的级联菜单中选择框架样式“左对齐”，新建一个框架集。

3）选中左框架，在其属性检查器中设置属性“源文件”为 left.html，使左框架显示 left.html 导航页的内容。选中右框架，在其属性检查器中设置属性“源文件”为 index.html，使右框架显示 index.html 的内容，效果如图 13-21 所示。

4）设置超链接目标框架。选中左框架中的条目“首页”，在其属性检查器中设置属性“链接”为 index.html，目标为 mainframe，表示在 mainframe 框架中打开超链接。类似地，设置条目“个人简介”的超链接目标框架。

5）保存该框架集。

习　　题

一、选择题

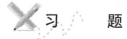

1. 模板中（　　）可以在网页编辑状态被使用者编辑。

　A. 可编辑区域　　B. 锁定区域　　C. 任何区域　　D. 以上都可以

2.（　　）不可以作为库项目。

　A. 图像　　B. CSS 样式表文件　　C．文本　　D. JAVASCRIPT 脚本

3. 下面叙述不正确的是（　　）。

　A. 模板和库的作用是有相同的地方。

　B. 模板主要应用在外观相同而内容不同的页面中，库主要应用在多个页面的相同部分

　C. 在应用模板的网页文档中可以直接修改模板文件

　D. 在应用库的网页文档中可以直接修改库文件

二、简答题

1. 什么是模板？在 Dreamweaver 中如何使用模板？

2. 模板和库的区别是什么？

3. 建立本地站点有什么好处？如何建立本地站点？

4. 新建一个空白 HTML 网页的方法有哪些？

5. 如何设置页面属性？

6. 输入特殊字符有哪些方法？

7. 在 Dreamweaver 文档中可以灵活插入日期对象，如何在每次保存文件时都自动更新该日期？

8. 在添加表单对象之前，必须先做何种操作？

三、制作网页

在网页中使用表格布局页面，插入图像，使用 CSS 格式化文字，制作如图 13-65 所示的网页。

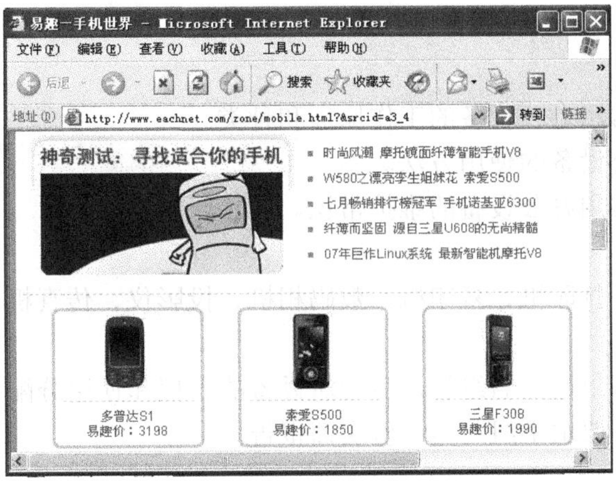

图 13-65 利用表格布局页面

活 动

活动主题：掌握建立本地站点的方法，学会在 Dreamweaver CS4 中新建空白网页并设置页面属性；掌握 Dreamweaver CS4 中文本格式和列表的输入。

活动任务：

1. 利用“站点定义”对话框的“高级”选项卡中的“本地信息”创建一个站点，网站名称为“个人网站”，该网站的所有文件存储在文件夹 mysite 中。

2. 在所创建的站点根目录下创建一个图像文件夹 images，用于存放所有的图片。

3. 在所创建的站点根目录下新建一个空白网页文件 index.htm，网页标题为“我的第一张网页”，网页的默认文本颜色为红色，试着在网页中输入文本，然后保存网页，浏览网页效果。

4. 在 D 盘中建立站点 mySite，并建立图像文件夹和网站主页。

5. 在主页中输入如下内容，设置文本格式和列表格式，效果如图 13-66 所示。

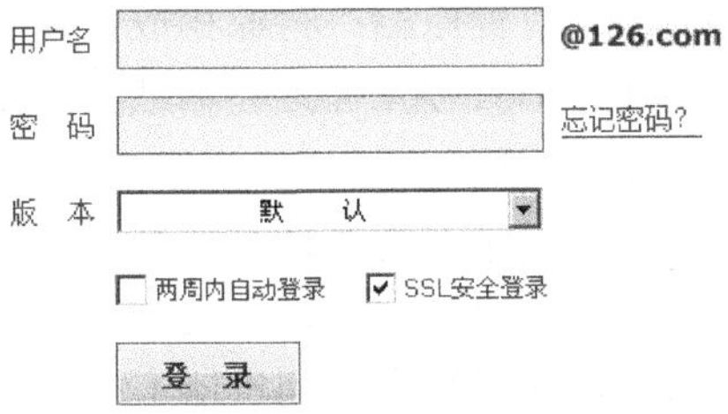

图 13-66 效果图

6. 建立名称为 login.htm 的网页。

第4部分　现代办公自动化实训篇

实训1　现代常用办公设备综合实训

【实训目的】

（1）进一步了解常用办公设备的工作原理和种类。

（2）掌握常用办公设备的使用方法。

（3）进一步了解常用办公设备的维护常识。

【实训准备】

常用的办公设备：打印机、复印机、数码相机、投影仪、传真机等。

【实训要求】

（1）分成小组，每组选一名组长，负责对设备的管理和使用分配。

（2）实训结束后，要求小组写出一份实训报告。

【实训内容】

主题1：打印机的使用

操作步骤：

（1）观察三种打印机（激光打印机、针式打印机、喷墨打印机）的外形，认识三种打印机的组成部件和内部结构。

（2）打开不同类型的打印机的进纸器，放进白纸，在老师的指导下让打印机打印一份文稿，观察纸张打印的是哪一面和打印的方向。

（3）为三种不同的打印机更换硒鼓或者墨盒。

主题2：复印机的使用

操作步骤：

（1）开机预热：接通电源开关后，定影器开始预热升温，此时面板上显示出预热等待信号，待信号消失后即可复印。

（2）放置原稿：将原稿放在稿台玻璃板相应的标志线（如B5、A4等）之内，复印纸的大小（如B5、A4等）和输纸方向（竖向或横向）应与原稿的大小和放置方向一致，然后用盖板压紧原稿。

（3）复印纸的选择与安装：选定复印纸尺寸后，将复印纸抖松，以便清除静电，防止粘连，并将断裂、破损、有毛边的复印纸挑出，以免影响机器的正常运行，然后将纸磕齐装入纸盒内，并将纸盒插到机器上。

（4）复印倍率的选择：对有缩放功能的复印机，复印前需预置缩放倍率，以便据此来确定复印纸的尺寸。

（5）确定复印份数：复印前，利用复印份数键或旋钮，将所设定的复印份数表示出来，若预置有误，还可通过清除键清除后重新设定。

（6）调节曝光量：根据原稿的深浅和反差，利用浓度调节杆（或旋钮）改变光缝的宽度或改变曝光灯亮度来调节曝光量。

（7）开始复印：待预热指示灯熄灭，复印指示灯亮时，即可按下复印按钮，开机复印。

（8）复印完毕：一次复印结束后，从接纸盘上取出复印品，进行整理、装订，并将原稿从稿台上取下整理好，放回原处。对于使用次数频繁的复印机，在每次复印完毕后可不必切断电源，使其保持待印状态，这样可缩短以后的预热等待时间。

主题 3：传真机的使用

操作步骤：

（1）首先将欲发送原稿放入传真机内。

（2）根据原稿情况选择发送参数（扫描线密度、对比度）。

（3）拨通对方电话，听到回答信号后，表明对方已经开机准备接收。

（4）按下启动键（START）开始发送，放下话筒。

（5）待发送结束后，传真机自动恢复到待机状态。

（6）接收方接到发送方的电话，通话后便可放下话筒按下启动键（START），开始接收，直到接收完毕。

主题 4：数码相机的使用

操作步骤：

（1）进行数码相机的设置：白平衡调整、曝光补偿、ISO 感光度设置、闪光灯状态设置、分辨率、压缩率等。

（2）照相。

（3）使用 USB 接口线，分别连接计算机和相机。

（4）下载照片。

主题 5：投影仪的使用

操作步骤：

（1）熟悉投影仪和计算机的连接线和接口。

（2）了解和熟悉投影仪的控制面板，各种按钮的功能和设置。

（3）调整投影屏和投影仪的距离，调节投影仪的高低和焦距，直至投影满屏而且清晰。

（4）关机操作：先关计算机，再关投影仪。

实训 2 网线制作与无线路由器接入实训

【实训目的】

（1）初步学会制作网线，并了解无线路由器的作用。

（2）掌握无线路由器的接入方法。

（3）初步掌握无线路由器的配置方法。

【实训准备】

网线、水晶头、压线钳、测线仪、无线路由器等。

【实训要求】

（1）分成小组，每组选一组长，负责对设备的管理和使用分配。

（2）实训结束后，要求小组写出一份实训报告。

【实训内容】

主题 1：网线制作

操作步骤：

（1）用压线钳的功能将网线的一端切齐，并剥去外皮。

（2）将 8 根芯线，按照 568B 或 568A 的排线方法排好，并切齐。

（3）平放入水晶头内，压紧。

（4）将带线的水晶头平放入压线钳的相应位置，进行压制。使线与水晶头紧紧连接在一起。

（5）依同样方法，做好网线的另一端。然后使用测线仪，测试一下网线的连通性。

主题 2：无线路由器的接入

操作步骤：

（1）了解无线路由器的种类和外部各种接口。

（2）将 Internet 的接入线放入无线路由器的 WAN 口，使用网线将其 LAN 接口与计算机相接。

（3）打开计算机上的 Internet Explorer 浏览器，输入 192.168.1.1、用户名和默认密码后，出现无线路由器的设置菜单。

（4）选择何种拨号上网的方式。

（5）如果是局域网络，选择静态 IP 地址，进入静态 IP 地址的设置界面。

（6）在 MAC 地址克隆栏，选择克隆 MAC 地址。

（7）进行无线设置：SSID 号，开启无线功能和 SSID 广播。

（8）选择系统工具中的“重启路由器”，测试路由器。

实训3 OA操作系统的综合实训

【实训目的】

（1）初步学会安装 Windows 7。

（2）掌握 Windows 7 的桌面、文件、打印等基本操作。

（3）熟练使用 Windows 7 进行办公软件的操作。

【实训准备】

Windows 7 安装盘或装有 Windows 7 的工作台。

【实训要求】

熟练使用 Windows 7 进行办公操作。

【实训内容】

主题1：Windows 7 的桌面操作

操作任务：

（1）对桌面进行“个性化”设置。

（2）调整屏幕分辨率。

（3）设置桌面小工具。

（4）在任务栏设置计算机的日期时间。

（5）设置连接好“网络和共享中心”。

（6）学会正确的关机和重启操作。

主题2：文件和文件夹的基本操作

操作任务：

（1）建立、删除、复制文件夹和文件。

（2）建立“库”，保存库文件和调用库文件。

（3）在本地搜索文件或文件夹。

（4）查看文件和文件夹的属性，修改属性。

（5）下载网络资源到本地磁盘。

主题3：常用软件的安装与卸载

操作任务：

（1）打开浏览器，进入软件下载的网页，选择一种软件下载安装。

（2）打开控制面板，找到“程序与功能”，选中自己不喜欢的应用软件，进行卸载操作。

（3）将桌面上不常用的图标进行删除或隐藏。

（4）从网上下载一些新的字库文件，并安装这些新字库。

（5）安装一种自己熟悉的中文输入法，并将不熟悉的多余的输入法卸载。

主题 4：打印机等外设的安装和使用

操作任务：

（1）将打印机或别的外围设备的 USB 接口，接入到计算机上。

（2）让计算机自动查找 USB 设备和安装驱动；或手动安装 USB 设备驱动。

（3）使用打印机打印测试页；或使用 Office 办公组件进行打印测试。

（4）与同事共享打印机的安装与测试。

实训 4　文档编辑的综合实训

【实训目的】

（1）掌握 Word 2010 文件的建立、保存、打印以及退出。

（2）掌握文字的输入、美化；图表的插入、编辑；图文混排技能。

（3）掌握文件的保护、公式、域以及目录结构图的建立技巧。

【实训要求】

（1）要求掌握 Word 2010 的基本操作方法。

（2）要求运用熟练，理解到位。

【实训内容】

主题 1：Word 2010 的文件建立、保存、打印及退出

操作任务：

（1）启动 Word 2010，选择合适的输入法。

（2）录入必要的文章，并对文章进行美化（即对文字的大小、格式进行排版）处理。

（3）保存文章。

（4）连接打印机，预览；打印文件。

（5）退出 Word 2010，并关闭 Windows。

主题 2：图文混排编辑

操作任务：

（1）以“创和谐，迎奥运”为主题，做一份电子板报。

（2）上网搜索相关主题文章；下载文章和图片。

（3）规划 Word 2010 的页面，设置页面大小。

（4）根据各板块需要，加入相应的文章内容，并插入图片。

（5）对文字进行美化，图片进行编辑处理。

（6）预览效果，修改相应部分。

（7）保存退出。

主题 3：目录结构图的建立、文档的保护

操作任务：

（1）打开 Word 2010，输入文章的主题。

（2）录入或编辑文章，建立文章的各级小标题。

（3）将文章的各级小标题利用工具栏中的“样式”工具，设定不同的级别。

（4）转到文章的第一页，按 Ctrl+Enter，建立一个新页面。

（5）利用选项卡“引用”中的“目录”，建立目录结构。

（6）查看目录效果。

（7）选择选项卡“审阅”中的“保护”，设置限制和密码。

（8）退出，查看保护效果。

实训5 电子表格的综合实训

【实训目的】

通过本次实训，学生了解软件的工作流程，掌握工作表、工作簿的基本操作，学会利用Excel 2010软件进行数据处理。

【实训内容】

主题1：Excel工作簿和工作表的基本操作

操作任务：

（1）新建一个工作簿，在Sheet1工作表中输入如图实训5-1所示的内容，将其保存在D盘中，名称为“基本操作.xls”。

（2）打开工作簿“基本操作.xls”，将工作表Sheet1重命名为“成绩表”。

（3）将工作表“成绩表”移至Sheet3工作表前。

（4）保存上述操作结果，退出Excel。

	A	B	C	D	E	F	G	H
1	学号	姓名	语文	数学	英语	计算机	总分	平均分
2	1	谢晓	85	78	87	85	335	
3	2	黄蓉	85	83	81	78	327	
4	3	王晓玲	74	78	91	90	333	
5	4	赵小玉	93	94	80	87	354	
6	5	李鑫	92	89	83	76	340	
7	6	余仁飞	81	80	84	86	331	
8	7	蒋莉	83	80	76	87	326	
9	8	龚海波	78	90	91	92	351	
10	9	杨喻瑾	90	91	92	93	366	
11	10	刘妍雅	91	92	93	94	370	

图实训5-1 原始数据

主题2：单元格格式的设置

操作任务：

（1）打开工作簿“基本操作.xls”，将其另存为“单元格格式设置.xls”。

（2）设置工作表行、列。将工作表“成绩表”中的表格右移一列，合理设置表格各列的列宽。

（3）设置单元格格式。

1）表头格式。字体：楷体，字号14，字形加粗，颜色为深青。对齐方式：居中。底纹：浅绿。

2）数据区域格式。对齐方式：居中。使用条件格式将总分≥350的单元格背景设为水绿色。

（4）设置表格边框线。为表格设置相应的边框格式。

主题3：公式与函数

操作任务：打开工作簿“单元格格式设置.xls”将其保存为“公式与函数.xls”。使用函数计算平均分。

主题 4：数据管理与分析

操作任务：

（1）打开工作簿“公式与函数.xls”，将其另存为“数据管理与分析.xls”。

（2）将工作表“成绩表”按主要关键字“总分”的降序，次要关键字“平均分”的升序排序。

（3）使用自动筛选的方法，筛选出总分≥350 的记录。

（4）以“成绩表”中的数据为数据源，创建一个簇状柱形图，要求系列产生在列，图表标题为“成绩表”，将图表作为对象插入。

（5）在图表上添加数据表。

实训 6 演示文稿的综合实训

【实训目的】

通过本次实训，学生了解 PowerPoint 2010 软件的工作流程，掌握演示文稿的基本操作。

【实训内容】

主题 1：演示文稿的创建、编辑

操作任务：

（1）快速创建一个演示文稿，利用“设计”选项卡改变演示文稿的风格。

（2）分别在不同视图方式下观看所创建的演示文稿。

（3）保存创建的演示文稿。

（4）插入四张幻灯片，分别在幻灯片视图和大纲视图下输入文本。

（5）在幻灯片浏览视图中移动、复制、隐藏及删除幻灯片。

（6）为幻灯片添加不同的背景效果。

主题 2：在幻灯片中插入对象

操作任务：

（1）在幻灯片中插入图片、表格、组织结构图、声音、艺术字。

（2）利用幻灯片母版为幻灯片添加日期、页脚提示、幻灯片编号和公共的题头样式及内容。

主题 3：幻灯片放映

操作任务：

（1）在幻灯片中创建超级链接和动作按钮。

（2）设置幻灯片间的切换效果和添加幻灯片动画。

（3）利用排练计时创建自动播放的演示文稿。

实训 7　数据库与电子表格综合实训

【实训目的】

（1）进一步熟悉 Access 数据库的基本操作。

（2）了解 Excel 数据、Access 数据和 Foxpro 数据都可以相互转换。

（3）在现代办公应用当中更好地综合运用数据库和电子表格知识。

【实训内容】

主题 1：Access 数据库操作

操作任务：

（1）建立一个“学生信息管理”数据库。

（2）创建四个表：学生（学号、姓名、性别、籍贯、年龄、政治面貌、班级、宿舍号）；课程（课程号、课程名称、任课老师、学分、学时）；任课老师（老师编号、姓名、电话）；成绩（学号、课程号、成绩）。

（3）建立表与表之间的关系。

（4）利用多种方法创建报表。

主题 2：将 Access 和 Foxpro 中数据库的相关表导出，并在 Excel 中修改打印。

操作任务：

（1）将 Access 数据库中的表导出，用 Excel 打开，并设置格式，进行打印输出。

（2）在 Excel 中建立一个表单，第一行为字段名，并另存为 dbf 数据库文件格式，使用 Access 和 Fxopro 系统分别打开，使用窗口命令方式对数据进行修改。

实训 8 主页设计与制作综合实训

【实训目的】

（1）熟悉 Dreamweaver CS X 的工作界面。（注：X 表示当前的版本号，如 3、4、5 等）

（2）学会创建站点及在站点下新建、剪切、复制、粘贴、删除文件和文件夹的基本操作。

（3）掌握 HTML 网页的创建、保存、关闭等基本操作，学会设置网站主页的方法。

（4）学会插入主页的关键字和说明信息的方法。

【实验内容】

主题 1：熟悉 Dreamweaver CS X 的工作界面

操作任务：

（1）启动 Dreamweaver CS X。

（2）了解窗口的各种结构，按钮和菜单项。

（3）新建一个网页，进行简单的页面设置。

主题 2：学会灵活运用网页制作技巧制作出精美的网页

操作任务：

（1）设置 CSS 样式。

（2）学会表格的处理技巧。

（3）建立一个简单的电子商务网站，其中至少包括一张主页和三张子网页。用表格进行精确定位；插入图像、动画等多媒体元素。根据自己的兴趣，丰富自己的网页内容。

（4）发布网站。

参 考 文 献

[1] 杜龙. 办公自动化的国内外发展状况及未来的发展方向[J]. 电脑知识与技术，2009，5（9）：2457-2458.
[2] 吴紫标，夏榕. 浅论现代办公自动化的新特点[J]. 广东行政学院学报，2001，13（2）：46-48.
[3] 陈剑波. 电子公文传输系统的关键技术[J]. 计算机世界，2007，B13.
[4] 陈洪娜，等. 工作流技术研究发展状况、研究内容及趋势[J]. 重庆工学院学报，2006，20（2）：66-69.
[5] 钱俊，孙改平. 办公自动化教程. 北京：中国林业出版社，北京大学出版社，2006.
[6] 靳广斌. 办公自动化基础教程与实训. 北京：北京大学出版社，2006.
[7] 沈美丽，陈孟建. 现代办公自动化教程. 北京：清华大学出版社，2005.
[8] 宋涛，周绍平. Office 办公自动化基础与应用. 北京交通大学出版社，2007.
[9] 李勇帆. 大学计算机基础. 长沙：湖南教育出版社，2005.
[10] 李雁翎. Visual FoxPro 应用基础与面向对象程序设计教程. 2 版. 北京：高等教育出版社，2002
[11] 张迎新，等. 数据库及其应用系统开发（Access 2003）. 北京：清华大学出版社，2006
[12] 袁九惕，彭小宁. Visual FoxPro 程序设计教程. 长沙：湖南教育出版社，2004
[13] 徐晓日. 电子政务概论. 天津：天津大学出版社，2006
[14] 全国信息化计算机资格认证管理中心组编. Windows XP 标准教程. 北京：北京理工大学出版社，2006.